青年学者文丛

成春林 ⊙ 著

南京师范大学出版社

江苏金融发展空间差异研究

图书在版编目(CIP)数据

江苏金融发展空间差异研究 / 成春林著. —南京：南京师范大学出版社，2022.7
（青年学者文丛）
ISBN 978－7－5651－5193－4

Ⅰ. ①江… Ⅱ. ①成… Ⅲ. ①区域金融－研究－江苏 Ⅳ. ①F832.753

中国版本图书馆 CIP 数据核字(2022)第 035214 号
审图号：苏 S(2022)4 号

书　　名	江苏金融发展空间差异研究
丛 书 名	青年学者文丛
作　　者	成春林
责任编辑	陈　晨
出版发行	南京师范大学出版社
地　　址	江苏省南京市玄武区后宰门西村 9 号（邮编：210016）
电　　话	(025)83598919(总编办)　83598412(营销部)　83373872(邮购部)
网　　址	http://press.njnu.edu.cn
电子信箱	nspzbb@njnu.edu.cn
照　　排	南京开卷文化传媒有限公司
印　　刷	镇江文苑制版印刷有限责任公司
开　　本	890 毫米×1240 毫米　1/32
印　　张	11.375
字　　数	327 千
版　　次	2022 年 7 月第 1 版　2022 年 7 月第 1 次印刷
书　　号	ISBN 978-7-5651-5193-4
定　　价	68.00 元
出 版 人	张志刚

南京师大版图书若有印装问题请与销售商调换
版权所有　侵犯必究

《随园文库》编委会

主　　任：宋永忠

副 主 任：朱晓进　田立新　傅康生　唐万宏
　　　　　彭志斌（常务）

委　　员：（以姓氏笔画为序）
　　　　　方晓红　王小锡　王永贵　田立新　朱晓进
　　　　　汤卫东　吴康宁　宋永忠　张　杰　张连红
　　　　　李　力　李　浩　李天石　杨　光　汪永进
　　　　　肖振军　陈永高　陈金如　俞子正　胡建华
　　　　　赵　阳　钟振振　闫国年　唐万宏　徐　蕾
　　　　　秦国荣　袁　生　高洪俊　曹意强　傅　宏
　　　　　傅康生　喻　平　彭志斌　董志翘　蒋伏心
　　　　　戴志晖　魏少华

执行编委：徐　蕾（兼）

总　　序

公元 1998 年。21 世纪的钟声,已经在人们的心头敲响。

踩在新世纪的门坎上,我校领导立足于建设教学科研型的新型一流师范大学的高度,经多次研究决定,汇集本校历史上以及当今知名教授的学术著作,编辑出版"随园文库";选择颇见功力的青年教学研究人员的力作,编辑出版"青年学者文丛";资助出版若干本本校教师编写的优秀教材。这项举措,受到了全校广大师生的欢迎。为保证这三个系列图书的出版,由学校和校出版社共同出资,设立了"南京师范大学出版资助金",成立了以校长为主任委员的"南京师范大学出版资助金管理委员会",其职能机构为"南京师范大学出版资助金管理办公室"。同时,还专门成立了由数十位高水平专家学者组成的"随园文库"编辑委员会,以保证"随园文库""青年学者文丛"这两套丛书的学术质量。教材资助项目,则直接由出版资助金管理委员会把关。

"随园文库"所收学术著作,须是南京师范大学著名教授的代表性作品。南京师范大学的历史,可上溯至 1902 年由清末名臣张之洞奏请创办的"三江师范学堂"。百年沧桑,几度分合,时序交替,迭经变迁,这所学校终成南京乃至全国高等教育的重要发祥地之一,成为许多名校之宗。各校取其所取,彰其所彰。唯师范主脉,绵延而下,为今南京师范大学所承继。近百年间,多少学界巨子,讲坛精英,举师范薪火,耀群星而璀璨,传万姓以燎原。尤其是中华人民共和国成立以来,大江南北,教育事业空前发达起来。处在江苏省师范教育龙头地位、在全国颇有影响的南京师范大学,越来越显示她巨大的作用和夺目的光彩。历史表明,要振兴教育,尤其是振兴高等教育,绝对要凭借一代又一代的名师硕儒,学术巨擘。否则,即使学校规模再大,也难免空头学府之讥。代表性学者的创造精神和他们的名家风范,对于文化的传播,对于科学的发展,对于学风的垂范,实在有无可估量的价值。出版他们的著作,虽然是求其学识品行于万一,但对于后学诸子,仍然弥足珍贵。

　　文库取名"随园",盖因南京师范大学之老校区,是在原金陵女子文理学院的院址上扩而大之,其地在南京城内清凉山东,小仓山下,据考证乃清代文学家袁枚"随园"之故地。"随园"早湮灭难考,袁枚在此所著《随园诗话》却久传不衰。青年大学生们常喜以"随园学子"自称。昔日"随园",亭台楼阁,堪称海内名园之最;今日校舍,雕梁画栋,享有"东方最美丽的校园"之誉。可见"随园"二字,内含多少文化信息! 以"随园"来命名这套文库,既发思古之幽情,又达传世之美意,更挟后学之襟怀,岂不善哉!

　　"青年学者文丛"所收著作,多为本校40岁以下之青年学者的扛鼎之作。他们正负重登山,不上则下。为他们出书,无疑是提供一点促进的助力。他们的著作,也许不如"随园文库"那样圆润周至,精辟老辣,但是他们敢立一家之言,敢树独家之帜,在知识创新的呼声日甚一日的今天,正顺应着时代的方向,代表着学术昌盛的未来。他们是学校学术发展的希望之所在。新一代的学界巨子,将从他们中间走出来。如果说,南京师范大学在过去一个世纪里曾经风光过,靠的是"随园文库"的作者那一批精英;那么,要风光未来的一个世纪,靠的将是这一代青年和他们的承继者!

　　"随园文库"和"青年学者文丛"要通过多年才能臻于完成。现在采用的是逐年申报、逐步实施的办法。每年申报的选题,经"随园文库"编辑委员会认真评选、投票表决而确定。出版费用由南京师范大学出版资助金全额资助或部分资助。从筛选书稿,到编辑校对、装帧设计,直至印刷包装,均严格按照出版精品的要求来对待,务求使其成为精品。这些书稿凝结着我校几代学者的心血汗水、聪明才智。为了确保这两套图书得以精品的面貌问世,我们对书稿本身的要求是比较高的。为此,作者或者其亲友传人("随园文库"的作者有的已经作古),在出版图书的过程中,付出了辛勤的劳动。在出版活动的各个环节,都有许多同志不辞辛劳、精益求精。谨此,我们一并表示衷心的感谢!

编辑出版这两套大规模的系列图书,我们尚缺乏经验。选题时间跨度较长,又涉及多种学科,有些书稿又需后人整理,客观上存在许多困难。我们一定通过自己不懈的努力,尽可能高质量地完成任务。但是,在编辑出版的过程中,肯定还会存在一些不足之处,祈请作者及读者海涵,并不吝赐教。

"随园文库"编辑委员会

1998 年 12 月

前　　言

　　差异和多样性是一切变化的动力之源,任何事物,任何种群,它们的差异性就是事实本身。金融是现代经济的核心,金融发展差异历来是理论界和实务界关注的话题,虽然江苏金融发展处于全国领先的水平,但江苏省内三大区域、各地级市、各县域之间仍然存在金融发展的差异。江苏金融发展差异是我国区域经济与金融发展差异的一个缩影和典型代表,对江苏金融发展空间差异进行研究对于缩小我国地区发展差距,制定相应的金融发展政策,保持经济健康运行具有重要意义。

　　从金融发展差异的理论背景来看,存在以下几个问题:第一,金融发展的概念界定不清。很多学者在研究金融问题时,时有"金融增长",时有"金融发展",时有"金融成长",定性是定量的基础,概念的模糊使得做实际研究缺乏理论基础。因此,需要对金融发展进行重新定性。第二,空间因素对经济金融发展固然重要,但并非唯一决定因素。世界重要的国际金融中心都有良好的区位条件,大部分位于大型经济体的交通枢纽和商贸中心,拥有便利的交通条件,但不是所有具有良好区位的地区都能发展成为国际金融中心。在江苏地区,尽管南通和连云港是最早被列入沿海开放的城市,但其金融发展相比于苏州、无锡、南京较为落后,所以研究影响金融发展的其他因素非常有必要,且需要运用其他学科的理论和研究方法。第三,金融综合竞争力仍存在进一步研究的空间。以往的研究侧重从金融总量和金融结构的角度去进行金融竞争力的排名分析,且大多聚焦于中国省域层面,缺乏对金融发展影响因素的系统考量,对于市域层面的研究成果也相对较少。

从江苏金融发展的实际背景来看,有一些值得研究的问题:为何南京的部分金融变量会被苏州超过?是什么力量在推动?为何南通的金融变量超过扬州和泰州?为何宿迁绝大多数金融变量总处于江苏最后一位?为何会出现金融资源集聚的现象?为何江苏地区经济金融发展相对较好的苏南地区难以对苏中、苏北形成有效的辐射?为何在江苏部分地区金融发展对经济增长的推动作用相对较弱?本书对金融发展空间差异进行了系统研究,包括金融发展差异内涵的界定和多学科比较,金融发展差异的统计描述,市域金融综合竞争力的比较,金融集聚、金融辐射以及金融发展对经济增长的影响的分析等,并结合江苏实际,探究金融集聚区建设和布局等。研究内容主要有以下几个部分。

第 1 章是导言。首先介绍江苏金融发展空间差异研究的理论和现实背景,创造性地对金融发展的内涵进行重新界定,并对金融发展差异进行系统的定性;其次,梳理不同学科的理论和方法在金融发展差异研究上的运用。基于以上内容对金融发展差异的相关文献进行综述。第 2 章到第 5 章全面系统地探讨了江苏金融发展空间差异。第 2 章对江苏金融发展空间差异进行了统计描述,采用了静态分析与动态分析相结合的方法研究江苏金融发展差异及其动态变化,这是认识江苏金融发展差异的基础。金融发展空间差异的统计描述是各地级市金融综合竞争力结果的反映,第 3 章对江苏市域金融综合竞争力进行了比较,既考虑影响金融发展的外部因素,又考虑金融发展本身,从金融发展系统差异的角度去构建江苏市域金融综合竞争力的指标体系。市域金融综合竞争力的研究中,对影响金融发展差异的区位、经济、制度及金融变量的分析属于静态层次,为了更好地动态反映对金融发展差异的影响,第 4 章对影响江苏金融集聚的因素进行了空间计量,在四力模型的基础上构造了金融集聚的机器人模型,对影响金融发展差异的系统因素进行动态层次的研究,且考虑了各地区的空间作用。金融集聚是研究金融发展差异加强,也就是金融发展极化的过程,形成金融增长极后会产生辐射效应,因此第 5 章探讨了江苏的金融增长极及其辐射,研究如何通过金融空间相互作用消减差异。以上几部分从金融总量、结构、系统视角对江苏金融发展差异进行了研究,不足的是缺乏对金融功能差异的探讨,本书第6章研究了江苏市域金融发展对经济增长的作用,分析了江苏13个地级市金融发展差异作用于经济增长有何不同之处,虽没有涵盖金融功能的所有方面,但也是对前几部分研究内容的有益补充。

本书的附录文章涉及对新经济地理学(空间经济学)学科应用的研究,对江苏发达地区和欠发达地区的金融支持、完善金融自组织的问题、江苏金融集聚区的建设研究,以及以建设"强富美高"新江苏为切入点,从经济发展、百姓民生、生态环境、社会文化四个维度去思考江苏的金融发展。

本书的学术价值在于:第一,将金融发展差异的总量观、结构观、系统观、功能观贯穿全书。不论是指标的引入、方法的应用,还是问题的分析,都建立在金融发展差异全新内涵界定的基础上。第二,多学科的研究视角。对金融发展差异进行研究不仅引入了新经济地理学(空间经济学),还结合了金融地理学、演化经济学、发展经济学、产业经济学等多学科视角的研究内容和方法,如:从新经济地理学的角度说明空间因素在江苏金融集聚中的重要作用;从发展经济学的角度说明江苏金融发展差异是存在的,存在金融增长极;从金融地理学的角度强调在江苏金融极的辐射中空间的相互作用;从演化经济学的角度说明金融自组织是重要的,金融发展作用于经济增长,需要完善金融自组织,才能促进金融系统功能的发挥。第三,创建了金融综合竞争力的四力模型(LESF模型)和金融集聚影响因素的机器人模型,进一步从静态和动态层次系统论述了区位、经济、制度等因素对金融发展差异的影响。

本书的应用价值在于:第一,充分认识和测度了江苏金融发展差异和综合竞争力,发现存在金融集聚的典型地区,可为江苏金融集聚区的规划和布局提供相应的依据。第二,通过对金融增长极辐射能力的测度,发现提升金融辐射能力要注意金融增长极能量的培育和金融辐射阻力的消减,据此提议建立跨行政区的金融中心或金融集聚区,以此带动省际合作,同时促进金融增长极周边地区经济金融发展。第三,本书关于金融发展动态差异、市域金融综合竞争力、金融集聚影响因素等专题的研究,对理论界和实务界进一步探索和研究金融发展差异问题具有一定的参考价值。本书的研究成果曾获"江苏省社科应用精品工程奖"二等奖2项,江苏省哲学社会科学界学术大会优秀论文一等奖1项、二等奖2项,多篇论文被引用。

当前及今后相当长时间内,金融发展的空间差异仍然是我国经济社会发展中存在的常态,对差异的认识和度量是基础,分析影响差异的系统性因素是关键,提出应对差异的方法是归宿。因此,金融发展空间差异的研究仍有着广阔的探索空间,本书所做的研究是初步的,真诚地欢迎理论界和实务界的同行们以及其他关心此问题的读者不吝赐教。

目 录

1 金融发展差异的内涵界定与多学科比较 ······ 1
1.1 金融发展差异内涵的重新界定 ······ 1
1.1.1 "金融增长""金融发展""金融成长"既存概念梳理和评价 ······ 1
1.1.2 金融发展差异内涵界定的四大维度 ······ 3
1.1.3 金融总量、金融结构、金融系统、金融功能的相互关系 ······ 6
1.2 金融发展差异的文献综述 ······ 8
1.2.1 金融总量差异 ······ 8
1.2.2 金融结构差异 ······ 10
1.2.3 金融系统差异 ······ 12
1.2.4 金融功能差异 ······ 16
1.3 金融发展差异的多学科比较 ······ 22
1.3.1 发展经济学的差异视角 ······ 25
1.3.2 金融地理学的差异视角 ······ 30
1.3.3 演化经济学的差异视角 ······ 34
1.3.4 新经济地理学的差异视角 ······ 41

2 江苏金融发展差异及其动态变化 ······ 49
2.1 江苏金融发展差异的静态比较 ······ 49
2.1.1 江苏金融业发展现状及与周边地区的比较 ······ 50
2.1.2 江苏三大区域金融总量和结构的比较 ······ 58
2.1.3 江苏各地级市金融总量和结构的比较 ······ 79

2.2 江苏金融发展差异的动态变化 ············· 99
　　2.2.1 金融发展差异动态变化的理论及方法 ······· 99
　　2.2.2 江苏区域经济运行变化的特点 ··········· 104
　　2.2.3 江苏金融发展差异动态变化的实证分析 ····· 109
2.3 结论 ··························· 127
　　2.3.1 江苏金融发展差异静态比较的结果 ········ 127
　　2.3.2 江苏金融发展差异动态比较的结果 ········ 129

3 江苏市域金融综合竞争力比较 ················ 133
3.1 江苏城市综合竞争力基本情况、模型及评价 ······· 133
　　3.1.1 江苏城市综合竞争力的基本情况 ········· 133
　　3.1.2 几种主要的城市竞争力模型 ············ 136
3.2 市域金融综合竞争力的指标构建 ············ 138
　　3.2.1 金融综合竞争力指标构建的理论基础 ······ 139
　　3.2.2 金融综合竞争力指标构建的实例及简要评价 ··· 140
　　3.2.3 江苏市域金融综合竞争力的指标构建：四力模型
　　　　　（LESF 模型） ···················· 142
3.3 江苏市域金融综合竞争力测度方法介绍 ········ 148
　　3.3.1 因子分析 ······················ 149
　　3.3.2 聚类分析 ······················ 150
3.4 江苏市域金融综合竞争力的实证 ············ 152
　　3.4.1 区位力 L 的因子分析和聚类分析 ········· 152
　　3.4.2 经济力 E 的因子分析和聚类分析 ········· 157
　　3.4.3 制度力 S 的因子分析和聚类分析 ········· 161
　　3.4.4 金融力 F 的因子分析和聚类分析 ········· 165
　　3.4.5 市域金融综合竞争力 FC 的因子分析和聚类分析
　　　　　··························· 170
3.5 结论 ··························· 174

4 江苏金融集聚影响因素的空间计量 ············· 180
4.1 金融集聚的理论基础 ·················· 180

    4.1.1 文献回顾 ·· 181
    4.1.2 金融集聚的理论介绍 ···································· 183
  4.2 金融集聚影响因素的理论假设及模型设定 ················ 186
    4.2.1 理论假设 ·· 187
    4.2.2 模型设定 ·· 190
  4.3 空间计量模型简要介绍 ·· 190
    4.3.1 空间依赖性和空间异质性的界定 ······················ 191
    4.3.2 空间相关性的检验 ······································ 193
  4.4 江苏13个地级市金融集聚的空间计量分析 ················ 196
    4.4.1 江苏13个地级市存贷款总和与GDP的空间差异
          描述 ·· 197
    4.4.2 江苏13个地级市金融集聚空间计量模型的
          选择与估计 ·· 201
    4.4.3 实证结果分析 ··· 203
  4.5 江苏县市金融集聚的空间计量分析 ···························· 205
    4.5.1 2002—2020年江苏县市存贷款总和与GDP的变化
          ··· 205
    4.5.2 江苏县市存贷款总和与GDP的空间差异描述 ······ 207
    4.5.3 江苏县市金融集聚空间计量模型的选择与估计 ····· 210
  4.6 结论 ·· 213

5 江苏金融极的辐射研究 ·· 216
  5.1 辐射的理论基础及定量方法 ···································· 216
    5.1.1 理论基础 ·· 217
    5.1.2 金融辐射力的定量方法 ································ 218
  5.2 基于金融竞争力的江苏金融极的辐射研究 ················ 221
    5.2.1 基于江苏市域金融综合竞争力的辐射研究 ········· 222
    5.2.2 江苏区域的金融极及其辐射 ························· 224
    5.2.3 跨越江苏行政区的金融极及其辐射 ················· 235
  5.3 结论 ·· 242

6 江苏市域金融发展对经济增长的作用机制及实证分析 ………… 245

6.1 金融发展与经济增长相互关系的研究综述 ………… 245
6.1.1 国外研究综述 ………… 245
6.1.2 国内研究综述 ………… 248

6.2 金融发展和经济增长相互影响的机制分析 ………… 250
6.2.1 金融发展影响经济增长的机制 ………… 250
6.2.2 经济增长影响金融发展的机制 ………… 255
6.2.3 金融发展与经济增长相互作用的机制 ………… 256

6.3 江苏市域金融发展影响经济增长的实证分析 ………… 257
6.3.1 江苏各地级市金融发展影响经济增长总量的分析 ………… 257
6.3.2 江苏各地级市金融发展影响经济增长其他方面的分析 ………… 261
6.3.3 去除金融因素后影响经济增长的因素分析 ………… 265

6.4 结论 ………… 272

建议与展望 ………… 275

参考文献 ………… 279

附录1 空间经济学:贡献与不足 ………… 300
附录2 苏南现代化示范区建设:金融服务视角 ………… 307
附录3 金融支持欠发达地区需要完善金融自组织 ………… 316
附录4 论发展金融集聚的典型地区——以江苏为例 ………… 325
附录5 "强富美高"新江苏金融高质量发展研究 ………… 335

后 记 ………… 347

1 金融发展差异的内涵界定与多学科比较

很多学者在研究金融问题时,时有"金融增长",时有"金融发展",时有"金融成长"的概念。定性是定量的基础,概念的模糊使得做实际研究缺乏基础。故本书先对现有"金融增长""金融发展""金融成长"的既存概念进行梳理和评价,在此基础上提出对金融发展变化的重新认识,给出金融发展差异的内涵界定,并对金融发展差异进行理论和实证研究的文献综述,继而梳理不同学科在金融发展差异理论和方法研究中的应用。

1.1 金融发展差异内涵的重新界定

描述金融发展变化的概念较多,经历了从"金融增长"到"金融发展"到"金融成长"的演化,这个过程体现三个特点:一是新概念的不断提出,二是后有概念对先有概念的"路径依赖",三是概念界定的多样化。

1.1.1 "金融增长""金融发展""金融成长"既存概念梳理和评价

第一,"金融增长"重视金融"量"的扩张。"金融增长"一般表现为金融资产规模相对于国民财富的扩展。戈德史密斯(Goldsmith,1968)主要用金融相关率(FIR),即金融资产总量与国民生产总值(GNP)的比值来反映金融增长程度;麦金农(Mackinnon,1973)设立了指标来衡量金融增长的水平,由此评价一国消除金融抑制战略的实际效果。麦金农和肖（Mackinnon and Shaw，1973）一概称之为"金融增长"，他们非常重视金融发展中"量"的扩张，即主要是金融机构、金融工具和金融资产规模的膨胀。同时，他们还认为金融增长是金融市场的形成与完全化的过程，金融发展实际上包含了金融市场的完善。总之，金融增长就是指金融资源存量与流量相对规模的变化。

第二，"金融发展"拘泥于金融现象本身。戈德史密斯（Goldsmith，1969）明确提出"金融发展"的定义，认为它主要是指金融结构的变化，而金融结构就是金融工具和金融机构的相对规模，他的金融理论主要是通过对一套体现金融结构特征指标的长期观察展开的，他第一次提出"金融结构"的概念，但更多地把金融发展拘泥于金融现象的实证研究。国内吴先满（1994）在他的著作《中国金融发展论》中把金融发展分成"金融资产增长、金融机构发展、金融市场成长和金融体系开放"，认为金融发展是以上四个方面综合形成的动态变化过程。

第三，"金融成长"虽融合了"金融增长"和"金融发展"，但缺乏系统性。张杰（1994）提出"金融成长"的概念，他认为金融发展是指金融资源配置效率与使用效率的高低，金融成长是对金融增长与金融发展概念的一种综合，内涵更为丰富。金融成长不但包括金融市场的完善与金融结构的变化，而且还包含金融结构的空间差异、部门差异、金融制度的变革、金融观念的转变以及金融努力程度的高低等等。持相同观点的还有张凤超（2001），他认为"金融成长"概念具有综合性和动态性，来源于对"金融增长"和"金融发展"内涵的融合和拓展，是实行统一的金融政策下特定地域空间的金融成长。一方面，区域金融成长内含于经济状态的形成与变化过程，不同的经济状态为区域金融成长提供了截然不同的成长条件和空间。另一方面，区域金融成长水平和能力为该地区经济发展提供内力支持。张凤超（2003）还研究了金融产业的非均衡成长规律，认为金融产业成长具有强烈的空间依附性，并对金融成长阶段进行了划分。

无论是金融发展还是张杰独创的金融成长概念都蕴含了金融增长，但又不只有金融增长。一方面，金融发展需要通过一定规模的金融增长来体现,否则金融发展就会变得不可捉摸,失去了考察分析的依据;另一方面,如果不与金融发展的其他内涵相联系,金融增长本身就只是一种数量符号,它的大小、快慢本身无法说明任何问题。因此,必须将金融发展的各种内涵结合起来才能看清金融运行状况的全貌。另外,金融成长的界定过于片面,原因在于对金融发展的界定停留在戈德史密斯的定义上。戈德史密斯认为金融发展就是金融结构的变化,这种认识是由他所处的特定历史阶段决定的,其对金融本身的认识是片面的,具有阶段性,而金融是一个处于不断发展中的概念,所以人们对于其本质和涵盖的范围存在着认识上的差异,对金融的认识必然经历一个由浅到深、由现象到本质的过程,而且经济学家的学术背景、国别、所处经济环境、研究视角不同,对金融发展的界定也就存在差异。

1.1.2 金融发展差异内涵界定的四大维度

金融发展可从发展的概念本身去界定。发展本身是一个哲学概念,指事物由小到大,由简到繁,由低级到高级,由旧质到新质的运动变化过程。事物发展的原因是事物联系的普遍性,事物发展的根源是事物的内部矛盾,即事物的内因。唯物辩证法认为,物质是运动的物质,运动是物质的根本属性,而向前的、上升的、进步的运动即发展。发展的本质是新事物的产生和旧事物的灭亡,即新事物代替旧事物。李鹏程(1994)提出,哲学的发展概念,绝不应该是单纯的(简单的)抽象性,就像人们经常指责哲学的那样,用十分抽象和烦琐的话语来谈论本来在现实中十分简单的事情,或者所谈论的一大堆概念与现实毫无联系。笔者认为,金融发展是金融总量由小变大,金融结构由简单到复杂,金融系统由低级到高级,金融功能由旧质到新质的运动变化过程。因此,金融发展差异蕴含金融发展总量、结构、系统和功能的差异。

第一,由小变大、由少变多的金融总量观。金融发展有量的体现,存在着量变,可以去衡量,是显性的。比如可以去度量一个国家或地区的货币量水平,可以去度量存贷款数量、上市公司数量与融资额、债券发行量、保费收入、国际直接投资、国际储备等,可以了解现存金融规模水平的绝对和相对变化。金融发展总量在戈德史密斯、麦金农和肖及后继者卡普尔、马西森、加尔比斯、费赖以及国内学者如张杰(1995)、白钦先(1998)、张凤超(2003)、黄解宇(2008)、杨再斌(2006)、李敬(2008)、何风隽(2010)等的研究中都有体现。可以发现,金融发展是金融总量由小变大、由少变多的过程,存在不同时空的差异。

第二,由简单到复杂的金融结构观。戈德史密斯在《金融结构与发展》一书中写道,"迄今为止,在现代经济理论体系中,还没有一种关于金融结构与发展的理论,金融理论研究的职责就在于找出决定一国金融结构、金融工具存量和金融交易流量的主要经济因素,并阐述这些因素怎样相互作用促成金融发展的",他确立了一个金融结构与发展问题的框架并在金融研究中成功运用,在20世纪90年代兴起的新金融发展理论中仍然可以见到金融结构论的影子。除了传统金融结构理论,另一种理论就是根据金融体系中银行部门和金融市场所起作用大小的不同,将金融体系分为市场主导型和银行主导型。如艾伦和加尔(Allen and Gale,1999)、莱文(Levine,2002)、LLSV(1998)深入到一国法律体系的渊源及特征与各国金融发展及金融结构的联系上,认为法律制度决定了金融体系中金融服务的内容和质量以及结构差异。国内王兆星(1990)、张军洲(1995)、韩再平(2002)、刘仁伍(2003)等对金融结构进行了多角度的分析。从国内外长时间的连续研究中,可以看到金融发展在金融结构上的表现是由简单到复杂的。

第三,由低级到高级的金融系统观。系统思想源远流长,但作为一门科学的系统论,人们公认是由美籍奥地利人、理论生物学家贝塔朗菲(L. Von Bertalanffy)创立的。他在1932年发表"抗体系统论",提出了系统论的思想。[①] 白钦先(2003)认为,现代金融是一个复杂

[①] 确立这门学科学术地位的是1968年贝塔朗菲发表的专著《一般系统理论基础、发展和应用》(*General System Theory: Foundations, Development, Applications*),该书被公认为是这门学科的代表作。

的巨系统,周小川(2005)最早将生态学的概念引申到金融领域,强调用生态学的方法来考察金融发展问题,他认为"金融生态系统"是指金融运行的外部环境,金融运行的一些基础条件、法律制度环境是金融生态的主要构成要素,其次它还包括金融体系的完善程度、中介服务体系的完善程度,企业改革也是改善金融生态的重要方面。其他学者如李扬(2005)、徐诺金(2005)、苏宁(2005)、黎和贵(2007)、伍艳(2009)等也进行了相应的研究。可以发现,如生态系统一般,金融系统随着金融范畴的扩大,经历了一个由低级向高级演化的过程。

第四,由旧质到新质的金融功能观。在金融产生之前,自给自足或简单的物物交换构成人类生活的主要内容,金融的产生开创了一个完全不同的世界,金融功能主要体现为金融系统的作用,这是金融发展的内在本质所在。默顿、博迪等人(1995)将金融发展视为一个金融功能从简单向复杂演进的一个过程,金融功能的提高意味着金融的发展。金融所承载的功能也从起初的支付结算功能慢慢地扩展,逐渐包括资源配置、风险管理等功能,金融效率也在不断提高。莱文(Levine,1997)从降低交易成本角度,认为金融功能包括便利商品和服务交易、动员储蓄、获取信息和配置资源、监督经理和实施公司控制、便利风险转移和分担五项。国内的曾康霖(1993)、白钦先(1998)、韩再平(2002)、郑长德(2007)对金融功能进行了界定,杨德勇(1997)、王广谦(1997)、王振山(2000)、冉光和(2004)从效率角度进行了分析。可以发现,国内外研究者研究的共性是都从金融与经济的关系着手,研究金融发展对经济的影响,也有部分学者研究金融发展对外部环境的影响。金融发展即金融功能的演进,体现为由旧质向新质的演进过程。

综上所述,金融发展包括金融总量变化、金融结构变迁、金融系统优化和金融功能演进,这不同于上文的"金融增长""金融发展"和"金融成长"。对金融发展差异的研究应关注金融总量差异、金融结构差异、金融系统差异和金融功能差异。

1.1.3　金融总量、金融结构、金融系统、金融功能的相互关系

既然金融总量、金融结构、金融系统和金融功能都是金融发展有机结合的整体,那就还需要厘清它们之间的关系。

第一,金融总量与金融结构的关系。 经济学中对于经济本身的变化长期用"增长"一词来形容。亚当·斯密在《国富论》中,指出经济学的目的是富国强民,促进国民财富的增长。他认为分工促进劳动生产率提高,是决定一国国民财富增长的主要因素。二战后,经济增长研究成为一个独立的理论领域,如哈罗德—多马的增长理论、新古典经济增长理论、内生经济增长理论等。而较早使用发展来概括经济变化的奥地利籍经济学家熊彼特,认为发展并非从外部强加于经济的,而是从经济内部自行发生的变化。仅仅是经济的增长并不是经济发展,因为经济在质上没有产生新的变化。他认为,经济发展是种特殊的现象,它是循环流转过程中自发的和间断的变化,是对均衡的干扰,它永远在改变和替代以前的状态,动力来自企业家的创新。

传统理论认为金融总量和金融结构分别是金融发展的量与质,认为金融总量发展积累到一定程度就会发生质的变化,即金融结构的变迁。笔者认为,金融总量和金融结构是两种不同的变化,既不能将两者混淆起来或等同起来,也不能将两者对立和割裂开来;在金融总量变化的过程中有部分金融结构的变化,金融结构变化的过程中有金融总量的增减,你中有我,我中有你,互相转化;金融的发展变化并不是先从单纯的总量变化开始,金融总量积累到一定程度才发生金融结构的变化,而是从金融发展一开始就既有金融总量的变化,又有金融结构的变化,两者同时开始,相伴而行,谁也离不开谁,根本不存在金融结构的变化是金融总量积累或相加的结果,它是与金融总量同时开始的部分金融结构变化积累的结果。这就是我们分析金融发展首先要厘清的问题之一:金融总量和金融结构的关系。

第二,金融系统与金融功能的关系。 通常把系统定义为由若干

要素以一定结构形式联结构成的具有某种功能的有机整体。这个定义包括了系统、要素、结构、功能四个概念,表明了要素与要素、要素与系统、系统与环境三方面的关系。金融系统是由若干个相互联系的基本要素构成的具有确定的特性和功能的有机整体,在这个大系统中,作用者就是家庭、企业、政府,当然最基本的要素单位是人,每一个作用者都处于他自己和其他作用者相互作用形成的一个系统环境中。每个主体就像生物一样,具有生命性、竞争性和自适性;每个主体又是进化的,存在优胜劣汰。系统内有一定的结构秩序,而且有特定的环境,包括政治、经济、文化、法治等环境,正如自然生态总是在一定自然环境下形成的。除此之外,金融系统还是一个具有自我调节功能的体系。

综上所述,功能是金融系统的功能,金融系统是金融功能的载体,没有这个系统就没有功能,所以金融系统是构成金融功能的第一要素;功能的发挥是在特定的系统环境下进行的,从这一角度来讲,金融功能是在特定的金融生态环境中发挥的,也就是说环境有需要,系统功能才会显现。在一个系统中,任何作用者都在不断地满足于系统环境的需求而改变自己的行动以及自身组织等。金融环境变化导致金融系统变化,金融功能也随之改变。

第三,金融结构与金融功能的关系。任何一个现实的系统,都具有一定的内部结构,也具有一定的功能。实际上系统中要素之间相互联系、相互作用。功能不能脱离结构而存在,因为系统的结构是系统功能的基础,只有金融系统结构合理,系统才会有良好的功能,不同金融结构具有不同的功能。从系统的过程来看,金融结构和金融功能实际是对立统一的,金融功能在适应不断变化的环境的同时又反作用于系统的结构,促进金融系统结构的改变,改变了的金融结构可以具有更佳的功能,使得金融功能得到更好的发挥。因此,金融结构与金融功能的动态相互作用过程,也是金融系统的发展过程。

1.2 金融发展差异的文献综述

如果用 FD(financial development)代表金融发展,Q(quantity)代表金融总量,S(structure)代表金融结构,E(ecology)代表金融生态系统(简称"金融系统"),F(function)代表金融功能,那么,$FD=f(Q,S,E,F)$。金融发展差异蕴含金融总量差异、金融结构差异、金融系统差异和金融功能差异,下文以此对金融发展差异做系统的文献综述。

1.2.1 金融总量差异

从总量角度研究金融发展主要集中在金融资源内涵界定、金融资源分布差异、金融资源配置、金融资源结构等方面。以下从理论和实证两个层面进行梳理。

从理论层面来看,张杰(1994)将金融资源规模大小看作金融成长的量的规定性。国内金融资源理论的提出者白钦先(1999)认为,金融资源包括三个紧密相关的资源层次:一是基础性核心金融资源,即广义的货币资本或资金;二是实体性中间金融资源,包括金融组织体系和金融工具体系两大类,这与戈德史密斯的金融结构相一致;三是整体功能型高层次金融资源,这是货币资金运动与金融体系各组成部分之间相互作用、相互影响的结果。张凤超(2003)认为金融作为一种稀缺资源,是由多层次要素复合而成的综合体。金融资源学说是建立在三个假设前提之上的:金融是资源,社会、经济、金融是一个复杂的复合巨系统,社会、经济、金融系统的正常运行建立在相关资源因素协调运行的基础之上。崔满红(1999)、柳明(1999)、陆家骝(2000)都分别对金融资源进行了内涵的界定。张凤超(2003)、黄解宇(2008)、杨再斌(2006)探讨了金融资源的地域运动。韩大海(2007)认为,城乡金融资源配置差别太大,区域金融资源配置的失衡导致了全国城市商业银行流动性过剩。李敬等(2008)提出金融资源供给与金融资源需求在空间分布上的差异性,金融监管存在区域差异性。何风隽(2010)提出金融资源具有双重性:一是它本身是一种资源,二是金融资源又是一种可以对其他资源包括自然资源和社会资源具有再配置功能的资源。所以金融资源不同的配置方式(政府配置、产权配置、价格配置)具有不同的效应。黄蓓(2010)认为,中西部地区的金融资源产出弹性大于东部地区,也就是其金融资源的增加对地区经济增长的贡献度更大,提高金融资源增长率对其地区产出增长带来的相对收益要大于东部地区。可见,缩小区域金融资源的配置差异对缩小我国区域经济增长的差异起着至关重要的作用。刘贵生(2010)在对陕西金融发展进行研究时,认为做大金融业总量是强省的重要推动力。蔡则祥等(2016)对金融资源和实体经济的关系进行了理论分析,并在此基础上提供了金融资源配置优化支持实体经济发展的对策。

实证方面,王纪全等(2007)通过对1994—2004年相关数据的比较和分析来反映我国金融资源的地区差异并实证分析金融资源对区域经济增长的影响,我国金融资源分布不平衡,东部地区集中了全国绝大多数金融资源,且人均金融资源远远高于全国平均水平,这种不合理的地区分布导致金融资源的配置效率不高,中西部地区的金融资源难以满足经济发展需求。任亚军(2007)分析了江苏苏南和苏北、中心城市和县域融资的不平衡现象,发现信贷资金过多流向苏南,集中于大城市,在贷款增量的速度上苏南也明显快于苏北;他还对苏南和苏北、中心城市与县域经济2003—2007年的经济指标进行了实证检验,分析出影响南北经济差异的因素有国有银行信贷资金配置、经济开放程度、固定资产投资度,分析出影响城乡之间金融资源配置水平差异的因素有固定资产投资度、第二产业占国内生产总值(GDP)的比重、金融业发展速度。卢颖(2009)运用全国31个省市1992—2007年的相关数据,从总值和人均值的视角分析了存贷款、证券筹资、实际利用外资、保费收入等各类金融资源的地区分布差异以及演变情况,再利用基尼系数、变异系数和泰尔指数对金融资源地区分布差异进行了度量,认为我国金融资源地区分布差异扩大的趋势主要是由经济发展的外生因素(如自然区位及政策性制度因素)和内生因素(如以资本回报率为基础的市场机制建设)两方面决定的。

王婷(2010)认为,在歧视性金融资源配置的行为下,区域非均衡发展造成了区际金融发展差异并使其不断得以固化,通过对2000—2008年中国省际面板数据的研究发现,中国地区在经济发展水平、社会发育程度以及开放程度等几个方面的发展差异对区域金融资源配置差异有着显著影响。杨伟中等(2020)从经济扩张期和经济收缩期方面分析了金融、技术与经济的动态传导机制,并对金融资源配置、技术进步和经济增长之间的关系进行了实证,针对金融供给端和需求端分别提出了对策建议。

1.2.2 金融结构差异

戈德史密斯(1969)提出金融发展是指金融结构的变化,因此研究金融发展必须以金融结构在短期或长期内变化的信息为基础。这些信息既可以是各个连续时期的金融交易量,也可以是不同时间点上对不同金融结构的比较。他认为金融发展主要表现为金融工具、金融机构形式、性质、规模、比例、数量的变化以及金融结构的不断升级和优化,衡量一国或地区的金融发展水平主要就是衡量其金融结构的水平,金融的规模与结构的差异是解释各国金融发展和经济绩效差异的关键因素。他还创造性地提出衡量一国金融结构和金融发展水平的存量和流量指标,第一次对各国金融发展的差异进行了数量研究和比较研究。

除了传统金融结构理论,另一种理论就是根据金融体系中银行部门和金融市场所起作用大小的不同,将金融体系分为银行主导型和市场主导型。第一类是推崇银行导向结构的观点,如艾伦和加尔(Allen and Gale, 1999)认为银行可以降低交易成本,提供跨代风险分担和流动性保险;迪蒙德和迪布维格(Dimond and Dybvig, 1983)、西林和图法诺(Sirri and Tufano, 1995)认为银行通过降低交易成本和克服信息不对称,可以更好地动员储蓄。这些学者被莱文(Levine)称为银行的支持者(Banketeers)。第二类是推崇市场导向结构的观点,如戈汗和卡波格鲁(Gokhan and Capoglu, 1991)、布莱克和默施(Black and Moersch, 1998)等,莱文把这些学者称为市场的支持者(Marketeers)。从这一点来说,不同国家金融发展差异体现在其是以银行为主导的金融体系还是以市场为主导的金融体系。也有学者认为不管是以银行为主导的金融体系还是以市场为主导的金融体系,都是为企业和产业发展服务的,所以不赞成将两者对立起来,而是强调金融的服务功能,所以金融发展差异体现在金融服务的差异上,这就是莱文的"金融服务观"。与金融服务论相近的还有法律主导论,该观点认为法律制度决定了金融体系所能够提高的金融服务的内容和质量以及金融体系的结构差异,法律系统的健全和效率所决定的金融服务水平和质量是资源有效配置和经济增长的关键,即"LLSV观"。

国内学者对金融结构的认知程度也不断提高,定性和定量研究都取得了较大的进展。王兆星(1991)对金融结构做了很细致的划分,横向上金融结构是由金融主体结构、金融客体结构、金融形式结构、金融价格结构、金融市场结构和金融管理结构等组成的有机整体,纵向上则是由宏观管理、中观市场和微观基础构成的有机整体。张军洲(1995)认为,要构造新的区域经济发展格局,就必须研究区域金融结构的变动和发展规律问题,区域金融结构差异互补和相互关联构成一国的区域金融体系,从而明确界定了区域金融研究范畴。潘渭河(1997)比较了中外金融结构的差异。方先明(1999)将制度经济学引入金融结构的研究之中。韩玲慧(2000)分析了金融结构的变迁与企业制度创新的关系。韩再平(2002)认为,我国金融结构的形成很大程度上不是取决于市场,而是取决于政府。他还描述了我国"一高七偏"的金融结构,即指金融相关率高,非金融机构的融资结构偏向间接融资,金融机构类型结构偏向商业银行机构,银行市场结构偏向大银行垄断,银行所有制结构偏向国有银行,银行贷款类型结构偏向企业生产经营贷款,银行贷款对象结构偏向国有大型企业贷款,金融区域结构偏向大中城市。刘仁伍(2003)探讨了区域金融结构和金融发展的关系,并结合海南的实际进行了实证分析,他认为金融的区域分布呈现非均衡特征,其发展的梯度性、阶段性、区域性几乎是一般规律。胡振华(2007)、沈友华(2009)、王书华(2010)讨论了金融结构差异与货币政策区域效应的关系等。林毅夫等(2009)认为,一国要素禀赋影响其产业结构,而产业的规模特征和风险特性决定其不同金融需求,因此,经济发展阶段的最优金融结构要与实体经济对金融服务的需求相适应。龚强等(2014)进一步证实了经济发展不同阶段产业结构与金融结构的关系,认为银行主导的金融结构适于中国目前所处的发展阶段。张成思、刘贯春(2016)论证了最优金融结构的存在性、动态特征和经济增长效应,以金融监管视角为切入点,目标函数为实现社会福利最大化,约束条件为资本的动态积累,以此验证了最优金融结构的存在性。景光正等(2017)从理论与实证方面系统研究了金融结构对技术进步的影响,认为市场主导型金融结构更有利于一国技术的进步。赵瑞政等(2020)从金融结构视角入手,论述了金融供给侧结构性改革的主线及其理论基础,从可量化角度对我国金融供给侧结构的现实表现进行了比较分析。

1.2.3 金融系统差异

金融发展差异的研究不能仅仅停留在金融发展本身,就金融而论金融,还需与影响金融发展的外部环境相结合,进行系统的分析,故下文对国内外关于金融系统差异的研究进行了简要的归类。拉波塔等(La Porta, et al., 1998)首先提出生态环境差异理论。其主要核心观点是,由历史发展所形成的法律传统差异可以在一定程度上解释当代各国金融发展的差异。阿西莫卢等(Acemoglu, et al., 2001)创新地提出环境禀赋理论,他们采用前殖民地国家为样本,比较系统地分析了前殖民地国家的自然环境、殖民者的死亡率等因素对经济发展的影响,虽然环境禀赋理论不是有关金融发展的理论,但其讨论环境禀赋对殖民地制度和发展影响的理论以及分析方法却适用于经济增长和金融发展因素的分析。

刘仁伍(2003)认为区域金融发展差异的基本构成要素集中表现在四个方面,社会经济环境差异是影响金融发展差异的原因之一。[①]

[①] 他认为金融发展差异包括:空间差异、金融结构与发展水平差异、吸纳与辐射功能差异、社会经济环境差异。

随后李扬等(2005)以"金融生态环境"代替"金融生态",并认为构成金融生态环境的要素按其重要性排序,依次是法治环境、经济发展水平、金融部门独立性、企业诚信、地方金融发展、地方政府公共服务、社会诚信、中介服务和社会保障,他们还认为经济地理与文化差异、地区经济发展路径差异、中央政府所主导的非均衡区域发展战略以及地方政府行为的差异是造成区域金融生态差异的主要因素。徐诺金(2005)将金融生态系统概括为各种金融组织为了生存和发展,与其生存环境之间及内部组织相互之间在长期的密切联系和相互作用过程中形成的具有一定结构特征、执行一定功能作用的动态平衡系统,金融生态由金融生态主体、金融生态环境和金融生态调节组成,具有进化性、竞争性、创新性以及稳定性。苏宁(2005)认为"金融生态系统"是个比喻,是借用生态学的概念来比喻金融业运行的外部环境,主要包括经济环境、法治环境、信用环境、市场环境、制度环境等。黎和贵(2007)认为,那些经济发展较快的地区,往往是法治环境相对较好、地方金融发展较快、金融部门独立性较强、社会诚信水平较高、社会保障程度较完善的地区,这样的地区恰恰是金融生态环境良好的地区,因此,改善金融生态环境,提高经济发展水平,实现经济可持续发展,必须从影响金融生态环境的不同因素及不同层面上加以完善与改进。任亚军(2007)对欠发达地区融资结构失衡的原因做了分析,认为经济基础薄弱,金融发展滞后导致缺乏匹配的信贷服务手段与方式,金融生态环境欠佳是欠发达地区融资结构失衡的主要原因。伍艳(2010)认为区域金融生态存在的差异表现为:信用行为的表象性差异、动态平衡的联动性差异、能量传递的内生性差异和利益制度的本质性差异。金融系统相关文献主要研究内容体现在以下几个方面。

第一,政府政策和行为的差异。李扬等(2005)指出,虽然造成地区金融生态环境差异的原因非常复杂,但其中的关键因素始终是地方政府行为。许秋起、刘春梅(2007)引入金融发展的"LLSV 结构"理论和拉詹(Rajan)、津加莱斯(Zingales)的金融发展利益集团理论,试图发展一种更为丰富的金融制度演进的社会经济动力学理论。金融发展的"LLSV结构"理论侧重法律渊源、法律传统在社会权力结构中的突出作用,把其设定为核心影响因素;金融发展利益集团理论洞察了金融制度的内生性质、利益集团的组织能力、社会权能的作用。现实的金融制度均衡只是一种静态均衡,社会权力结构、利益结构的演进过程决定着制度演进的过程,而金融制度安排的演变决定着金融发展的水平。刘煜辉等(2008)分析了地方政府行为模式及其对地区金融生态的影响,认为中国的经济改革是一个从中央向地方分权的过程,分权化改革曾经极大地激发了地方政府的积极性和活力,但过于强调"下级政府自主动员资源"的能力,导致金融资源配置的行政化不断加强,从而导致当前的金融运行出现各类问题。研究金融发展差异的绝大多数学者如张军洲(1995)、殷德生和肖顺喜(2000)、蔡志刚(2001)、伍海华(2002)、李兴江和赵峰(2003)、陆文喜和李国平(2004)、赵伟和马瑞永(2006)、崔光庆和王景武(2006)等都认为政府政策和行为是影响金融发展差异的原因,方先明(2013)在分析我国金融生态环境现状的基础上,从政府的职能出发,阐述了地方政府在金融生态建设中应承担的职责。黄昱然等(2018)考察了地方债务压力和地方金融差异的变化,对地方政府债务的经济增长效应进行了研究,发现政府债务行为有可能诱发金融风险。安勇、王拉娣(2021)认为地方政府干预程度的加深与研发资助力度的加大,能够强化金融要素扭曲的创新效率与抑制效应。

第二,法律因素的差异。西方许多经济学家早已认识到,研究法律制度和金融体系的演化是理解经济发展的关键(North,1981;Engerman and Sokoloff,1997)。LLSV(1998)认为,法律的质量主要取决于两方面:一是法律规定的特征,二是法律的实施质量。功能完善的法律体系有助于金融中介和金融市场的运行。他们认为金融是一组合约,这些合约是通过法律权利及其执行机制来界定的。之后,他们又分别从代理成本和分红政策、投资者保护和公司治理、投资者保护和公司价值等多个角度研究了法律和金融发展的关系。LLSV(1999)对27个发达国家大公司控制权结构的实证研究表明投资者保护程度跟所有权集中度成反比,且发现各国对投资者的保护程度与法律体系高度相关,和法规特征也相关,对股东权利的保护程度与上市公司数量和股票市场规模密切相关,对贷款人权利的保护则与银行信贷和债券融资的规模相关。莱文(Levine,2000)认为通过建立强有力的法律体系并有效地执行法律来保护外部投资者对于提高金融服务水平非常重要。布尔卡尔等(Burkar,et al.,2002)从动态的角度也得出了类似结论。皮斯托等(Pistor,et al.,2002)研究了法律与金融管制的关系,他们提出一个分析各类法律机构的框架,通过案例研究表明,具有剩余法律制定权和主动法律实施权的金融市场管制者的出现,是对高度不完备的法律制度下司法效率不高做出反应的结果。

卢峰、姚洋(2004)利用20世纪90年代中国省级单位的数据,实证检验了我国法律与金融的关系,他们通过计量研究发现提高私人部门获得的银行信贷份额,可推动银行业的竞争,如果抑制了私人投资,法治的加强会使金融资源通过不正规渠道流向非国有部门受阻,但不利于资源的有效配置及金融发展,并损害了非国有部门的成长,因此法治只有在其他配套制度安排完善的情况下才能发挥良性作用。谈儒勇、吴兴奎(2005)认为,一个地方的律师及律师事务所的数量可以大体反映出该地的律师工作水准,而律师工作水准直接与人们的民事诉讼意愿和能力相关,因此选取了每万人律师数、每万人的律师事务所数和每万平方千米的律师事务所数作为指标,对我国各地区金融发展差异提出了司法的解释,他们认为司法水准对区域金融发展差异具有一定的解释力。赵劲松(2012)发现近代商人在公司法对投资者的保护普遍缺失的制度环境下,通过与政治力量结合、依赖家族纽带等形式可获得相对安全的产权保护,这使近代企业的股权集中度普遍较高,直接金融市场发展较为落后。崔巍、文景(2017)构建了委托—代理投资博弈模型,论证了社会资本和法律制度水平对一个地区金融发展的影响,发现社会资本与法律制度相互补充、相互促进。还有学者从绿色金融以及普惠金融的视角论述金融发展过程中存在的集资诈骗、信息泄露、信用违约等道德风险,强调构建法律体系的重要性。

第三，其他方面。 谢平(2004)认为，金融风险的差异影响着我们国家的投资、贷款、劳动力转移，甚至影响经济的一切方面。金融风险差异的影响因素有三个：产权保护程度、法律公正程度以及地方政府的信誉。金融风险差异也是金融系统差异的一部分。笔者认为，历史、文化、传统皆属于金融系统的范畴，历史、文化、传统作为历史、文明、思想、价值的综合体现，越来越成为民族凝聚力和创造力的重要源泉，成为综合国力竞争的重要因素，成为经济社会发展的重要支撑[①]，同样也是影响金融发展差异的重要组成部分。

1.2.4 金融功能差异

以前的经济学家们主要是从金融的某一功能方面对金融在经济增长中的作用加以认识，随着金融总量、金融结构、金融系统的不断变化，对金融功能的认识也需要不断地丰富。

第一，金融功能范畴的变化。 亚当·斯密从金融的媒介功能，熊彼特从金融的信用创造功能，格利和肖从金融储蓄转化为投资的功能，帕特里克从金融的资源配置功能方面研究了金融对经济的作用，而希克斯强调金融在提供流动性以分散风险方面的功能。默顿(Merton,1995)提出基于功能观点的金融发展理论。他提出两个假设：第一，金融功能比金融机构更稳定，随着时间的推移和区域的变化，金融功能的变化要小于金融机构的变化；第二，金融功能优于组织结构，即金融机构的功能比金融机构的组织结构更重要，只有机构不断创新和竞争才能最终使金融体系具有更强的功能和更高的效率。长期以来，中国金融体系承担某种财政功能，特别是对国有经济的财政补贴功能(张杰,1998;周立、胡鞍钢,2001)。塞文克(Sevinc,2006)等一些研究者指出，金融功能的发挥需要以跨过某一"门槛"(threshold)为条件，在达到此"门槛"之前，金融功能无法有效发挥作用，对经济增长的推动作用是有限的，有时甚至是负面的，但伴随着经济社会的发展，达到了"门槛"所需的特定条件时，金融充分发挥作

---

① 《中国金融》2011年第21期卷首语。

用,或者是发挥出更大的效用,真正促进经济增长。

国内学者韩再平(2002)将金融体系的效能概括为流动性和增值性两个方面。流动性效能指,由于金融体系的作用,资源可以更充分地流动,金融体系在增强资源流动性的同时也就为资源配置的优化创造了条件。他认为,一种有效率的金融体系本身就包含着增强资源流动性,进而不断改善资源配置,使之趋于最优状态的机制。增值性效能是指资源可以更多地增加价值,如金融体系减少、分散、转移风险的职能具有增值性效能,进而他认为一个有效率的金融体系往往都包含增加资源价值,使之趋于最大化的机制。郑长德(2007)在默顿(1995)的基础上分出金融体系的六项核心功能——清算和支付结算、聚合资源和细分股份、通过时间和空间转移资源、管理风险、提供信息、处理激励问题,并从功能观角度提出了金融体系促进经济增长的机制。李洪梅等(2014)从金融功能观角度研究互联网金融,认为互联网金融是金融发展中金融功能提升推动下的一种产物,是利用现代信息科技进行金融功能完善与创新的一种尝试。彭俞超(2015)将金融功能完善界定为金融效率更高、金融稳定性更强、金融可及性更好,并提出我国金融结构的市场导向是金融改革的一个重要目标。杨胜刚等(2016)基于金融功能理论,从支付方式、资源配置、风险控制和信息处理四个维度构建了衡量互联网金融发展效率和均衡水平的指标,认为金融功能理论不但较好地体现出金融发展的特点,也折射出互联网金融发展有序性和协同性的耦合。孙静等(2019)认为金融体系通过风险管理、信息处理、公司治理三大功能实现对技术创新的促进作用,金融结构不同则金融功能也不同,要与技术创新的风险和信息特征相适应。郑联盛(2019)提出金融供给侧结构性改革要以金融体系功能性改进为核心,以交易促进、资源配置、风险管理和经济调节等功能的提升为依托,提高供给体系适应性和灵活度,完善金融服务实体经济的整体功能。

效率是金融功能演进的核心基础和本质属性,同时,效率也是金融功能承载的本质要求,下文从金融效率差异、金融市场差异和金融深化差异等方面对相关文献进行梳理。

第二,金融效率差异的界定。金融效率是包括宏观功能效率和微观配置效率、静态效率和动态效率在内的一种相互结合、相互协调的效率体系。最早提出"有效市场"思想的是巴舍利埃(Bachelier),他于 1900 年提出的这一思想在经济学研究中长期被忽视,直到 20 世纪 50 年代后期,其价值才被萨缪尔森重新发现。关于效率的表述方式有两种主要观点:一是格雷戈里和斯图斯特(Gregory and Stusrt,1985)提出的"在一定时期内对可获得的资源的有效利用",萨缪尔森(Sumuelson,1989)提出的"在既定资源和技术条件下,能给消费者提供最大可能的商品组合,即效率是配置效率的简称"。

在萨缪尔森微观经济分析和罗伯茨(Roberts)市场分类法的基础上,法玛(Fama,1970)比较全面地提出了有效市场理论和经验的研究方法,定义了三种不同水平的市场效率(信息效率):弱式有效性、半强式有效性、强式有效性。在大量的现代金融文献中,市场效率指的就是金融市场的信息效率,或者称为价格效率。除了信息效率之外,还包括运行效率(Freund,et al.,1997)和市场的分配效率(Emerson,et al.,1997)。莱文(Levine,1997)对不同金融体系的效率做了大规模的跨国比较,在实证方面有多种尝试。贝克等(Beck,et al.,2000)揭示出金融发展并不是和高资本积累率强相关,而是和高生产率强相关,这也就暗示着经济增长是由金融市场的分配效率促进的。

国内关于金融效率的界定有以下观点。杨德勇(1997)将金融效率分解为宏观效率、微观效率和市场效率三个方面。王广谦(1997)将金融效率分解为金融机构效率、金融市场效率和金融宏观效率三个方面。叶望春(1999)将金融效率分解为金融市场效率、商业银行效率、非银行金融机构效率、企业融资效率、金融宏观作用效率和中国人民银行对货币的调控效率这些方面。王振山(2000)从负债角度给金融资源下了定义,他将帕累托效率最优理论这一传统经济学方法全面应用于金融效率分析,提出金融效率是指金融资源的配置达到帕累托最优状态。冉光和(2004)认为金融资源的配置效率可以从动员效率、分配效率和调控效率方面进行分析。表1.1对传统金融效率理论与现代效率理论进行了比较。

表1.1 传统金融效率理论与现代效率理论的比较

传统金融效率理论	现代效率理论
1. 福利经济学 帕累托最优的一个引申：任何一对融资品之间的边际融资替代率等于两种商品价格之比 任何两种金融商品的边际替代率必须相等 任何一对金融商品的边际融资转换率与投资者的边际替代率相等 2. 凯恩斯主义和货币主义的金融效率理论 凯恩斯主义：M-i-I-E-Y 货币主义：M-E-I-Y	1. 金融深化论和金融抑制论 金融深化的储蓄效应、投资效应、就业效应、收入效应 发展中国家需要解除金融抑制，通过资金市场自由化使得利率提高到足以反映资本稀缺程度，并消除通货膨胀 2. 行为金融学：信息效率 3. 金融可持续发展理论 金融经济效率为复杂的系统，注重各关联系统之间的协同，注重时空的统一

关于金融效率的测度与实证研究主要在金融效率的区域差异以及不同领域金融效率的研究上。陆远权等（2012）运用数据包络分析法（DEA）测度我国1995—2009年的金融效率，并运用泰尔指数分解，认为区域内差异对区域金融差异的影响较大。张亮等（2012）运用系统广义矩估计（System GMM）和固定效应模型的方法对金融效率差异对于外商投资的影响进行研究，发现金融效率差异的增大会抑制外商投资。许潇文（2015）和潘林伟等（2017）研究金融效率与区域经济增长差异的关系，后者认为资金聚集效率和资金分配效率对经济增长具有不同的作用效果，且存在明显的区域差异。近几年学者们关注我国科技金融空间差异的研究，研究方法有数据包络分析的BCC（DEA-BCC）模型与基尼系数分析法（易明，张莲，杨丽莎，等，2019）、超效率SBM模型与Dagum基尼系数分解法（沈丽，范文晓，2021），研究认为要以空间差异为导向，实现区域间优势科技金融资源的整合。

第三,金融市场差异和金融深化差异。格特勒和罗戈夫(Gertler and Rogoff,1990)是较早从金融市场差异的视角研究国际资本流动的,其模型假定金融市场的完善程度是内生的,并决定于经济的发展阶段,在借贷过程中,企业面临着道德风险(moral hazard)问题;在这种情况下,该研究指出一个金融市场更发达的"富国"的企业更容易通过内部融资获得资本,因此"富国"的企业受道德风险问题的影响更小,这样金融市场欠发达的"穷国"的资本将流向"富国",从而造成贸易失衡。金融市场差异也是一个影响比较优势和国际分工的重要因素。克莱泽和巴尔丹(Kletzer and Bardhan,1987)和鲍德温(Baldwin,1989)最先将金融比较优势的概念引入国际分工的理论框架。拉詹和津加莱斯(Rajan and Zingales,1998)的研究指出,不同行业对外部融资的依赖程度是不同的。在此基础上,贝克(Beck,2005)将金融发展程度定义为储蓄转化为投资的冰山型成本,通过建立一个两种产品(工业品和食品)的两代交叠模型说明了金融发展程度高的国家在生产工业品时具有比较优势,进而解释了金融发展对国际分工和贸易的影响。国内王广谦(1997)认为,对金融市场效率可以从两个角度去分析:一是金融市场自身的运作能力,二是金融市场运作对经济发展的作用能力。把金融作为一种产业,其立足点就放在了向社会不断提供各种高质量的金融产品(金融商品)和金融服务上,这样才会有快速的金融发展和理想的金融效率。李宏等(2010)从金融市场差异的角度解释了全球失衡产生的原因。杨珍增(2010)也认为金融市场的跨国差异对全球贸易失衡存在重要的影响。

当金融业能够有效地动员和配置社会资金来促进经济发展,而经济的蓬勃发展又加大了金融需求并刺激金融业发展时,金融和经济发展就可以形成一种互相促进和互相推动的良性循环状态,这种状态可称为金融深化,包括确定一个合理的实际利率水平、放松对汇率的管制、进行财政体制的改革以及其他的一些改革措施。杨珍增(2010)选取私人部门获得的贷款数量占本国 GDP 的比重作为金融深化指标,讨论了存在金融深化国际差异和金融市场分割的条件下,国际资产交易与贸易账户的关系,同时认为金融深化差异会对一国家庭跨期消费决策产生影响。付争(2012)研究了封闭与开放的均衡时期金融市场的差异对两国相应的经济变量的差异、资本在跨境部门间的流动和经常账户变动的影响,进而探究金融市场在全球经济失衡中的作用。戚克梅(2013)认为确保证券市场开放利大于弊,关键在于在证券市场起步、成长、加速、基本全面开放四个不同阶段明确相应的市场开放条件。熊艳(2018)研究了传媒环境与资本市场差异的关系,认为良好的传媒发展环境将能促进资本市场的发展,包括拥有数量更多的上市公司、更高的资本市场市值在GDP的占比及股票交易额在GDP的占比。王应贵、江齐明(2019)研究了粤港澳资本市场开放的监管机制与发展的差异,从宏观视角来看,主要包括市场准入、市场深度和市场效率等,从微观视角来看,主要包括两地现金市场和金融衍生品市场的产品开发与上市。郑威、陆远权(2019)利用动态面板系统矩估计方法,证实了金融市场分割对研发投入的影响及企业差异,发现金融市场分割对企业研发投入的增长抑制作用较为显著,需要全面推进中国金融市场化以及适当调整企业规模,促进中国创新能力提升。

笔者根据金融发展差异的总量观、结构观、系统观和功能观对国内外相关文献进行了整理。金融发展的总量观侧重于对金融资源总量的分析,主要集中在金融资源内涵的界定、金融资源分布差异、金融资源配置、金融资源结构等方面;金融发展的结构观侧重于金融结构的分析,涵盖了戈德史密斯的金融结构理论,也包括按金融体系中银行部门和金融市场所起的作用大小不同,将金融体系分为市场主导型和银行主导型的金融结构理论;金融系统观则是从金融发展内外结合的系统角度出发,重点在于关注金融发展的同时,还兼顾其他因素的作用,研究文献中对政府和法律的作用、科技信息的作用、文化历史传统的作用涉及较多;金融功能观主要探讨金融发展的作用,随着金融范畴的扩大,金融功能经历了一个由旧质变新质的过程,金融效率、金融市场效率以及金融深化差异等方面是理论界和实践界研究的重点。

之所以区分金融发展差异的总量观、结构观、系统观和功能观，基于两方面原因：第一，试图对金融发展有一个较好的定性认识，金融发展是金融总量、金融结构、金融系统以及金融功能的统一体。第二，在下文的研究中可以有一个清晰的脉络：基于金融总量观和金融结构观对江苏金融发展差异及其动态变化做比较分析；基于金融系统观，找出影响金融发展的内部因素和外部因素，对江苏市域金融综合竞争力、金融集聚和金融辐射进行研究；还可以基于金融功能观，进行江苏各地级市金融发展对经济增长的作用的实证研究。

1.3　金融发展差异的多学科比较

分析金融发展差异原因的文献可谓汗牛充栋，区域经济、金融政策、制度、历史文化、金融机构布局、利率、金融主体努力程度、金融意识、人均受教育年限、商品市场交易效率、金融市场交易效率、地理位置、交通与通信设施等被认为是造成金融差异的原因。张军洲(1995)认为，金融作为一个与社会经济发展有着最广泛联系的产业，特定地区的社会经济环境对区域金融的运行与发展有着深远的影响，是构成区域金融不同特点的重要基础，其中软环境主要指区域经济与金融政策、地方法规、税收制度、历史与文化背景、居民金融意识等方面，它们从生产关系的意义上深刻地影响着特定地区的金融运行与发展状况，硬环境主要指金融区域所处的地理位置、交通与通信设施、经济结构、市场规模等方面，它们从生产力的角度构成特定地区金融运行与发展特点的硬约束条件。殷德生、肖顺喜(2000)强调制度是决定金融成长的最主要力量，制度主要是通过产权来影响金融成长，有效率的金融产权应该是竞争性的或排他性的，如果金融产权不清晰，将增加交易成本，从而限制金融的发展和加大区域金融差异。蔡志刚(2001)认为，除了宏观方面的原因外，金融发展差异还主要由以下几个方面造成：一是统一的存款准备金制度，二是利率差异，三是商业银行布局的区域差异，四是金融监管的差异。伍海华

(2002)提出金融区域二元结构的存在,是因为经济差异、金融政策、金融机构布局和资本市场发展差异。李兴江、赵峰(2003)认为我国金融发展区域非均衡性的形成原因一是市场化改革进程的区域差异,二是一元化金融政策和二元化金融政策环境的矛盾,三是微观金融主体的金融努力的差异。王小鲁和樊纲(2004)、万广华(2004)的实证分析表明,中国地区资本投入差异是地区差距形成的重要因素。陆文喜、李国平(2004)认为,我国各地区金融发展存在着阶段性和区域性的收敛特征,而且这种特征与金融发展政策有关。赵伟、马瑞永(2006)依据泰尔指数测度方法,分析了1978—2001年中国区域金融增长的差异,并对总体差异进行了分解,区域金融增长差异的特征是与地区经济发展差距、市场化改革的深入、金融增长中地方政府的介入以及中央实施的区域协调发展政策紧密联系的。崔光庆、王景武(2006)认为,改革开放以来,我国区域金融差异显著扩大,决定区域金融差异的因素一是区域经济发展差异,二是政府制度安排,我国区域金融差异的形成具有很强的外生性,特别是在改革开放初期,区域金融差异的形成主要是根植于中央政府的制度安排和地方政府的政策选择。李敬、冉光和、万广华(2007)分析认为各省市区之间金融生态环境的差异,如经济地理条件、国家长期的政策倾斜等是造成区域金融发展差距的首要原因,而人均受教育年限、商品市场交易效率、金融市场交易效率、社会福利水平等条件的不同也造成各区域金融功能发挥方面的不同,进而造成了区域经济发展的不平衡。卢佳、金雪军(2007)构建了研究中国区域金融发展水平影响因素的分析框架,实证结论表明经济地理因素中地理位置对区域非国有金融发展有显著影响,新经济地理因素中区域人力资本水平、信息化水平、历史经济基础等也对金融发展有显著正影响,而科技水平和交通运输条件影响不显著。李敬等(2008)提出自1998年中国人民银行取消对国有银行贷款规模的控制以后,各个国有银行根据不同地区分支机构的资金状况制定了不同的分支机构约束与考核标准,其中对资金比较充裕的东部地区分支机构实行全额资产负债比例管理,对于资金平衡能力较差的中部地区实行新增额度的资产负债比例管理,而对于西部地区则继续沿用贷款额度管理,这种分类管理措施使中西部地区面临一个紧缩国有银行信贷规模的过程,加剧了资金由不发达地区向发达地区的倒流。1999年后,国有银行逐步定位于经济发达地区,金融发展水平低的省份对资金的吸纳能力越来越弱,而金融发展水平高的省份对资金的吸纳能力越来越强,从而加大了省际金融发展差距。郑长德(2008)得出了中国金融发展区域差异形成的主要原因为各地区的经济发展水平、经济的市场化深度、各区域的法律环境和政府的金融政策不同。伍艳(2009)认为我国区域金融发展差异更多取决于政府的外部制度安排,地方政府行为对区域金融效率影响显著,地方政府对金融机构的干预程度直接影响金融机构信贷资产质量的优劣。母宇(2010)从各区域财政能力与金融能力变动的对比入手,证实了我国各区域均存在"强金融、弱财政"现象,他还用财政压力指标替换财政能力指标,详细论证了区域财政压力增长率与区域金融相关比率(FIR)增长率之间存在的反向变动关系。安康(2016)运用空间计量模型,进行全局性回归的分析,发现金融发展水平受人均GDP、科技创新、对外开放程度、交通运输水平等因素的影响较大。彭宝玉等(2016)用泰尔指数和地理信息系统(GIS)地图技术分析了2001年以来中国区域经济和区域金融发展的差异,在区域层面上,经济发展只是影响金融发展的因素之一,其他因素如国家宏观调控、金融空间组织、金融机构的信用区域分配等都会影响区域金融发展。程翔等(2018)运用探索性空间统计技术,对中国31个省市区区域金融发展水平的影响因素及其特性进行了研究,发现经济与科技发展水平的影响较为显著。张龙耀、邢朝辉(2021)聚焦农村数字普惠金融发展的差异,运用核密度估计方法分析我国东、中、西部区域数字普惠金融发展的分布动态,并引入Dagum基尼系数及分解方法,分析农村数字普惠金融发展地区差异的演变规律及其来源。由于对金融差异原因的认识很难统一整理,因此本书从发展经济学、金融地理学、演化经济学以及新经济地理学的学科视角探讨金融发展差异问题,以便更多地揭示金融发展差异的理论和研究方法。

1.3.1 发展经济学的差异视角

发展经济学（development economics）是 20 世纪 40 年代后期在西方国家逐步形成的一门综合性经济学分支学科，是适应时代需要兴起的，在经济学的体系中逐渐形成的一门新兴学科，是主要研究贫困落后的农业国家或发展中国家如何实现工业化、摆脱贫困、走向富裕的经济学。[①]

发展经济学首先要探索发展中国家为什么不能像发达国家那样较早地进入现代经济增长的阶段，哪些因素制约或阻碍了这些国家的迅速工业化和现代化；其次要研究如何才能使这些至今仍然贫穷落后的国家，逐渐具备工业化和现代化的必要条件和充分条件；最后要从发展中国家的实际出发，找出一条真正符合它们具体国情的、切实可行的摆脱贫困落后的道路。发展经济学中有一些代表性的理论可以解释差异：佩鲁的增长极理论、赫希曼的不平衡增长理论、缪尔达尔的循环累积因果关系理论、弗里德曼的核心—边缘理论。

1.3.1.1 佩鲁的增长极理论

佩鲁增长极理论的出发点是他的"经济空间"理论。他认为，一国经济是由各种经济空间构成的。这种经济空间不是几何空间或者地理空间，而是社会经济中各种分子之间的经济关系，经济发展是一个支配单位起主导作用的不平等和不平衡的动态过程，某些主导部门和有创新能力的行业集中于一些地区和大城市，形成经济活动中的生产、贸易、金融、信息、交通、服务、决策中心（发展极），由此产生吸引或辐射作用，促进自身并推动其他部门和地区的经济增长。

将佩鲁增长极的理论和思想引入区域金融发展中，可以解释区域金融集聚的形成与发展。大国经济体系具有不同的空间结构，即

[①] 1945 年由张培刚在哈佛大学完成的博士论文《农业与工业化》被公认是发展经济学的开山之作，近 40 年以后在国内翻译出版。张培刚亦被全世界公认为发展经济学的创始人，被称为"哈佛论经济，东方第一人"。

经济资源分布、经济发展水平和社会分工在地域上具有明显的非均衡性,因而经济运行和发展呈现出较强的区域性特点。金融系统作为国民经济体系的重要组成部分,也势必会呈现出明显的区域性。在金融发展过程中,金融资源及由其驱动的各要素向中心城市集聚,形成区域金融增长极,区域金融增长极通过支配效应、乘数效应、极化与扩散效应对区域金融活动产生重要作用:第一,支配效应,即区域金融增长极蓄积了充足的金融资源,在金融交易中占据绝对优势与主导地位,从而对周围地区的金融活动产生支配作用;第二,乘数效应,即增长极的金融发展会对周边地区产生示范、带动作用,从而密切了与周围地区的金融联系,而周边金融发展又会反过来使增长极的作用不断得到强化和放大,从而形成循环积累因果机制;第三,极化与扩散效应,极化效应就是指增长极的发展会吸引和拉动周围地区的金融资源和金融活动趋向增长极,从而使增长极自身实力不断加强,扩散效应是指增长极自身成长后又向周围地区提供各项金融服务,输出金融资源和金融活动,刺激周围地区的金融发展。三种效应的发挥使区域金融增长极在区域金融空间范围内的层次和地位不断提高。

1.3.1.2 赫希曼的不平衡增长理论

经济学家赫希曼从主要稀缺资源应得到充分利用的认识出发,提出了不平衡增长理论。金德伯格、罗斯托等人都主张这一理论。赫希曼认为,发展道路是一条"不均衡的链条",从主导部门通向其他部门。首先选择具有战略意义的产业部门投资,可以带动整个经济发展。对社会基础设施与直接生产部门的投资,具有不同的作用,前者为后者创造了外部经济条件。在决策时,社会成本低、外部经济好的投资项目,应该优先选择,一般地说,政府应主动担负投资额大、建设周期长、对私人资本缺乏吸引力的社会基础设施的投资。不平衡增长理论主张集中有限的资金,扶持具有较强产业关联度的产业部门。

赫希曼指出,如果是政府投资,则应选择公共部门,特别是基础设施建设,形成良好的外部发展环境;如果是私人资本,则应投入具有带动作用的制造业部门中。不平衡增长理论提出了著名的连锁效应概念,不平衡增长理论对区域产业结构的分析提供了理论基础。连锁效应包括前向关联反应、后向关联反应、旁侧关联反应。前向关联反应是指主导产业在进行生产之前,有许多产业为其提供原料、燃料、生产设备等而产生的部门关联反应;后向关联反应是指主导产业在进行生产之后,其产品成为许多产业的原料、燃料、生产设备或直接进入消费部门而产生的部门关联反应;旁侧关联反应是指主导产业在进行生产过程当中,有许多产业为其提供相关的服务而产生的部门关联反应。

经济发展总是不平衡的,赫希曼提出了极化—涓滴效应学说来解释在经济发展从发达地区向欠发达地区延伸过程的前期阶段,北方的增长会对南方产生不利影响,北方强者越来越强,南方这个弱者越来越穷的现象,赫希曼称之为"极化效应"。随着时间推移,北方吸收南方劳动力的同时,在一定程度上可以缓解南方的就业压力,有利于南方解决失业问题。在互补情况下,北方向南方购买商品和投资的增加,会给南方带来发展的机会,刺激南方的经济增长。特别是,北方的先进技术、管理方式、思想观念、价值观念和行为方式等经济和社会方面的进步因素向南方的涓滴,将对南方的经济和社会进步产生多方面的推动作用。在区域经济发展中,涓滴效应最终战胜极化效应。

1.3.1.3 缪尔达尔的循环累积因果关系理论

缪尔达尔认为,由于人均收入、工资和利润水平等要素收益存在区域差异,会吸引着资金、劳动力、技术、资源等由落后地区向发达地区流动(回波效应);发达地区发展到一定程度后,人口稠密、交通拥挤、环境污染严重、资源不足等原因会使得生产成本上升,外部经济效益下降,使快速增长变得相对不经济,从而会使资金等要素出现反向流动(扩散效应)。扩散效应有助于落后地区的发展。同时,缪尔达尔认为,发达地区经济增长的减速会使社会增加对不发达地区产品的需求，从而刺激这些地区经济的发展，进而使得落后地区与发达地区发展差距缩小。因此应该采用不平衡发展战略，优先发展具有较强增长势头的地区，以求得较高的投资效率和较快的增长速度，进而再通过这些地区的发展及其扩散效应带动其他地区的经济发展。

在缪尔达尔之后，卡尔多又对循环累积因果关系理论给予了发展。卡尔多提出了效率工资概念，并用以解释循环累积效应的形成。卡尔多指出，各地区的效率工资，即货币工资与生产率的比值的大小，决定了各地区的经济增长趋势。效率工资低的地区，经济增长率高；效率工资高的地区，经济增长率低。从理论上讲，一国之内各地区的效率工资应该相同，但在繁荣地区，由于经济集聚引致规模报酬递增，生产率较高，降低了效率工资，因而经济增长率高。经济增长率的提高，又提高了生产率，进而又降低了效率工资，反过来，又使经济增长率提高。如此循环累积，繁荣地区将更加繁荣，落后地区将更加落后。

当然，繁荣地区的经济过度繁荣，也会导致出现集聚不经济现象，即规模报酬递减。若繁荣地区的高生产率被高货币工资所抵消，当货币工资增长率高于生产率增长率时，繁荣地区的效率工资将得以提高，这样繁荣地区的增长率将下降，落后地区的增长率将相对提高，区域发展差距趋于缩小。要促进区域经济的协调发展，政府必须进行有效干预。这一理论对于中国这样一个发展中国家解决区域经济金融发展不平衡问题具有重要的指导作用。

1.3.1.4 弗里德曼的核心—边缘理论

20 世纪 60 年代，美国发展经济学家弗里德曼提出了"核心—边缘"理论，他认为发展是通过一个不连续的但是又逐步积累的创新过程实现的，通常起源于区域内少量的"中心区"，创新由这些"中心区"向周边潜力较小的区域"外围"扩张，"外围区"依附于"中心区"而获得发展。

该理论的核心强调区域经济增长的同时，必然伴随经济空间结构的改变。随着社会经济的发展,经济空间结构的变化可划分为如下四个阶段:一是前工业化阶段。生产力水平低下,经济结构以农业为主,工业产值比重小于10%,各地经济发展水平差异较小。城镇发展速度慢,各自成独立的中心状态。区际之间经济联系不紧密,城镇的产生和发展速度慢,城镇等级系统不完整。二是工业化初期阶段。城市开始形成,工业产值在经济中的比重在10%~25%,核心区域与边缘区域经济增长速度差异扩大。区域内外的资源要素由经济梯度较低的边缘区流向梯度较高的核心区。核心区域经济实力增大,必然导致政治力量集中,使核心区域与边缘区域发展的不平衡进一步扩大。三是工业化成熟阶段。这是快速工业化阶段,工业产值在经济中的比重在25%~50%。核心区发展很快,核心区域与边缘区域之间存在不平衡关系。在工业化成熟期,核心区的资源要素开始回流到边缘区,边缘区工业产业群开始集聚。四是空间相对均衡阶段。这是后工业化阶段,资金、技术、信息等从核心区域向边缘区域的流动加强。整个区域成为一个功能上相互联系的城镇体系,形成大规模城市化区域,有关联的平衡发展开始了。该理论强调经济增长呈现离散型—聚集型—扩散型—平衡型的转变过程(表1.2)。

表1.2 发展经济学几个代表性理论及对金融发展差异的解释

理论名称	代表人物	主要效应	对金融发展差异的解释
增长极理论	佩鲁	支配效应 乘数效应 极化与扩散效应	金融资源及其他要素资源初始分布是不平衡的,一开始具有优势的区域金融发展得到强化,对周围区域产生不利影响,导致不同地区差距扩大;而到了后期,金融资源及各生产要素回流,优势地区金融资源向外扩张
不平衡增长理论	赫希曼	极化效应 涓滴效应	
循环累积因果关系理论	缪尔达尔	回波效应 扩散效应	
核心—边缘理论	弗里德曼	离散型—聚集型—扩散型—平衡型	

1.3.2 金融地理学的差异视角

直到 20 世纪 80 年代,金融地理学家才真正开始关注金融地理。迄今为止,国内外很多学者都致力于研究金融地理学。但是对这一学科的概念和研究范围始终没有统一的界定。国内有翻译过来的瑞斯托·劳拉詹南的《金融地理学》一书,莱申(Leyshon,1998)认为,我们还处于入门阶段,地理学的空间差异、空间过程和空间相互作用在金融领域有广泛的应用。

1.3.2.1 金融地理学的理论基础

地理要素在金融学研究中是否重要曾有过很大的争议,不少学者以全球经济一体化大大削弱了地理位置的重要性为论点,提出"地理已死"(end of geography)的结论[①],波特鲁斯(Porteous,1995)、贝瑞等(Berry,et al.,1997)等都对"地理已死"论提出质疑。事实上,他们认为当今世界金融体系仍保留不少重要的地理元素,而不是演变成一个纯粹的流动空间。地理学家的思考主要涉足如下主题:拉巴斯(Labasse,1995)探讨了银行网络的扩张与收缩,塞普尔(Semple,1973)研究了银行控制中心(总部)的区位问题,格林和迈耶(Green and Meyer,1992)、格雷夫斯(Graves,1998)对金融机构的区位进行了研究,思里夫特和莱申(Thrift and Leyshon,1994)、达姆和格林(Dahm and Green,1995)论述了金融中心的发展与萎缩,兰代尔(Langdale,1985)、赫普沃斯(Hepworth,1991)、劳拉詹南(Laulajainen,1998)等就货币地理问题做了探讨。

国内学者董锁成(1994)提出,经济地域运动是指经济地域系统的成分、结构、功能规模、等级性质等在不可逆时间序列中有机的空

---

① 奥布莱恩(O'Brien,1992)认为,随着通信技术的革命,信息交流的速度削弱了空间作用,实际情况可能是"可替代的货币仍将继续避免并且在很大程度上成功地逃离现存地理条件的限制"。其他学者如卡斯泰尔(Castells,1989)、欧姆(Ohnm,1990)和科布林(Kobrin,1997)等都认为地理位置的重要性削弱了。

间演变过程。陈才和刘曙光(1998)认为,由于条件、要素的地域差异,必然产生经济诸要素的地域流动,并向区位与其他条件优越的地区集中与组合,从而形成产业部门结构和空间结构,进而形成各种类型的经济地域单元和经济地域系统。张凤超(2003)界定和归纳出金融地域运动的一般概念和内涵,积极探讨金融地域运动的生成机理,揭示了金融资源遵循特殊规律进行的地域流动、配置、组合的时空变化过程。田霖(2005)开创性地运用金融地理学这门新兴的边缘学科的理论,以金融的空间差异、空间过程和空间的相互作用为主线,将金融地理学的理念贯穿始终,剖析了我国区域金融成长差异的各个方面,采用模糊曲线法、聚类分析和空间自组织理念,并选取山西、河南和浙江三省进行金融演化的比较和原因分析,该研究更倾向于区域金融综合竞争力的比较,而相对排除了空间之间的内在联系,缺少空间相关性的计量。武巍、刘卫东、刘毅(2005)认为金融地理学的研究内容包括三方面:一是金融活动的区位问题,集中研究区域中心的区位;二是金融排斥(financial exclusion)问题;三是货币地理问题,经济学家探讨货币关系的空间组织形态,地理、社会学家则关心货币的空间分布与扩散问题。李小建(2006)认为金融地理学的研究主要包括两方面:一是金融机构的区位研究,包括不同金融机构的区位选择、金融机构空间系统以及金融机构与区域的关系;二是外部因素对金融地理的影响的研究,包括政府调节法规的变化、技术变化以及经济全球化的影响。刘红、叶耀明(2007)认为,金融地理学明确了金融信息和金融法规体系具有地域差异性,解释了以资金为核心的金融流动或集聚倾向的原因,他们考察了市场、银行、证券交易所、保险等方面的地理特性,认为定位良好、政策优越的国家或地区,能增加货币流的集聚程度。这些思想和理念为我们考察金融问题提供了全新的视角和方法论,能解决"金融"与"地理"相结合的逻辑命题问题。

1.3.2.2 金融地理学的主要研究内容

国内外文献从金融机构的空间结构、空间发展过程以及金融机构与环境的关系等方面分析金融地理学,主要研究内容有以下方面。

第一，地理存在与否。 马丁(Martin,1994)认为,新的"流动空间"将取代和重塑旧的"位置空间",这并不是我们将步入"地理已死"的阶段,它并没有削弱区位和位置的重要性。在历史演进的长河中,经常会出现许多令人惊奇的现象:四大文明古国——古埃及、古巴比伦、古印度和中国,竟然呈带状排列在北纬30°~40°的亚非大陆上,当今主要的不发达国家集中在北纬35°到南纬30°的热带或亚热带地区,现代经济增长成功的范例几乎都发生在温带国家。地理环境和气候条件能决定个人或民族的性格特征,乃至决定他们的社会成就和经济地位。比如高大的山脉和广阔的平原(印度),使人产生一种过度的幻想和迷信;自然形态较小而变化较多,就使人类早期发展了理智。不管怎样,"地点"对人、机构、组织起重大作用。

第二，金融地理的影响因素及作用。 金融地理的形成和变化,有诸多影响因素,如区域居民收入水平、经济增长状况、信息获得性、政府调节政策、银行业所使用的技术变化、经济全球化、社会、文化以及制度等。这些因素在不同区域以及不同时段、不同环境条件下对金融地理有着不同的影响。但什么条件下何种因素影响突出,对这种影响可否量化并总结出一般规律,还有待继续研究。关于金融地理的作用,国内学者进行了有益的研究。陶峰等(2017)认为地理距离对金融交易的影响有两类:一是地理距离抬升交易成本,二是信息不对称阻碍风险控制。纪祥裕(2020)基于中国金融资源空间分布非均质且不连续的背景,探究了金融资源空间集聚及其空间互动对城市创新能力的影响。韩永楠等(2020)基于金融地理视角,采用中国2003—2016年283个地级以上城市的面板数据构建了金融地理结构影响经济增长质量的面板数据模型,研究了金融空间供给对经济高质量增长的影响。蔡庆丰等(2020)从金融地理结构视角探究了信贷资源可得性对企业创新活动的影响。

第三，货币地理学的研究。 这方面的文献相对比较多,如马克思、韦伯和西梅尔对货币支配模式的研究,道格拉斯、波兰尼和泽利泽对货币社会含义的研究,多德对货币网络的研究,思里夫特对国际信用货币网络的研究,莱申和思里夫特对金融基础设施和金融排斥性的研究,等等。货币地理学的相当一部分研究集中于政治经济方面,如莱申(Leyshon,1998)特别研究了金融排斥;另有一部分研究主要集中于城市的金融经济,在研究经济因素的同时,也强调了城市的社会和文化因素。货币金融变化的区域经济影响、区域金融系统演化模式、金融地理的路径依赖等也是金融地理学研究的主要内容。

1.3.2.3 金融地理学在金融发展差异中的应用

对金融发展差异问题,首先要认识到金融差异的存在,从金融地理的视角分析原因:一是自然地理,二是人文地理。

第一,自然地理的解释。自然地理,如地理区位、资源禀赋状态、气候等对金融发展会产生影响。如金融机构选址一定是在地理区位比较好的地方,交通便利、人口密集是金融机构发展的基础,因此地理区位较差的地区,金融机构不愿进入。同样地,若一地区资源禀赋较好,会是推动一地区经济发展的基础,由此带动金融的发展,反观那些资源禀赋较差的地区,经济发展乏力,难以吸引金融资源。再者,气候是否适宜代表居住生活环境的好坏,若气候适宜,生活环境好,会吸引人的集聚,而人集聚会带动地区消费和生产投资的增加,从而会带动金融资源的集聚;相反,气候恶劣,差的生活环境难以带动金融的发展,区际金融发展的差异就此形成。

第二,人文地理的解释。人文地理涵盖的范围较广,如区位文化水平、区位科技信息水平、区位经济基础、区位制度、区位人力资本状况等。40多年来,国际上有不少学者关注货币、金融业区位与空间经济的研究。这些成果涉及金融地理学的诸多方面,诸如金融空间中经济、社会和文化因素的影响,货币空间与社会权力,货币与全球空间秩序变化,金融中心发展,国际银行业中心与空间经济,金融系统的空间结构,地方金融系统与区域产业发展,私有化与金融空间结构,全球化、管理与金融空间组织变化,国际金融市场的地域根植性,金融企业家、风险资本与区域发展,等等。

1.3.3 演化经济学的差异视角

演化经济学的信条是：第一，多样性和差异性是一切变化的动力之源；第二，除了变，一切都不能长久。对于一个进化生物学家来说，一群黑鸭子和一群灰鸭子绝对不是同质的鸭子，任何一个生物，任何一个种群，它们的差异性就是事实本身。人与人不同，企业与企业不同，制度与制度不同，正是异质性的存在，才使得演化成为可能。

1.3.3.1 演化经济学的理论基础

20世纪80年代以来，以生物进化和遗传基因理论的思想方法为指导，以博弈分析、算法分析、实验模拟技术为工具，以动态理念来分析和理解经济系统的运行与发展的演化经济学（evolutionary economics）在经济学界受到日益广泛的关注。纳尔逊和温特（Nelson and Winter, 1985）的专著是演化经济学形成的重要标志。杨（Young, 1993）将演化博弈初步用于讨论经济生活中讨价还价（bargain）的问题。宾莫尔和萨缪尔森（Binmore and Samuelson, 1994）用这一方法来解释惯例、制度的形成机制。加塔尼和切尔格（Gattani, Tschoegl, 2002）认为演化经济学"自然选择"（natural selection）、"适者生存"（the fittest to survive）的思路尤其适合分析企业的地理分布。国内的陈彬瑞、冯邦彦（2006）认为，金融业与经济生态中其他构成部分的共同演化，导致了金融业的另外三个特征：其一是强烈的时间维度，其二是感知的依赖，其三是信任的关键性。从总体来看，共同演化、强烈的时间维度、感知的依赖和信任的关键性四个要素也具有共同演化、交互作用的关系。在开放的经济生态系统中，金融机构的适应性行为、金融机构内部的合作性以及在开放系统中与其他局部合作的能力，是抵御和化解金融风险的重要方面。这取决于内部构造的合理分工、协同演化正反馈的形成、金融机构通过适应性学习改变自身的能力以及通过各种手段共同利用经济机会的能力。张凤超（2007）则更详细地从金融流和根植性探讨了区域金融系统空间结构的形成机理及其演进，并提出区域金融系统是以金融产业为核心物质内容的复合系统,其空间结构表现了金融核心、金融腹地与金融网络体系三个要素的空间排列与组合,并具有"核心—边缘"式特征。彭宝玉、李小建(2009)认为金融空间系统演化的驱动力从微观上是金融机构和金融资本对不同空间潜在利润的追逐,另一种就是寻找金融体系管制空间地理非连续的狭缝区,全球化、金融危机、信息化都推动金融空间系统的演化。叶茜茜(2011)则认为我国区域金融演化的动力在于经济发展水平、政策及政府行为、市场机制和地理区位。李延凯、韩廷春(2013)认为法制、政治以及文化子环境的演化会影响金融发展对经济增长的促进作用。张明喜等(2019)借鉴演化经济学的思想方法,将演化作为科技金融发展表象后的根本因素,以演化的理论框架分析和理解我国科技金融发展的历程,从而探索研究和理解科技金融发展的新范式。陈智颖等(2020)首次构建了碳金融发展评价指标体系,测算中国碳金融发展水平,提炼出三个碳金融发展梯队与三类碳金融发展模式,深入探讨了碳金融发展的动态演化。

1.3.3.2 演化经济学的主要研究内容

自纳尔逊和温特1982年出版《经济变迁的演化理论》以来,"演化"一词在西方经济学界成为越来越时髦的术语。演化经济学的诞生可以回溯到凡勃伦1898年的经典论文,他把演化隐喻看作理解资本主义经济的技术和制度变化的基本方法,认为经济学应该抓住演化和变异这个核心主题,而不是新古典经济学中强调的静态和均衡思想。马克思也强调资本主义的生产组织有动态的演化体系。马歇尔认为研究发展的种种力量的基调是动态的,而不是静态的。继马歇尔之后阿尔奇安(Alchian,1950)建议经济分析中以自然选择替代显性最大化,弗里德曼(Friedman,1953)认为新古典理论中所坚持的收益最大化假设应被理解为一种生存原则。以上研究认为新古典的静态分析需要转向动态的演化过程,但框架中缺乏对群体内部个体之间相互作用关系的分析。

演化经济学成为一个独立的理论分支要归功于熊彼特对创新过程的研究。熊彼特的经济发展理论把创新看作经济变化过程的实质,强调了非均衡和质变,认为资本主义在本质上是一种动态演进的过程。他认为,在竞争的经济中,"新组合意味着竞争性地消灭旧的组合",但是熊彼特忽视了诸如制度、技术等要素,过分强调了企业家阶层的作用。

纳尔逊和温特批判和继承了熊彼特的创新理论和西蒙关于人类行为和组织行为的理论,提出了自然选择理论和企业组织行为的综合分析框架,认为创新是经济发展的根本动力。基于"惯例""搜寻""创新""选择环境"等,他们对整个经济理论研究的基础进行重构,提出了演化经济理论。相当多的经济学家致力于演化经济理论的研究,尤其是20世纪90年代,演化经济文献激增,研究聚焦于社会规则和制度的起源与变化、经济演化过程中的路径依赖现象、技术的变化及其对人口和社会福利的影响。新的分析工具也在演化经济模型中不断涌现,如自组织理论、演化博弈论、实证经济学、混沌理论和非线性动力学等,从而使研究对象和分析工具之间有了很好的协调。在演化经济学家们眼中,为解释持久的经济变化过程,生产要素的投入(新古典经济学给定机制下通过相互作用所产生的资源配置)只是必要条件,而充分条件则要来自新古典经济学假定前提的变化,即新偏好的形成、技术和制度的创新以及新资源的创造,也就是说关键是取决于"新奇的创生"。有两个问题会出现:第一个是新奇如何产生,第二个是新奇为什么产生。第一个问题可以归结为询问新奇的心智创造中的规律,大脑活动如何持续地对已知的认知要素进行重组。

核心概念包括触发条件、启动机制、频率依赖和路径依赖:第一,触发条件,指启动并决定路径选择的外部性偶然事件的发生,如偶然性战争爆发、不可预料之灾难等等。触发条件的存在使得经济系统具有很大的不确定性,最早的研究来自阿尔奇安(Alchian,1950)。第二,启动机制,指系统中的正反馈机制随给定触发条件的成立而启动。在国际金融中心的演进过程中,具体可能包括增加对交通、通信等基础设施的投入,加强对专业人员的培训,或是制度层面上改变金融法规和决策等。启动机制在经济系统演进过程中发挥着至关重要的作用,可见于奥尔德里奇(Aldrich,1999)等人的文献。第三,频率依赖,它由温特提出用来说明创新产生后,如何在社会经济系统中扩散,从而导致社会群体思维和行为模式发生变化(制度突变):"从群体水平来看,任何个体的决策,无论是创新、模仿或保守的,都影响到群体中全部行为的相对频率。"国际金融中心的报酬递增效应和集聚效应正是频率依赖效应的一个重要特性。第四,路径依赖。这一现象最早由生物学家纳入理论分析之中:物种进化时,随机性因素启动基因等级序列控制机制,使物种进化产生各种路径,并且这些路径互不重合、互不干扰。生物学家康诺德·瓦丁唐首先使用希腊文"chreod"和"homorhetic"(即命中注定的、自动跟随的路径)来表示这种现象,古尔德进一步明确了这一概念,新制度经济学的重要代表人物诺斯用这一概念来描述过去的绩效对现在和未来的巨大影响力。

1.3.3.3 演化经济学在金融发展差异中的应用

其实演化问题都是关于多样化或动态性的,正因为如此,对于新古典理论来说都是棘手的问题。笔者认为,等到区域间的差异被承认,禀赋上的某种初始差异和维持这些差异的模仿障碍(信息的禁止成本专利权)就可以说明差异产生的原因。演化的第一个特征是它的历史性,演化意味着在时间进程中新质会出现;第二个特征是变迁过程的无止境性。具体来说,演化思想在金融发展差异上的应用有以下几个方面。

第一,金融发展如何从无序走向有序。 在研究经济金融发展的过程中,需要结合经济、社会系统从多维度把握。关于自组织的研究最早出现在19世纪中叶,比如说达尔文的进化论、马克思的五种社会形态的变化、相变理论,虽未提出和使用"自组织"这个概念,但含有"自组织思想";一直到20世纪60年代末,一批以揭示自组织规律为目标的学者们,构建了描述自组织现象的概念框架,如普利高津、哈肯、艾根等;20世纪80年代以来,以阿瑟、考夫曼等为代表的学者给了自组织理论以新的强有力的推动(表1.3)。我国学者吴彤(2001)提出了自组织方法论的整体框架,但认为其当前只是一个理论群;苗东升(1998)认为,自组织的理论方法就是研究系统如何自发走向有序的方法。

如何从无序走向有序？自组织理论认为,当一定的参量条件都得到满足的时候,尽管并没有从外部得到任何进行组织和如何组织的信息,大量下层系统仍会自发行动起来,在宏观尺度组织成空间、时间或功能的结构;而他组织则不能自行组织、自行创生、自行演化,只能依靠外界特定的信息指令推动系统从无序向有序演化。

表 1.3 自组织思想和理论的发展

19世纪中叶: 自组织思想出现在不同的领域	达尔文的进化论:生物学
	马克思的五种社会形态的变化:社会历史
	相变理论:物理学
20世纪60年代末: 一批学者以揭示 自组织规律为目标	普利高津:耗散结构理论
	哈肯:协同学理论
	艾根:超循环理论
20世纪80年代以来: 圣塔菲学派强有力的推动	复杂适应系统、非适应系统、标度、自相似和复杂性的度量等研究

注:根据苗东升的《系统科学精要》(中国人民大学出版社1998年版)整理。

有些欠发达地区经济发展水平始终落后,尽管国家政府有一些有利政策的偏向,但效果不佳。原因何在？引用自组织理论来阐述:经济金融自组织严重乏力和经济金融他组织的外力无法发挥作用。哲学里讲外因是通过内因起作用的,要让政府出台的有利于欠发达地区经济金融发展的政策发挥作用,关键在于欠发达地区必须认识到经济金融自组织的作用。认识金融自组织的作用需从系统论的观点出发,金融发展需要融入社会、经济系统中去,需要系统内部所有要素共同参与来实现。如果要让金融支持欠发达地区经济发展,那么产业基础、配套政策、要素资源、交通、科技信息等都要整体考虑(图1.1)。

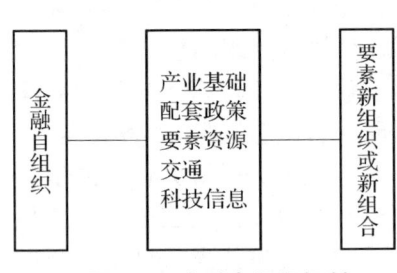

图 1.1 金融自组织机制

实际上所谓金融自组织，就是系统内要素的组织，一个系统要发展，就是要素新组织的过程，而且需要有序协同配合。倘若一个地区只有好的政策支持和产业基础，但无有利的交通和地理位置，很显然经济金融无法较好发展。可以看到的是，发达地区一般都是自组织较好的地区，而欠发达地区都是自组织较差的地区。金融空间一体化加剧了地方对资本的竞争，一个流行的口号是"良好的商业环境"。为了使资本驻留，跨国金融机构进入，很多地方采用放松管制、私有化、税收减免或优惠、补贴、社会开支压缩等措施，出现了众多热衷于拍卖自己的地方团体（localities），它们纷纷采用外向开放战略，以更加热情的方式适应全球资本。同时地方更加注重差别化因素的建构，如社会资本、地方氛围、地方文化主题的发掘，区域形象的设计等，以应对激烈的竞争。

第二，金融发展的多样性和共生性。在生物学家的眼中，差异是始终存在的，基本生物学对种群的界定主要有两种标准：一是其在食物链的位置，二是所处的生态环境。食物链位置决定种群特定的生存来源，界定其可能的生存空间；生态环境决定种群的行为方式，即种群与外部其他构成之间的交往方式。虽然差异存在，但不能忽略生物的共生现象。共同发展是生态学与发展生物学结合的一个概念，它解释了这样一个事实：一个物种的发展变化是另一个物种发展变化的结果，两者成为一个共同体，相互具有生态作用，从而形成双向演化。例如，蝴蝶和开花植物的共同发展是一个互利共生的现象，而寄生虫和宿主的共同发展则是一个偏害共生的现象。据此可以在差异基础上进行金融共生性研究。

第三，金融制度演化及金融发展的路径依赖。在早期对经济制度的研究中，诺斯的观点是，尽管各利益党派在目标上常常不同，尽管集体政治过程常是制度演化过程的中心，但是演化的确保证了产生某种类似最优的东西。然而在之后的论著中，诺斯（North，1990）的中心论断变成如下论点：第一，不同国家在经济表现上的差异主要源于他们的制度差异及其不同的演化方式，没有什么制度可以在任何地方都最优，一些制度在有些国家沿着有益于经济进步的路径演化,但在其他国家则不然;第二,先进的工业国在制度方面极其幸运,我们不能把它们的优异表现归功于任何特殊的美德和智慧,这是文化及政治的偶然性结果。演化模型都是以多样性作为基础的,多样性的自我创生就是系统原动力的"演化发动机"。达尔文的方法有时被简化为选择机制,但只有存在着可以提供选择的多样性时选择才成为可能。技术创新或制度变迁是经济演化的推动力吗?纳尔逊(Nelson,1982)把技术进步看成是关键动力,但把它看作是一种缺乏制度变迁就会无效的力量。技术是以制度为条件的经济演化的主要原因,新技术的发展当然是主要的推动力,但制度结构也在不断地演化以使新技术相对有效率地发挥作用。明显的、持续的创新引起了现代经济的重组和震荡:一方面,这种创新创造了新的利润机会,导致了实际收入的增加和经济增长;而另一方面,它又产生了混乱,导致某些当事人的个人损失以及大规模的经济重组。

第一个使"路径依赖"理论声名远播的是道格拉斯·诺斯的《经济史中的结构与变迁》(*Structure and Change in Economic History*)一书,该书用"路径依赖"理论成功地阐释了经济制度的演进。"路径依赖"类似于物理学中的惯性,事物一旦进入某一路径,就可能对这种路径产生依赖。这是因为,经济生活与物理世界一样,存在着报酬递增和自我强化的机制。这种机制使人们一旦选择走上某一路径,就会在以后的发展中得到不断的自我强化。

初始的金融体制选择会提供强化现存体制的刺激和惯性,因为沿着原有的体制变化路径和既定方向往前走,总比另辟蹊径要来得方便一些。一种体制形成以后,会在现存体制中形成有既得利益的压力集团。他们力求巩固现有制度,阻碍进一步的变革,哪怕新的体制较之现有的更有效。即使由于某种原因接受了进一步改革,他们也会力求使变革有利于巩固和扩大他们的既得利益。因此,我们在做出任何一项金融改革决策时,都要慎之又慎,不仅要考虑将要采取的决策的直接效果,还要研究它的长远影响;要随时研究改革是否采取了不正确的路径,如果发现了路径偏差就要尽快采取措施加以纠正,把它转回到正确的轨道上来,以免出现积重难返的状况。

第四,金融创新。金融创新是金融发展演化的动力,一部金融发展的历史实际上就是金融创新不断涌现的结果。很多学者对金融创新进行了研究,由此产生了技术推进理论、财富增长理论、约束诱导理论、制度改革理论、规避规制理论、交易成本理论等。金融创新程度和效果的不同影响金融发展的结果。

1.3.4 新经济地理学的差异视角

新经济地理学(空间经济学)发端于20世纪90年代初,至今已有三十余年的发展历史。它研究的是关于资源在空间的配置和经济活动的空间区位问题,试图把被主流经济学长期忽视的空间因素纳入一般均衡理论的分析框架中,研究经济活动的空间分布规律,解释现实中存在的不同规模、不同形式的生产的空间集中机制,并通过这种机制的分析探讨区域经济增长规律与途径。

1.3.4.1 新经济地理学的理论基础

主流经济学长期缺失空间维度的分析,亚当·斯密曾经对与距离和地域这个两位一体的现象有关的空间模式论述颇多,虽然从1800—1950年的主流经济学文献缺乏空间维度的分析,但这并非意味着空间因素被所有学科忽视。区位理论、经济地理学、城市经济学、区域经济学等并不缺乏经典的空间分析方法。如19世纪的杜能,20世纪初的韦伯、克里斯泰勒、霍特林、艾萨德、胡佛、阿郎索等对经济活动空间区位的关注不断取得突破性进展。克鲁格曼认为主流经济学空间维度分析缺失的原因在于长期一直缺乏处理规模经济导致的收益递增和不完全竞争的建模技术和工具。而1977年迪克西特和斯蒂格利茨建立精美的"D-S模型"为处理规模报酬递增和不完全竞争提供了崭新的技术工具。克鲁格曼(Krugman,1979)在《收益递增、垄断竞争与国际贸易》("Increasing Returns, Monopolistic Competition and International Trade")一文中把D-S模型引入细分产品的国际贸易领域,次年进一步引入运输成本因素进行扩展分析,并借用了萨缪尔森的"冰山交易成本"概念。影响较大的还有克鲁格曼

(Krugman,1991)发表的《收益递增和经济地理》("Increasing Returns and Economic Geography")一文,其开创性地将递增报酬与垄断竞争分析工具用于空间经济研究,提出了著名的核心——边缘模型,倡导了空间经济学向主流经济学的回归运动。自此,空间经济学的研究开始提上日程。该模型问世后,以其为基础的其他类模型纷纷建立:马丁和罗杰斯(Martin and Rogers,1995)的自由资本模型,屋大维(Ottaviano,1996)、福斯里德(Forslid,1999)的自由企业家模型,鲍德温(Baldwin,1999)的资本创造模型,马丁和屋大维(Martin and Ottaviano,1999)的全域溢出模型,鲍德温(Baldwin,2001)的局部溢出模型,克鲁格曼和维纳布尔斯(Krugman and Venables,1995),藤田昌久(Fujita,1999)的核心——边缘垂直联系模型,罗伯特-尼科德(Robert-Nicoud,2002)的自由资本垂直联系模型以及屋大维(Ottaviano,2002)的自由企业家垂直联系模型。这些模型体系奠定了解释经济活动空间分布规律的微观基础,关注"经济关联"和"知识关联"[如藤田昌久和蒂斯(Fujita and Thisse,2003)、贝里安特和藤田昌久(Berliant and Fujita,2006)、藤田昌久(Fujita,2007)]。

近年来,空间经济理论的发展主要表现在以下几个方面:第一,空间经济理论强调历史和偶然事件在经济活动区位决定方面的重要作用,摒弃了传统的比较优势;第二,在初始条件相类似的地方之间,经济活动的分布却是不平衡的,空间经济理论认为这是由循环累积因果关系和路径依赖所导致的,说明了区域经济的空间演化;第三,空间经济理论试图证明规模报酬、关联效应和贸易成本对维持空间秩序和层次结构的作用,这些因素的相互作用可以解释多城市结构和区域专业化的演进。基于以上理论,目前空间经济学主要有两个研究领域:一是经济行为的空间集聚,二是区域经济增长趋同的动态变化。

顾朝林等(2002)对西方经济学与地理学融合的新趋势进行了讨论。吕拉昌等(2005)分析了新经济地理学的"制度转向、制度厚度"概念以及与区域发展的关系。朱华友(2005)认为收益递增和不完全竞争、外部经济和规模经济、路径依赖和锁定效应等,是空间集聚的形成机制。何雄浪等(2006)研究了产业集群的区位、增长及其微观机理。黄肖琦等(2006)在新经济地理学的框架下重新审视了外商直接投资的区位决策行为,认为贸易成本、技术外溢、市场规模以及历史外国直接投资(FDI)传导机制在实证结果中具有统计显著性。总体来说,新经济地理学(空间经济学)有一些主要的观点:第一,经济系统内生的循环累积因果关系决定了经济活动的空间差异;第二,即使不存在外生的非对称冲击因素,经济系统的内生力量也可以促成经济活动的空间差异;第三,在某些临界状态下经济系统的空间模式可以发生突然变化,存在突破点;第四,空间经济学第二个突出的特征是区位的黏性,也就是"路径依赖";第五,人们预期的变化对经济路径产生极其深刻的影响;第六,产业集聚带来集聚租金。安虎森等(2010)对新经济地理学(空间经济学)循环累积因果集聚机制进行了探讨。黄利秀(2014)认为新经济地理学诸多模型所揭示的空间经济活动运行机制为政府政策的选择和制定提供了一个完整的、清晰的、严谨的理论指导框架,同时也为区域政策的可能效果及其绩效的评价提供了许多不同于以往的理解。杨开忠等(2016)认为"新"新经济地理学的诞生将空间异质性、技术外部性、不完全竞争甚至时间纳入一个统一的架构,使得建立经济地理、经济增长和产业组织的整合理论成为可能。王奕鋆(2017)基于新经济地理学的框架分析了中国的金融发展如何影响高端制造业集聚以及地区经济发展差距,认为金融发展水平的不均衡会导致资本流向金融发展水平较高的地区,从而导致产业集聚现象和地区经济发展差距的拉大,而随着金融发展水平的提高,产业与地区经济发展差距会缩小。何雄浪(2021)梳理了新经济地理学的研究进展及进一步发展趋势,包括城市经济学、内生增长理论、环境污染、企业异质理论、公共政策、实证分析等研究和新经济地理学理论研究的融合,以及低维度和高维度有机统一的新经济地理理论的发展。

1.3.4.2 新经济地理学的主要研究内容

新经济地理学是在迪克西特和斯蒂格利茨的 D-S 模型、克鲁格曼的核心—边缘模型基础上发展起来的。根据既定的市场规模是否相同、劳动力能否自由流动这两个假设条件的不同,目前的新经济地理学模型大致可以分为三类:第一类模型假定市场规模存在差异,劳动力不可自由流动,以克鲁格曼1980年提出的国内市场效应模型为代表;第二类模型假定劳动力部分可以自由流动,即现代部门(工业部门)的劳动力可自由流动,而传统部门的劳动力不可自由流动,以克鲁格曼1991年提出的核心—边缘模型为代表;第三类模型假定两个区域间市场规模相同,但劳动力在区域间不可自由流动而在部门间可自由流动,同时部门内存在着纵向关联关系,以维纳布尔斯于1996年提出的存在纵向关联的区位模型为代表。

第一,核心—边缘模型。 核心—边缘模型的基本框架是很容易理解的,任何企业都趋向于选择较大的市场作为他们的生产区位(可以节省运输成本和其他成本),市场规模取决于人口规模和收入水平,而人口规模和收入水平又取决于提供就业机会的规模。在核心—边缘模型中,三种基本效应组成了该模型的基本机制。第一个效应是"市场接近效应",有时也称为"本地市场效应",是指垄断企业选择市场规模较大的区位进行生产并向规模较小的市场区出售其产品的行为。第二个效应是"生活成本效应",有时也称为"价格指数效应",是指企业的集中对当地居民生活成本的影响。在企业比较集中的地区,由于本地生产的产品种类和数量比较多,从外地输入的产品种类和数量较少,因而运输成本较低,这使得该地区商品价格较低,消费者支付较低的生活成本,因此在名义收入相同的情况下,居民实际收入水平较高。第三个效应是"市场竞争效应",也叫"市场拥挤效应",是指不完全竞争性企业趋向于选择竞争者较少的区位。前两种效应促使企业的空间集聚,而后一种效应促使企业的分散。"市场接近效应"和"生活成本效应"被称为"集聚力","市场竞争效应"被称为"分散力"。如果"市场接近效应"或"生活成本效应"大于"市场竞争效应",那么任何初始的冲击都将进一步得到加强,促进要素资源集中到某一个区域。如果分散力大于集聚力,则存在着交易成本较高的状态,交易成本的降低可能会减弱分散力。

第二,自由资本模型。 核心—边缘模型能够清晰地揭示交易成本、要素流动和集聚三者之间的内在关系，但结果常常依赖于大量的数字模拟。尤其是决定产业和工人区位的内生变量不能表示为经济活动空间分布的显函数形式，因此降低了模型的可操作性。马丁和罗杰斯提出了自由资本模型，简称为 FC 模型。该模型修改了核心—边缘模型的一些假设，因此操作起来较容易。FC 模型的假设有所不同，FC 模型假定流动要素把所有收入全部返回到流动要素原来的所在地，因此就不存在需求关联和成本关联的循环因果关系。具体地说，FC 模型假设资本收入不随着资本的流动而在异地消费，收入最终回到资本所有者所在地消费，这样就不存在需求关联的循环因果关系，同时资本所有者的生活成本与资本使用区位也不相关，这就消除了成本关联的循环因果关系。总之，无论资本在哪里发挥作用，资本的收入最终消费在其原来的所在地，资本收益率的差异是决定长期资本流动的力量。

第三，需求关联和成本关联的循环因果关系的机制分析。 存在交易成本，且其他条件都相同的情况下，任何企业都会选择市场规模大的区位（市场接近效应），人口转移导致消费支出的转移，而消费支出的转移又会导致生产活动的转移。而且这个过程是逐渐强化的，如企业向北部转移，使得南部制造业部门的就业减少而北部的就业增加，生产活动的转移将进一步刺激消费支出的转移。南部企业转入北部后，工业部门提供大量的就业机会，工业部门的劳动力需求大大超出北部工业劳动力的供给，因而生产的转移进一步激励人口的转移。上述的这种机制称为"需求关联的循环因果关系"：人口转移—消费支出转移—生产活动转移—人口转移。

同样，在其他条件不变的情况下，产品种类的转移将降低北部的生活成本而提高南部的生活成本（生活成本效应），这种机制也是逐渐强化的，因为对价格指数的影响而言，北部生活成本的降低等同于提高了北部的实际工资水平，而南部生活成本的提高等同于降低了南部的实际工资水平，实际工资的差异会影响人口的转移，人口转移又会不断扩大北部整个产品种类所占的份额。人口转移导致生产活动的转移，生产活动的转移在某种程度上降低了价格指数，价格指数的降低进一步激励人口向北转移,即存在"成本关联的循环因果关系":人口转移—生产活动转移—价格指数降低—人口转移。

1.3.4.3 新经济地理学在金融发展差异中的应用

新经济地理学的贡献在于:一是提供了一般均衡分析方法,结束了以往城市系统与新经济地理学常常不安共存的状态以及解决了建模的困难;二是考虑了贸易成本的微观机制;三是发展了接近理论。但接近理论在新经济地理学实证方面还存在需进一步发展之处:第一,发展一些新工具用于空间分析,利用可得的、有效的、详细的数据(实际上所有的数据获取工作都需要在一个连续空间进行以避免边缘的偏见和任意空间单位);第二,除了应用性地去寻找一些关于地方外部性和城市增长的决定因素,比较关键的还是要去了解其作用的具体机制;第三,要能够区分理论,比如要素禀赋、城市系统、新地理学,实证的基础是把基本理论区分好。戴蒙(Daimon,2000)认为空间经济学过重要地强调运输成本,事实上语言、风俗、法律、产品标准、制度等存在的差异会造成较高的区位成本(locational cost);还有就是缺乏面对面的交流使交易和信息成本较高。客观地说,新经济地理学在思想上并没有超越传统的经济地理学和区域经济学。新经济地理学的创新之处在于:用一般均衡的方法以更严谨的经济学模型解释了报酬递增条件下空间结构的形成与演化,由此可以讨论金融领域的相关问题。

一是探讨金融发展差异形成的微观基础。金融发展差异的形成可以从要素资源流动的角度来解释,如金融机构的转移、金融人才的转移、资金资本的转移等。如金融机构的转移会带动一地区相关联行业的发展,从而会带来该地区生产活动的繁荣,又会进一步刺激金融机构的转移,形成区际金融发展的差异;同样地,金融人才的转移会带动一地区消费以及生产活动的增加,在生产投资的带动下,金融行业发展较好,又会吸引金融人才的转移;资金资本的转移也会产生循环累积效应。二是探讨金融资源的集聚和分散。金融资源的集聚与分散也是金融发展差异的体现,新经济地理学为研究金融集聚提供了很好的分析方法,如利用规模报酬递增分析金融行业的集聚,利用市场接近效应、价格指数效应和市场竞争效应去分析金融集聚力和分散力。实际研究中还可以基于空间效应分析区际金融的相互作用:空间依赖性和空间异质性。也可以分析金融增长极对周边地区的辐射效应,要分析辐射效应是否有效还需分析周边地区接受辐射的阻力,如交通设施的阻力、经济基础的阻力、制度的阻力、文化的阻力等。

  对上述理论基础及其在金融发展差异研究上的应用进行比较可知,不同学科各有特点,各有不足,在研究金融发展差异问题上,需要实现学科间的融合。发展经济学的增长极理论、不平衡增长理论、循环累积因果关系理论以及核心—边缘理论等,可以分析区域金融增长极的支配效应、乘数效应、极化和扩散效应以及金融发展过程中的不平衡和循环累积等,构成研究金融集聚、金融中心的基础,问题是发展经济学缺乏对金融发展的制度、文化、伦理、微观机理、时间累积等方面的探索。金融地理学不仅单纯考虑地理区位因素,还综合考虑了社会经济、文化、制度等对金融发展的影响,强调和重视金融发展的空间相互作用,可从金融地理学视角构建金融综合竞争力的指标体系,比较分析区域金融综合竞争力,也可以为金融辐射提供理论和方法借鉴,问题是金融地理学缺乏金融发展差异微观机理的说明,如何将经济、制度、文化等因素量化仍有待研究。演化经济学本身就是一种跨学科的交叉研究领域和方法,吸收了生物学、自组织理论、协同学理论、复杂系统理论、认知科学等自然科学学科的研究成果,为金融发展问题的研究提供了一些基本方法,强调差异普遍存在的必然性,引入了生物学中重要的概念,如"生态系统""变异""进化""共生"等,由此可以分析金融发展的多样性和共生性、金融发展的系统观,从金融自组织的角度探讨金融支持经济增长的功能等,其重视时间累积,强调惯性,重视创新,但演化经济学的不足之处在于缺乏对金融、资源、环境、生态协调可持续发展的研究。新经济地理学更多地用于分析金融发展集聚和扩散的具体机制,具体表现在用一些精美的模型研究金融发展差异形成的微观基础,在一些因素的量化方面有较大的贡献,更为重视空间的分析,与发展经济学相同的是缺乏对制度、文化、时间累积的分析,并且同质性的假定与现实严重不符。

科学的研究需要科学的方法,对金融发展差异的研究既需要有理论基础,形成机制的说明,也需要数理的推导证明;既需要历史的动态的分析,也需要现实的静态分析;既需要均衡分析,也需要非均衡分析。发展经济学和新经济地理学缺乏对金融发展的制度、文化、伦理、时间累积等方面的探索,金融地理学和演化经济学能构成有益的补充;而金融地理学和演化经济学缺乏对金融发展微观机理的分析,发展经济学和新经济地理学又能弥补其缺陷。因此,仅用某一个或某几个学科研究金融发展差异是存在明显不足的,实现学科之间的交叉融合能使金融发展差异的研究更全面、更系统。

2 江苏金融发展差异及其动态变化

考虑到江苏金融发展的特点以及数据的可得性,本书在衡量江苏各区域银行业、证券业和保险业的发展状况时,结合已有信贷资产的配置状况指标、金融资产的比重指标、证券规模指标等进行指标体系设计,主要从金融发展的总量、金融发展的结构两方面来进行考察。总量指标分别采用金融机构数、金融从业人员数[①]、金融机构年末存贷款余额(包括人均)、上市公司数量、股票筹资额、期货公司数量、证券营业部数量、保费收入等来说明;结构指标主要涉及金融相关比率 FIR、存贷比、存款占比和贷款占比等。本章主要对江苏金融发展差异及其动态变化进行描述。

2.1 江苏金融发展差异的静态比较

本书先从金融发展的总量和结构视角对江苏金融发展差异进行静态比较,为后几章的研究奠定基础。该内容分为三部分:一是江苏金融业发展现状及与周边地区的比较,二是江苏三大区域金融发展的比较,三是江苏 13 个地级市金融发展的比较。改革开放 40 多年来,江苏金融业发展迅速,以下对 2020 年江苏金融发展的现状进行简要描述。

---

① 金融机构数和金融从业人员数虽是银行的统计数据,但相较于证券行业和保险行业的数据较大,故近似为整个金融行业的数据。本书中当期数据一般选择 2020 年、2019 年(若 2020 年数据不足),并使用了 2011 年的数据;近 3 年数据的选择区间是 2018—2020 年,近 6 年数据的选择区间是 2015—2020 年,近 10 年数据的选择区间是 2011—2020 年。

2.1.1　江苏金融业发展现状及与周边地区的比较

2.1.1.1　江苏金融业发展现状

(1) 江苏银行业发展现状

截至 2020 年底,江苏银行业金融机构达到 12 990 个,包括:大型国有商业银行[①]、国家开发银行等政策性银行、股份制商业银行[②]、城市商业银行、小型农村金融机构[③]、邮政储蓄、外资银行、新型农村金融机构[④]等。从业人员 263 553 人,资产总额 218 754 亿元。年末金融机构本外币存贷款余额分别达到 17.8 万亿元和 15.7 万亿元。银行业组织体系不断丰富。江苏省共有法人银行业金融机构 168 家,全国性银行一级分行 98 家,二级分行 133 家。[⑤] 资产总额前三名分别是大型国有商业银行、城市商业银行、股份制商业银行,各占 34.51%、20.45%、16.82%;机构数前三名分别是大型国有商业银行、小型农村金融机构、邮政储蓄,各占 37.40%、25.39%、19.24%(表 2.1)。

2020 年江苏省银行业资产规模平稳较快增长,机构体系不断优化。2020 年末,全省银行业总资产同比增长 13.6%,较上年同期提高 5 个百分点,为 2011 年的 2.67 倍。其中,法人银行业金融机构总资产增速较上年提高 4.4 个百分点。从银行业发展数据来看,江苏金融机构数为全国的 5.75%,存款总量为全国的 8.12%,贷款总量为全国的 9.01%。2020 年末,全省本外币各项贷款余额同比增长 15.9%,较上年同期提高 1.2 个百分点,比年初新增 2.1 万亿元,同比多增 4 242.7 亿元。贷款余额居全国第 2 位,新增额居全国第 3 位。

[①]　包括中国工商银行、中国农业银行、中国银行、中国建设银行和交通银行。
[②]　包括中信银行、中国光大银行、华夏银行、广东发展银行、平安银行、招商银行、上海浦东发展银行、兴业银行、中国民生银行、恒丰银行、浙商银行和渤海银行。
[③]　包括农村信用社、农村合作银行和农村商业银行。
[④]　包括村镇银行、贷款公司和农村资金互助社。
[⑤]　资料来源:2020 年江苏金融运行报告。

表 2.1　2011 年和 2020 年江苏省银行业金融机构基本情况

机构类别	机构个数/个		从业人员数/人		资产总额/亿元		法人机构数/个	
	2020	2011	2020	2011	2020	2011	2020	2011
大型国有商业银行	4 858	4 641	107 989	96 267	75 488	39 731	0	0
国家开发银行等政策性银行	78	93	2 477	2 165	11 687	3 442	0	0
股份制商业银行	1 091	768	35 762	27 527	36 784	14 101	4	4
城市商业银行	935	674	34 853	17 324	44 730	8 994	60	62
小型农村金融机构	3 298	2 982	45 811	38 910	32 565	11 247	14	6
财务公司	0	7	474	177	1 796	215	4	4
信托公司	0	4	676	242	453	92	0	0
邮政储蓄	2 499	2 442	25 989	7 814	9 310	3 156	3	1
外资银行	35	52	2 309	1 571	1 784	564	74	38
新型农村金融机构	196	47	4 996	1 011	993	219	9	1
其他	0	1	2 217	93	3 164	102		
合计	12 990	11 711	263 553	193 101	218 754	81 863	168	116

资料来源：中国人民银行南京分行、江苏银监局。

(2) 江苏证券业发展现状

2020年末,江苏省共有证券营业部1 057家,同比增长11.6%。期货经营机构数量和质量稳步提升,期货营业部达到186家,同比增长5%。2020年末,江苏省新增境内上市公司54家,达到482家,年内国内股票筹资额524.5亿元。同时,新上市公司产业结构更加优化。从行业来看,大部分企业从事新能源、节能环保、信息技术、生物医药等国家重点支持发展的新兴产业。

表2.2 2015—2020年江苏省证券业发展基本情况

项 目	2020	2019	2018	2017	2016	2015
总部设在辖内的证券公司数	6	6	6	6	6	6
总部设在辖内的基金公司数	0	0	0	0	0	0
总部设在辖内的期货公司数	9	9	9	9	10	10
年末国内上市公司数	482	428	401	382	317	276
当年国内股票(A股)筹资/亿元	525	520	1 451	762	1 703	618
当年发行H股筹资/亿元	12	116	1 263	162	420	308
当年国内债券筹资/亿元	14 495	2 865	7 495	1 000	8 157	5 295

资料来源:2015—2020年江苏金融运行报告。

从2015—2020年江苏省证券业发展基本情况(表2.2)看,国内上市公司数呈逐年递增趋势,但国内债券筹资额波动较大,2020年筹资额为2019年的5.06倍;股票融资也受股市的影响,2017年筹资额下降到不到2016年的一半,2018年适量回升后继续下降;发行H股筹资额于2018年达到峰值,股票和债券筹资额相较于2006—2011年波动较大(图2.1)。

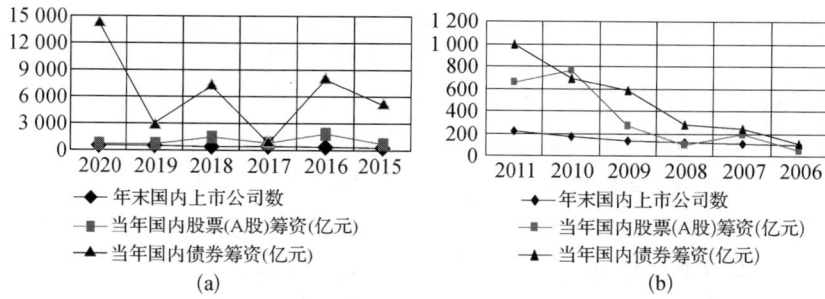

图 2.1　江苏证券业部分指标 2015—2020 年、2006—2011 年变化图

资本市场融资功能持续增强。从证券行业发展数据来看,上市公司总量、公司债券、新三板领先。2020 年末,全省境内有上市公司 482 家,新增科创板上市公司 30 家,创业板注册制改革后新增上市公司 7 家,新三板挂牌公司 987 家,其中精选层企业 6 家,均居全国前列。2020 年全省企业通过沪、深交易所融资 7 620 亿元,同比增长 87.4%,通过新三板股权融资 41 亿元。

(3) 江苏保险业发展现状

2020 年末,江苏省共有保险公司主体 111 家,比上年末增加 5 家。其中,产险公司 45 家,人身险公司 66 家。全省保险公司分支机构 5 960 家,保险网点数量居全国首位。省内拥有紫金财产、利安人寿、乐爱金财产保险(中国)等五家法人保险机构,各项业务保持平稳增长。2020 年,江苏保险业实现保费收入 4 015 亿元,同比增长 4.80%。其中,财产险保费收入 993 亿元,同比增长 5.53%,人身险保费 3 022 亿元,同比增长 4.57%(表 2.3);江苏保险业经营质量不断提升,保险业务结构持续优化。

表 2.3　2015—2020 年江苏省保险业发展基本情况

项　　目	2020	2019	2018	2017	2016	2015
总部设在辖内的保险公司数/家	5	5	5	5	5	5
财产险经营主体/家	2	2	2	2	2	2
人身险经营主体/家	3	3	3	3	3	3

(续表)

项目	2020	2019	2018	2017	2016	2015
保险公司分支机构数/家	5 960	5 722	5 739	502	99	94
财产险公司分支机构/家	2 498	2 350	2 352	301	41	39
人身险公司分支机构/家	3 462	3 372	3 387	201	58	55
保费收入(中外资)/亿元	4 015	3 831	3 317	3 449	2 690	1 990
财产险保费收入/亿元	993	941	859	856	733	672
人身险保费收入/亿元	3 022	2 890	2 459	2 593	1 957	1 318
各类赔款给付(中外资)/亿元	1 081	999	997	984	916	733
保险密度/(元·人$^{-1}$)	4 738	4 647	4 121	4 312	3 363	2 495
保险深度/%	4.0	4.0	3.6	4.0	3.5	2.8

资料来源:2015—2020年江苏金融运行报告。

2009年,随着紫金财产保险公司和乐爱金财产保险(中国)有限公司两家法人机构在南京成立,江苏保险业法人主体建设实现零的突破,2011年利安人寿进驻江苏,也实现了人身险经营主体零的突破。2011年,江苏保险业实现保费收入1 200亿元,同比增长14.6%。其中,财产险保费收入380亿元,同比增长22%左右,人身险保费收入820亿元,同比增长11%。江苏保险业经营质量不断提升,保险业务结构持续优化,2015年到2020年的6年,江苏保险公司分支机构数(财产险公司分支机构和人身险公司分支机构)、保费收入、保险密度呈持续上升态势,尤其是2018年保险公司分支机构数急剧增加;保险深度6年平均值为3.65%,2017、2019与2020年这3年在平均值之上(图2.2)。江苏保费收入为全国的8.87%,其中财产险保费收入为全国的8.33%,人身险保费收入为全国的9.07%;保险密度为全国水平的1.48倍,保险深度比全国平均水平低0.5%。总体来说,江苏保险行业的发展在全国处于较高水平。

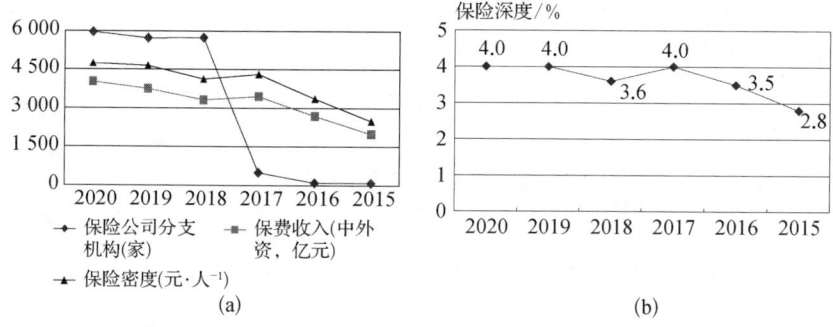

图 2.2 江苏保险业部分指标 2015—2020 年变化图

2.1.1.2 江苏金融业发展与周边地区的比较

(1) 指标和数据的选择

江苏的周边省市选取的是上海和安徽,没有选择浙江、山东。因为上海、江苏、安徽由东往西自成一线,虽经度不同,但纬度几乎相同。为了方便比较江苏与上海、安徽金融业发展的基本情况,本书选取了一些绝对指标和相对指标。绝对指标包括:地区总人口(人)、地区生产总值(亿元)、存款总额(亿元)、贷款总额(亿元)、上市公司数(个)、国内股票筹资额(亿元)以及保费收入(亿元)等。相对指标包括:人均存款(元)、人均贷款(元)、经济货币化比率、单位上市公司国内股票筹资额(亿元·个$^{-1}$)、保险密度(元·人$^{-1}$)等。数据来自各省、各地区统计年鉴、2018—2020 年金融运行报告。部分数据经过处理,人口数根据 2020 年第七次全国人口普查分地区的常住人口来计算。

(2) 与上海、安徽的比较

第一,从绝对量水平来看,2020 年江苏的地区生产总值、存款总额、贷款总额都在上海和安徽之上,但对于相对量而言,经济货币化比率(选取存贷款之和与地区生产总值的比)江苏为 3.26,约为上海 6.21 的一半,较安徽的 2.91 略高;江苏人均存款为 210 034.4 元,约为上海的1/3,安徽的2.1倍,人均贷款为185 255.1元,约为上海的54%,安徽的2.2倍(图2.3)。从人均水平可以看出,江苏低于上海,而安徽低于江苏。

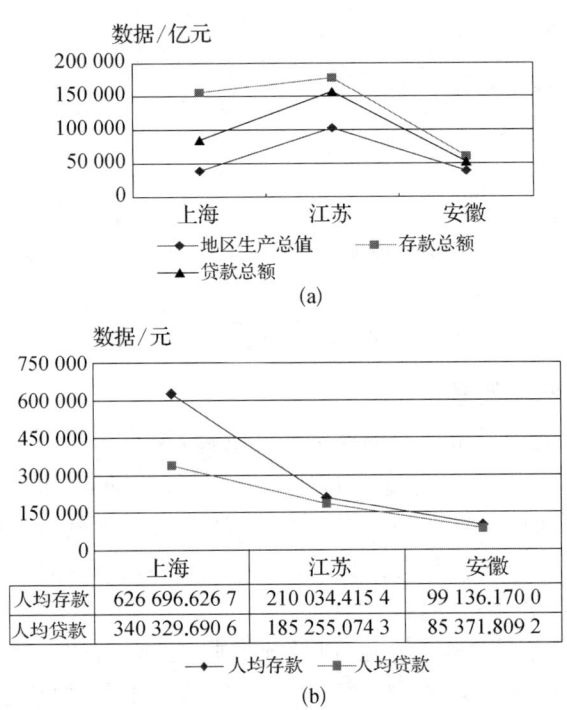

图2.3　2020年江苏与上海、安徽经济金融数据的比较

第二,从上市公司数量来看,截至2020年末,江苏上市公司比上海多139家,是安徽省上市公司数量的近4倍。但就单个上市公司的融资能力(选用单位上市公司国内股票筹资额来表示)而言,江苏上市公司为1.09亿元·个$^{-1}$,远远不及上海的7.13亿元·个$^{-1}$,甚至较安徽还要低出0.74亿元·个$^{-1}$(表2.4、表2.5、表2.6)。

2 江苏金融发展差异及其动态变化

表 2.4　2011、2018—2020 年上海金融业发展基本情况

年份	地区生产总值/亿元	存款总额/亿元	贷款总额/亿元	上市公司数/个	国内股票筹资额/亿元	保费收入/亿元	保险密度/(元·人$^{-1}$)
2011	19 196	58 000	37 000	196	709	753	3 272
2018	36 012	121 112	132 820	287	182	1 406	5 802
2019	37 988	132 820	79 843	308	391	1 720	7 084
2020	38 701	155 865	84 643	343	2 446	1 865	7 499
2018—2020 年均值	37 567	136 599	99 102	313	1 006	1 664	6 795

资料来源：2020 年上海统计年鉴、2012 年上海统计年鉴、2018—2020 年上海金融运行报告。

表 2.5　2011、2018—2020 年江苏金融业发展基本情况

年份	地区生产总值/亿元	存款总额/亿元	贷款总额/亿元	上市公司数/个	国内股票筹资额/亿元	保费收入/亿元	保险密度/(元·人$^{-1}$)
2011	48 604	67 639	50 284	214	657	1 200	1 526
2018	93 208	144 200	118 000	401	1 451	3 317	4 121
2019	99 632	157 000	135 000	428	520	3 750	4 647
2020	102 719	178 000	157 000	482	525	4 015	4 738
2018—2020 年均值	98 520	159 733	136 667	437	832	3 694	4 502

资料来源：2020 年江苏统计年鉴、2012 年江苏统计年鉴、2018—2020 年江苏金融运行报告。

表 2.6　2011、2018—2020 年安徽金融业发展基本情况

年份	地区生产总值/亿元	存款总额/亿元	贷款总额/亿元	上市公司数/个	国内股票筹资额/亿元	保费收入/亿元	保险密度/(元·人$^{-1}$)
2011	15 110	19 547	14 146	77	199	432	724
2018	34 011	51 199	39 453	103	47	1 210	1 920
2019	36 846	54 800	44 900	105	90	1 349	2 210
2020	38 681	60 500	52 100	126	230	1 404	2 301
2018—2020年均值	36 513	55 500	45 484	111	122	1 321	2 144

资料来源:2020年安徽统计年鉴、2012年安徽统计年鉴、2018—2020年安徽金融运行报告。

第三,对于保险行业,与上海、安徽进行比较,2020年江苏保费收入达到 4 015 亿元,为最高。但就相对量的保险密度而言,江苏达到 4 738 元·人$^{-1}$,约为上海的 2/3,2011 年仅为上海的一半;而安徽 2 301 元·人$^{-1}$,约为江苏的一半。

2.1.2　江苏三大区域金融总量和结构的比较

自从 2000 年南京和镇江并入苏南后,苏南包括苏州、无锡、常州、南京、镇江 5 个地级市,苏中地区包括南通、扬州和泰州 3 个地级市,苏北包括徐州、淮安、连云港、盐城和宿迁 5 个地级市。本节主要对江苏三大区域金融总量和结构进行简要的比较。先对三大区域的 GDP 和人均 GDP 做出比较,衡量金融发展的经济基础。其次比较江苏三大区域的金融总量,具体包括:存款与人均存款、贷款与人均贷款、存贷款与人均存贷款,上市公司数、证券营业部数、期货公司数、期货营业部数,保费收入均值、保险密度均值。最后进行江苏三大区域金融结构的比较,选取三个变量:一是金融相关比率,二是存贷比,三是存款占比。数据来自 2002—2020 年江苏统计年鉴以及 2020 年江苏各地级市国民经济与社会发展统计公报。

2.1.2.1 江苏三大区域 GDP 和人均 GDP 的比较

从三大区域 GDP 的变化来看(表 2.7),苏南地区 2011 年达到 29 635.10 亿元,为 2001 年的 5.44 倍,年均增长 18.46%[①];苏中地区 2011 年达到 9 133.13 亿元,为 2001 年的 5.18 倍,年均增长 17.87%;苏北地区 2011 年达到 10 744.33 亿元,为 2001 年的 4.91 倍,年均增长 17.24%。苏南地区 2020 年达到 59 384.32 亿元,约为 2011 年的 2.00 倍,年均增长 8.03%;苏中地区 2020 年达到 21 397.40 亿元,为 2011 年的 2.34 倍,年均增长 9.92%;苏北地区 2020 年达到 23 837.98 亿元,为 2011 年的 2.22 倍,年均增长 9.26%。绝对量水平一直是苏南高于苏北,苏北高于苏中;年均增长速度 2001—2010 年苏南快于苏中,苏中快于苏北,2011—2020 年苏中快于苏北,苏北快于苏南。

表 2.7 江苏三大区域 GDP 的变化 单位:亿元

年 份	苏 南	苏 中	苏 北
2001	5 446.25	1 764.73	2 186.94
2002	6 280.10	1 950.86	2 436.90
2003	7 821.04	2 233.97	2 692.93
2004	9 591.70	2 719.39	3 220.08
2005	11 417.00	3 216.36	3 610.76
2006	13 485.00	3 860.78	4 235.70
2007	15 931.00	4 625.59	4 976.23
2008	18 506.00	5 477.80	5 931.61
2009	21 154.00	6 390.11	7 196.89
2010	25 185.00	7 743.88	8 920.37
2011	29 635.10	9 133.13	10 744.33
2012	33 381.66	10 193.54	12 182.94

---

① 设年均增长率为 r,2011 年的指标数据为 $Data_{2011}$,2001 年的指标数据为 $Data_{2001}$,那么 $r=\sqrt[9]{\dfrac{Data_{2020}}{Data_{2011}}}-1$。后文中年均增长率的计算皆以此类推。

(续表)

年 份	苏 南	苏 中	苏 北
2013	36 385.87	11 297.81	13 558.88
2014	38 941.26	12 721.49	15 151.49
2015	41 518.73	13 853.14	16 564.30
2016	44 795.83	15 319.36	18 160.20
2017	50 175.19	17 544.09	20 268.77
2018	53 956.76	19 000.80	21 365.98
2019	56 646.45	20 366.83	22 963.34
2020	59 384.32	21 397.40	23 837.98

横向看,2001年苏南地区GDP为苏中地区的3.08倍,为苏北地区的2.49倍;2011年苏南地区GDP为苏中地区的3.24倍,为苏北地区的2.76倍;2020年苏南地区GDP为苏中地区的2.78倍,为苏北地区的2.49倍。20年中,2005年苏南地区与苏中地区的倍比最高,达到3.55倍;2007年苏南地区与苏北地区的倍比最高,达到3.20倍。由表可以看出,自2011年后三大区域的差异有缩小趋势。

表2.8 江苏三大区域总人口变化　　　　　　单位:万人

年 份	苏 南	苏 中	苏 北
2001	2 177.57	1 737.15	3 182.28
2002	2 196.09	1 736.48	3 194.76
2003	2 219.15	1 734.61	3 210.18
2004	2 245.81	1 730.85	3 229.39
2005	2 275.19	1 729.22	3 248.47
2006	2 304.57	1 732.03	3 281.11
2007	2 329.50	1 726.08	3 298.50
2008	2 345.92	1 724.40	3 318.31
2009	2 358.41	1 725.44	3 335.38
2010	2 368.15	1 726.69	3 371.76
2011	3 270.17	1 637.10	2 976.78
2012	3 293.06	1 638.62	2 977.71

(续表)

年 份	苏 南	苏 中	苏 北
2013	3 306.27	1 639.80	2 983.67
2014	3 314.81	1 640.81	2 994.16
2015	3 321.44	1 641.99	3 004.76
2016	3 328.84	1 643.22	3 015.39
2017	3 340.56	1 645.22	3 028.18
2018	3 356.63	1 647.09	3 036.28
2019	3 371.92	1 648.99	3 039.45
2020	3 589.72	1 671.28	3 006.12

根据江苏三大区域GDP和人口数（表2.8），可以计算出三大区域人均GDP的变化，如表2.9所示。苏南地区2011年人均GDP达到90 622.41元，为2001年的3.62倍，年均增长13.73%；苏中地区2011年人均GDP达到55 788.37元，为2001年的5.49倍，年均增长18.56%；苏北地区2011年人均GDP达到36 093.76元，为2001年的5.25倍，年均增长18.04%。苏南地区2020年人均GDP达到165 428.88元，为2011年的1.83倍，年均增长6.96%；苏中地区2020年人均GDP达到128 029.90元，为2011年的2.29倍，年均增长9.57%；苏北地区2020年达到79 298.15元，为2011年的2.20倍，年均增长9.36%。从绝对量水平来看，苏南高于苏中，苏中高于苏北（图2.4）；从年均增长速度来看，苏中最快，苏南最慢。从增长区间看，三大区域人均GDP的变化体现了我国经济由高速增长走向中高速增长。

表2.9 江苏三大区域人均GDP变化   单位：元

年 份	苏 南	苏 中	苏 北
2001	25 010.68	10 158.77	6 872.24
2002	28 596.73	11 234.57	7 627.80
2003	35 243.40	12 878.80	8 388.72
2004	42 709.62	15 711.30	9 971.17

(续表)

年份	苏南	苏中	苏北
2005	50 181.92	18 600.06	11 115.26
2006	58 516.82	22 290.49	12 909.35
2007	68 388.45	26 798.24	15 086.34
2008	78 886.58	31 766.41	17 875.39
2009	80 696.83	37 034.67	21 577.42
2010	84 350.52	44 848.12	26 456.12
2011	90 622.41	55 788.37	36 093.76
2012	101 369.73	62 208.08	40 913.79
2013	110 051.28	68 897.49	45 443.63
2014	117 476.77	77 531.77	50 603.47
2015	125 002.20	84 368.25	55 126.96
2016	134 568.89	93 227.69	60 225.05
2017	150 199.94	106 637.00	66 933.95
2018	160 746.82	115 359.80	70 368.94
2019	167 994.89	123 510.90	75 551.10
2020	165 428.88	128 029.90	79 298.15

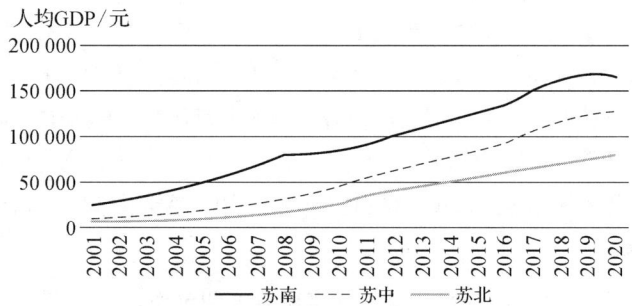

图 2.4 江苏三大区域人均 GDP 变化

从横向来看,2001 年苏南地区人均 GDP 为苏中地区人均 GDP 的 2.46 倍,为苏北地区的 3.64 倍;2011 年苏南地区人均 GDP 为苏中地区人均 GDP 的 1.62 倍,为苏北地区的 2.51 倍;2020 年苏南地区人均 GDP 为苏中地区人均 GDP 的 1.29 倍,为苏北地区的 2.09

倍。20年中,2003年苏南地区与苏中地区人均GDP的倍比最高,达到2.74倍;2007年苏南地区与苏北地区人均GDP的倍比最高,达到4.53倍。可以明显看出,人均GDP的差距也在日趋缩小。

2.1.2.2 江苏三大区域金融总量的比较

对江苏三大区域金融总量的比较主要选取的变量有存款和人均存款、贷款和人均贷款、存贷款和人均存贷款,以进行银行业发展的比较;还有上市公司数、证券营业部数、期货公司数、期货营业部数,以进行证券业发展的比较;以及保费收入均值、保险密度均值,来进行保险业发展的比较。

(1) 三大区域存款余额和人均存款余额的比较

由表2.10可知,2011年苏南地区存款余额达到47 463.93亿元,为2001年的7.40倍,年均增长22.16%;苏中地区2011年存款余额达到11 107.94亿元,为2001年的6.16倍,年均增长19.94%;苏北地区2011年存款余额达到9 066.88亿元,为2001年的7.19倍,年均增长21.80%。2020年苏南地区存款余额达到113 459.75亿元,为2011年的2.39倍,年均增长10.17%;苏中地区2020年存款余额达到31 011.58亿元,为2011年的2.79倍,年均增长12.08%;苏北地区2020年存款余额达到30 250.60亿元,为2011年的3.34倍,年均增长14.33%。从绝对量水平来看,苏南高于苏中,苏中高于苏北(图2.5);从2011—2020年年均增长速度来看,苏北最快,苏南最慢。

表2.10　江苏三大区域存款余额变化　　　　单位:亿元

年　份	苏　南	苏　中	苏　北
2001	6 414.36	1 801.97	1 260.56
2002	8 015.84	2 116.70	1 498.38
2003	10 680.62	2 596.27	1 815.77
2004	12 672.42	3 064.32	2 130.82
2005	15 489.31	3 577.62	2 524.98

(续表)

年 份	苏 南	苏 中	苏 北
2006	18 274.47	4 153.08	2 924.15
2007	21 629.78	4 765.61	3 419.78
2008	26 135.68	5 919.82	4 160.69
2009	34 605.06	7 879.00	5 351.50
2010	42 882.65	9 715.22	6 728.09
2011	47 463.93	11 107.94	9 066.88
2012	54 770.23	12 919.40	10 419.36
2013	61 182.51	15 043.07	12 076.48
2014	66 460.31	16 893.68	13 585.02
2015	76 590.64	19 186.24	15 552.99
2016	84 370.35	22 184.72	19 021.87
2017	89 611.99	23 394.78	21 769.40
2018	96 317.10	24 494.17	23 416.10
2019	103 636.90	27 478.77	26 023.97
2020	113 459.75	31 011.58	30 250.60

从横向看,2001年苏南地区存款余额为苏中地区存款余额的3.56倍,为苏北地区的5.09倍;2011年苏南地区存款余额为苏中地区存款余额的4.27倍,为苏北地区的5.23倍;2020年苏南地区存款余额为苏中地区存款余额的3.66倍,为苏北地区的3.75倍。20年中,2007年苏南地区与苏中地区的倍比最高,达到4.54倍;2010年苏南地区与苏北地区的倍比最高,达到6.37倍。

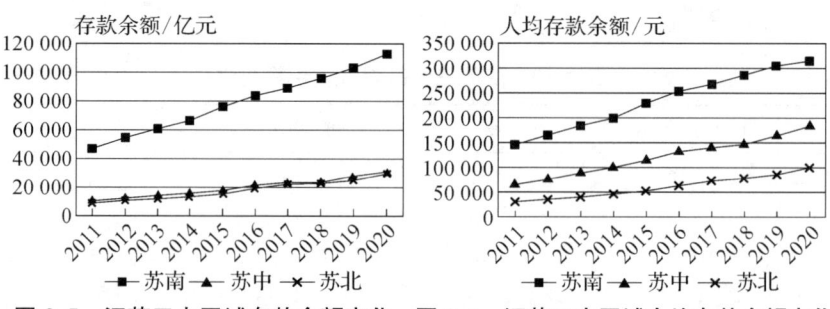

图 2.5 江苏三大区域存款余额变化　　图 2.6 江苏三大区域人均存款余额变化

由表 2.11 可知,2020 年苏南地区人均存款余额达到 316 068.61 元,为 2011 年的 2.18 倍,年均增长 9.03%;苏中地区 2020 年人均存款余额达到 185 555.68 元,为 2011 年的 2.73 倍,年均增长 11.83%;苏北地区 2020 年人均存款余额达到 100 630.02 元,为 2011 年的 3.30 倍,年均增长 14.20%。从绝对量水平来看,苏南高于苏中,苏中高于苏北(图 2.6);从年均增长速度来看,苏北最快,苏南最慢。

表 2.11　江苏三大区域人均存款余额变化　　单位:元

时　间	苏　南	苏　中	苏　北
2011 年	145 141.93	67 851.21	30 458.65
2012 年	166 320.17	78 843.17	34 991.18
2013 年	185 050.23	91 737.22	40 475.25
2014 年	200 495.38	102 959.39	45 371.72
2015 年	230 594.68	116 847.84	51 761.26
2016 年	253 452.70	135 007.61	63 082.62
2017 年	268 254.39	142 198.92	71 889.50
2018 年	286 945.84	148 711.79	77 121.02
2019 年	307 353.48	166 640.00	85 620.80
2020 年	316 068.61	185 555.68	100 630.02

从横向看,2011 年苏南地区人均存款余额为苏中地区人均存款余额的 2.14 倍,为苏北地区的 4.77 倍;2020 年苏南地区人均存款余额为苏中地区人均存款余额的 1.70 倍,为苏北地区的 3.14 倍。可以看出,人均存款余额的差异趋向缩小。

(2) 三大区域贷款余额和人均贷款余额的比较

由表 2.12 可知,2011 年苏南地区贷款余额达到 37 120.88 亿元,为 2001 年的 8.14 倍,年均增长 23.33%;苏中地区 2011 年贷款余额达到 6 964.59 亿元,为 2001 年的 7.08 倍,年均增长 21.62%;苏北地区 2011 年贷款余额达到 6 198.05 亿元,为 2001 年的 5.61 倍,年均增长 18.82%。2020 年苏南地区贷款余额达到 104 053.64

亿元,为2011年的2.80倍,年均增长12.13%;苏中地区2020年贷款余额达到24 819.75亿元,为2011年的3.56倍,年均增长15.17%;苏北地区2020年贷款余额达到26 532.34亿元,为2011年的4.28倍,年均增长17.54%。2011—2020年从绝对量水平来看,苏南最高,苏中在2018年之前高于苏北,2018年后一直低于苏北(图2.7);从年均增长速度来看,苏北快于苏中,苏中快于苏南。

表2.12　江苏三大区域贷款余额变化　　　　单位:亿元

年　份	苏　南	苏　中	苏　北
2001	4 557.67	984.23	1 105.53
2002	5 876.31	1 154.83	1 203.42
2003	8 394.63	1 484.84	1 420.03
2004	10 225.36	1 721.66	1 533.96
2005	11 787.92	1 955.99	1 652.65
2006	14 177.18	2 354.54	1 953.37
2007	16 866.53	2 863.84	2 361.86
2008	19 971.25	3 410.51	2 778.96
2009	26 633.49	4 688.80	3 974.43
2010	32 809.13	5 911.36	5 206.04
2011	37 120.88	6 964.59	6 198.05
2012	42 127.60	8 125.26	7 399.96
2013	46 692.50	9 512.58	8 703.14
2014	51 533.19	10 879.64	10 077.19
2015	57 081.65	12 513.66	11 574.40
2016	65 092.63	14 143.79	13 720.60
2017	71 898.58	16 142.20	15 966.57
2018	80 658.36	18 341.31	18 808.22
2019	91 901.05	21 135.63	22 102.99
2020	104 053.64	24 819.75	26 532.34

从横向看,2001年苏南地区贷款余额为苏中地区的4.63倍,为苏北地区的4.12倍;2011年苏南地区贷款余额为苏中地区的5.33倍,为苏北地区的5.99倍,为2011—2020年中的最高倍比;2020年

苏南地区贷款余额为苏中地区的 4.19 倍,为苏北地区的 3.92 倍。可以看出,贷款余额的差异 20 年间呈现先增大后缩小的变化。

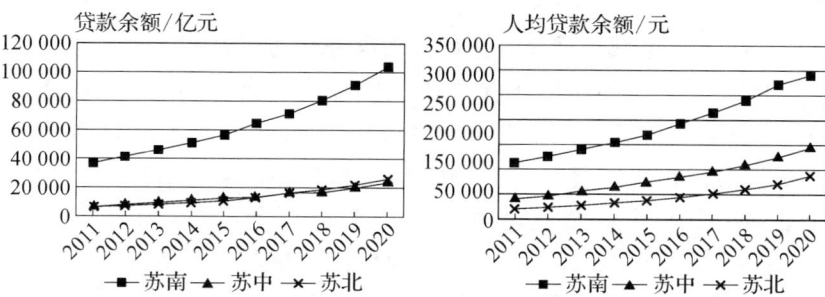

图 2.7　江苏三大区域贷款余额变化　图 2.8　江苏三大区域人均贷款余额变化

从人均贷款余额来看(表 2.13),2020 年苏南地区人均贷款余额达到 289 865.70 元,为 2011 年的 2.55 倍,年均增长 10.98%;苏中地区 2020 年人均贷款余额达到 148 507.29 元,为 2011 年的 3.49 倍,年均增长 14.90%;苏北地区 2020 年人均贷款余额达到 88 261.06 元,为 2011 年的 4.24 倍,年均增长 17.41%。从绝对量水平来看,苏南高于苏中,苏中高于苏北(图 2.8);从年均增长速度来看,苏北最快,苏南最慢。

表 2.13　江苏三大区域人均贷款余额变化　　　　　单位:元

年　份	苏　南	苏　中	苏　北
2011	113 513.49	42 542.17	20 821.30
2012	127 928.43	49 585.99	24 851.18
2013	141 224.31	58 010.61	29 169.24
2014	155 463.72	66 306.52	33 656.15
2015	171 858.14	76 210.56	38 520.28
2016	195 541.48	86 073.62	45 501.91
2017	215 229.12	98 116.05	52 726.71
2018	240 295.65	111 355.85	61 944.95
2019	272 548.54	128 173.18	72 720.48
2020	289 865.70	148 507.29	88 261.06

从横向看,2011 年苏南地区人均贷款余额为苏中地区的 2.67 倍,为苏北的 5.45 倍;2020 年苏南地区人均贷款余额为苏中地区的 1.95 倍,为苏北地区的 3.28 倍。

(3) 三大区域存贷款余额和人均存贷款余额的比较

由表 2.14 可知,2011 年苏南地区存贷款余额为 84 584.81 亿元,为 2001 年的 7.71 倍,年均增长 22.64%;苏中地区 2011 年存贷款余额为 18 072.53 亿元,为 2001 年的 6.49 倍,年均增长 20.56%;苏北地区 2011 年存贷款余额为 15 264.93 亿元,为 2001 年的 5.92 倍,年均增长 19.46%。2020 年苏南地区存贷款余额为 217 513.39 亿元,为 2011 年的 2.57 倍,年均增长 11.06%;苏中地区 2020 年存贷款余额为 55 831.33 亿元,为 2011 年的 3.09 倍,年均增长 13.35%;苏北地区 2020 年存贷款余额为 56 782.94 亿元,为 2011 年的 3.72 倍,年均增长 15.72%。从绝对量水平来看,苏南高于苏中,苏中高于苏北(图 2.9);从 2011—2020 年年均增长速度来看,苏北最快,苏南最慢。

表 2.14 江苏三大区域存贷款余额变化　　　　单位:亿元

年份	苏南	苏中	苏北
2001	10 972.03	2 786.20	2 580.67
2002	13 892.15	3 271.53	2 961.68
2003	19 075.25	4 081.11	3 538.74
2004	22 897.78	4 785.98	4 033.87
2005	27 277.23	5 533.61	4 615.02
2006	32 451.65	6 507.62	5 396.19
2007	38 496.31	7 629.45	6 424.70
2008	46 106.93	9 330.33	7 736.49
2009	61 238.55	12 567.80	10 333.89
2010	75 691.78	15 626.58	13 195.91
2011	84 584.81	18 072.53	15 264.93
2012	96 897.83	21 044.66	17 819.32
2013	107 875.00	24 555.65	20 779.62
2014	117 993.50	27 773.32	23 662.21

(续表)

年　份	苏　南	苏　中	苏　北
2015	133 672.30	31 699.90	27 127.39
2016	149 462.90	36 328.51	32 742.47
2017	161 510.50	39 536.98	37 735.97
2018	176 975.40	42 835.48	42 224.32
2019	195 538.00	48 614.40	48 126.96
2020	217 513.39	55 831.33	56 782.94

从横向看,2001年苏南地区存贷款余额为苏中地区的3.94倍,为苏北地区的4.25倍;2011年苏南地区存贷款余额为苏中地区的4.68倍,为苏北地区的5.54倍,为2011—2020年中的最高倍比;2020年苏南地区存贷款余额为苏中地区的3.90倍,为苏北地区的3.83倍。

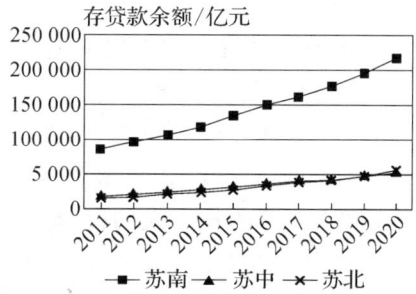

图2.9　江苏三大区域存贷款余额变化

2020年苏南地区人均存贷款余额达到605 934.31元(表2.15),为2011年的2.34倍,年均增长9.92%;苏中地区2020年人均存贷款余额达到334 062.97元,为2011年的3.03倍,年均增长13.09%;苏北地区2020年人均存贷款余额达到188 891.08元,为2011年的3.68倍,年均增长15.59%。从绝对量水平来看,苏南高于苏中,苏中高于苏北(图2.10);从年均增长速度来看,苏北最快,苏南最慢。

表2.15　江苏三大区域人均存贷款余额变化　　　　　单位:元

年　份	苏　南	苏　中	苏　北
2011	258 655.42	110 393.37	51 279.95
2012	294 248.60	128 429.17	59 842.36
2013	326 274.54	149 747.84	69 644.50

(续表)

年 份	苏 南	苏 中	苏 北
2014	355 959.10	169 265.91	79 027.87
2015	402 452.82	193 058.40	90 281.54
2016	448 994.18	221 081.23	108 584.53
2017	483 483.52	240 314.97	124 616.21
2018	527 241.49	260 067.63	139 065.96
2019	579 902.01	294 813.19	158 341.28
2020	605 934.31	334 062.97	188 891.08

从横向看,2011年苏南地区人均存贷款余额为苏中地区的2.34倍,为苏北地区的5.04倍,为2011—2020年中的最高倍比;2020年苏南地区人均存贷款余额为苏中地区的1.81倍,为苏北地区的3.21倍。人均存贷款余额的差异在逐渐缩小。

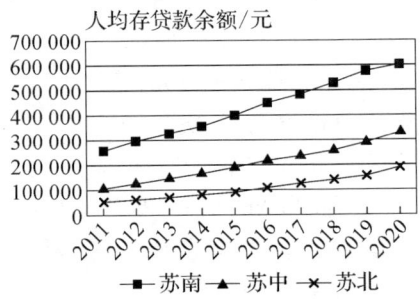

图2.10 江苏三大区域人均存贷款余额变化

(4) 三大区域证券行业发展的比较

本书选取了2021年7月30日江苏证监局网站上关于江苏证券业发展情况的统计数据,可以发现苏南地区的上市公司数、证券营业部数、期货公司数以及期货营业部数均处于全省领先水平(表2.16)。相较于2011年,2021年江苏上市公司、证券营业部、期货营业部数量都有明显增长。其中,2021年苏南地区的上市公司数为江苏总量的81%,证券营业部数为江苏总量的72%,期货公司数为江苏总量的89%,期货营业部数为江苏总量的78%。苏中地区上市公司、证券营业部和期货营业部的数量在江苏省处于中等水平,没有期货公司。对于苏北地区而言,2021年上市公司数为江苏总量的7%,为苏南地区的8%;证券营业部数为江苏总量的13%,为苏南地区的18%;期货公司数为江苏总量的11%,为苏南地区的1/8;期货营业部数为江苏总量的9%,为苏南地区的12%(图2.11)。

表2.16 江苏三大区域证券行业发展比较 单位:个

地区	上市公司		证券营业部		期货公司		期货营业部	
	2021	2011	2021	2011	2021	2011	2021	2011
苏南	420	165	757	236	8	9	146	66
苏中	67	35	155	63	0	2	25	12
苏北	34	18	139	50	1	0	17	11

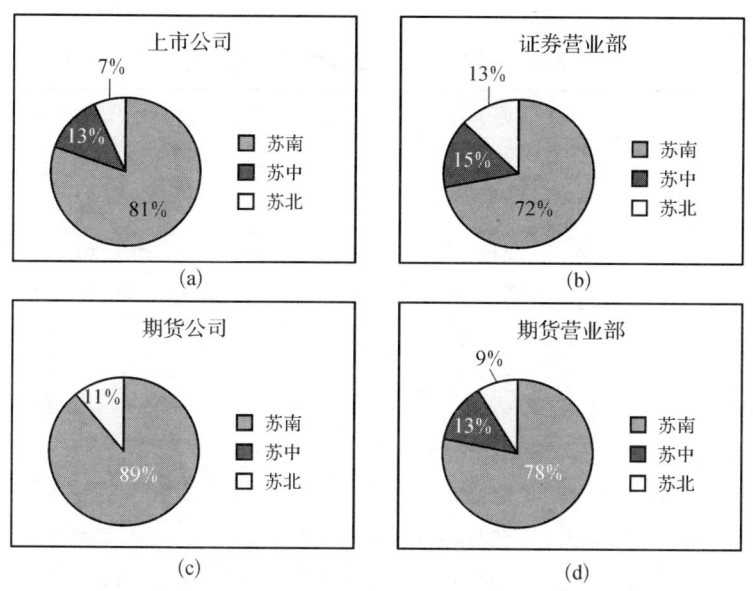

图2.11 2021年江苏三大区域上市公司、证券营业部、期货公司、期货营业部数量各占江苏总量的比重

(5) 三大区域保险行业发展的比较

对江苏三大区域保险行业发展的比较选取两个变量:一是三大区域保费收入均值,为各区域保费收入总值除以地区内地级市个数;二是三大区域保险密度均值,为各区域保险密度总值除以地区内地

级市个数。2011年苏南地区保费收入均值为705.32亿元,为2001年的5.96倍,年均增长19.54%;苏中地区保费收入均值为278.69亿元,为2001年的8.65倍,年均增长24.08%;苏北地区保费收入均值为235.89亿元,为2001年的8.12倍,年均增长22.3%。2020年苏南地区保费收入均值为2 531.57亿元,为2011年的3.59倍,年均增长15.26%;苏中地区保费收入均值为712.94亿元,为2011年的2.56倍,年均增长11.00%;苏北地区保费收入均值为770.59亿元,为2011年的3.27倍,年均增长14.06%(表2.17)。2011—2020年从绝对量来看,苏南最高;从年均增长速度来看,苏南快于苏北,苏北快于苏中。

表2.17 江苏三大区域保费收入均值变化　　　　单位:亿元

年　份	苏　南	苏　中	苏　北
2001	118.37	32.21	29.05
2002	182.66	51.01	48.52
2003	240.33	74.68	67.62
2004	258.65	78.62	81.38
2005	266.02	86.73	83.39
2006	304.38	101.45	89.94
2007	342.56	116.86	109.67
2008	442.35	155.85	151.18
2009	518.90	197.85	169.19
2010	656.18	265.20	233.99
2011	705.32	278.69	235.89
2012	793.18	273.48	253.03
2013	883.96	301.02	287.19
2014	1 019.73	337.02	353.49
2015	1 191.50	416.83	418.55
2016	1 653.15	542.36	513.87
2017	2 151.93	668.90	628.67

(续表)

年 份	苏 南	苏 中	苏 北
2018	1 999.70	639.05	678.55
2019	2 335.36	684.36	730.48
2020	2 531.57	712.94	770.59

从横向看,2001年苏南地区保费收入均值为苏中地区的3.67倍,为苏北地区的4.07倍;2011年苏南地区保费收入均值为苏中地区的2.53倍,为苏北地区的2.99倍;2020年苏南地区保费收入均值为苏中地区的3.55倍,为苏北地区的3.29倍。2011—2020年中苏南地区保费收入均值相对于苏中地区的倍数除2015年、2018年外均呈递增状态;相对于苏北的倍数在2012—2015年经历了递减的状态,2015—2020年经历了先上升后下降再上升的N形变化(图2.12)。

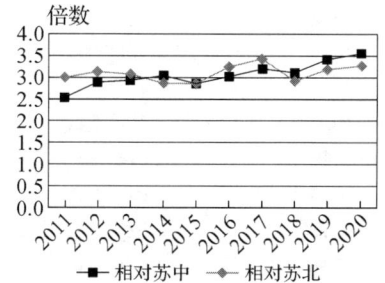

图2.12 苏南地区保费收入均值相对于苏中地区和苏北地区的倍数变化

2011年苏南地区保险密度均值为2 156.83元(表2.18),为2001年的4.16倍,年均增长15.32%;苏中地区保险密度均值为1 702.34元,为2001年的8.89倍,年均增长24.42%;苏北地区保险密度均值为792.43元,为2001年的8.95倍,年均增长24.5%。2020年苏南地区保险密度均值为7 052.28元,为2011年的3.27倍,年均增长14.07%;苏中地区保险密度均值为4 265.83元,为2011年的2.51倍,年均增长10.75%;苏北地区保险密度均值为2 563.40元,为2011年的3.23倍,年均增长13.93%。2011—2020年从绝对量来看,苏南高于苏中,苏中高于苏北;从年均增长速度来看,苏南高于苏北,苏北高于苏中。

表 2.18　江苏三大区域保险密度均值变化　　　　　　　单位:元

年　份	苏　南	苏　中	苏　北
2001	517.88	191.49	88.57
2002	792.14	301.39	144.57
2003	1 032.81	436.07	201.45
2004	1 097.62	459.28	236.10
2005	1 119.47	508.92	244.44
2006	1 259.47	592.94	264.82
2007	1 408.71	675.30	317.19
2008	1 803.58	898.32	431.78
2009	1 915.39	1 131.68	488.48
2010	2 052.15	1 495.57	660.68
2011	2 156.83	1 702.34	792.43
2012	2 408.64	1 668.97	849.75
2013	2 673.59	1 835.71	962.54
2014	3 076.29	2 053.99	1 180.60
2015	3 587.30	2 538.57	1 392.96
2016	4 966.14	3 300.59	1 704.16
2017	6 441.82	4 065.73	2 076.07
2018	5 957.46	3 879.87	2 234.81
2019	6 925.92	4 150.18	2 403.33
2020	7 052.28	4 265.83	2 563.40

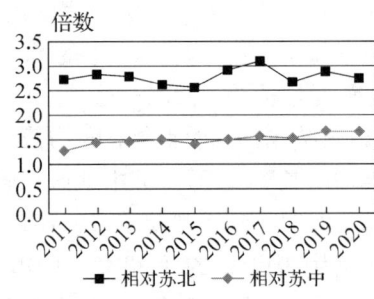

图 2.13　苏南地区保险密度均值相对于苏中地区和苏北地区的倍数变化

从横向来看,2001 年苏南地区保险密度均值为苏中地区的 2.70 倍,为苏北地区的 5.85 倍;2011 年苏南地区保险密度均值为苏中地区的 1.27 倍,为苏北地区的 2.72 倍;2020 年苏南地区保险密度均值为苏中地区的 1.65 倍,为苏北地区的 2.75 倍。2011—2020 年苏南保险密度均值相对于苏中地区的倍数基本呈上行状态,而相对于苏北地区的倍数在2012—2015年经历了递减的状态,2015—2019年经历了先上升后下降再上升的N形变化,之后略微下降(图2.13)。

2.1.2.3 江苏三大区域金融结构的比较

在进行江苏三大区域金融总量的比较之后,再进行三大区域金融结构的比较。选取的三个变量:一是金融相关比率(FIR),以各区域存贷款之和比GDP算得[①];二是存贷比,以各区域贷款总额比存款总额算得;三是存款占比,以各区域存款总量比GDP算得。数据来源同上。

(1) 三大区域FIR的比较

对于三大区域FIR的变化(表2.19),2011年苏南地区FIR达到2.85,比2001年高0.84,涨幅达41.79%;苏中地区2011年FIR达到1.98,比2001年高0.40,涨幅达25.32%;苏北地区2011年FIR达到1.42,比2001年高0.34,涨幅达31.48%。2020年苏南地区FIR达到3.66,比2011年高0.81,涨幅达28.42%;苏中地区2020年FIR达到2.61,比2011年高0.63,涨幅达31.82%;苏北地区2020年FIR达到2.38,比2011年高0.96,涨幅达67.61%。从2011—2020年绝对量来看,每一年都是苏南高于苏中,苏中高于苏北;从增长幅度看,苏北大于苏中,苏中大于苏南(图2.14)。

表2.19 江苏三大区域FIR变化

年 份	苏 南	苏 中	苏 北
2001	2.01	1.58	1.08
2002	2.21	1.68	1.11
2003	2.44	1.83	1.20

---

① 金融相关比率(Financial Interrelations Ratio,FIR),由美国经济学家戈德史密斯提出,指的是一定时期内社会金融活动总量与经济活动总量的比值。金融活动总量一般用金融资产来表示,即各地区银行存贷款之和;经济活动总量用各地区国内生产总值来体现。戈德史密斯认为,金融相关比率有提高的趋势,达到一定发展阶段该比率将趋于稳定,但这只是一种经验判断,没有数理的论证。

(续表)

年 份	苏 南	苏 中	苏 北
2004	2.39	1.76	1.14
2005	2.39	1.72	1.16
2006	2.41	1.69	1.15
2007	2.42	1.65	1.16
2008	2.49	1.70	1.17
2009	2.89	1.97	1.30
2010	3.01	2.02	1.34
2011	2.85	1.98	1.42
2012	2.90	2.06	1.46
2013	2.96	2.17	1.53
2014	3.03	2.18	1.56
2015	3.22	2.29	1.64
2016	3.34	2.37	1.80
2017	3.22	2.25	1.86
2018	3.28	2.25	1.98
2019	3.45	2.39	2.10
2020	3.66	2.61	2.38

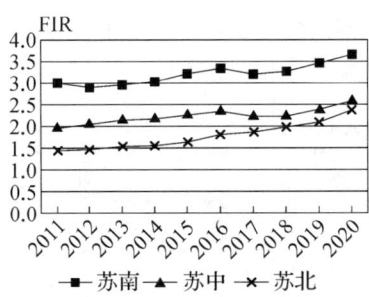

图 2.14 江苏三大区域 FIR 变化

从横向看,2001 年苏南地区 FIR 为苏中地区的 1.27 倍,为苏北地区的 1.86 倍;2011 年苏南地区 FIR 为苏中地区的 1.44 倍,为苏北地区的 2.01 倍;2020 年苏南地区 FIR 为苏中地区的 1.40 倍,为苏北地区的 1.54 倍。2011—2020 年,苏南地区与苏中地区 FIR 的最高倍比出现在 2018 年,达到 1.45 倍,苏南地区与苏北地区 FIR 的最高倍比出现在 2011 年,达到 2.01 倍。

(2) 三大区域存贷比的比较

对于存贷比(loan-to-deposit ratio),从银行营利的角度讲,存贷比越高越好,因为存款是要付息的,即所谓的资金成本,如果一家银行的存款很多,贷款很少,就意味着它成本高而收入少,银行的营利能力就较差。因商业银行以营利为目的,因此它就会想办法提高存贷比。从银行抵抗风险的角度讲,存贷比不宜过高,因为银行还要应付广大客户日常现金支取和日常结算,这就需要银行留有一定的库存现金和存款准备金(就是银行在央行或商业银行的存款),如存贷比过高,这部分资金就会不足,会导致银行的支付危机,如果支付危机扩散,就有可能导致金融危机,对地区或国家经济的危害极大。

从存贷比角度来看(表2.20),2001—2011年,苏南地区存贷比比较平稳,最高值出现在2004年,达到81%;苏中地区存贷比同样平稳,最高值出现在2011年,达到63%;苏北地区存贷比呈现先降后升的U形变化,最高值在2001年,达到88%。2011—2020年,苏南地区存贷比除2015年下降外基本呈上升状态,最高值出现在2020年,达到92%;苏中地区存贷比除2016年下降外也基本呈上升状态,最高值出现在2020年,达到80%;苏北地区存贷比呈现先升后降再上升的N形变化,最高值出现在2020年,达到88%。

表2.20 江苏三大区域存贷比变化　　　　　　　　单位:%

年份	苏南	苏中	苏北	年份	苏南	苏中	苏北
2001	71	55	88	2011	78	63	68
2002	73	55	80	2012	77	63	71
2003	79	57	78	2013	76	63	72
2004	81	56	72	2014	78	64	74
2005	76	55	65	2015	75	65	74
2006	78	57	67	2016	77	64	72
2007	78	60	69	2017	80	69	73
2008	76	58	67	2018	84	75	80
2009	77	60	74	2019	89	77	85
2010	77	61	77	2020	92	80	88

从横向来看,2001—2011年,2003年前苏北地区存贷比高于苏南地区,苏南地区高于苏中地区,2003年之后苏南地区高于苏北地区,苏北地区一直高于苏中地区。2010年苏南地区存贷比与苏北地

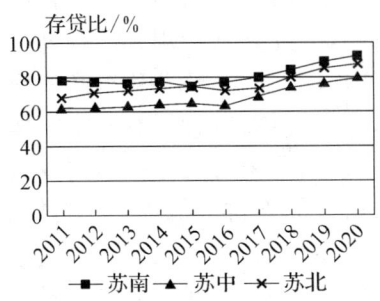

图 2.15 江苏三大区域存贷比变化

区相等,2011 年苏南地区又高于苏北地区。2011—2020 年苏南地区存贷比高于苏北地区,苏北地区高于苏中地区(图 2.15)。2011 年苏南地区存贷比为苏中地区的 1.24 倍,为苏北地区的 1.15 倍,为 10 年中倍数最高。2020 年苏南地区存贷比为苏中地区的 1.15 倍,为苏北地区的 1.05 倍。

(3) 三大区域存款占比的比较

从 2001—2011 年存款占比来看(表 2.21),2011 年苏南地区存款占比达到 160%,高于 2001 年 42 个百分点,最高值出现在 2010 年;苏中地区存款占比 2011 年达到 122%,高于 2001 年 20 个百分点,最高值出现在 2010 年;苏北地区存款占比 2011 年达到 84%,高于 2001 年 26 个百分点,最高值出现在 2011 年。从 2011—2020 年来看,2020 年苏南地区存款占比达到 191%,高于 2011 年 31 个百分点;苏中地区存款占比 2020 年达到 145%,高于 2011 年 23 个百分点;苏北地区存款占比 2020 年达到 127%,高于 2011 年 43 个百分点,最高值都出现在 2020 年。

表 2.21　江苏三大区域存款占比变化　　　　单位:%

年 份	苏南	苏中	苏北	年 份	苏南	苏中	苏北
2001	118	102	58	2011	160	122	84
2002	128	109	61	2012	164	127	86
2003	137	116	67	2013	168	133	89
2004	132	113	66	2014	171	133	90
2005	136	111	70	2015	184	138	94
2006	136	108	69	2016	188	145	105
2007	136	103	69	2017	179	133	107
2008	141	108	70	2018	179	129	110
2009	164	123	74	2019	183	135	113
2010	170	125	75	2020	191	145	127

2 江苏金融发展差异及其动态变化

从横向看,20年来都是苏南地区存款占比高于苏中地区,苏中地区高于苏北地区。2001年苏南地区存款占比与苏中地区相差16个百分点,苏南地区与苏北地区相差60个百分点;2011年苏南地区存款占比与苏中地区相差38个百分点,苏南地区与苏北地区相差76个百分点;2020年苏南地区存款占比与苏中地区相差46个百分点,苏南地区存款占比与苏北地区相差64个百分点。2018年苏南地区与苏中地区差距最大,相差50个百分点,2015年苏南地区与苏北地区差距最大,相差90个百分点(图2.16)。

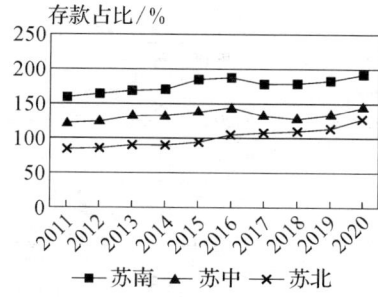

图2.16 江苏三大区域存款占比变化

2.1.3 江苏各地级市金融总量和结构的比较

在对江苏三大区域金融总量和结构进行比较之后,可以看到苏南在金融发展总量和结构方面的优势,同时也看到三者的差距。本书进一步地深入江苏的13个地级市,进行地级市之间金融总量和结构的比较。数据的选取包括两个方面:一是2011—2020年各年的指标值,二是各指标于2011—2020年的均值。数据来源于2011—2020年江苏各地级市国民经济与社会发展统计公报。

2.1.3.1 江苏各地级市GDP和人均GDP的比较

从GDP总量来看(图2.17),呈现如下特点:第一,苏州、南京、无锡、南通分列江苏GDP总量的1—4位,且在全省均值线之上,10年来几乎无变化;第二,苏中的南通一直超过苏南的常州和镇江;第三,苏北的徐州一直高于苏中的扬州和泰州。

再从各个地级市GDP 10年的均值来看(图2.18),苏州最高,达到15 480.77亿元,为宿迁2 268.04亿元的6.83倍,差距较大。均值排在第二位的是南京,与苏州相差5 102.07亿元。苏南地区苏州、无锡和南京GDP 10年的均值都高于9 000亿元;苏中和苏北地区只有南通

GDP 10 年均值高于 6 000 亿元,超过了苏南的常州和镇江,苏中的扬州和泰州均高于 3 000 亿元;苏北地区仅有徐州和盐城超过了 4 000 亿元,且高于苏中的扬州和泰州,淮安、连云港和宿迁则低于 3 000 亿元。

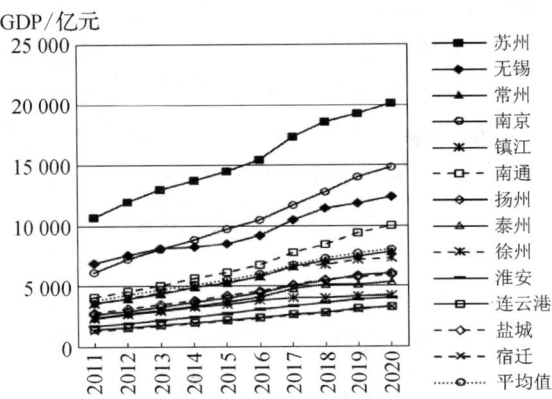

图 2.17　江苏各地级市 GDP 变化

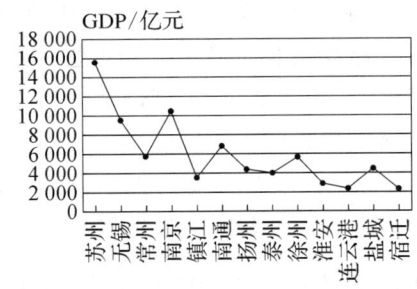

图 2.18　江苏各地级市 GDP 10 年均值

从人均 GDP 来看(图 2.19):第一,苏州和无锡的人均 GDP 一直位于江苏省前列,南京与苏州、无锡的差距逐渐缩小;第二,苏南五市一直高于全省均值线,需要注意的是,镇江始终是苏南人均 GDP 最低的地级市,且 2016 年后与苏南其他地级市的差距进一步拉大;第三,苏中地区 2019 年之前扬州最高,2019 年后南通超过扬州,跃居苏中地区第一位;第四,苏北地区徐州和盐城一直分居第一、二位,10 年来没有变化,淮安一直高于连云港,而宿迁一直处于苏北地区的最低水平。

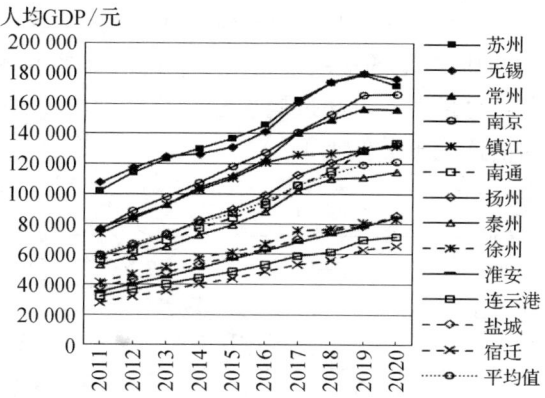

图 2.19 江苏各地级市人均 GDP 变化

再从 13 个地级市人均 GDP 10 年的均值来看(图 2.20),无锡最高,达到 143 908.6 元,为宿迁 46 508.6 元的 3.09 倍;与无锡均值最为接近的是苏州,仅相差 53.1 元;苏南 5 市皆在 100 000 元以上;苏中的扬州、南通、泰州人均 GDP 10 年的均值皆在 80 000 元以上;而苏北的地级市均值皆在 70 000 元以下,最高的徐州为 64 247.3 元,为宿迁的 1.38 倍。

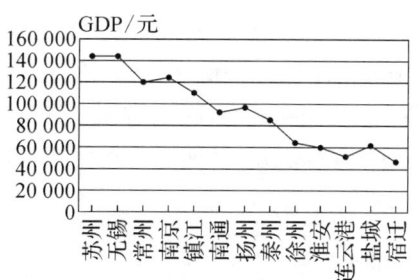

图 2.20 江苏各地级市人均 GDP 10 年均值

2.1.3.2 江苏各地级市金融总量的比较

(1) 各地级市存款和人均存款的比较

从存款角度看(图 2.21),呈现以下特征:第一,苏州和南京的相对位置发生变化,苏州在全省的领先位置于 2015 年让位于南京;第二,始终在全省均值线上的地级市是南京、苏州、无锡和南通,苏中地区的南通在存款总量上一直超过属于苏南地区的常州;第三,苏北地区的连云港和宿迁处于最低水平。

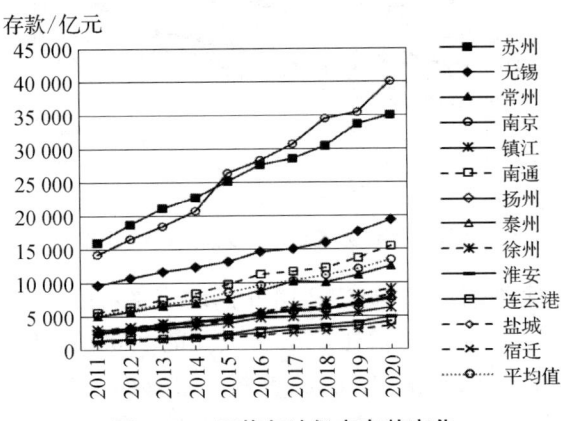

图 2.21　江苏各地级市存款变化

由图 2.22 可知,10 年年均存款南京最高,达到 26 564.33 亿元,为宿迁 2 148.78 亿元的 12.36 倍,差距极大。苏州年均存款与南京较为接近,仅相差 587.25 亿元,无锡年均存款约为常州的 1.65 倍,镇江仅为 4 318.38 亿元,是苏南地区唯一低于 8 000 亿元的地级市;苏中地区南通年均存款达到 10 250.56 亿元,超出常州 1 765.73 亿元;苏北地区徐州和盐城两市超过 4 000 亿元,其他三市均低于 3 000 亿元的水平。

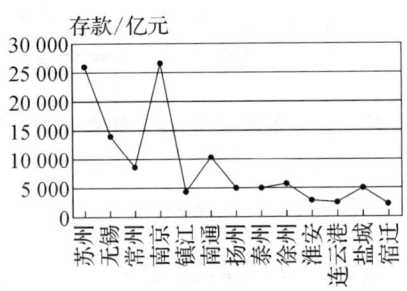

图 2.22　江苏各地级市存款 10 年均值

从人均存款来看(图 2.23),值得关注的地方体现在:第一,南京人均存款在全省一直处于领先地位;第二,处在人均存款平均值水平之上的地级市是苏南地区的南京、苏州、无锡和常州以及苏中地区的南通;第三,人均存款在苏中地区的排名顺序从高到低是南通、扬州、泰州,并且泰州逐渐赶超扬州,在苏北地区盐城处于最高水平,连云港和宿迁处于最后两位。

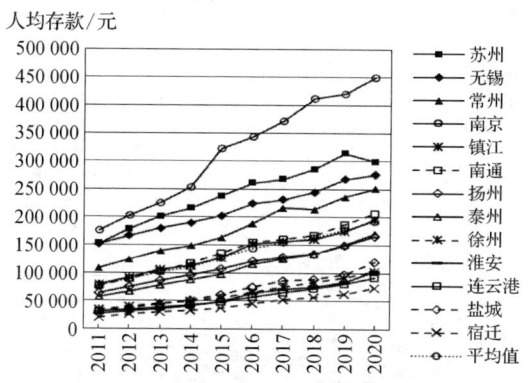

图 2.23 江苏各地级市人均存款变化

从各地级市人均存款 10 年的均值来看(图 2.24),南京还是最高,达到 317 515.71 元,是宿迁 44 004.67 元的 7.22 倍,差距较大,苏州与南京相差 76 287.24 元,位列第二。苏南地区人均存款均值都在 130 000 元以上,苏中地区多在 100 000～130 000 元,苏北地区均在 70 000 元以下,盐城最高,宿迁最低。

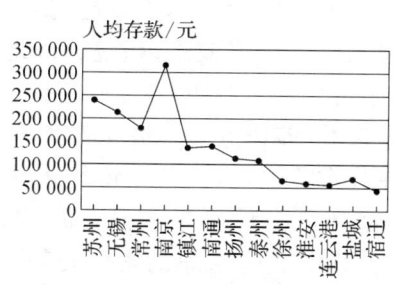

图 2.24 江苏各地级市人均存款 10 年均值

(2) 各地级市贷款和人均贷款的比较

从江苏各地级市贷款变化看(图 2.25),与存款状况相似的是:第一,苏州在江苏的领先地位于 2017 年被南京取代,在全省均值线之上的是南京、苏州和无锡;第二,南通在 2011 年以微弱优势超过苏南地区的常州后,于 2015 年与之拉开差距,且一直高于镇江,苏中各市基本上是南通、泰州、扬州的排序;第三,苏北地区徐州和盐城排在前列,淮安处于第三位,连云港位于第四位,宿迁排名最后。

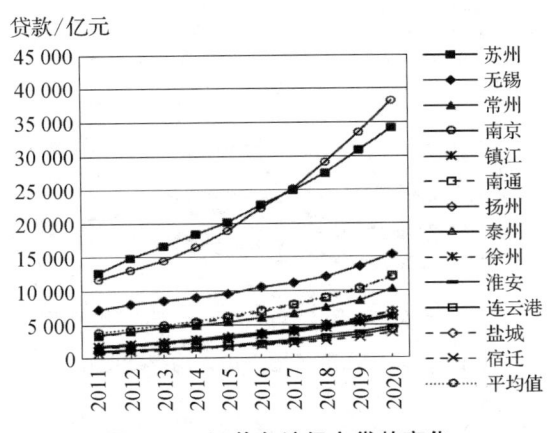

图 2.25 江苏各地级市贷款变化

从各地级市贷款 10 年均值来看(图 2.26),苏州最高,超过 22 000 亿元,达到 22 308.52 亿元,是宿迁 1 987.20 亿元的 11.23 倍,差距较大。南京与苏州的均值较为接近,相差 7.35 亿元,苏南地区镇江年均贷款低于 4 000 亿元,无锡超过 10 000 亿元,常州超 6 000 亿元;苏中地区南通均值较高,超过苏南地区的常州 790.42 亿元,扬州和泰州比较接近,均超过 3 500 亿元;苏北地区徐州、盐城相对较高。总体来看,若以 6 000 亿元作为分水岭,苏州、南京、无锡、南通、常州在分水岭之上,其他 8 市均未达到。也就是说,从年均贷款来看,苏南地区总体水平较高,而同为苏南地区的地级市,镇江水平最低。苏中地区南通的水平较高,超过常州,且高于扬州和泰州。

2 江苏金融发展差异及其动态变化

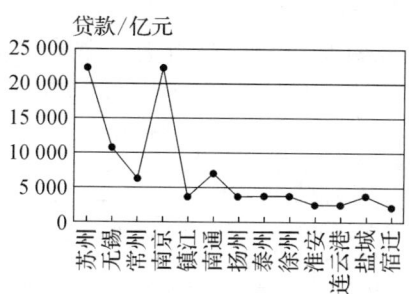

图 2.26　江苏各地级市贷款 10 年均值

从人均贷款来看(图 2.27),苏南地区的南京、苏州、无锡、常州和镇江均在全省均值线之上,同样地,南京人均贷款在全省一直处于领先地位;第二,苏中地区南通一直处在第一的位置,扬州和泰州难分伯仲;第三,苏北地区各地级市的位置出现交替变化,在 2013 年之前连云港以 32 266 元称雄,2014 年后以盐城为最,淮安和南通一直处于第四、五位,宿迁一直处在最后一位。

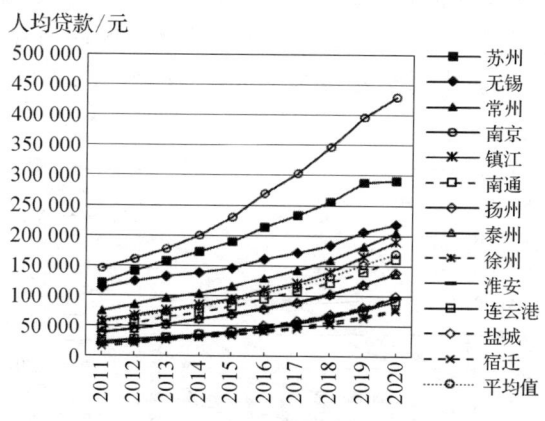

图 2.27　江苏各地级市人均贷款变化

从人均贷款 10 年均值来看(图 2.28),南京仍然是最高水平,达到 265 989 元,是宿迁 40 659 元的 6.54 倍,差距较大。苏州的年均人均贷款与南京相差 59 251 元,居江苏省第二位,苏南除南京外,年均人均贷款水平按苏州、无锡、常州、镇江逐一递减,但都在 110 000 元以上;苏中地区按南通、泰州、扬州逐一递减,但都在 70 000 元以上;苏北地区盐城最高,达到 51 806 元,宿迁仍然处于最低水平。

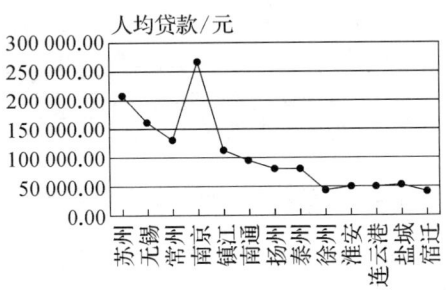

图 2.28　江苏各地级市人均贷款 10 年均值

(3) 各地级市存贷款和人均存贷款的比较

从各地级市存贷款来看(图 2.29),南京、苏州、无锡在全省均值线以上,南京于 2015 年超过苏州,排名江苏第一;苏中的南通 10 年来一直高于苏南的常州和镇江,在全省均值线附近浮动,2016 年后泰州超过扬州,位居苏中地区第二位;苏北地区徐州存贷款规模最大,盐城次之,淮安与连云港较为相近,宿迁最低。

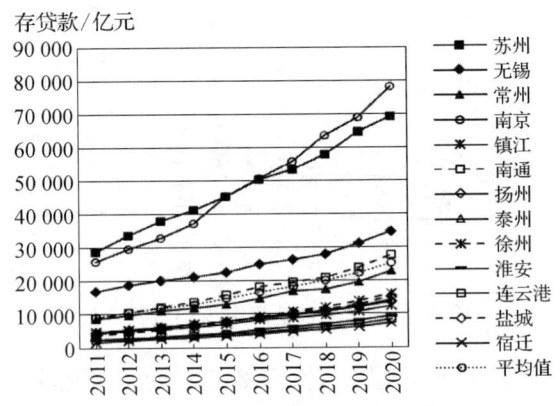

图 2.29　江苏各地级市存贷款变化

2 江苏金融发展差异及其动态变化

从 10 年的均值来看(图 2.30),南京最高,达到 48 865.5 亿元,为宿迁的 11.81 倍,差距极大。苏州存贷款均值与南京较为接近,相差 579.9 亿元,居江苏第二位,苏南地区的排名依次为南京、苏州、无锡、常州、镇江;苏中地区南通最高,达到 17 195.69 亿元,比苏南的常州还要高出 2 556.14 亿元,扬州与泰州相差不大;苏北地区存贷款均值仍然是徐州和盐城排第一、二位,淮安第三,连云港和宿迁分列最后两位。

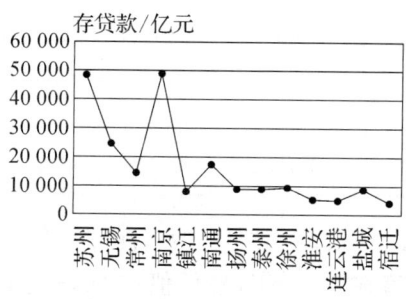

图 2.30 江苏各地级市存贷款 10 年均值

表 2.22 2011—2020 年各地级市存贷款占江苏存贷款总和的比重变化

年 份	苏 州	无 锡	常 州	南 京	镇 江	南 通	扬 州
2011	0.244 063	0.144 182	0.072 308	0.220 192	0.036 549	0.076 519	0.039 112
2012	0.248 037	0.138 215	0.072 245	0.218 174	0.037 063	0.077 191	0.039 836
2013	0.247 458	0.131 893	0.071 983	0.215 107	0.037 657	0.079 727	0.040 885
2014	0.243 523	0.125 980	0.070 107	0.219 454	0.037 354	0.081 257	0.041 845
2015	0.235 805	0.117 960	0.067 968	0.235 966	0.036 704	0.082 726	0.041 101
2016	0.230 993	0.114 992	0.068 325	0.231 657	0.037 968	0.083 405	0.041 067
2017	0.223 823	0.110 451	0.070 817	0.234 204	0.037 094	0.082 099	0.041 213
2018	0.221 208	0.107 465	0.067 376	0.242 679	0.036 660	0.080 482	0.040 927
2019	0.220 972	0.106 618	0.067 642	0.236 493	0.037 286	0.081 898	0.041 670
2020	0.210 105	0.105 124	0.069 075	0.237 019	0.037 554	0.083 877	0.042 002

(续表)

年份	泰州	徐州	淮安	连云港	盐城	宿迁	江苏
2011	0.037 628	0.040 263	0.019 942	0.021 004	0.033 254	0.014 986	1
2012	0.037 984	0.040 234	0.019 975	0.020 796	0.033 684	0.016 566	1
2013	0.039 663	0.041 093	0.020 459	0.020 465	0.035 471	0.018 140	1
2014	0.040 822	0.041 620	0.021 675	0.020 627	0.037 330	0.018 406	1
2015	0.040 848	0.040 868	0.022 006	0.020 734	0.038 921	0.018 392	1
2016	0.041 766	0.042 426	0.024 869	0.021 275	0.042 050	0.019 207	1
2017	0.042 265	0.044 891	0.026 317	0.022 837	0.043 980	0.020 009	1
2018	0.042 064	0.046 828	0.026 674	0.023 686	0.043 583	0.020 368	1
2019	0.042 760	0.047 726	0.027 369	0.024 229	0.044 168	0.021 169	1
2020	0.043 241	0.048 751	0.028 891	0.025 529	0.046 398	0.022 433	1

由表 2.22 可以看出,南京存贷款占江苏存贷款总和的比重整体呈上升态势,最高值在 2018 年,最低值在 2013 年;苏州的最高值在 2012 年,最低值在 2020 年,苏州的存贷款占江苏存贷款总和的比重呈下降态势;无锡在此期间也呈现出持续下降的趋势。其他 10 个地级市所占比重 10 年来变化不大(图 2.31)。

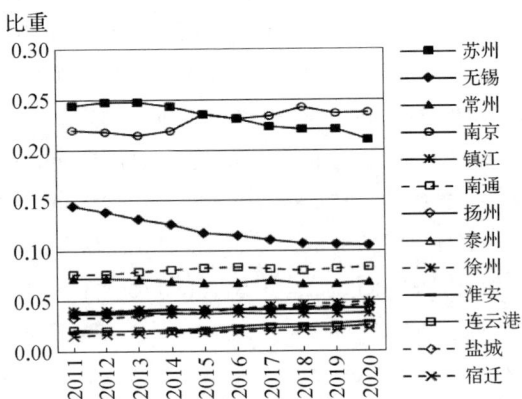

图 2.31 各地级市存贷款占江苏存贷款总和的比重变化

从各地级市人均存贷款来看(图2.32),南京、苏州、无锡、常州和镇江都在全省均值线之上,南京一直居江苏地区首位;南通居苏中地区首位,在2019年泰州人均存贷款赶超扬州,位居苏中地区第二位;在苏北地区盐城2013年超过连云港,居苏北地区首位,宿迁居末。

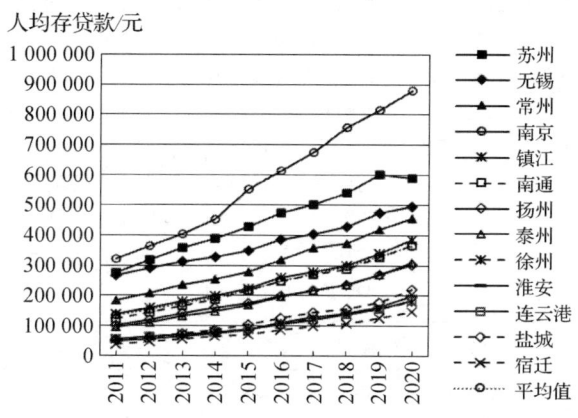

图 2.32 江苏各地级市人均存贷款变化

从10年的均值来看(图2.33),南京最高,达到583 504.78元,为宿迁的6.89倍,差距较大。苏州与南京的差额为135 538.39元,居江苏地区第二位,苏南地区人均存贷款按南京、苏州、无锡、常州、镇江从高到低排序;苏中地区南通最高,达到234 379.95元,随后是扬州和泰州;苏北地区盐城最高,淮安与徐州相近,分居第二、三位,连云港、宿迁仍然是末两位。

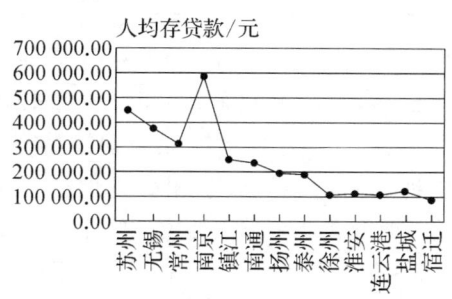

图 2.33 江苏各地级市人均存贷款10年均值

表 2.23　2011—2020 年各地级市人均存贷款占
江苏人均存贷款总和的比重变化

年份	苏州	无锡	常州	南京	镇江	南通	扬州
2011	0.155 864	0.150 881	0.104 850	0.183 115	0.078 394	0.070 385	0.058 743
2012	0.158 581	0.144 344	0.104 226	0.180 620	0.079 378	0.071 281	0.060 085
2013	0.157 879	0.137 291	0.103 456	0.177 355	0.080 314	0.073 633	0.061 665
2014	0.155 242	0.131 020	0.100 835	0.180 654	0.079 601	0.075 177	0.063 150
2015	0.150 719	0.122 965	0.098 093	0.194 532	0.078 423	0.076 862	0.062 206
2016	0.146 851	0.119 208	0.098 156	0.189 722	0.080 727	0.077 213	0.061 855
2017	0.141 810	0.114 107	0.101 541	0.190 621	0.078 730	0.075 961	0.061 891
2018	0.140 572	0.111 354	0.097 025	0.196 829	0.078 128	0.074 906	0.061 588
2019	0.140 011	0.110 170	0.097 231	0.189 973	0.079 262	0.076 169	0.062 435
2020	0.125 006	0.104 579	0.096 437	0.186 008	0.081 857	0.077 945	0.064 467

年份	泰州	徐州	淮安	连云港	盐城	宿迁	江苏
2011	0.054 537	0.031 457	0.027 820	0.032 052	0.030 736	0.021 167	1
2012	0.055 277	0.031 624	0.028 008	0.031 856	0.031 390	0.023 329	1
2013	0.057 712	0.032 288	0.028 638	0.031 223	0.033 121	0.025 426	1
2014	0.059 448	0.032 639	0.030 240	0.031 366	0.034 903	0.025 724	1
2015	0.059 699	0.032 045	0.030 694	0.031 508	0.036 529	0.025 725	1
2016	0.060 791	0.033 001	0.034 438	0.032 062	0.039 301	0.026 675	1
2017	0.061 435	0.034 721	0.036 278	0.034 237	0.041 057	0.027 611	1
2018	0.061 607	0.036 263	0.036 877	0.035 647	0.041 049	0.028 155	1
2019	0.062 743	0.036 834	0.037 772	0.036 500	0.041 702	0.029 197	1
2020	0.065 199	0.038 549	0.042 568	0.039 177	0.046 605	0.031 603	1

由表 2.23 可以看出,南京人均存贷款占江苏地区人均存贷款总和的比重 2018 年最高,2013 年最低;苏州呈下降态势,2012 年最高;无锡 10 年来下降了 0.046,常州和镇江分别维持在 0.100 和 0.080 左右的水平;苏中地区南通、扬州、泰州分别保持在 0.075、0.062 和 0.060 左右的水平;苏北地区徐州、淮安、连云港、盐城、宿迁保持在 0.034、0.033、0.034、0.038、0.027 左右的水平(图 2.34)。

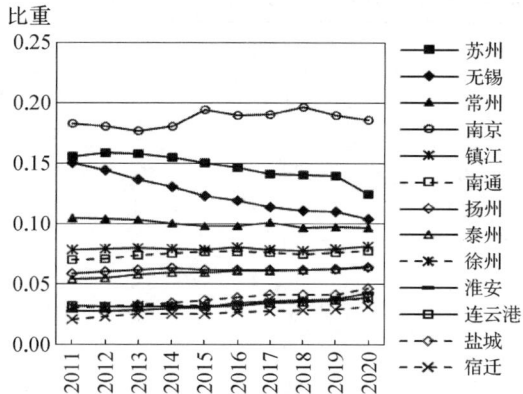

图 2.34 各地级市人均存贷款占江苏人均存贷款总和的比重变化

(4) 各地级市证券行业发展的比较

本书选取江苏证监局 2021 年 7 月 30 日的数据,见表 2.24。从上市公司数量来看(图 2.35),苏州最多,达到 158 家,占全省上市公司总数的 30.33%,淮安上市公司最少,只有 3 家,约为全省上市公司总数的 0.58%。从证券营业部数量来看(图 2.36),仍是苏州最多,达到 236 家,占全省证券营业部总数的 22.45%,宿迁最少,仅有 12 家,为全省总量的 1.14%。

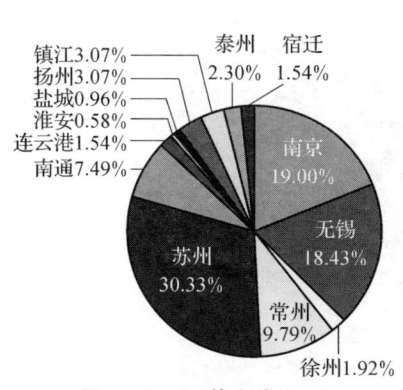

图 2.35 江苏上市公司各地级市分布图

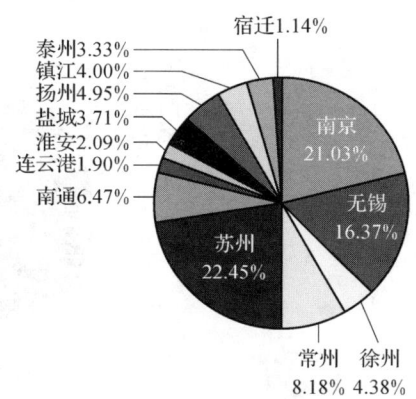

图 2.36 江苏证券营业部各地级市分布图

表 2.24　江苏各地级市证券行业发展情况比较　　单位：个

地区	上市公司	证券营业部	期货公司	期货营业部
南京	99	221	5	49
无锡	96	172	1	32
苏州	158	236	1	46
常州	51	86	1	18
南通	39	68	0	16
扬州	16	52	0	7
连云港	8	20	0	3
镇江	16	42	0	1
泰州	12	35	0	2
徐州	10	46	1	6
盐城	5	39	0	4
宿迁	8	12	0	2
淮安	3	22	0	2
合计	521	1 051	9	188

期货公司数南京最多,为 5 家,无锡、苏州、常州、徐州各 1 家。期货营业部数南京最多,为 49 家,占全省期货营业部总数的 26.06%,而镇江最少,仅有 1 家(图 2.37)。

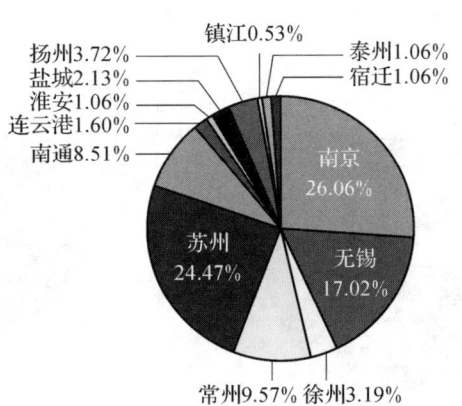

图 2.37　江苏期货营业部各地级市分布图

(5) 各地级市保险行业发展的比较

本书选取江苏13个地级市2011—2020年10年的数据,从保费收入和保险密度来反映江苏各地级市保险行业发展的基本情况,其中保费收入根据各年国民经济与社会发展公报汇总获得,保险密度用保费收入除以各地区人口计算获取。

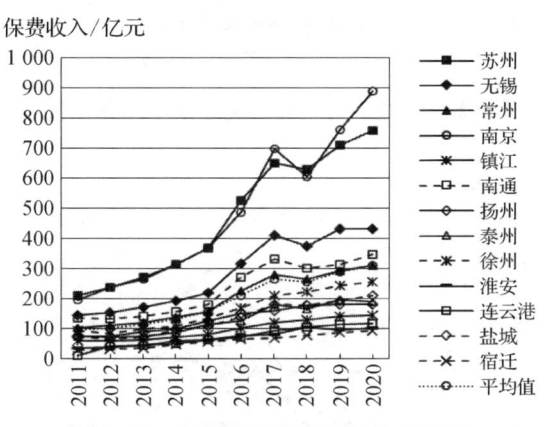

图2.38 江苏各地级市保费收入变化

从图2.38可以看出始终有五条线高于均值线,分别代表南京、苏州、无锡、南通、常州。从各地级市这10年的平均值来看,南京最高,为481.41亿元,宿迁最低,为57.78亿元,约为南京的1/8。处在全省均值之上的仍然是南京、苏州、无锡、南通、常州。其他地级市都在平均值之下。苏南地区保费收入均值最高的是南京,为镇江的5.03倍,苏南的排序依次是南京、苏州、无锡、常州和镇江;苏中的南通超过苏南的常州,达到229.62亿元,这也是江苏第四个均值超过200亿元的地级市,扬州、泰州保费收入均值比镇江略高;苏北地区徐州最高,达到160.64亿元,约为宿迁的2.78倍,其次是盐城,约为宿迁的2.25倍(图2.39)。

从保险密度来看,南京、苏州、无锡、常州都处于全省均值线之上,南通市仅在2015和2019年保险密度低于了全省平均值(图2.40)。

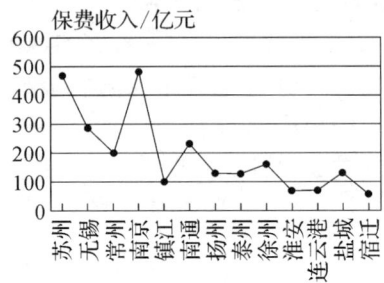

图 2.39 江苏各地级市保费收入 10 年均值

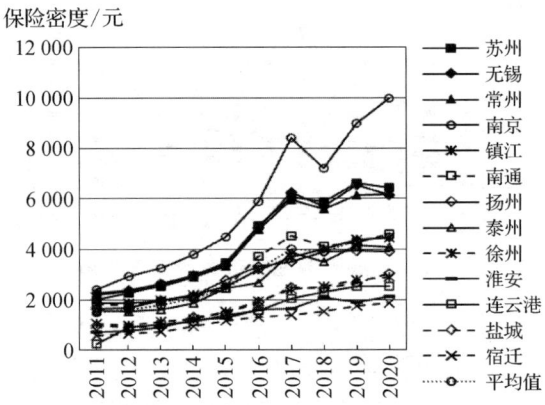

图 2.40 江苏各地级市保险密度变化

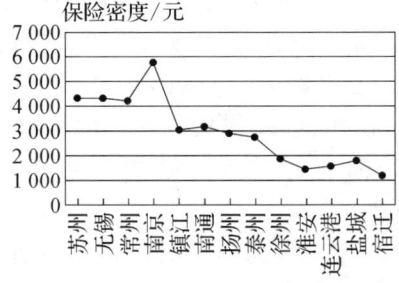

图 2.41 江苏各地级市保险密度 10 年均值

另从各地级市10年的平均值来看,南京处在首位,达到5 730.57元,而宿迁仅有1 183.21元,约为南京的1/5,差距较大。南京、苏州、无锡、常州都在4 000元以上,镇江比全省均值略高;苏中地区南通保险密度均值较高,为3 130.71元,泰州较低,但均值皆高于苏北地区;苏北地区仍然是徐州和盐城居高,年均保险密度高于1 800元,其他3市皆低于1 800元(图2.41)。

2.1.3.3 江苏各地级市金融结构的比较

(1) 各地级市FIR的比较

笔者采用各地级市存贷款之和比GDP算得各地级市的FIR,计算结果见表2.25。

表2.25 江苏各地级市FIR变化

年份	苏州	无锡	常州	南京	镇江	南通	扬州
2011	2.69	2.47	2.38	4.23	1.86	2.21	1.75
2012	2.80	2.48	2.47	4.11	1.91	2.30	1.84
2013	2.91	2.50	2.53	4.11	1.97	2.42	1.93
2014	3.00	2.60	2.42	4.22	1.95	2.44	1.92
2015	3.13	2.67	2.48	4.67	2.02	2.59	1.97
2016	3.26	2.73	2.59	4.82	2.16	2.69	2.02
2017	3.09	2.51	2.55	4.77	2.21	2.53	1.94
2018	3.12	2.46	2.50	4.96	2.37	2.50	1.96
2019	3.36	2.63	2.67	4.93	2.64	2.55	2.08
2020	3.44	2.81	2.92	5.28	2.94	2.76	2.29
年份	泰州	徐州	淮安	连云港	盐城	宿迁	均值
2011	1.83	1.34	1.39	1.76	1.41	1.34	1.56
2012	1.91	1.36	1.41	1.76	1.47	1.48	1.67
2013	2.02	1.42	1.45	1.76	1.56	1.63	1.83
2014	2.05	1.42	1.50	1.78	1.65	1.62	1.78
2015	2.13	1.48	1.54	1.85	1.78	1.67	1.77
2016	2.23	1.60	1.78	1.96	2.01	1.79	1.77

(续表)

年份	泰州	徐州	淮安	连云港	盐城	宿迁	均值
2017	2.13	1.62	1.89	2.07	2.07	1.83	1.77
2018	2.16	1.82	1.94	2.24	2.08	1.94	1.82
2019	2.43	1.95	2.07	2.26	2.26	2.00	2.09
2020	2.69	2.20	2.37	2.57	2.57	2.27	2.14

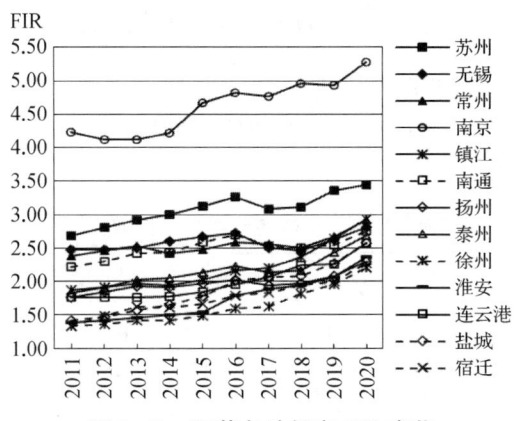

图 2.42　江苏各地级市 FIR 变化

由图 2.42 所示,南京的金融相关比率一直处在全省最高水平,经历了 2012 年和 2017 年的小幅下降后,于 2020 年达到最高水平的 5.28,除南京外,苏州的 FIR 居苏南地区第二位,镇江总体处于苏南地区的最低水平;苏中地区各地级市的 FIR 变动轨迹有些相似,南通一直处于较高水平,泰州的 FIR 超越扬州,位居第二;苏北地区各地级市 FIR 的变化比较特别,即盐城逐渐追赶连云港,上升至榜首,其 FIR 一直处于上升态势,10 年增加了 1.16,增幅较大,徐州一直处于苏北地区末位。

根据表 2.25 对各地级市 FIR 10 年的均值进行计算,可得图 2.43。可知,南京 FIR 均值最高,达到 4.61,徐州 FIR 均值最低,只有 1.62;苏南地区除镇江外各地级市 FIR 均值都大于 2.5;苏中地区各地级市 FIR 均值都大于 1.9,其中南通最高,达到 2.50;苏北地区都大于1.6,低于2.0。从FIR 10年均值的比较可以看到南京金融结构水平最高,徐州最低。

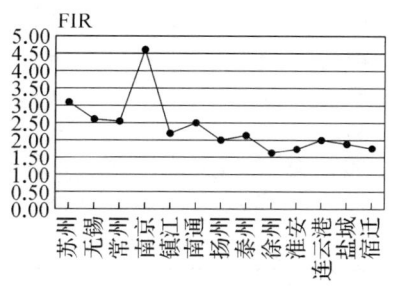

图 2.43　江苏各地级市 FIR 10 年均值

(2) 各地级市存贷比的比较

用各地级市贷款总额比存款总额计算得到江苏各地级市存贷比,见表2.26。

表 2.26　江苏各地级市存贷比变化　　　　　单位:%

年份	苏州	无锡	常州	南京	镇江	南通	扬州
2011	80	75	70	82	74	61	61
2012	79	75	69	79	73	62	61
2013	79	74	69	79	72	62	61
2014	81	73	70	79	76	62	64
2015	80	72	71	72	75	62	65
2016	82	72	69	79	72	61	65
2017	87	74	66	82	78	67	69
2018	90	75	75	84	88	73	76
2019	92	77	77	95	94	74	79
2020	97	79	82	95	97	78	83
年份	泰州	徐州	淮安	连云港	盐城	宿迁	均值
2011	69	58	76	78	68	76	71
2012	68	61	78	84	68	81	72
2013	68	61	80	83	69	87	73

(续表)

年份	泰州	徐州	淮安	连云港	盐城	宿迁	均值
2014	70	64	80	85	70	92	74
2015	73	65	80	84	70	93	74
2016	69	64	74	82	68	88	73
2017	72	64	80	83	69	87	75
2018	78	68	90	90	78	93	81
2019	79	72	93	96	83	99	85
2020	81	76	95	100	83	104	88

由图 2.44 可以发现几个值得注意的地级市：一是南京，从图形上看其变化趋势看像 V 形，2015 年降到最低点 72％后一直持续上升；二是宿迁，在 2017 年降到 87％后开始回升，2020 年达到 104％，位居首位；三是徐州，之所以会引人注意是因为它存贷比起点比较低，仅为 58％，自 2011 年来几乎一直处于上升的状态。还有一点可以看出，在 2015—2016 年有 9 个地级市存贷比处于下降状态，这与经济转型发展有一定关系。

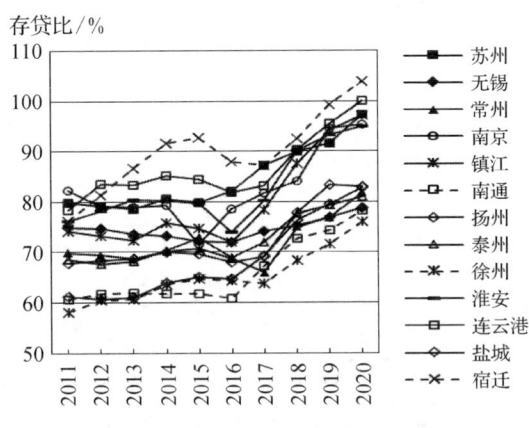

图 2.44　江苏各地级市存贷比变化

从各地级市存贷比 10 年均值来看（图 2.45），宿迁存贷比最高，达到 90％，徐州为 65％，属于最低值；苏中地区是一洼地，南通为

66%、扬州为68%、泰州为73%；苏北地区宿迁最高，其次是连云港，达到87%，略高于苏州水平，淮安居第三，达到83%，跟南京水平相当。

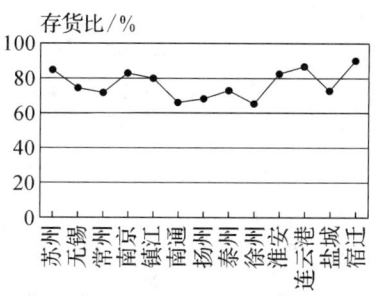

图2.45　江苏各地级市存贷比10年均值

以上分析了江苏省金融业发展现状，江苏在全国金融发展中处于相对领先的水平，但存在着三大区域以及地级市之间金融发展的不平衡：苏南地区金融发展相对较好，苏北地区金融发展相对较差；南京、苏州发展相对较好，淮安、宿迁发展相对较差。本节虽然结合了时间序列数据做了分析，但只是对江苏金融发展差异做了简单的静态的比较，认识江苏金融发展差异还需进一步地分析金融发展差异的动态变化。

2.2　江苏金融发展差异的动态变化

对金融发展差异的分析不能仅仅停留在静态分析上，而是需要静态与动态相结合。本节在对金融发展差异动态变化的基本理论和方法进行整理后，结合江苏经济运行变化的特点，运用变异系数和泰尔指数对江苏金融发展差异的动态变化进行实证研究。

2.2.1　金融发展差异动态变化的理论及方法

区域金融发展差异的分析大致可以分为两类：一类主要论述区域金融发展差异的特征和成因，即静态差异；另一类则在承认这种差距的基础上,进一步研究差异的发展趋势,即动态差异。

2.2.1.1 金融发展的静态差异研究

金融发展静态差异的研究主要论述金融差异的特征和成因,区域经济、金融政策、制度、历史文化、金融机构布局、利率、金融主体努力程度、金融意识、人均受教育年限、商品市场交易效率、金融市场交易效率、地理位置、交通与通信设施等被认为是造成金融差异的原因,所使用的指标有周立、胡鞍钢(2002)提出的金融相关比率(FIR)、国有金融相关比率(SOFIR)、收入比(IR)、存贷差(DLS)及存贷比(DLR)等,刘仁伍(2003)提出的金融机构健全性指数(FSI)和金融可持续发展指数(SFDI),周好文、钟永红(2004)使用的金融中介规模指标和金融中介效率指标,陆文喜、李国平(2004)和赵伟、马瑞永(2006)等在收敛性检验中使用的 FIR 或其相关变化形式,刘湘云、杜金岷(2005)引入的区域内资本形成率、区域融资结构、区域金融资产集中度、区域金融工具集中度,等等。这些指标虽能反映区域金融发展水平,但要用于衡量区域金融发展的综合差异,其代表性显然还不够。金雪军、朱建芳(2006)分析了金融价格市场化程度、金融业的市场竞争程度、金融监管松紧程度和经营自主权程度等。赵楠(2007)对全部金融机构、国家银行类金融机构和非国家银行类金融机构的地区金融相关比率分别进行了测算。徐璋勇(2008)从金融自身发展和金融发展环境两方面对区域金融发展差异进行了衡量。李阳(2008)则用农村金融机构存贷款余额之和与农业总产值比率计算 FIR,以反映农村金融总量的区域差异。李敬等(2008)选用的是各省市区银行总贷款与 GDP 之比来反映各省市区的金融发展水平。总的来说,在这类研究中,FIR 被广泛使用。

2.2.1.2 金融发展的动态差异研究

张杰(1994)认为,从区域结构差异的角度考察,中国的金融成长是一个倒 U 形的过程(即先扩大后缩小),在体制变革的现阶段,我们应该积极推进"趋异"过程,而不是抑制这一过程。周立、胡鞍钢(2002)对我国1978—1999年的区域金融发展状况的研究表明了我国区域金融差距具有先缩小后扩大的特征,并且金融差距要大于经济差距和财政差距。金雪军和田霖(2004)通过对1978—2003年数据的实证分析,认为我国区域金融成长的差异并不是倒U形,而是一条三次曲线。陆文喜、李国平(2004)采用收敛法实证检验了1985—2002年中国和中国东部、中部、西部三大区域的金融发展收敛问题,认为我国各区域金融发展存在着区域性和阶段性的收敛特征,并且这种特征与金融发展政策密切相关。李敬、徐鲲和杜晓(2008)在《区域金融发展的收敛机制与中国区域金融发展差异的波动》一文中对区域金融发展是否走向收敛以及收敛的机制进行了探索,从决定金融发展的生产者受教育程度、商品交易效率、社会福利水平、金融交易效率和地域的固有因素着手,研究了区域金融发展的教育促进机制、交易效率机制、社会福利机制和政策干预机制,考察了中国区域金融发展差异的变动特征和趋势。

分析江苏地区金融发展差异需要静态与动态相结合,从金融发展的静态指标可以看到金融发展累积的结果,而从金融发展的动态指标可以看出金融发展变化的趋势,关于动态变化已有一些衡量方法。

2.2.1.3 金融发展差异动态变化的衡量方法

本书采取变异系数(也称相对差异系数)和泰尔指数这两种常用的方法来衡量金融发展差异的动态变化。

(1) 变异系数

变异系数是衡量资料中各观测值变异程度的一个统计量。当进行两个或多个资料变异程度的比较时,如果度量单位与平均数相同,可以直接利用标准差来比较。如果单位和(或)平均数不同,比较其变异程度就不能采用标准差,而需采用标准差与平均数的比值(相对值)来比较。标准差与平均数的比值称为变异系数,记为 CV。变异系数可以消除单位和(或)平均数不同带来的对两个或多个资料变异程度比较的影响。

$$CV = SD/\overline{X} = \frac{\sqrt{\sum (X_i - \overline{X})^2 / n}}{\overline{X}} \tag{2.1}$$

其中，CV 为变异系数，SD 为标准离差，n 为地区数，X_i 表示第 i 个地区的研究指标，$\overline{X}$ 为 X_i 的平均值。

(2) 泰尔指数

作为衡量个人之间或者地区之间收入差距（或者称不平等度）的指标，泰尔熵标准（Theil's entropy measure）或者泰尔指数（Theil index）经常被使用。泰尔熵标准是因泰尔（Theil，1967）利用信息理论中的熵概念计算收入不平等而得名。用泰尔指数来衡量不平等的一个最大优点是，它可以衡量组内差距和组间差距对总差距的贡献。泰尔熵标准只是普通熵标准（generalized entropy measures）的一种特殊情况。当普通熵标准的指数 $C=0$ 时，测量结果即为泰尔指数。取 $C=0$ 的优势在于分析组内、组间差距对总差距的解释力时更加清楚。利用泰尔指数具有可分解性这一特征，如果将整个江苏分为苏南、苏中、苏北三大区域，并将各地级市作为基本区域单元，那么江苏各地区金融发展的总体差异可以用下列泰尔指数来计算：

$$T_{DL} = \sum_i \sum_j \left(\frac{Y_{ij}}{Y}\right) \log\left(\frac{Y_{ij}/Y}{DL_{ij}/DL}\right) \tag{2.2}$$

$$T_D = \sum_i \sum_j \left(\frac{Y_{ij}}{Y}\right) \log\left(\frac{Y_{ij}/Y}{D_{ij}/D}\right) \tag{2.3}$$

$$T_L = \sum_i \sum_j \left(\frac{Y_{ij}}{Y}\right) \log\left(\frac{Y_{ij}/Y}{L_{ij}/L}\right) \tag{2.4}$$

上式中，i 为区域层次，有苏南、苏中、苏北三类；j 为地级市级行政区层次。Y_{ij} 为第 i 区域的第 j 个地级市行政区的 GDP，Y 为江苏所有地级市行政区的 GDP 总和，即 $Y = \sum_i \sum_j Y_{ij}$。DL_{ij} 为第 i 区域的第 j 个地级市的存贷款之和，D_{ij} 为第 i 区域的第 j 个地级市的存款，L_{ij} 为第 i 区域的第 j 个地级市的贷款。DL 为江苏所有地级市行政区的存贷款总和，即 $DL = \sum_i \sum_j DL_{ij}$；$D$ 为江苏所有地级市行政区的存款总和,即 $D = \sum_i \sum_j D_{ij}$;L 为江苏所有地级市行政区的贷款总和,即 $L = \sum_i \sum_j L_{ij}$。

如果将 T_{si} 定义为衡量第 i 个区域内各地级市行政区差异的泰尔指数,那么 T_{siDL}、T_{siD}、T_{siL} 计算公式为:

$$T_{siDL} = \sum_j \left(\frac{Y_{ij}}{Y_i}\right) \log \frac{Y_{ij}/Y_i}{DL_{ij}/DL_i} \quad (2.5)$$

$$T_{siD} = \sum_j \left(\frac{Y_{ij}}{Y_i}\right) \log \frac{Y_{ij}/Y_i}{D_{ij}/D_i} \quad (2.6)$$

$$T_{siL} = \sum_j \left(\frac{Y_{ij}}{Y_i}\right) \log \frac{Y_{ij}/Y_i}{L_{ij}/L_i} \quad (2.7)$$

因此,泰尔指数可以分解为:

$$T_{sDL} = \sum_i \left(\frac{Y_i}{Y}\right) T_{siDL} + \sum_i \left(\frac{Y_i}{Y}\right) \log\left(\frac{Y_i/Y}{DL_i/DL}\right)$$

$$= \sum_i \left(\frac{Y_i}{Y}\right) T_{siDL} + T_{BRDL} = T_{WRDL} + T_{BRDL} \quad (2.8)$$

$$T_{sD} = \sum_i \left(\frac{Y_i}{Y}\right) T_{siD} + \sum_i \left(\frac{Y_i}{Y}\right) \log\left(\frac{Y_i/Y}{D_i/D}\right)$$

$$= \sum_i \left(\frac{Y_i}{Y}\right) T_{siD} + T_{BRD} = T_{WRD} + T_{BRD} \quad (2.9)$$

$$T_{sL} = \sum_i \left(\frac{Y_i}{Y}\right) T_{siL} + \sum_i \left(\frac{Y_i}{Y}\right) \log\left(\frac{Y_i/Y}{L_i/L}\right)$$

$$= \sum_i \left(\frac{Y_i}{Y}\right) T_{siL} + T_{BRL} = T_{WRL} + T_{BRL} \quad (2.10)$$

其中,Y_i 是第 i 区域所有地级市的 GDP 总和,即 $Y_i = \sum_j Y_{ij}$;DL_i 是第 i 区域所有地级市的存贷款之和,即 $DL_i = \sum_j DL_{ij}$;同理,$D_i = \sum_j D_{ij}$,$L_i = \sum_j L_{ij}$。T_{WRDL}、T_{WRD}、T_{WRL} 代表区域内差异,它由苏南区域内差异、苏中区域内差异和苏北区域内差异加权

相加而得，$T_{WRDL} = \sum_i \left(\frac{Y_i}{Y}\right) T_{siDL}$，$T_{WRD} = \sum_i \left(\frac{Y_i}{Y}\right) T_{siD}$，$T_{WRL} = \sum_i \left(\frac{Y_i}{Y}\right) T_{siL}$，其中 T_{siDL}、T_{siD}、T_{siL} 代表第 i 区域内的差异；T_{BRDL}、T_{BRD}、T_{BRL} 代表区域间差异，$T_{BRDL} = \sum_i \left(\frac{Y_i}{Y}\right) \log\left(\frac{Y_i/Y}{DL_i/DL}\right)$，$T_{BRD} = \sum_i \left(\frac{Y_i}{Y}\right) \log\left(\frac{Y_i/Y}{D_i/D}\right)$，$T_{BRL} = \sum_i \left(\frac{Y_i}{Y}\right) \log\left(\frac{Y_i/Y}{L_i/L}\right)$。

由于 $T = T_{WR} + T_{BR}$，左右两边同时除以 T，可得 $T_{WR}/T + T_{BR}/T = 1$，T_{WR}/T 指区域内差异对地区总差异的贡献率，T_{BR}/T 指区域间差异对地区总差异的贡献率。由于区域内差异是由苏南、苏中、苏北三者的区域内差异加权相加而得，因此区域内差异对总差异的贡献率可以细分成加权苏南区域内差异、加权苏中区域内差异和加权苏北区域内差异对总差异的贡献率，用 T_N/T、T_Z/T、T_B/T 代表加权后苏南、苏中、苏北区域内差异对总差异的贡献率。

变异系数与泰尔指数这两种方法各有利弊。变异系数采用简单平均法，其优点在于简便易算，缺点是不能进行区域分解。泰尔指数的计算略微烦琐，但具有良好的分解性，可以将江苏地区金融发展总差异分解为苏南、苏中、苏北三大区域间差异和区域内差异，这有助于了解三大区域金融发展差异的变化趋势及其对总差异的贡献度，同时还可以分析三大区域各自的区域内差异情况以及对总差异的贡献程度。计算泰尔指数涉及各地区 GDP 的统计，因此分析江苏金融发展差异变化，还要基于江苏经济发展变化的基本现实。

2.2.2 江苏区域经济运行变化的特点

21 世纪初期，江苏在"富民强省"基础上，又进一步确定了富民优先的方针，明确了"率先全面建成小康社会"的目标任务，发展人本化和民生化是建设小康社会的核心，从政府角度来看，积极合理配置公共资源，构建公共服务制度，可在缩小城乡之间、区域之间、高低收入之间的差距方面有所突破。

2.2.2.1　江苏 1997—2020 年经济增长指数变化大

在 2001 年之前,由于亚洲金融危机对江苏经济的约束加大,江苏经济增长指数呈现连续下滑的状态,增速从 1997—2001 年每年分别为 12.0％、11.0％、10.1％、10.6％、10.2％。这是江苏自改革开放以来第四次经济周期的下行阶段。这时经济运行的特点是从"短缺经济"走向买方市场,经济增长放缓阶段出现新的增长动力。在省委省政府的领导下,江苏各地区优化投资结构、扩大内需,从片面支持大中型企业向全面扶持中小企业转移,培育住房、汽车、旅游、文教等消费热点,加大二次分配的调控力度,增加城镇居民的收入,等等。在这些举措的推动下,2002—2007 年,江苏经济进入经济周期的上升阶段,各年的经济增长指数分别为 11.6％、13.5％、14.9％、14.5％、14.9％、14.8％,其间外贸增长加快,房地产市场升温;而 2008—2011 年江苏经济处于下行和回升的拐点阶段,各年的经济增长指数分别为 12.5％、12.4％、12.6％、11.0％。之所以下行是由于 2007 年的美国次贷危机和 2008 年波及全球的金融危机,其间江苏多数地区出现外部需求萎缩,外资的淡出以及房地产市场的降温使得多数地区经济增长相对乏力,也致使江苏经济回落。在此之后,一方面国家出台 4 万亿的刺激计划,另一方面江苏各地区积极探寻地方经济的增长点,随着"十二五"规划的出台,多数地区的地方支出有所增加,尤其是加大了对科技、民生方面的支出,地方政府间的经济发展联动也起到了很好的效果,因此江苏经济又略有回升(图 2.46)。

2012—2019 年江苏经济再次经历了下行过程,各年的经济增长指数分别为 10.1％、7.7％、8.7％、8.5％、7.8％、7.2％、6.6％、6.1％。江苏在经过了粗放型增长阶段后,经济发展进入新常态,供给与需求之间的矛盾日趋严重,贯彻落实"三去一降一补"、完成供给侧结构改革等任务导致短时间内经济增长速度滞缓。另外,省内人口基数庞大、人才短缺、地区经济发展不均衡以及环境破坏等问题也造成了省内发展速度逐年放缓。2020 年遭受新冠疫情袭击,全球产业暂时停运,江苏经济增长继续下跌,全年增速仅为 3.7％。

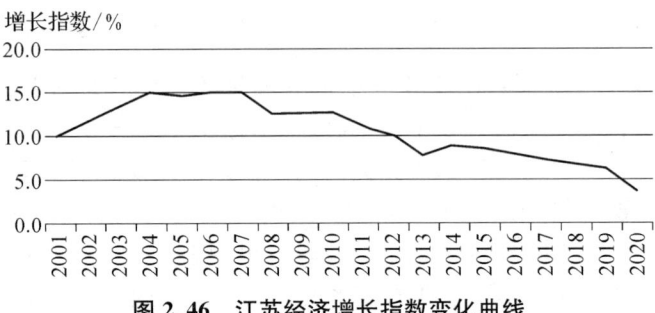

图 2.46　江苏经济增长指数变化曲线

江苏省在 20 多年时间里对市场不断摸索,在改革开放的大背景下,着重发展高新技术产业,将经济的主要发展方向转向了工业和服务业,通过引进国外先进的技术使得省内第一产业一直处于相对平稳的发展状态,第二、三产业成了拉动经济增长的主力军。近些年江苏省加强了第三产业的调整改革,发展重点由早期的传统产业向服务业转变,在 2015 年第三产业已经超过同年第二产业 2 041.43 亿元,比重不断上升,但是三种产业经济的发展速度都有一定的滞缓。

2.2.2.2　区域经济发展不平衡,经济发展落差很大

改革开放以来,江苏经济呈现出三轮发展高潮。第一轮发展高潮是 20 世纪 80 年代乡镇企业"异军突起",江苏也被人们称为"乡镇企业王国",特别是无锡县、江阴市、张家港市、常熟市、武进市被称为五只"小老虎","苏南模式"应运而生,享誉全国。乡镇企业的发展,带动了农村小城镇的迅速崛起和日益兴旺。第二轮是 20 世纪 90 年代开放型经济迅猛发展,主要是 1990 年 4 月,国务院宣布开发开放浦东,实施以上海浦东为龙头,带动长三角地区和整个长江流域经济发展的战略。江苏地区,尤其是离上海较近的苏南地区,积极抓住机遇,迎接辐射,促进发展,尤其是 2001 年我国加入 WTO 之后,开放型经济成为全省经济增长的强大发动机和新的增长点。第三轮是 21 世纪以来民营经济的蓬勃兴起,2000 年底全省召开个体私营经济工

作会议,有针对性和创造性地提出了发展民营经济的"六放"政策①,在大力发展民营、私营经济的过程中,江苏还积极利用科技创业的带动效应,鼓励科技人员带着技术和产品发展自己的产业,创造有利的环境,吸引海外留学归国人员到江苏创业,发展民营的高新技术产业。江苏的民营经济虽然起步晚,但起点高,技术型产业特征比较明显,国际化程度较高,如无锡尚德太阳能电力有限公司就走出了一条科技创业型民营企业发展的道路,江苏民营企业为全省经济社会的发展做出了重大贡献。

经过区域共同发展战略的实施,以及在"四沿战略"②的推动下,江苏区域经济协调发展出现了良好的势头,但是区域发展不平衡现象仍十分突出。经济金融资源大多集中在发达的苏南地区,经济发展两极分化现象严重。1978年,县域人均GDP最高的太仓县为539.39元,最低的沭阳县为138.20元,倍比为3.90;2006年县域人均GDP最高的昆山市是141 064元,最低的灌云县为5 263元,倍比为26.80;2011年县域人均GDP最高的张家港市为148 727元,最低的丰县为19 867元,倍比为7.49;2019年县域人均GDP最高的昆山市为242 575元,最低的灌云县为44 664元,倍比为5.43倍。总体来说,人均GDP差距呈现先扩大后缩小的趋势。从三大区域来看,苏南、苏中、苏北人均GDP的比值由1978年的2.10∶1.57∶1扩大到2006年的3.55∶1.72∶1,2011年为2.50∶1.55∶1,2019年为2.22∶1.63∶1,同样也是先扩大后缩小。③

2.2.2.3 经济开发度较高,国际竞争力不强

2001年至今,江苏抓住加入WTO的契机,抓住国际产业和资本转移的有利机遇,加大吸引国外大企业、大集团到江苏开发基地型、

---

① "六放"包括:放心、放胆、放手、放开、放宽、放活。
② "四沿"包括:沿江、沿沪宁线、沿东陇海线、沿海。
③ 1978年以及2006的数据来自顾介康的《江苏经济发展的道路与特色研究》(南京大学出版社2009年版)第118页,2011年的数据来自2012年江苏统计年鉴。

龙头型项目和高新技术项目的力度,在电子资讯、机械、化工、汽车和新材料领域开发了一批高水平外资项目,利用外资规模进一步扩大,水平明显提高。开发区设立了出口加工区,增设了保税物流中心和留学生创业园、软件园、科技孵化器等。开放型经济是江苏发展的一大特色,江苏的开放型经济发展规模大、发展速度快,和有明确的战略引领密不可分。江苏的经济国际化战略不仅提得早,且适应经济全球化的时代背景,既能利用国际生产要素的转移,又能发挥江苏经济的比较优势——劳动力资源丰富、产业基础较好,并弥补劣势——资源相对短缺、先进技术有待提升以及市场范围存在瓶颈等。通过开放,能把国内外资源、生产要素以及市场很好地对接起来。

从进出口总额来看,2001年江苏全年进出口总额突破500亿美元,达到513.5亿美元,2011年进出口总额达到5 397.6亿美元,为2001年的10.5倍,2020年进出口总额达到6 433.6亿美元,为2011年的1.2倍;从使用外资状况来看,2001年江苏实际使用外资额为73.5亿美元,2011年达到321.3亿美元,为2001年的4.37倍,2020年为207.4亿美元,仅为2011年的65%(图2.47)。

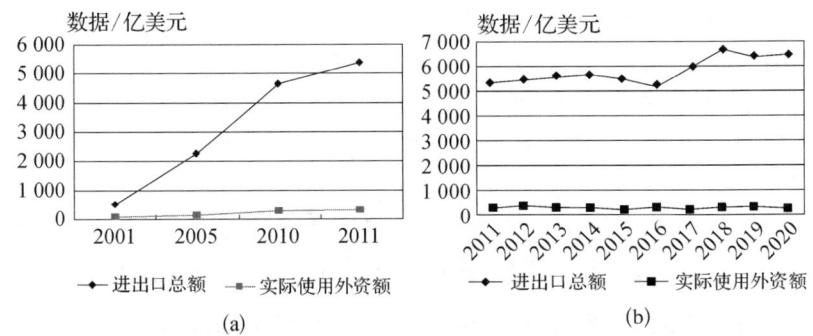

图2.47 江苏进出口总额和实际使用外资额变化

江苏经济虽然有较高的开放度,融入经济全球化的程度较深,但整个区域经济国际竞争力不强。主要体现在江苏本土企业拥有自主知识产权、自主品牌以及高附加值的产品比重相对较低;且在江苏的外商投资企业大多集中于价值链上的加工制造环节,技术含量低,使得江苏容易被劳动力成本更为低廉的地区取代;缺少一批国际知名的优势企业,缺乏核心技术。

2.2.3 江苏金融发展差异动态变化的实证分析

经济是金融运行的基础,在对江苏经济运行情况进行描述后,本书利用2011—2020年的数据,根据江苏各地区存款、贷款、FIR以及人均GDP等变量指标计算变异系数,根据存款、贷款、存贷款、人均存款、人均贷款、人均存贷款、FIR等变量指标计算泰尔指数,侧重于泰尔指数的分析,以此对江苏金融发展差异的动态变化进行分析。

2.2.3.1 以变异系数衡量江苏金融发展差异

下文依次选取江苏各地级市存款、贷款、FIR、GDP对江苏金融发展差异进行变异系数分析。

(1) 江苏各地级市存款变异系数分析

以江苏各地级市存款的标准差除以存款的平均值,即可得到存款变异系数(表2.27)。从2001—2020年江苏存款变异系数来看,2001—2003年江苏各地级市在存款上的差异越来越大,2004年略有缩小,之后的3年又逐渐扩大,2007年存款上的差异继续上升,之后又呈现逐步缩小的趋势,2011—2013年江苏各地级市存款的差异越来越小,之后的2年又逐渐扩大,2015年存款上的差异达到最大,之后又呈现逐步缩小的趋势。20年来,以2013年为分界线,变异曲线呈现双雁形特征(图2.48)。

表2.27 2011—2020年存款变异系数的相关数据

年份	地级市数量/个	最小值/亿元	最大值/亿元	平均值/亿元	标准差/亿元	变异系数
2011	13	1 003.23	16 004.17	5 202.98	4 989.47	0.958965
2012	13	1 240.04	18 796.06	6 008.38	5 793.74	0.964276
2013	13	1 709.93	14 889.00	7 823.23	6 598.72	0.843476

(续表)

年份	地级市数量/个	最小值/亿元	最大值/亿元	平均值/亿元	标准差/亿元	变异系数
2014	13	1 627.52	22 832.53	7 456.85	7 024.14	0.941972
2015	13	1 837.98	26 471.69	8 563.84	8 313.12	0.970723
2016	13	2 232.80	28 355.89	9 659.76	8 875.24	0.918784
2017	13	2 551.01	30 764.63	10 367.40	9 293.22	0.896389
2018	13	2 771.01	34 524.86	11 094.41	10 247.30	0.923645
2019	13	3 103.37	35 536.08	12 087.67	10 817.21	0.894896
2020	13	3 631.89	40 056.45	13 440.14	11 675.77	0.868724

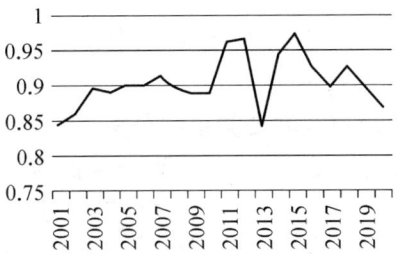

图 2.48 2001—2020 年存款变异系数变化

(2) 江苏各地级市贷款变异系数分析

以江苏各地级市贷款的标准差除以贷款的平均值,即可得到贷款变异系数(表 2.28)。从 2001—2020 年江苏贷款变异系数来看,2001—2004 年江苏各地级市的贷款差异越来越大,且达到最大值 1.06,之后贷款差异逐年缩小,2011 年回归到 2001 年的水平,因此,从变异曲线来看,呈现倒 U 形。2011—2020 年,江苏各地级市的贷款差异越来越小,且 2019 年达到最小值 0.97,2020 年贷款差异有所回升。从整体来看,贷款差异呈现逐年缩小的趋势(图 2.49)。

2 江苏金融发展差异及其动态变化

表 2.28 2011—2020 年贷款变异系数的相关数据

年份	地级市数量/个	最小值/亿元	最大值/亿元	平均值/亿元	标准差/亿元	变异系数
2011	13	763.97	12 776.25	3 867.963	4 094.027	0.958445
2012	13	1 008.93	14 877.84	4 434.832	4 637.587	1.045718
2013	13	1 290.26	16 675.52	4 992.940	5 119.465	1.025340
2014	13	1 491.07	18 427.41	5 576.155	5 657.619	1.014609
2015	13	1 702.49	20 161.26	6 243.824	6 288.547	1.007162
2016	13	1 964.51	22 752.22	7 150.540	7 205.238	1.007649
2017	13	2 226.86	25 159.48	8 000.565	7 949.117	0.993569
2018	13	2 566.16	29 065.66	9 062.145	8 914.989	0.983761
2019	13	3 083.82	33 585.88	10 395.359	10 128.805	0.974350
2020	13	3 773.95	38 189.99	11 937.569	11 773.837	0.986284

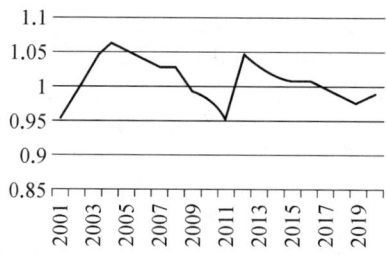

图 2.49 2001—2020 年贷款变异系数变化

（3）江苏各地级市 FIR 变异系数分析

以 FIR 指标的标准差除以 FIR 均值，即可得到 FIR 变异系数（表 2.29）。从 2001—2020 年 FIR 变异系数来看，2001—2004 年江苏各地级市 FIR 差异呈扩大趋势，2004 年达到最大，为 0.47；2005 年 FIR 差异大幅下降，2005—2009 年 FIR 差异每年都略有上升，2009 年后 FIR 差异又逐步缩小，2011 年 FIR 变异系数达到最小，为 0.38。2011—2013 年 FIR 差异呈缩小趋势，2014—2015 年有所回升；2015—2020 年 FIR 差异进入下降区间，2020 年 FIR 变异系数达到最小，为 0.28。整体来看，江苏 20 年来 FIR 差异呈现缩小的趋势（图 2.50）。

表 2.29　2001—2020 年 FIR 变异系数的相关数据

年份	地级市数量/个	最小值	最大值	平均值	标准差	变异系数
2001	13	0.850	3.700	1.559	0.690	0.442560
2002	13	0.910	4.040	1.667	0.772	0.463150
2003	13	0.970	4.440	1.834	0.854	0.465613
2004	13	0.960	4.340	1.776	0.841	0.473388
2005	13	1.000	3.950	1.770	0.736	0.415866
2006	13	1.050	3.930	1.771	0.733	0.413794
2007	13	1.130	3.970	1.772	0.738	0.416448
2008	13	1.170	4.120	1.821	0.773	0.424728
2009	13	1.290	4.720	2.086	0.904	0.433482
2010	13	1.350	4.650	2.143	0.889	0.415061
2011	13	1.330	4.240	2.061	0.791	0.383707
2012	13	1.360	4.113	2.100	0.760	0.361815
2013	13	1.419	4.114	2.163	0.752	0.347814
2014	13	1.421	4.215	2.196	0.767	0.349271
2015	13	1.479	4.673	2.306	0.862	0.373813
2016	13	1.596	4.820	2.433	0.856	0.352053
2017	13	1.623	4.774	2.401	0.811	0.337848
2018	13	1.816	4.960	2.466	0.826	0.334794
2019	13	1.951	4.927	2.602	0.796	0.305757
2020	13	2.199	5.281	2.854	0.804	0.281737

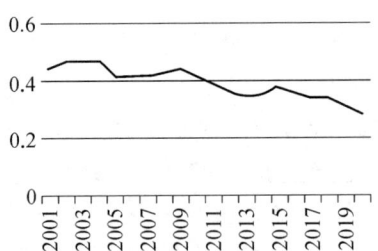

图 2.50　2001—2020 年 FIR 变异系数变化

(4) 江苏各地级市 GDP 变异系数分析

以江苏各地级市的 GDP 标准差除以 GDP 的平均值,即可得到 GDP 变异系数(表 2.30)。从 2001—2020 年江苏各地级市 GDP 变异系数来看,2001—2005 年江苏各地级市 GDP 的差异呈现不断扩大的态势,且 2005 年达到最大,为 0.74。2006 年之后 GDP 的差异呈现不断缩小的态势,2011 年变异系数几乎回到 2001 年的水平。因此,江苏 GDP 变异系数曲线呈倒 U 形。2011—2016 年江苏各地级市 GDP 的差异呈现不断缩小的态势,且 2016 年变异系数达到最小,为 0.62。之后江苏各地级市 GDP 的差异有所反弹,但整体表现平稳,2020 年变异系数基本维持在 2016 年的水平,约为 0.63(图 2.51)。

表 2.30　2011—2020 年 GDP 变异系数的相关数据

年份	地级市数量/个	最小值/亿元	最大值/亿元	平均值/亿元	标准差/亿元	变异系数
2011	13	1 320.83	10 716.99	3 808.658	2 675.009	0.661240
2012	13	1 522.03	12 011.65	4 289.088	3 001.049	0.699694
2013	13	1 706.28	13 015.70	4 710.966	3 231.484	0.685949
2014	13	1 930.68	13 760.89	5 139.557	3 362.413	0.654222
2015	13	2 126.19	14 504.07	5 533.552	3 532.497	0.638377
2016	13	2 351.12	15 475.09	6 021.184	3 751.853	0.623108
2017	13	2 610.94	17 319.51	6 768.312	4 226.834	0.624500
2018	13	2 750.72	18 597.47	7 255.657	4 598.372	0.633763
2019	13	3 099.23	19 235.80	7 690.509	4 804.529	0.624734
2020	13	3 262.37	20 170.50	8 047.669	5 069.349	0.629915

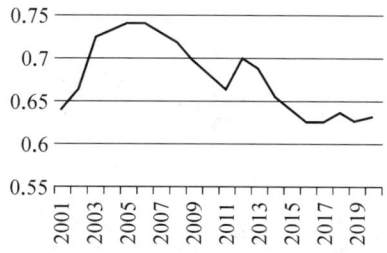

图 2.51　2001—2020 年 GDP 变异系数变化

2.2.3.2　以泰尔指数衡量江苏金融发展差异

用泰尔指数衡量江苏金融发展差异,从三个层面进行:一是江苏金融总量水平，考虑到数据的可得性，分别采用存款、贷款和存贷款进行泰尔指数分解；二是江苏金融平均量水平，分别采用人均存款、人均贷款、人均存贷款进行泰尔指数分解；三是江苏金融结构水平，采用 FIR 指数进行泰尔指数分解。下文列出的是苏南（sn）、苏中（sz）、苏北（sb）金融总量水平的泰尔指数表达式，然后将表达式中的 DL 改成 ADL，将 D 改成 AD，将 L 改成 AL，即可得到平均量水平的泰尔指数表达式；同样地，将表达式中的 DL 换成 FIR，即可得到结构水平的泰尔指数表达式。在此基础上，分别进行泰尔指数分析，所有计算通过 Excel 来完成，并生成泰尔指数变化图。

苏南：

$$T_{snDL} = \sum_j \left(\frac{Y_j}{Y_n}\right) \log \frac{Y_j/Y_n}{DL_j/DL_n} \qquad (2.11)$$

$$T_{snD} = \sum_j \left(\frac{Y_j}{Y_n}\right) \log \frac{Y_j/Y_n}{D_j/D_n} \qquad (2.12)$$

$$T_{snL} = \sum_j \left(\frac{Y_j}{Y_n}\right) \log \frac{Y_j/Y_n}{L_j/L_n} \qquad (2.13)$$

苏中：

$$T_{szDL} = \sum_j \left(\frac{Y_j}{Y_z}\right) \log \frac{Y_j/Y_z}{DL_j/DL_z} \qquad (2.14)$$

$$T_{szD} = \sum_j \left(\frac{Y_j}{Y_z}\right) \log \frac{Y_j/Y_z}{D_j/D_z} \qquad (2.15)$$

$$T_{szL} = \sum_j \left(\frac{Y_j}{Y_z}\right) \log \frac{Y_j/Y_z}{L_j/L_z} \qquad (2.16)$$

苏北：

$$T_{sbDL} = \sum_j \left(\frac{Y_j}{Y_b}\right) \log \frac{Y_j/Y_b}{DL_j/DL_b} \qquad (2.17)$$

$$T_{sbD} = \sum_j \left(\frac{Y_j}{Y_b}\right) \log \frac{Y_j/Y_b}{D_j/D_b} \qquad (2.18)$$

$$T_{sbL} = \sum_j \left(\frac{Y_j}{Y_b}\right) \log \frac{Y_j/Y_b}{L_j/L_b} \qquad (2.19)$$

（1）江苏金融发展总量水平的泰尔指数分析

首先,进行江苏存款泰尔指数分析。

可以看出,以泰尔指数来衡量,存款总差异 T_D 在2001—2005年不断下降,2001到2002年变化不大;从2005年起存款差异开始逐年拉大,直到2009年又恢复到2004年的水平;在2001—2009年存款差异表现出先降后升的格局,基本呈现U形变化,而2009年之后,存款差异又呈现下降趋势。存款总差异在2011—2020年总体呈波动向下趋势,2017年经过前6年振荡后回到2011年的水平;从2017年开始,存款差异开始逐年缩小,2020年达到历史最低水平;总体上看,2011—2020年的存款总差异基本呈现逐年下降趋势(图2.52)。

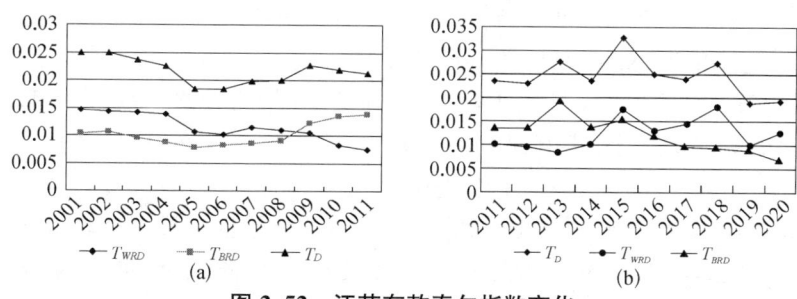

图 2.52　江苏存款泰尔指数变化

同时,可以看出江苏金融存款区域间差异(T_{BRD})和苏南、苏中、苏北三大区域内差异(T_{WRD})的变化。2001—2011年,在2002年三大区域间存款差异较大,在之后的6年里一直比较稳定,呈现先降后升的U形变化,而2008年以后区域间存款差异不断加大;区域内存款差异在21世纪初的4年里比较平稳,2005年区域内存款差异下降幅度较大,在2007年小幅回升之后,区域内存款差异下降比较明显。总体来说,江苏存款总差异与区域间存款差异和区域内存款差异在2001—2004年基本呈同向变化,2004年之后,存款总差异与存款区域间差异呈同向变化,与区域内存款差异呈反向变化,总体来说,存款总差异的变化由三大区域间存款差异的变化主导。2011—2020年,在2011年三大区域间存款差异较大,在之后的4年里开始上下波动,在2015年开始逐年下降,随后区域内差异开始反超区域间差异,且差距逐年扩大;区域内存款差异在2011—2013年里小幅下降,随后开始一路上升。总体来说,存款总差异与区域间存款差异在2011—2020年基本呈同向变化,存款总差异的变化由三大区域间存款差异的变化主导。

进一步来说,从存款泰尔指数还可以观察江苏苏南、苏中、苏北三大区域内金融差异的变动对总差异的影响。2001—2011年,苏南地区区域内存款差异(T_{snD})除2006—2007年上升外,整体呈现下降态势,而且下降幅度非常明显;苏中地区区域内存款差异(T_{szD})在2001—2004年处于连续上升状态,经历了2004—2006年的先降后升和2006—2010年的先降后升的W形变化后,2011年又有小幅下降,整体呈现上升态势;苏北地区区域内存款差异(T_{sbD})经历了2001—2006年的长期下降后,2007—2008年略有回升,之后一直下降,整体呈现下降态势。2011—2020年,苏南地区区域内存款差异在2013—2018年经历了小幅上升,在2018年后开始下跌,整体起伏不大;苏中地区区域内存款差异在2013—2015年处于连续上升状态,经历了2015—2018年的先降后升和2018—2019年的下降后,2020年再次回到和2011年相近的水平;苏北地区区域内存款差异经历了2014—2019年的大幅振荡后,2019—2020年略有回升,整体呈现小幅上升态势(图2.53)。

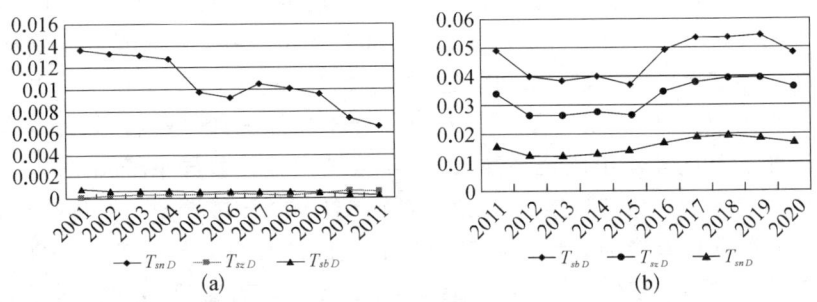

图2.53 苏南、苏中、苏北存款泰尔指数

其次,进行江苏贷款泰尔指数分析。

2001—2011年,贷款总差异(T_L)在2001—2004年持续上升,2004年之后经历了3年的下降,在2008年又有少许回升,之后贷款总差异不断下降。同时,由图2.54还可以看出区域间差异(T_{BRL})和苏南、苏中、苏北三大区域内差异(T_{WRL})的变化。在2001—2006年三大区域间贷款差异一直在上升,2007年有少许下降后,区域间贷款差异保持相对平稳,总体来说江苏区域间贷款差异呈现上升态势;区域内贷款差异在20世纪初的4年里比较平稳,2005年区域内贷款差异下降幅度较大,在之后的3年里比较平稳,2008年之后有明显下降,总体来说江苏区域内贷款差异呈下降态势。2004年之前,贷款总差异与区域间贷款差异呈同向变化,与区域内贷款差异呈反向变化;2004年之后,贷款总差异与区域间贷款差异呈反向变化,与区域内贷款差异呈同向变化,也就是说,2004年之后贷款总差异的变化由三大区域内贷款差异的变化主导。2011—2020年,贷款总差异在2011—2013年持续下降,随后连续两年上升,从2015年起再次进入下行区间。总体来看,贷款总差异在2011—2020年呈下降趋势。在2011—2020年三大区域间贷款差异一直在下降,尤其在2016年后下降幅度更为明显,总体来说江苏区域间贷款差异呈现下降态势;区域内贷款差异在2011—2014年比较平稳,2014年后区域内贷款差异开始出现振荡,2019—2020年小幅拉高,总体来说江苏区域内贷款差异基本保持平稳。总的来看,贷款总差异与区域间贷款差异呈同向变化,与区域内贷款差异呈反向变化,但贷款总差异的下降幅度远大于区域间贷款差异的下降幅度,也就是说,2010年之后,贷款总差异的变化由区域间贷款差异的变化主导。

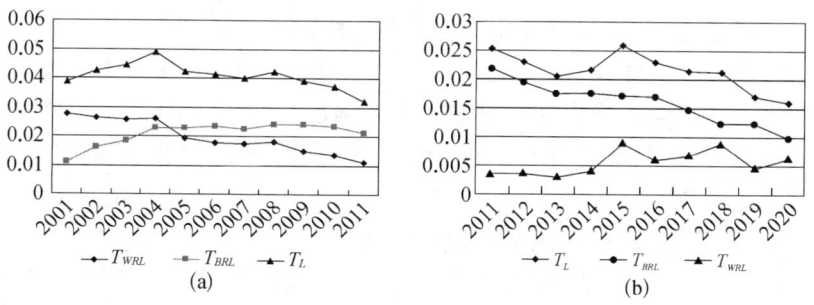

图2.54 江苏贷款泰尔指数变化

2001—2011年,苏南地区区域内贷款差异(T_{snL})整体呈现下降态势,而且下降幅度非常明显,仅在2008年有小幅回升;苏中地区域内贷款差异(T_{szL})在2001—2006年处于连续上升状态,经历了2006—2009年的下降后,2010年短期上升后2011年又有小幅下降,整体呈现上升态势;苏北地区区域内贷款差异(T_{sbL})经历了2001—2002年的短期下降后,到2008年一直回升,2009年短期下降,之后一直上升,整体呈现上升态势。2011—2020年,苏南地区区域内贷款差异小幅波动,整体呈现上升态势,在2018年后出现小幅回落,但下降幅度不大;苏中地区区域内贷款差异在2011—2015年处于连续下降的状态,经历了2015—2019年的上升后,2019—2020年又有小幅下降,整体呈现上升态势;苏北地区区域内贷款差异经历了2011—2015年的下降后,2015—2017年回升,之后一直下降,整体呈现下降态势(图2.55)。

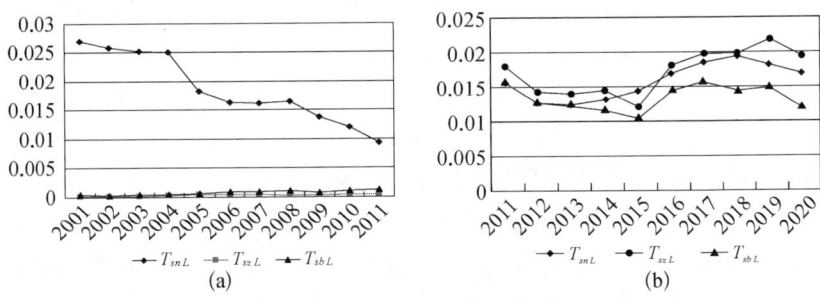

图2.55 苏南、苏中、苏北贷款泰尔指数变化

最后,进行江苏存贷款泰尔指数分析。

2001—2011年,存贷款总差异(T_{DL})在2001—2004年相对平稳,2004—2009年存贷款总差异经历了先降后升的U形变化,在2009—2011年基本没有变化。同时,由图2.56还可以看出区域间差异(T_{BRDL})和苏南、苏中、苏北三大区域内差异(T_{WRDL})的变化。在2002年区域间存贷款差异短暂变大后,2002—2011年经历了先降后升的U形变化,2007年区域间存贷款差异最小;区域内存贷款差异在21世纪初的4年里比较平稳,后面7年呈现持续下降的态势。总体来说,存贷

款总差异于2001—2008年与区域内存贷款差异呈同向变化,2008年后呈反向变化。存贷款总差异的变化由三大区域内存贷款差异的变化主导。2011—2020年,存贷款总差异在2011—2013年小幅下降,随后上下振荡,2017—2018年有所回升,随后进入下行区间,总体呈下降趋势。在2012—2013年区域间存贷款差异短暂变大后,其余时间基本保持平稳下降;区域内存贷款差异在2011—2013年经历了小幅下降,后面7年始终处于上升区间。存贷款总差异与区域间存贷款差异基本呈同向变化,2018—2020年与区域内存贷款差异呈同向变化。总体来说,存贷款总差异的变化由区域间存贷款差异的变化主导。

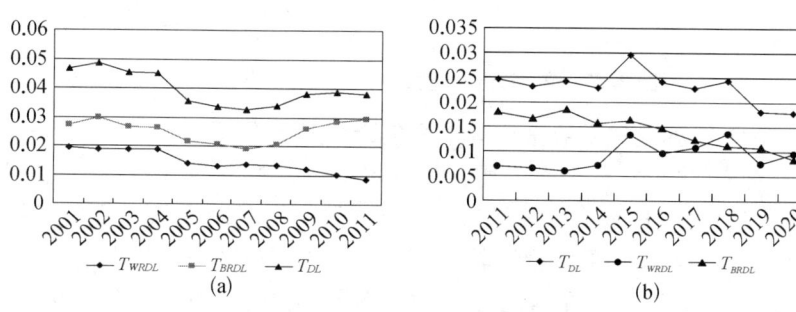

图 2.56 江苏存贷款泰尔指数变化

2001—2011年,苏南地区区域内存贷款差异($T_{sn\,DL}$)整体呈现下降态势,在最初的4年里变化不大,2005年有较大的缩小,2005—2008年比较平稳,2008年之后不断缩小;苏中地区区域内存贷款差异($T_{sz\,DL}$)经历了2001—2006年的持续上升后,又经历了2006—2010年先降后升的U形变化,2011年有小幅回落,整体呈上升态势;苏北地区区域内存贷款差异($T_{sb\,DL}$)在2001—2003年先降后升,2003—2008年经历了先降后升的U形变化,2009年下降幅度较大,之后变化不大,整体呈现下降态势。2011—2020年,苏南地区区域内存贷款差异在小幅波动,整体比较平稳,2020年与2011年相比差距不大;苏中地区区域内存贷款差异经历了2011—2013年的持续下降后,又经历了2013—2020年的波动上升,在2014—2015年、2018—2019年有两次小幅回落,整体呈上升态势;苏北地区区域内存贷款差异在 2011—2013 年下降幅度较大，2013—2020 年逐年上升，整体呈现上升态势，且与苏中地区区域内存贷款差异走势基本一致（图 2.57）。

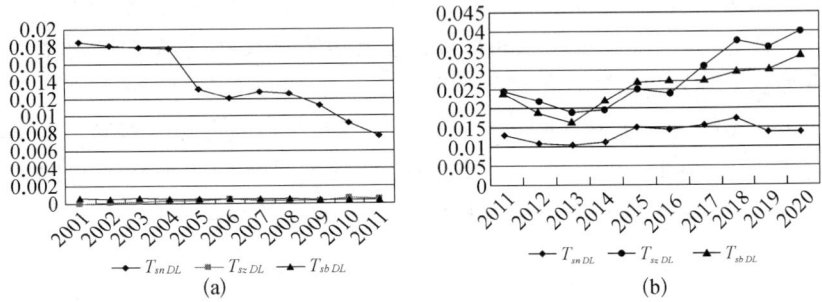

图 2.57　苏南、苏中、苏北存贷款泰尔指数变化

（2）江苏金融发展平均量水平的泰尔指数分析

首先，进行江苏金融人均存款泰尔指数分析。

2001—2011 年，人均存款总差异（T_{AD}）在 2001—2004 年持续小幅上升，2005 年下降幅度较大，2005—2009 年又是持续小幅上升，而 2009 年后逐渐下降，其变化整体呈雁形状态。同时，由图 2.58 还可以看出区域间差异（T_{BRAD}）和苏南、苏中、苏北三大区域内差异（T_{WRAD}）的变化。2001—2008 年区域间差异基本维持不变，2009 年后有一定回升；区域内人均存款差异在 21 世纪初的 4 年里比较平稳，后面 7 年除 2007 年外均呈现持续下降态势。总体来说，人均存款总差异与区域内人均存款差异在 2004—2009 年基本呈同向变化，人均存款总差异的变化由三大区域内人均存款差异的变化主导。2011—2020 年，人均存款总差异在 2011—2013 年有所上升，2013—2016 年下降幅度较大，2019—2020 年又是小幅回升，整体呈上升状态。区域间人均存款差异在 2011—2015 年先升后降，2015 年后又上升；区域内人均存款差异在 2011—2020 年里比较平稳，呈下降态势。总体来说，人均存款总差异与区域间人均存款差异基本呈同向变化，人均存款总差异的变化由区域间人均存款差异的变化主导。

2 江苏金融发展差异及其动态变化

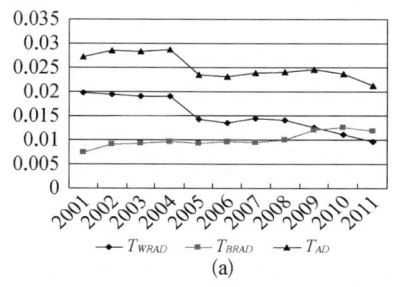 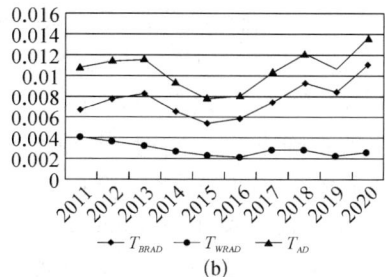

图 2.58 江苏人均存款泰尔指数变化

2001—2011 年,苏南地区区域内人均存款差异($T_{sn\,AD}$)整体呈现下降态势,在最初的 4 年里变化不大,2005 年有较大的缩小,2005—2008 年比较平稳,2008 年之后不断缩小;苏中地区区域内人均存款差异($T_{sz\,AD}$)经历了 2001—2006 年的持续上升后,又经历了 2006—2010 年先降后升的 U 形变化,2011 年有小幅回落,整体呈上升态势;苏北地区区域内人均存款差异($T_{sb\,AD}$)在 2001—2003 年先降后升,2003—2008 年经历了先降后升的 U 形变化,2009 年下降幅度较大,之后 2010 年又有小幅上升,2011 年又有所下降。2011—2020 年,苏南地区区域内人均存款差异整体呈现下降态势,在最初的 4 年里变化不大,2014—2020 年逐年缩小,2018 年有小幅上升;苏中地区区域内人均存款差异在 2011—2017 年持续下降,又在 2017—2018 年经历了一次较小幅度的回调,随后继续向下,整体呈回落态势;苏北地区区域内人均存款差异在 2011—2020 年上下振荡,2020 年和 2011 年相比基本相同,总体表现平稳(图 2.59)。

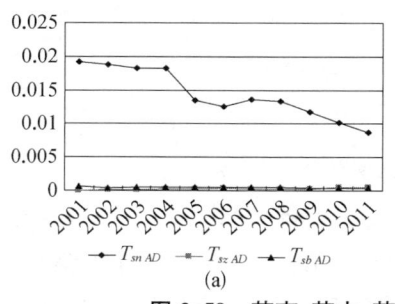 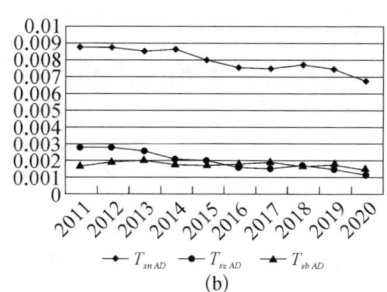

图 2.59 苏南、苏中、苏北人均存款泰尔指数变化

其次,进行江苏人均贷款的泰尔指数分析。

2001—2011年,人均贷款总差异(T_{AL})在2001—2004年持续上升,2004年之后经历了3年的下降,在2008年又有少许回升,之后不断下降。同时,由图2.60还可以看出区域间差异(T_{BRAL})和苏南、苏中、苏北三大区域内差异(T_{WRAL})的变化。在2001—2004年区域间差异一直在上升,2004—2011年基本不变;区域内人均贷款差异在20世纪初的4年里比较平稳,2005年下降幅度较大,在之后的3年里比较平稳,2008年之后则一直下降。总体来说,2004年之前人均贷款总差异与区域间人均贷款差异呈同向变化,2004年之后相关度不是太大;2004年前人均贷款总差异与区域内人均贷款差异呈反向变化,2004年之后呈同向变化。可以说,人均贷款总差异的变化由三大区域内人均贷款差异的变化主导。2011—2020年,人均贷款总差异在2011—2016年持续下降,2016年之后连续4年小幅回升。区域间差异一直在上升,但上升幅度不大,2016—2020年基本保持平稳;区域内人均贷款差异在2011—2016年逐年下降,2016—2020年又进入上升区间,2020年已经超过2011年。总体来说,2011—2020年总差异一直与区域内差异同向变化。

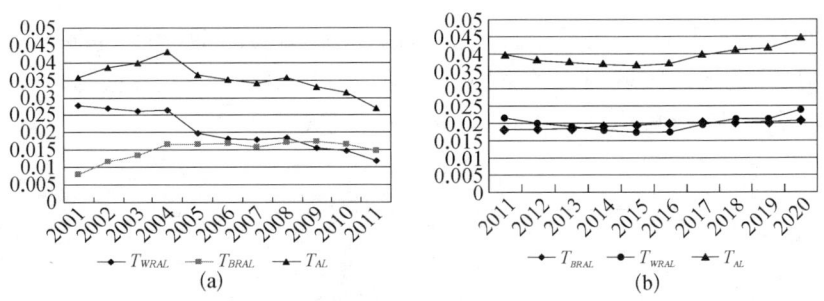

图2.60 江苏人均贷款泰尔指数变化

2001—2011年,苏南地区区域内人均贷款差异($T_{Sn\,AL}$)整体呈现下降态势,而且下降幅度非常明显,但在2001—2004年下降幅度较小,2004—2008年呈L形变化,尤其是2005年下降幅度较大,

2008年后持续下降;苏中地区区域内人均贷款差异(T_{szAL})在2001—2006年持续扩大,之后的3年持续下降,2009年后有所回升;苏北地区区域内人均贷款差异(T_{sbAL})在2002年有所下降,2002—2008年处于持续扩大的状态,经历了2009年的短暂下降后,又有大幅回升态势。2011—2020年,苏南地区区域内人均贷款差异整体呈现下降态势,而且下降幅度比较明显,尤其是2011—2016年下降幅度较大,但在2016—2019年下降幅度较小,2019—2020年甚至略有回升;苏中地区区域内人均贷款差异持续小幅扩大,但扩大趋势不明显;苏北地区区域内人均贷款差异在2011—2016年有所下降,2016—2020年处于持续扩大的状态,总体上呈先下降后上升的倒U形曲线(图2.61)。

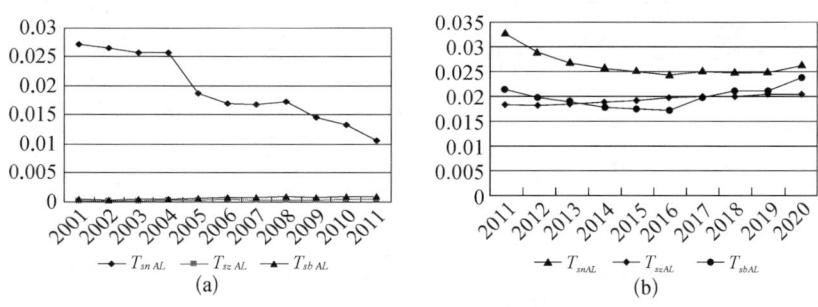

图2.61 苏南、苏中、苏北人均贷款泰尔指数变化

最后,进行江苏人均存贷款泰尔指数分析。

2001—2011年,从人均存贷款总差异(T_{ADL})来看,在2001—2004年持续小幅上升,2005年有大幅下降,2005—2009年又是持续小幅上升,2009年之后呈下降态势。同时,由图2.62还可以看出区域间差异(T_{BRADL})和苏南、苏中、苏北三大区域内差异(T_{WRADL})的变化。在2001—2008年区域间差异基本维持不变,2009年有所扩大,之后变化不大;区域内差异在最初的4年里持续小幅下降,2005年缩小幅度较大,此后的3年间比较平稳,2008年之后持续下降。总体来说,人均存贷款总差异的变化由区域内人均存贷款差异的变化所主导。2011—2020 年,人均存贷款总差异始终处于上下振荡的状态,其变化总体呈现雁形趋势,其中 2011—2015 年波动幅度较小,随后波动幅度开始加剧,2015—2020 年又经历了一次下降和上升。区域间差异持续上下振荡,且波动幅度逐年扩大,其变化总体呈现雁形曲线;区域内人均存贷款差异基本维持稳定。总体来说,人均存贷款总差异的变化由区域间人均存贷款差异的变化主导。

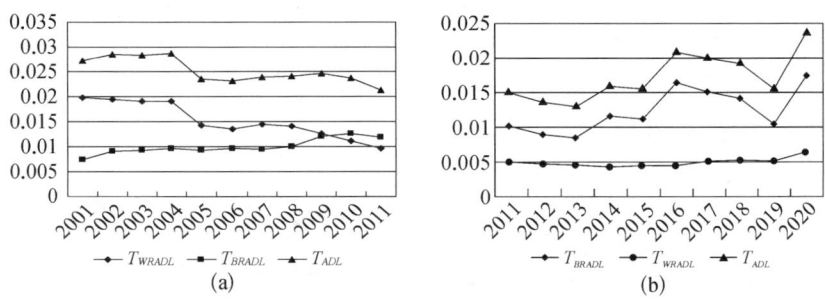

图 2.62 江苏人均存贷款泰尔指数变化

2001—2011 年,苏南地区区域内人均存贷款差异($T_{sn\ ADL}$)整体呈现下降态势,而且下降幅度非常明显,但在 2001—2004 年下降幅度较小,2004—2007 年呈 L 形变化,尤其是 2005 年下降幅度较大,2007 年后持续下降;苏中地区区域内人均存贷款差异($T_{sz\ ADL}$)在 2001—2004 年持续扩大,之后的一年变化不大,2006—2010 年经历了先降后升的 U 形变化,2011 年有所回落,整体来说呈扩大状态;苏北地区区域内人均存贷款差异($T_{sb\ ADL}$)在 2002 年有所下降,2003—2008 年经历了先降后升的 U 形变化,2009 年大幅下降,2010 年回升后 2011 年又有所回落,整体呈下降态势。2011—2020 年,苏南地区区域内人均存贷款差异在 2011—2014 年逐年下降,随后进入上升区间,整体呈先下降后上升的 U 形曲线变化;苏中地区区域内人均存贷款差异在 2011—2017 年基本保持不变,2017—2020 年逐年上升,整体来说呈扩大状态;苏北地区区域内人均存贷款差异除在 2016—

2017年有所上升外,其余年份均处于下行区间中,整体呈下降态势(图2.63)。

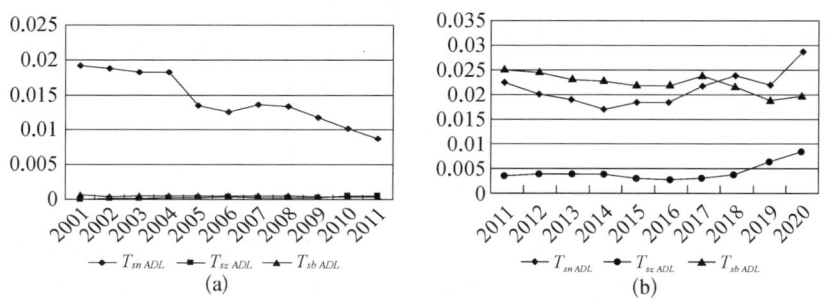

图 2.63 苏南、苏中、苏北人均存贷款泰尔指数变化

(3) 江苏金融结构水平的泰尔指数分析

本书用 FIR 指标的泰尔指数进行分析。

2001—2011年,从 FIR 总差异(T_{FIR})来看,在 2001—2004 年持续上升,尤其是在 2003 年上升幅度较大,2005 年大幅下降,2005—2008 年保持稳态水平,2008 年之后呈下降态势。同时,由图 2.64 还可以看出区域间差异(T_{BRFIR})和苏南、苏中、苏北三大区域内差异(T_{WRFIR})的变化。区域间差异在最初的五年里持续小幅上升,2005—2007 年基本维持不变,2007—2009 年下降后,后两年维持稳定;在 2001—2004 年区域内差异持续上升,2005 年大幅下降,2005—2009 年保持稳态水平,2009 年之后持续下降。总体来说,FIR 总差异的变化由区域内差异的变化所主导。2011—2020 年,FIR 总差异在 2011—2013 年基本平稳,在 2013—2016 年下降幅度较大,2016—2018 年又强势反弹,2018—2020 年再经历一次起伏,总体来看略有上升。区域间差异在最初的两年里持续小幅上升,2013—2015 年小幅下降,2015—2020 年处于上升区间;在 2011—2020 年区域内差异持续下降,但幅度较小。总体来说,FIR 总差异的变化由区域间差异的变化所主导。

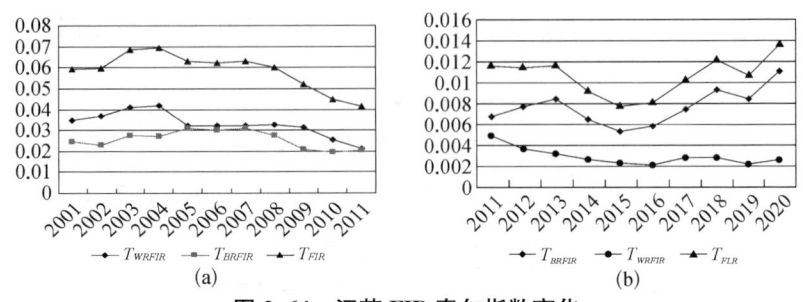

图 2.64　江苏 FIR 泰尔指数变化

2001—2011 年,苏南地区区域内 FIR 差异($T_{sn\,FIR}$)整体呈现下降态势,而且下降幅度非常明显,但在 2001—2004 年呈扩大趋势,2005 年出现大幅下降,2005—2009 年基本维持不变,2009 年之后又出现大幅下降;苏中地区区域内 FIR 差异($T_{sz\,FIR}$)在 2002 年有所下降,2002—2006 年连续上升,2007 年短暂下降后,2007—2010 年又连续上升,2011 年小幅下降,整体呈现扩大状态;苏北地区区域内 FIR 差异($T_{sb\,FIR}$)在 2001—2008 年一直在扩大,2008—2011 年经历了先降后升的 U 形变化,整体上呈扩大态势。2011—2020 年,苏南地区区域内 FIR 差异整体呈现先下降后上升的态势,在 2011—2016 年逐年下降,2016—2020 年又进入上升区间,总体呈倒 U 形曲线变化;苏中地区区域内 FIR 差异在 2011—2018 年保持平稳,2018—2020 年连续上升,整体呈现扩大状态;苏北地区区域内 FIR 差异整体呈现下降态势,而且下降幅度非常明显,但在 2016—2017 年呈扩大趋势,其余时间处于下降区间(图 2.65)。

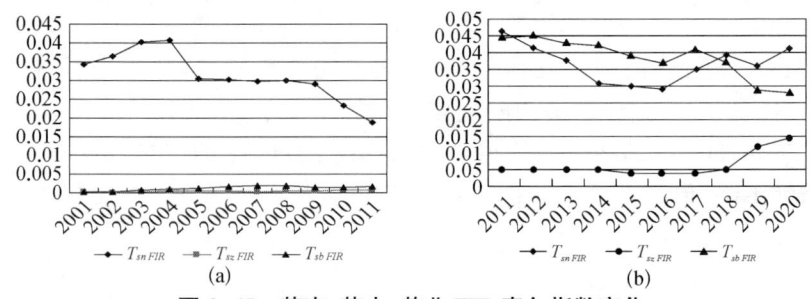

图 2.65　苏南、苏中、苏北 FIR 泰尔指数变化

2.3 结 论

本章对江苏金融发展差异及其动态变化进行了研究,先是进行了江苏金融发展差异的静态比较,再通过变异系数和泰尔指数反映了江苏金融发展差异的动态变化,得到以下主要结论。

2.3.1 江苏金融发展差异静态比较的结果

总体来说,江苏银行、证券业、保险业在全国处于较为领先的水平。相较于上海和安徽,江苏在绝对量水平上处于首位,上海在相对量水平上处于首位,安徽皆处于落后位置。从理论上来讲,有几方面原因:一是上海、江苏、安徽经济基础存在差异;二是享受国家优惠开放政策的时间不同,受西方技术经验、文化影响的时间不同;三是离大港口的距离不同,各地区的交通运输成本也不同。这些不同之处是造成上海、江苏、安徽金融发展差异的部分原因。

对江苏三大区域金融总量和结构进行比较可知:第一,从 GDP 总量来看,苏南高于苏北,苏北高于苏中,之所以苏北高于苏中,是因为苏北有 5 个地级市,而苏中只有 3 个地级市,若按市均 GDP 来看,苏中一直高于苏北;从人均 GDP 来看,苏南高于苏中,苏中高于苏北。第二,从三大区域金融总量来看,本书所选取的指标皆是苏南高于苏中,苏中高于苏北,但存在以下几点需要关注的问题。在银行业指标中不管是绝对量还是相对量都呈现苏南高于苏中,苏中高于苏北的状态,苏南地区金融总量相对于苏中和苏北的倍数在银行业诸多变量中皆呈现"先升后降"的倒 U 形变化:存款方面苏南相对于苏中的倍数最高点出现在 2007 年,相对于苏北的倍数最高点出现在 2009 年;贷款方面相对于苏中的倍数最高点出现在 2005 年,相对于苏北的倍数最高点同样出现在 2005 年;存贷款方面相对于苏中的倍数最高点出现在 2007 年,相对于苏北的倍数则是出现在 2006 年。可以发现三大区域银行业差异的变化受政策环境的影响较大,尤其是 21 世纪初期江苏沿江开发战略以及由美国次贷危机所引发的全球金融危机对江苏三大区域银行业发展的差异形成了一定的影响。而三大区域保险行业发展的相对量的变化有所不同。2001—2011年苏中的保费收入增长速度高于苏北,苏北高于苏南,那是因为苏中保费收入的基数较低,2011年后增长速度则是苏南高于苏北,苏北高于苏中;在保险密度方面,2001—2011年苏北的增长速度高于苏中,苏中高于苏南。苏南相对于苏中、苏北的倍数基本呈现递减状态,原因是随着苏中、苏北经济的发展,保险行业呈现较好的发展势头,虽绝对水平低于苏南,但增长速度较快。从江苏三大区域金融结构来看,FIR和存款占比苏南高于苏中高于苏北。存贷比方面值得一提的是苏北地区,虽经历了一些浮动变化,但总体来说存贷比相对较高,那是因为这20年来苏北地区在江苏省政府缩小区域差距政策的带动下,加大了生产投资的力度,从而贷款方面有了较大的增长。

从对江苏13个地级市金融发展总量和结构的比较来看,第一,对于13个地级市的GDP和人均GDP,苏州、无锡、南京这三个地级市一直列全省前三位,仅从GDP指标来看这三市具有较好的经济发展水平;2001—2011年南通虽然GDP总量一直高于苏南的常州和镇江,但人均GDP远低于常州和镇江,而在2011—2020年的10年GDP均值超过了常州和镇江;徐州虽然GDP总量一直高于苏中的扬州和泰州,但人均GDP则远低于扬州和泰州,原因在于其人口众多;还可以看到的是,即使在同一区域内,各个地级市的GDP和人均GDP也呈现不同的特点。第二,从13个地级市金融发展的总量来看,存款、贷款、存贷款方面南京2009—2015年被苏州超越,从2011—2020年的10年均值来看,南京则以微弱优势超过苏州;金融总量水平最低的是宿迁,且金融总量最高的地级市与金融总量最低的地级市之间绝对差距非常大;证券行业方面苏州的上市公司以及证券营业部数为全省最高,南京的期货营业部和期货公司数为全省最高;保险行业保费收入均值南京最高,2001—2011年保险密度均值无锡最高,2011—2020年是南京最高,两个指标最低的仍是宿迁。第三,从13个地级市金融发展的结构来看,2001—2011年FIR水平南京最高,苏南除镇江外FIR均值皆超过2,苏中和苏北则低于2,

FIR 最低的是宿迁;2011—2020 年 FIR 水平南京仍然最高,均值达到 4.61,苏南各地级市 FIR 均值皆超过 2.2,其他大部分地级市 FIR 均值低于 2。存贷比则是苏南、苏北两头高,苏中地区加上徐州则是一片洼地。

2.3.2 江苏金融发展差异动态比较的结果

江苏金融发展差异的动态比较有两个结论:一是泰尔指数与变异系数呈现不同的特征,泰尔指数的分解效果好;二是金融发展差异呈现阶段性特征。

2.3.2.1 变异系数和泰尔指数的不同实证总结

由图 2.66 可以看出,人均存款变异系数的变化与人均 GDP 变异系数的变化基本是同向的,这说明经济总量可以作为影响金融差异变化的因素之一。而江苏人均贷款变异系数的走势与人均 GDP 变异系数的走势相关性不大,原因在于贷款的影响因素有很多,除了经济基础 GDP 之外,外部环境、国家的政策导向、金融资源流动的利益动向等都会影响贷款。

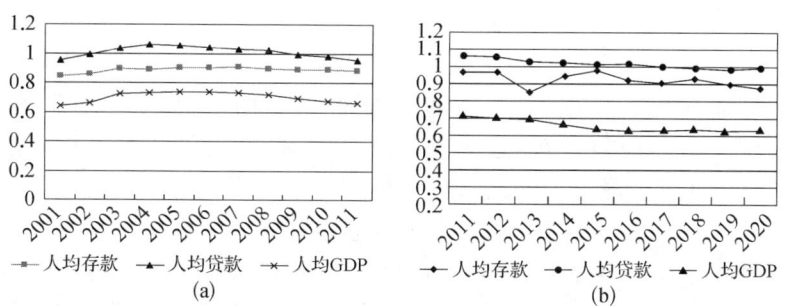

图 2.66 人均存款、人均贷款、人均 GDP 变异系数比较

泰尔指数的实证结果更丰富,2001—2011 年可以发现存款、贷款、存贷款、人均存款、人均贷款、人均存贷款以及 FIR 大多是区域内差异主导总差异,即与总差异的变化几乎一致;而对于总差异的贡献而言,区域内差异的贡献在下降,区域间差异的贡献在上升,即区域内金融差异呈下降态势,而区域间金融差异呈上升态势。2011年后,存款、贷款、存贷款、人均存款、人均贷款、人均存贷款以及FIR大多是区域间差异主导总差异,即与总差异的变化几乎一致;对于总差异的贡献而言,区域内差异的贡献在下降,区域间差异的贡献在上升。

2001—2020年江苏金融发展区域内差异对总差异具有重要影响,而区域内差异又主要由苏南区域内差异主导。苏南区域内差异的缩小是由于南京的金融变量占苏南总量的比重在下降,而苏州在上升,无锡、常州、镇江变化不大。以存贷款为例,南京存贷款总量占苏南存贷款总量的比重在逐渐变小,从2001年的38.78%降为2011年的30.81%,2015年后有所上升;苏州存贷款总量占苏南存贷款总量的比重在逐渐变大,从2001年的25.44%升为2011年的34.08%,2020年下降为31.88%。苏中区域内差异则是扩大的,原因在于南通的金融变量占苏中的比重在上升,而扬州在下降,泰州几乎没有变化。苏北区域内差异也是扩大的,虽然宿迁存贷款总量增长速度快于徐州,但从绝对量来看较为落后,2001年宿迁与徐州相差714.21亿元,2011年则相差2 795.17亿元,2020年相差8 688.23亿元。

2001—2011年江苏区域间金融差异上升的原因,主要是苏南金融总量占整个江苏金融总量的比重在扩大,而苏中、苏北则在变小。2011年后,江苏区域间金融差异下降的原因,主要是苏南金融总量占整个江苏金融总量的比重在缩小,而苏中、苏北则在变大。以存贷款和FIR相关数据为例,2001年苏南存贷款占江苏存贷款的比例为67.15%,2011年达到71.73%,2020年降为65.89%;2011年相比2001年,苏南的FIR上升0.84,苏中上升0.40,苏北上升0.34;2020年相比2011年,苏南的FIR占比下降3.29%,苏中占比下降1.51%,苏北占比上升4.79%。这进一步说明苏南地区金融发展主导了江苏金融发展,但不容忽视的是,苏中、苏北金融发展增速水平相对较高。南京金融发展的优势在于总部经济,但仅有总部经济优势是不够的,从理论层面而言:南京的地理区位不如苏州,难以更好地接受上海的辐射;发展外向型经济的能力也不如苏州,难以形成良好的产业集聚;南京的城市功能更多体现为政治文化中心,难以打造成经济中心。这造成了南京金融变量下降且被苏州超过的结果。同样是因为区位的原因,苏州外向型经济受外部环境变化的影响,2015年又被南京超越。南通金融发展的优势在于:一是有利的地理位置,靠海又临近上海,尤其是苏通大桥建成后,南通与上海的距离拉近,易于接受上海的辐射;二是好的政策支持,南通是江苏最早享受沿海开放政策的城市之一,当前又有沿江开发和沿海开发的政策背景。宿迁的金融变量排江苏末位,这是由于它 1996 年才升格为地级市,经济金融发展相对江苏其他地级市较为落后,经济基础薄弱,从发展经济学角度来看,宿迁表现为经济与金融发展的恶性循环,需要有外力推动。

2.3.2.2 江苏金融发展差异的阶段性特征

江苏金融发展差异的变化呈现共同的特征——雁形特征:经历先增加,后减少,再增加,再减少的过程。

第一阶段是 2001—2004 年。江苏金融发展差异呈现上升态势,主要原因是 2001 年是我国加入 WTO 的元年,我国处于发展外向型经济的绝佳时期,此时具有区位优势的地区取得了比较优势,如苏南地区更容易发展外向型经济,比较具有代表性的是苏州的昆山、吴江、张家港等县市,他们更早地发展了外向型经济,而苏中、苏北地区外向型经济发展较为滞后,因此导致金融发展差异的扩大。

第二阶段是 2004—2006 年。江苏金融发展差异呈现较大幅度下降,原因在于一方面苏中、苏北地区利用其后发优势发展外向型经济;另一方面江苏落实沿江开发建设的政策,在各地级市内积极开展基础设施建设,尤其是苏中地区。这两方面的原因使得金融发展差异有所缩小。

第三阶段是 2006—2009 年。江苏金融发展差异又呈现上升态势,原因在于江苏各地级市受到两方面的刺激:一方面是房地产,从

2001年到2006年,江苏房地产投资年均增长率达到了35.8%,2006年江苏房地产开发投资居全国首位[①];另一方面是股市经历了爆发式的增长,沪市达到了历史最高点。房地产投资和股市极易带动金融资源的流动和汇聚。虽然苏北金融发展增速较苏南快,但由于其基数较低,从绝对量来看,苏南、苏中、苏北是由高到低分布,苏南受房地产和股市的推动作用更大,也因此加大了江苏金融发展的差异。

第四阶段是2009—2011年。江苏金融发展差异呈现较大幅度下降。原因在于外部,受美国次贷危机以及由此引发的全球金融危机的影响,江苏地区外部需求严重萎缩,苏南地区受到的影响最大,苏中、苏北地区受到的影响相对较小。也正是因为如此,差异逐渐回落。

第五阶段,2012—2020年。江苏金融发展差异的变化呈现振荡向下的特征。主要原因在于十八大之后,在新发展理念的指引下,政府愈发重视区域经济金融均衡发展,苏中、苏北地区的投资与基础设施建设不断取得突破,货币信贷投放力度加大,二次分配往贫困落后地区倾斜。与此同时,苏南落后产能淘汰转移,产业结构逐步向绿色低碳领域有序转型,苏北承接了大部分高能耗、高污染企业,解决了就业和人口收入问题,重资产企业落户也带来了一部分资金流量。在此期间,江苏房地产处于黄金时期,苏南、苏中、苏北搭上了出让土地换取收入的快车,苏北城市可供出让的地块更多,在这一时期吸纳了巨量资金流入,也让部分金融指标逐年上升,宏观上缩小了苏南、苏中、苏北的差距。

变异系数和泰尔指数很好地反映了金融发展差异的变化,本章虽然对2001—2020年金融差异的变化进行了分阶段的原因探讨,但是无法细致地对影响金融发展差异及其动态变化的因素进行研究,现有的研究又过多地立足于江苏三大区域来分析金融发展的差异。因此,后文将深入江苏13个地级市去研究市域金融发展差异的具体表现及其影响因素。

---

① 资料来源:江苏统计局.对江苏房地产发展现状和趋势研判[R/OL].(2007-08-30).http://www.stats.gov.cn/ztjc/ztfx/dfxx/200708/t20070828_33606.html.

3 江苏市域金融综合竞争力比较

金融发展空间差异的统计描述是金融综合竞争力结果的反映，前一章对江苏金融发展差异做了变异系数和泰尔指数的分析，但是无法据此了解江苏 13 个地级市金融发展差异的具体表现及影响因素，因此本章将研究视角定在江苏的 13 个地级市，对江苏金融综合竞争力进行比较，对影响金融综合竞争力的因素做因子分析和聚类分析，以更好地反映江苏金融发展的空间差异。

3.1 江苏城市综合竞争力基本情况、模型及评价

竞争力是对象在竞争中显示的能力，因此它是一种随竞争变化且通过竞争而体现的能力。竞争力既包含对象的现在，还包括对象未来可以展示的能力。测定竞争力需要确定一个目标时间。比较来看，竞争力是竞争主体的某种优势，这种优势可能是投入要素的优势，可能是竞争过程中的行为优势，也有可能是投入产出的效率优势，还有可能是竞争主体所处的环境优势，等等。市域金融综合竞争力的基础是城市综合竞争力，因此首先对江苏城市综合竞争力进行分析，掌握分析竞争力的一些模型和方法，从而更好地进行市域金融综合竞争力的分析。

3.1.1 江苏城市综合竞争力的基本情况

江苏位于我国东部沿海地区，东南与上海和浙江毗邻，土地面积达 10.72 万平方千米，占全国国土面积的 1.12%。2020 年末全省常住人口 8 477.26 万人，全省实现生产总值 102 719.0 亿元，比

上年增长 3.7%①。改革开放 40 多年来,江苏抓住机遇,不断开拓,逐步形成了全方位、多层次、宽领域的对外开放格局。2008 年的全球金融危机使得江苏以中小企业为主的外向型经济受到重创,2009 年,为有效适应长三角一体化发展的需要,江苏沿海地区发展战略上升为国家战略,对沿海地区的发展力度开始加大。为了扶持苏北地区的发展,实行区域共同发展战略,加快苏北社会经济发展内生增长机制的形成,江苏在"十二五"规划中,将原来经济社会发展的五大战略升级为六大战略,积极应对挑战,创新发展思路,认真落实"六个注重",全面推进"八项工程",全力以赴稳增长、转方式、抓创新、控物价、惠民生、促和谐,强调未来发展要坚持科教与人才强省、创新驱动、城市发展一体化、区域协调发展、经济国际化和可持续发展。

对于江苏 13 个地级市而言,在《中国城市竞争力报告》蓝皮书中,江苏 13 个城市于 2020 年均进入城市综合竞争力百强②。江苏地区排名前 4 位的城市具有一些共性:人口众多、交通便利、工商业发达、金融等服务业发达,经济发展水平较高,而且各市都纷纷做出"接轨上海,实现共赢"的举措,如南京"呼应上海,辐射周边",无锡"融入一体化,谋求新发展",苏州"近水楼台,四沿布局",常州"前店后坊,推进一体化"。总体来说,苏南地区发展水平较高,苏北地区发展滞后,尤其是宿迁。

表 3.1　2020 年江苏城市分项竞争力排名

城市	经济活力		环境韧性		社会包容		科技创新		当地要素		生活环境		全球联系	
	省内	国内	省内	国内	省内	国内	省内	国内	省内	国内	省内	国内	省内	国内
南京	1	7	6	27	1	7	1	9	1	9	2	21	1	10
无锡	3	19	3	20	3	14	3	30	3	24	3	28	3	28

① 资料来源:2020 年江苏省国民经济发展和社会发展统计公报。
② 对于综合竞争力主要考察城市经济增长水平、经济规模、经济效率、发展成本、产业层次、收入水平和幸福感指数。

3 江苏市域金融综合竞争力比较

(续表)

城 市	经济活力 省内	经济活力 国内	环境韧性 省内	环境韧性 国内	社会包容 省内	社会包容 国内	科技创新 省内	科技创新 国内	当地要素 省内	当地要素 国内	生活环境 省内	生活环境 国内	全球联系 省内	全球联系 国内
徐 州	8	68	9	57	12	73	5	44	5	34	8	112	6	62
常 州	4	27	2	18	5	37	4	41	4	32	4	38	5	61
苏 州	2	9	1	16	2	10	2	13	2	14	1	16	2	17
南 通	6	44	5	25	6	43	6	47	6	41	5	60	4	59
连云港	12	88	12	92	11	70	10	80	10	64	12	209	9	75
淮 安	7	62	11	90	7	54	12	109	7	159	9	121	10	93
盐 城	10	71	13	128	10	65	9	78	9	58	11	163	11	98
扬 州	5	34	8	40	4	33	8	57	8	55	6	64	7	66
镇 江	11	77	4	23	1	56	7	50	7	48	7	87	8	74
泰 州	9	70	7	38	9	59	11	105	11	107	10	130	12	100
宿 迁	13	124	10	86	13	97	13	169	12	120	13	231	13	142

资料来源:中国社会科学院城市与竞争力指数数据库。

从各城市分项竞争力来看,苏北地区城市综合竞争力的增长幅度要大于苏中、苏南地区(表3.1、表3.2),对于苏南地区而言,主要由于国际金融危机给出口导向型经济带来巨大冲击,大批中小企业倒闭,以及面临产业转移升级和经济增长方式转型,一系列促增长、拉内需的政策措施效果尚未能体现。而苏北受金融危机影响较小且接受苏南地区的产业转移,再加上初始发展基数低和江苏省实施加大对苏北地区投资的倾斜力度的政策,以及地方实施了一系列重大建设项目,这些都成为苏北地区城市发展强大的推动力。

表3.2 江苏城市综合竞争力历史排名

城 市	2020年排名	2010年排名	2002年排名
南 京	8	19	12
无 锡	10	17	13
徐 州	39	48	41

(续表)

城　市	2020年排名	2010年排名	2002年排名
常　州	18	29	31
苏　州	6	15	8
南　通	25	45	36
连云港	77	92	105
淮　安	66	109	62
盐　城	49	96	85
扬　州	32	44	55
镇　江	35	52	52
泰　州	34	55	59
宿　迁	91	151	121

资料来源:相关年份的《中国城市竞争力报告》。

从江苏各城市综合竞争力历史排名来看,以2010年和2020年进行对比,13个地级市的排名均有所上升,其中发生较大变动的分别是宿迁、盐城和淮安,分别上升了60位、47位和43位(图3.1)。

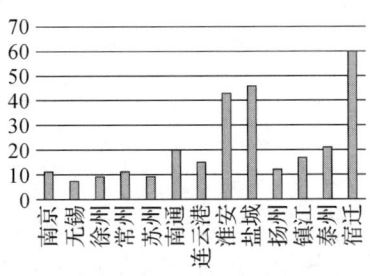

图3.1　江苏城市综合竞争力2020年与2010年排名变化

3.1.2　几种主要的城市竞争力模型

在城市竞争力的模型中,有以下四个主要的模型:Douglas Webster模型、Linnamaa模型、波特的竞争力模型以及倪鹏飞的弓弦模型。

(1) Douglas Webster 模型

道格拉斯·韦伯斯特(Douglas Webster)指出,在评价城市竞争力时,区分两类不同的要素是必要的:一类是活动要素,另一类是地点要素。前者包括金融、旅游、电脑制造等,后者泛指一切不可转移的因素,诸如人力资本、区域性禀赋和制度环境等。地点要素决定活动要素发挥作用的空间和方式。因此,将城市竞争力分为4个方面:经济结构、区域性禀赋、人力资源和制度环境。经济结构是竞争力评价体系的焦点,属于这方面的关键性要素有经济成分、生产率、产出和附加值以及国内和国外的投资;区域性禀赋是指专属一个特定区域,基本不可转移的地区性特征,如地理位置、基础设施、自然资源、城市印象等;人力资源指技能水平、适用性和劳动力成本,当然人力资源的价值越来越依赖其所在的环境,在不同的制度环境和工作场所下,同样的人力资源会产生巨大的差异;制度环境指企业文化、管理框架、政策导向和网络行为倾向。在影响城市竞争力的因素中,那些最重要的因素却存在着难以量化的问题,有时只能依赖一种"软"的信息。

(2) Linnamaa 模型

在经济全球化和国内经济政治管理变化的推动下,网络管理愈来愈成为城市竞争力的一个要素。林纳马(Linnamaa)不再把政策目标直接定在企业和就业等单个方面,而是将城市作为一个整体来经营。他认为,一个城市的竞争力主要由6个因素决定,分别是基础设施、企业、人力资源、生活环境的质量、制度和政策网络、网络中的人员。因为竞争与合作一同被重视,城市之间既有激烈的竞争又有紧密的合作,因此在网络条件下,竞争与合作的边界变得越来越模糊。

(3) 波特的竞争力模型

波特的竞争力模型有四个基本决定要素,分别是高级要素、国内苛刻的市场需求、产业集群、企业战略和国内竞争。两个辅助因素是政府和机会。波特认为,一国的竞争优势是通过不断的大量的投资、创新形成的,竞争优势依赖于一国长期投资升级而形成的高级要素。国内强大的需求有利于公司形成国际竞争优势,然而比需求规模更加重要的是国内购买者对质量的要求,因为这会迫使公司达到更高的水准,刺激公司不断改造、创新和提升竞争力。国家竞争优势重要的来源还在于一群在地理上相互靠近、在技术上和人才上相互支持并具有国际竞争力的相关产业所形成的产业集群,因为地理的集中加剧了同业竞争,缩短了相互沟通的渠道,同业者能快速相互学习,不断进行创新和观念交流,从而形成产业集群内部的一种自我增强机制,波特还强调产业集群最好是由本地企业组成的上下配套齐全的产业发展链条,这样形成的国际竞争力才是稳定的。企业发展战略和国内竞争,这是企业进步和创新的动力。当然政府的放松管制和外部机会的获得也是影响竞争力的重要因素,在波特的模型中,一个关键词就是"创新"。

(4) 倪鹏飞的弓弦模型

倪鹏飞是中国研究城市竞争力居于前沿的学者,他对竞争力的界定最终回归到城市为其居民提供福利的能力。他认为,城市竞争力=硬分力+软分力。硬分力包括劳动力、资本力、设施力、环境力等,软分力主要包括文化力、制度力、管理力等。他运用了主成分分析法构造了城市竞争力指数及分力指数,得出了中国城市综合竞争力和单项竞争力的排序,运用模糊曲线法对大量经验数据进行了处理,得出资本和制度是当前影响城市竞争力最重要的因素。

以上模型各有侧重点,选取的影响城市综合竞争力的有关因素的指标也不尽相同。市域金融竞争力的影响因素有很多,需要对众多因素进行提取,继而归纳分类,以此找出影响市域金融综合竞争力的主导因素,这可以为今后更好地分析各地区金融发展差异、金融综合竞争力提供模本。

3.2 市域金融综合竞争力的指标构建

如何构建市域金融综合竞争力的指标体系?下文首先对金融竞争力指标构建的相关理论进行梳理,相应地介绍一些国内学者构建金融竞争力指标的实例。在此基础上对影响金融发展的因素进行归纳分类,进而设置影响市域金融综合竞争力的各分力。

3.2.1 金融综合竞争力指标构建的理论基础

波特是研究竞争力的权威,20世纪80年代初提出五力分析模型,对企业战略制定产生全球性的深远影响。五力分别是:供应商的讨价还价能力、购买者的讨价还价能力、潜在竞争者进入的能力、替代品的替代能力、行业内竞争者现在的竞争能力。在1990年波特出版了《国家竞争优势》一书并提出了钻石模型,用于分析一个国家某种产业为什么会在国际上有较强的竞争力。波特认为,决定一个国家某种产业的竞争力的因素有生产要素、需求条件、相关产业和支持产业的表现以及企业的战略和结构、竞争对手的表现。这些要素具有双向作用。形成的钻石体系在这些要素之外还存在两大变数:政府与机会。机会是无法控制的,政府政策的影响是不可漠视的。

关于金融竞争力的衡量,在瑞士国际管理发展学院1999年的《世界竞争力年鉴》中,资本市场运行状况和货币市场服务质量成为衡量一个国家金融体系竞争力强弱所依据的两个主要方面。用资本成本的大小、资本市场效率的高低、股票市场活力来衡量资本市场运行状况,用货币市场中银行部门的效率来衡量整个货币市场的服务质量,最后将反映资本市场和货币市场竞争力的各要素结合起来,对一个国家或地区的金融体系对经济发展的作用以及在国际金融体系中的竞争实力进行综合评价。

国内学者赵彦云、汪涛(2000)认为,在我国金融市场上,利率市场化以及较低的市场利率为我国的经济增长提供了持续的推动力,股票市场活力的增强和市场体系中金融发展进程的加速,带动了我国整个金融体系的完善和国际竞争力的提高。但由于受到金融基础比较薄弱(如人才匮乏等)的制约以及国际大环境(如东南亚金融危机等)的影响,我国金融体系国际化和一体化的发展在短期内滞后于整个市场体系的改革,加上扭曲的金融体系改革和发展,商业银行资产质量不高,资金运用的损失率、呆账率较高,导致了金融风险的积累以及整个金融体系运作效率不高,最终影响了我国金融体系在国际竞争中的整体实力。刘伟、潘宏胜(2004)提出一个竞争力强的金融体系的具体表现是资本市场上市场机制(包括利率机制、汇率机制)运行有效,多种层次的金融机构并存且有序竞争,金融体系国际化和一体化程度较高,货币市场上银行金融活动开放、透明,金融体系效率较高。徐小鹰(2007)认为金融体系竞争力的来源是金融体系现有的效率和企业竞争力,国家宏观经济环境也是影响金融体系竞争力的一个重要方面。因此,金融竞争力应该将金融市场本身、微观企业基础和宏观经济环境都纳入进来,进而构建一个完整的国际竞争力指标体系。王伟等(2019)认为金融竞争力提升和信贷扩张是金融发展的两个方面,并论证了其对经常账户的影响。

3.2.2 金融综合竞争力指标构建的实例及简要评价

金融综合竞争力指标及数据的选取遵循以下几个原则:易得性原则、连续性原则、代表性原则、全面性原则、市场比政策重要的原则和流量比存量重要的原则。在考虑了上述原则后,田霖(2005)构建了区域金融综合竞争力的经济力、开放力、设施力、劳动力、科技力、聚集力、文化力、环境力指标,并得出经济力和科技力对整个区域金融综合竞争力的贡献率较大的结论。安子铮、安子祎(2008)选取的金融竞争力指标主要有金融资产总量、金融负债总量、金融机构总部数量、商业银行资本充足率、金融从业人员数量、外国金融机构数量、上市公司数量、外国上市公司数量、外汇储备规模、年一级市场融资额、年二级市场交易额、年国民生产总值、年进出口总额、国际收支不平衡数量、通货膨胀率、金融机构不良资产率、金融机构资本回报率和外债依存度。方茂扬(2009)设置了三大指标:一是城市金融经营环境,包括地区生产总值、资本形成、固定资产投资额、最终消费、外商直接投资额;二是城市金融规模,包括金融从业人员、金融机构法人数量、年末存款余额、年末贷款余额、存款占比、贷款占比、储蓄余额、财政预算支出、保费收入;三是城市金融效益与深化,包括金融产值、存贷比、金融人员人均存款量、金融人员人均贷款量、金融相关率、证券深化。潘英丽(2010)选取了人才、资本、科学技术、经济结构、基础设施、区位、环境、文化、制度、政府管理和开放等11个方面27个二级指标,使用因子分析法和优劣解距离法(TOPSIS)的基本原理,对全国55个主要城市的金融竞争力进行了排名。俞姗(2011)兼顾指标代表性以及统计资料的可得性,所采用的金融发展水平评价指标包含金融总量和金融结构两个一级指标。其中,金融总量包含年末金融机构本外币存款余额、年末金融机构本外币贷款余额、年末城乡居民储蓄存款余额、全年保费总收入、金融业从业人员数五个二级指标;金融结构包含前述区域金融相关率和保险密度两个二级指标,保险密度由"保费收入/地区人口"计算得到。茹乐峰等(2014)从金融发展背景、金融活动规模、金融活动密度和金融服务活跃程度四个方面10个指标的角度构建了指标体系,对286个中心城市的金融集聚水平进行了分析。周俊余、杨洁(2019)从经济发展、城市发展、金融规模三个维度构建了评价体系,并对河北省内11个地级市金融发展竞争力进行了评价。刘笑男、倪鹏飞(2021)构建了显性和解释性两方面的城市竞争力评价指标体系:显性指标包括金融密度、金融浓度和金融速度,解释性指标包含科技创新、和谐社会、生态环境、多元文化、开放信息和要素投入等。

以上学者设置的指标体系有以下缺陷:第一,侧重对金融发展本身进行评价和估计,主要从金融总量和金融结构的角度去进行金融竞争力的排名分析,金融发展本身的竞争力其实是诸多因素共同作用的结果,至于发展潜力更是无从得知。因此,构建金融竞争力不仅要考虑金融本身,还需要考虑影响金融可持续发展的一些要素指标。第二,有些学者的指标构建工作比较详尽,但其忽略了在经济发展过程中政府的作用,而在江苏乃至全国的经济金融发展中,政府的作用毋庸置疑。第三,相当多的研究停留在对中国省域金融竞争力的研究上,对于市域金融竞争力问题的研究成果较少。本书既考虑金融发展的结果指标,同时考虑金融发展的可持续因素指标,从金融系统的角度出发构建金融竞争力指标体系,并定义为"金融综合竞争力",又因研究视角在江苏的13个地级市,因此称之为"江苏市域金融综合竞争力"。

3.2.3 江苏市域金融综合竞争力的指标构建：四力模型 (LESF 模型)

从金融系统的角度去构建江苏市域金融综合竞争力的指标体系，既要考虑影响金融发展的外部因素，还要考虑金融发展本身。参照波特的五力模型和倪鹏飞的城市竞争力模型，本书构建金融综合竞争力的四力模型：区位是金融发展的空间，经济是金融发展的基础，制度是金融发展的环境，金融本身是金融发展的内核（图3.2）。由此构建金融综合竞争力的指标体系，把金融综合竞争力设置成四个分力：区位力用 L（Location）表示，经济力用 E（Economic）表示，制度力用 S（System）表示，金融力用 F（Finance）表示。金融综合竞争力 FC（Financial Competition）可用 L、E、S、F 表示，即 LESF 模型。

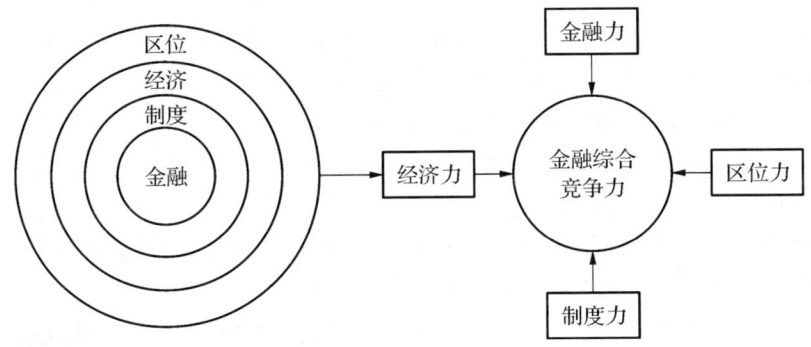

图 3.2　金融综合竞争力的四力模型

3.2.3.1　区位力 L

区位力在金融发展中的作用持久存在。不同区位①具有不同的地理位置、资源禀赋、交通设施、人口密集程度等，区位会影响区域资

---

① "区位"源于德文的 standort，是 1832 年由 W. 高兹首次提出的。

本的收益①,保罗·罗森斯坦·罗丹(Paul Rosenstein-Rodan)最早提出了大推进理论,他认为基础设施是社会发展的先行资本,应当优先发展。沃尔特·罗斯托(Walt Rostow)也将基础设施建设视为社会发展的先行资本,认为基础设施发展是实现经济起飞的前提条件,会引发资本及其他要素的循环累积效应。新经济地理学为区位对金融发展的作用提供了更细致的研究路径,那些具有区位初始优势的地区为金融发展提供得天独厚的条件,而这些优势会因为循环累积而加强,这对于区域经济金融吸引力和聚集力的提升无疑是非常重要的。对于区位力考虑两个方面:一是区位的交通运输状况,选择客运量和货运量指标来反映;二是区位聚集程度②,以人口密度和每平方千米规模以上工业企业数量来衡量。

但区位绝不仅仅指有便利的交通和聚集力,还应该包括区位的科技水平、信息水平、文化水平。科技力对金融发展的影响也表现在两方面:一是科学技术对金融发展的推动作用,即电子计算机、通信技术等发展促进了金融创新以及金融交易效率的提高,带来了金融交易成本的下降;另一方面就是科技产业发展的需求,金融资源应该支持科技创新产业的发展,科学重在发现,技术重在发明,只有科学知识和技术发明被企业家转化为商业活动,才被称为"创新"。熊彼特(1911)提出以"创新"为核心,以"非常信用"为契机的经济发展理论,认为"非常信用"是生产新组合的前提,企业家借助信用工具,能够把生产要素从原有用途中拔出,进行新组合。国内房汉廷(2011)认为科技金融是科学技术资本化的过程,也是一种金融资本有机构成提高的过程。这些为金融支持科技产业发展提供了理论支持。对于科技状况选取两个分指标,即专利授权数和专利申请数,来反映科

---

① 罗斯托·克鲁格·德雷克(Rostow Krueger Drake)提出过类似的看法,参见孙永平等的文章《资源依赖、地理区位与城市经济增长》(《当代经济科学》2011年第1期第115-116页)。

② 区位聚集力选用机构聚集数来体现。(参照田霖的学位论文《金融地理学视角下的区域金融成长差异研究》)。

技成果水平。

信息在现代经济生活中的作用越来越大,已经成为市场竞争的重要手段。对于金融行业来说,信息的重要性更是不言而喻。谁占有的信息多、掌握的信息准确,谁就有了权威,有了制胜的先机。然而,现代社会人们获得信息的渠道越来越广泛,除了报纸、广播、电视等传统渠道,互联网、手机以及目之所及的户外大屏幕等新型渠道的加入,使得人们获取各类信息的途径不断增加,尤其是人们对信息重要程度的认识越来越普及和深入,信息垄断被打破,大量的信息被人们所共享。本书选择互联网覆盖率(互联网用户占地区人口比重)和移动电话用户占地区人口比重这两个分指标来反映一区位的信息能力。

文化是金融发展的灵魂。关于文化的作用,亚当·斯密在《国民财富的性质和原因的研究》和《道德情操论》中,强调了价值、宗教等文化因素在人们经济金融活动中的作用。诺斯(1994)指出文化因素可以通过制度环节影响经济绩效,他认为一个社会的历史传统、价值观念及行为习惯等作为非正式制度约束的文化影响着经济制度的选择与变迁过程。国内范恒森(2000)、张曙光(2002)、陈志武(2006)、江春(2009)等都论证了文化对金融发展的作用。田晖等(2020)利用霍夫斯泰德(Hofstede)的 6 个文化维度指数和全球 39 个国家2003—2016 年的金融数据,采用面板广义最小二乘估计法和面板校正标准误估计法实证检验了国家文化对金融发展的影响。一方面因为人们的消费观念、投资意识、风险意识、对金融产品及衍生品的接受程度都会影响金融发展,因此从根本上说,金融发展最关键的单元就是人的发展,人的发展会影响其经济活动和金融活动;另一方面,金融发展的基础是信用,诚信文化也是影响金融发展的重要因素,而地方传统、宗教信仰、受教育程度等因素都会影响一地区的诚信文化。综上,选择人均藏书量来反映一地区的文化水平。另外,一地区的人才数也可以反映出该地区的文化水平,人才力对金融发展的作用,可以从两个角度去理解:一是金融专业人才的数量和质量影响金融服务质量的好坏和金融服务效率的高低,他们具有专业知识,对经济金融动态更易把握,能对金融风险进行更好更专业的管理,能实现对金融资源的优化配置；二是地区人力资源对经济金融发展具有重要作用，卢卡斯和罗默的内生增长理论已经强调，人力资本与知识对经济增长非常重要，其会影响金融发展，故选择普通高校在校人数占地区人口比重来反映人才水平和区位文化力。

3.2.3.2 经济力 E

经济力是金融发展不可或缺的部分，众多的文献分析金融发展与经济增长的互动关系。一方面金融发展能为一地区经济发展提供支持，表现为金融发展能促进良好的储蓄形成，金融发展有利于储蓄向投资的转化，以及金融发展能促进资本边际效率提高；另一方面，不同的经济状态为金融发展提供各异的条件和空间，表现为经济发展提高实际收入，进而影响消费和投资需求，对金融的需求也进一步提升，从而在"需求诱导"下金融业得以发展，因此经济力能很好地对一地区金融发展提供解释。构建经济力时可考虑的指标有人均 GDP、产业结构水平（非农占比）、城市化水平（城市化率）、开放程度（进出口总额和实际利用外资额），那是因为：第一，人均 GDP 水平能反映一地区的经济基础，经济基础好，消费和投资水平才能良性提高，从而推动金融行业的发展；第二，一地区产业结构水平的高低关系到该地区的经济增长水平，同样也会关系到该地区的金融需求，从江苏的现实来看，苏南地区的非农占比远远高于苏北地区，对金融资源的需求和供给也高于苏北地区；第三，城市化水平指标跟产业结构水平指标具有较强的联系，城市化的过程也是金融资源集聚的过程；第四，开放力也是一地区经济基础的反映，对一地区金融发展具有一定影响，一个地区的开放程度反映了其对待外部贸易与投资的态度，决定了该地区与外部市场的联系程度，它能改变企业行为和人们的观念，并通过外在压力促进当地市场环境的完善，最终影响外部投资者对它的偏好。一方面区域的对外开放有利于引入外部资本，有利于影响资本的形成和变动，另一方面伴随着资本要素进入的还有技术、劳动力、先进的制度、文化、管理经验等，若资本能和以上诸要素有效结合，就会形成较大的合力，相比在封闭状态下，资本的利用效率会更高，也就是说金融促进地区经济发展的效率更高,所以开放程度影响一地区金融功能效率的高低,也能反映区域系统对外部资源的容纳能力。

3.2.3.3 制度力 S

制度力中首先考虑的是政府力,政府力对金融发展具有一定的解释力。研究金融差异的绝大多数学者如张军洲(1995)、殷德生和肖顺喜(2000)、蔡志刚(2001)、伍海华(2002)、李兴江和赵峰(2003)、陆文喜和李国平(2004)、赵伟和马瑞永(2006)、崔光庆和王景武(2006)、方先明(2013)、黄昱然等(2018)、安勇和王拉娣(2021)等都认为政府政策和行为是影响金融发展差异的原因,因为中央政府财政货币政策和地方政府的竞争会影响金融机构的区域定位,会影响金融资本的流向,也会影响金融系统资源的进入和退出,还会影响金融资源的配置效率。从金融发展理论变迁来讲,金融抑制、金融约束和金融自由化反映了政府对金融领域的管制程度越来越弱,但效果各异,过度管制和完全放松管制在中国现阶段都不适合,尤其是地方政府,管制程度的不同会造成金融发展的差异。本书选取的政府力分指标包括:一般预算性收入,反映政府的收入能力;一般预算性支出,反映政府支出的能力;固定资产投资额,反映政府推动经济的能力;市委主要领导是否省委主要领导,此为虚拟变量,据此可知一地级市政府决策能力是否强大。

法律因素也是制度力中非常重要的一部分,因为法律制度完善关系到权利和义务的匹配,关系到契约的顺利履行,直接影响经济金融活动的效果,这一点 LLSV 有很好的研究。尤其是在金融领域投融资过程中由于信息不对称产生的"逆向选择"和"道德风险"行为,需要有相应的法律法规进行规制,对一个地区而言,地方法规和条例是否健全,市民对法律法规是否了解,守法程度和执法力度如何等都会对金融发展产生一定的影响,参照谭儒勇、吴兴奎(2005)的研究,本书选择各地区每百平方千米律师人数和每百平方千米律师事务所数量来反映法律水平的高低。

3.2.3.4 金融力 F

金融力是市域金融综合竞争力无可厚非的组成部分,是本体。衡量地区金融发展水平可以从金融规模和金融结构去进行指标构建。如金融从业人员数、金融机构数、人均金融机构存款余额、人均金融机构贷款余额、上市公司数量、证券营业部数量、保费收入等这些是金融规模指标,而金融相关比率[(存款余额＋贷款余额)/GDP]、存贷比(贷款余额/存款余额)、存款占比(存款余额/GDP)、贷款占比(贷款余额/GDP)、保险深度(保费收入/GDP)等则是金融结构指标。由此可知一地区金融发展的规模水平和结构水平。

根据以上分析,构建江苏市域金融综合竞争力的指标体系,见表3.3。

表3.3 江苏市域金融综合竞争力的指标设置

区位力 L	交通运输	客运量 L_{11}
		货运量 L_{12}
	科技状况	专利授权数 L_{13}
		专利申请数 L_{14}
	信息技术	互联网用户占地区人口比重 L_{15}
		移动电话用户占地区人口比重 L_{16}
	文化水平	普通高校在校人数占地区人口比重 L_{17}
		人均藏书量 L_{18}
	聚集力	人口密度 L_{19}
		每平方千米规模以上工业企业数量 L_{20}
经济力 E	人均GDP E_{11}	
	非农占比 E_{12}	
	城市化率 E_{13}	
	开放程度	进出口总额 E_{14}
		实际利用外资额 E_{15}

(续表)

制度力 S	政府力	一般预算性收入 S_{11}
		一般预算性支出 S_{12}
		固定资产投资额 S_{13}
		市委主要领导是否省委主要领导 S_{14}
	法律水平	每百平方千米律师人数 S_{15}
		每百平方千米律师事务所数量 S_{16}
金融力 F	金融规模	金融从业人员数 F_{11}
		金融机构数 F_{12}
		人均金融机构存款余额 F_{13}
		人均金融机构贷款余额 F_{14}
		上市公司数量 F_{15}
		证券营业部数量 F_{16}
		保费收入 F_{17}
	金融结构	金融相关比率 F_{18}
		存贷比 F_{19}
		存款占比 F_{20}
		贷款占比 F_{21}
		保险深度 F_{22}

3.3 江苏市域金融综合竞争力测度方法介绍

构建了江苏市域金融综合竞争力的总力和分力指标后,还需掌握分析江苏市域金融综合竞争力的方法,本书主要采用因子分析和聚类分析。

3.3.1 因子分析

在研究江苏市域金融综合竞争力这一实际问题时人们往往希望能多收集相关变量,以期能对该问题有比较全面系统的把握。但若收集到的变量都参与数据建模,无疑会增加分析过程中计算的工作量,而且收集到的变量之间通常存在或多或少的相关性,变量间信息的高度重叠和高度相关会给统计方法的应用带来很多障碍,为了解决这些问题,最简单和最直接的办法是消减变量个数,因此可采用因子分析来进行研究。因子分析的概念起源于20世纪初卡尔·皮尔逊(Karl Pearson)和查尔斯·斯皮尔曼(Charles Spearmen)等关于智力测验的统计分析。通常因子分析具有因子个数远远少于原有变量的个数、能反映原有变量的绝大部分信息、因子之间线性关系不显著和因子具有命名解释性等特点。因子分析的核心是用较少的互相独立的因子反映原有变量的绝大部分信息,这一思想可以用数学模型来表示。设原有 p 个变量 $X_1, X_2, X_3, \cdots, X_P$,经过标准化处理后均值为0,标准差均为1。将每个原有变量用 k 个因子 $f_1, f_2, f_3, \cdots, f_k$ 的线性组合来表示:

$$\begin{cases} X_1 = a_{11}f_1 + a_{12}f_2 + \cdots + a_{1k}f_k + \varepsilon_1 \\ X_2 = a_{21}f_1 + a_{22}f_2 + \cdots + a_{2k}f_k + \varepsilon_2 \\ X_3 = a_{31}f_1 + a_{32}f_2 + \cdots + a_{3k}f_k + \varepsilon_3 \\ \cdots\cdots\cdots\cdots\cdots \\ X_p = a_{p1}f_1 + a_{p2}f_2 + \cdots + a_{pk}f_k + \varepsilon_k \end{cases} \quad (3.1)$$

以上是因子分析的数学模型,也可用矩阵的形式表示:$X = AF + \varepsilon$。其中 F 为因子,由于其出现在每个原有变量的线性表达式中,因此称为公共因子。A 为因子载荷矩阵,$a_{ij}(i=1, 2, \cdots, p; j=1, 2, \cdots, k)$ 称为因子载荷,是第 i 个原有变量在第 j 个因子上的负荷。

因子分析的关键是根据样本数据求解因子载荷矩阵,因子载荷矩阵的求解方法有基于主成分模型的主成分分析法、基于因子分析模型的主轴因子法、极大似然法、最小二乘法等。本书利用使用最为广泛的主成分分析法,它能够为因子分析提供初始解,因子分析是对主成分分析结果的沿用和拓展,其实就是通过坐标变换的手段,将原有的 p 个相关变量 X_i 标准化后进行线性组合,换成另一组不相关的变量 Y_i,有:

$$\begin{cases} Y_1 = \mu_{11}X_1 + \mu_{12}X_2 + \cdots + \mu_{1p}X_p \\ Y_2 = \mu_{21}X_1 + \mu_{22}X_2 + \cdots + \mu_{2p}X_p \\ Y_3 = \mu_{31}X_1 + \mu_{32}X_2 + \cdots + \mu_{3p}X_p \\ \cdots\cdots\cdots\cdots\cdots \\ Y_p = \mu_{p1}X_1 + \mu_{p2}X_2 + \cdots + \mu_{pp}X_p \end{cases} \quad (3.2)$$

以上是主成分分析的数学模型,其中 $\mu_{i1}^2 + \mu_{i2}^2 + \cdots + \mu_{ip}^2 = 1 (i = 1,2,3,\cdots,p)$。主成分分析法的核心在于通过原有变量的线性组合以及各个主成分的求解来实现变量降维。求解步骤主要有三步:将原有变量数据进行标准化处理,计算变量的简单相关系数矩阵,求相关系数矩阵的特征根。

还需注意的是主成分分析中的统计量:一是特征方程的根,反映原始变量的总方差在各成分上重新分配的结果;二是各成分之贡献率,也就是各成分所包含的信息占总信息的百分比,每个成分所提供的方差占总方差的百分比就是该成分的贡献率;三是累计贡献率,通常取累计贡献率大于等于 80% 的前 k 个成分作为研究的主成分;四是特征向量和主成分分数。

3.3.2 聚类分析

聚类分析是统计学中研究"物以类聚"问题的多元统计分析方法,聚类分析在统计分析的应用领域得到了极为广泛的使用。它能够将一批样本数据根据其诸多特征,按照性质上的"亲疏程度",在没有先验知识的情况下进行自动分类,产生分类结果。类内部的个体特征具有相似性,不同类间个体特征的差异性较大。在聚类分析中,个体之间的"亲疏程度"是极为重要的,它直接影响最终的聚类结果。对"亲疏程度"的测度一般有两个结果:一是个体间的相似度,用简单相关系数或等级相关系数来衡量;二是个体间的差异程度,通常用某种距离来测度,有欧氏距离、欧氏平方距离、切比雪夫距离、绝对距离、闵可夫斯基距离、自定义距离。其中,x_i 是个体 **x** 的第 i 个变量的变量值,y_i 是个体 **y** 的第 i 个变量的变量值。算式如下:

① 欧氏距离(Euclidean Distance):两样本(**x**,**y**)间的欧氏平方距离是各样本每个变量值之差的平方和的平方根(k 个变量)。

$$EUCLID(\boldsymbol{x},\boldsymbol{y}) = \sqrt{\sum_{i=1}^{k}(x_i-y_i)^2} \qquad (3.3)$$

② 欧氏平方距离(Squared Euclidean Distance):两样本(**x**,**y**)之间的欧氏平方距离是各样本每个变量值之差的平方和(k 个变量)。

$$SEUCLID(\boldsymbol{x},\boldsymbol{y}) = \sum_{i=1}^{k}(x_i-y_i)^2 \qquad (3.4)$$

③ 切比雪夫距离(Chebychev Distance):两样本(**x**,**y**)的切比雪夫距离是各样本每个变量值之差的绝对值中的最大值(k 个变量)。

$$CHEBYCHEV(\boldsymbol{x},\boldsymbol{y}) = \max|x_i-y_i| \qquad (3.5)$$

④ 绝对距离(Block Distance):两样本(**x**,**y**)的绝对距离是各样本每个变量值之差的绝对值的总和(k 个变量)。

$$BLOCK(\boldsymbol{x},\boldsymbol{y}) = \sum_{i=1}^{k}|x_i-y_i| \qquad (3.6)$$

⑤ 闵可夫斯基距离(Minkowski Distance):两样本(**x**,**y**)的闵可夫斯基距离是各样本每个变量值之差的绝对值的 p 次方的总和,再求 p 次方根(k 个变量,p 可以任意指定)。

$$MINKOWSKI(\boldsymbol{x},\boldsymbol{y}) = \sqrt[p]{\sum_{i=1}^{k}|x_i-y_i|^p} \qquad (3.7)$$

⑥ 自定义距离(Customized Distance):两样本(**x**,**y**)的自定义距离是各样本每个变量值之差的绝对值的 p 次方的总和,再求 q 次方根(k 个变量,p、q 可以任意指定)。

$$CUSTOMIZED(\boldsymbol{x},\boldsymbol{y}) = \sqrt[q]{\sum_{i=1}^{k}|x_i-y_i|^p} \qquad (3.8)$$

除此之外,还有夹角余弦(Cosine)相似测度和皮尔逊相关的距离测度方法。介绍了上述距离的概念,就可以介绍聚类的方法,SPSS 中的聚类功能常用的有两种:一是快速聚类(K-Means Cluster),二是分层聚类(Hierarchical Cluster)。进行快速聚类首先要选择用于聚类分析的变量和类数,且变量必须是数值型。分层聚类又分为分解法和凝聚法:分解法是聚类开始时把所有个体都视为一大类,然后根据距离和相似性逐层分解,直到参与聚类的每个个体自成一类为止;凝聚法则是聚类开始时把参与聚类的每个个体视为一类,根据两类之间的距离或相似性逐步合并,直到合并为一个大类为止。实际上这两种方法是方向相反的两种聚类过程。

本书采用 SPSS 11.5 默认的欧氏平方距离进行分层聚类。具体步骤是:首先分析研究对象,明确若干相关变量,其次收集变量数据并对数据进行预处理,再对变量进行标准化,最后开展聚类分析,形成聚类谱系图,再分析结论。

3.4　江苏市域金融综合竞争力的实证

本节依次对区位力 L、经济力 E、制度力 S、金融力 F 进行逐一实证,利用实证的得分结果,对江苏市域金融综合竞争力 FC 再进行因子分析和聚类分析。各指标数据来源于中国城市统计年鉴、江苏统计年鉴及各地级市统计年鉴、2017—2019 年三年的国民经济与社会发展公报、中国银行保险监督管理委员会网站、江苏证监局网站、江苏司法行政网等,各指标取 2017—2019 年三年数据的均值。

3.4.1　区位力 L 的因子分析和聚类分析

本书突破传统的区位分析方法,引入了新经济地理学的区位因素,包括交通运输状况、科技状况、信息技术、文化水平以及聚集力。区位力指标情况见表 3.4。

表3.4 江苏各地级市区位力指标情况

城市	L_{11}/百万人次	L_{12}/百万吨	L_{13}/件	L_{14}/件	L_{15}/%	L_{16}/%	L_{17}/%	L_{18}/册	L_{19}/(人·千米$^{-2}$)	L_{20}/(个·千米$^{-2}$)
苏州	30 422.33	16 113.67	70 068.33	137 567.67	55.86	174.21	2.18	2.48	1 238.00	1.18
无锡	8 597.67	18 875.33	34 172.33	60 688.67	47.53	142.63	1.76	1.29	1 420.67	1.21
常州	6 211.67	14 480.00	22 013.33	41 226.67	51.48	130.90	2.29	1.09	1 081.00	1.00
南京	16 067.38	38 353.44	43 722.00	92 483.33	47.28	146.99	10.19	1.49	1 278.67	0.37
镇江	9 811.67	4 209.00	14 270.67	29 021.33	46.25	109.61	3.00	1.20	832.00	0.52
南通	7 666.67	23 220.33	21 157.33	48 084.67	40.20	118.29	1.35	0.93	693.00	0.64
扬州	3 150.67	13 110.00	18 584.67	36 405.33	36.93	115.14	1.94	1.04	687.00	0.44
泰州	6 246.75	10 288.49	13 425.33	30 607.33	35.33	99.78	1.37	0.72	802.00	0.49
徐州	12 950.67	47 026.33	11 741.00	26 051.33	34.84	101.38	1.66	0.44	747.67	0.20
淮安	6 225.00	20 622.67	7 898.67	15 824.33	18.77	94.73	1.48	0.77	491.00	0.20
连云港	4 997.00	17 863.00	5 704.33	8 968.67	34.26	104.63	0.96	0.68	593.00	0.17
盐城	6 472.67	19 865.33	13 887.33	30 378.67	30.37	99.03	0.90	0.62	426.33	0.17
宿迁	6 899.00	6 043.67	6 915.33	13 029.33	29.29	96.55	0.43	0.39	578.00	0.21

考虑到各项指标单位不同,需要进行标准化处理,即将各变量减去均值后除以标准差,再通过 SPSS 11.5 进行无量纲化处理,计算变量的简单相关系数矩阵。发现 L_{12}、L_{17} 不适合做因子分析,将其去除,以 L_{11}、L_{13}、L_{14}、L_{15}、L_{16}、L_{18}、L_{19}、L_{20} 重新进行简单相关系数分析,效果较好。然后进行巴特利特球度检验和 KMO 检验,巴特利特球度检验统计量的观察值为 142.949,KMO 值为 0.776。

因子分析时 KMO 值在 0 到 1 之间。当所有变量间的简单相关系数的平方和远远大于偏相关系数的平方和时,KMO 值接近 1。KMO 值越接近 1,意味着变量间的相关性越强,原有变量越适合做因子分析;当所有变量间的简单相关系数的平方和接近 0 时,KMO 值接近 0,KMO 值越接近 0,意味着变量间的相关性越弱,原有变量越不适合做因子分析。恺撒(Kaiser)给出了常用的 KMO 度量标准:0.9 以上表示非常适合,0.8 表示适合,0.7 表示一般,0.6 表示不太适合,0.5 以下表示极不适合。根据此 KMO 度量标准,可知上述区位力指标适合进行因子分析。

根据总方差分解的结果,第一个因子的特征根为 6.576,解释了 8 个变量总方差的 82.199%;第二个因子的特征根为 0.809,解释了 8 个变量总方差的 10.115%。两者累计方差贡献率为 92.314%。第三个因子以后的特征根都比较小,可以忽略,因此提取两个因子是合适的。

对因子载荷矩阵进行正交旋转使得因子命名更具解释性。客运量 L_{11}、专利授权数 L_{13}、专利申请数 L_{14} 和人均藏书量 L_{18} 在第一个因子上的载荷较高,第一个因子主要解释这几个变量,反映交通运输状况、科技状况和文化水平;互联网用户占地区人口比重 L_{15}、人口密度 L_{19} 和每平方千米规模以上企业数量 L_{20} 在第二个因子上的载荷较高,第二个因子主要解释这几个变量,反映信息技术和聚集力。在此基础上计算因子得分:L_1 = 0.814×客运量 + 0.971×专利授权数 + 0.955×专利申请数 + 0.876×互联网用户占地区人口比重 + 0.984×移动电话用户占地区人口比重 + 0.946×人均藏书量 + 0.871×人口密度 + 0.819×每平方千米规模以上工业企业数量;

$L_2 = -0.508 \times$ 客运量 $- 0.199 \times$ 专利授权数 $- 0.248 \times$ 专利申请数 $+ 0.322 \times$ 互联网用户占地区人口比重 $+ 0.018 \times$ 移动电话用户占地区人口比重 $- 0.136 \times$ 人均藏书量 $+ 0.337 \times$ 人口密度 $+ 0.463 \times$ 每平方千米规模以上工业企业数量；$L = (82.199\% \times L_1 + 10.115\% \times L_2)/92.314\%$，结果见表 3.5。

表 3.5 江苏各地级市区位力排名

城 市	L_1	排名	L_2	排名	L	排名
苏 州	16.23	1	−1.23	13	14.32	1
无 锡	6.25	3	1.49	1	5.73	3
常 州	2.95	4	1.48	2	2.79	4
南 京	6.79	2	−0.59	10	5.98	2
镇 江	−0.20	5	0.34	3	−0.14	5
南 通	−0.33	6	0.16	6	−0.28	6
扬 州	−1.95	7	0.22	5	−1.71	7
泰 州	−2.92	8	0.30	4	−2.57	8
徐 州	−3.60	9	−0.50	9	−3.26	9
淮 安	−6.63	13	−0.76	12	−5.99	13
连云港	−5.27	11	−0.01	7	−4.69	10
盐 城	−5.21	10	−0.64	11	−4.71	11
宿 迁	−6.10	12	−0.25	8	−5.46	12

区位力涵盖了区位交通运输、科技、信息、文化、人才、聚集力等层次，可以看出，L_1 和 L 得分的排名完全一致，说明第一个因子 L_1 在区位竞争力上具有很好的解释力。苏州的 L_1 排名第一，但 L_2 排名落后，总得分 L 高于南京，位于全省第一。L 得分与 L_1 得分仅有苏州、无锡、常州和南京为正，其余 9 个地级市皆为负值，低于全省均值水平；L_2 得分苏州、淮安、盐城、南京、徐州、宿迁、连云港为负值。这种区位力的差异并非形成于某个时点，而是循环累积的结果。在此基础上，进行聚类分析（图 3.3）。

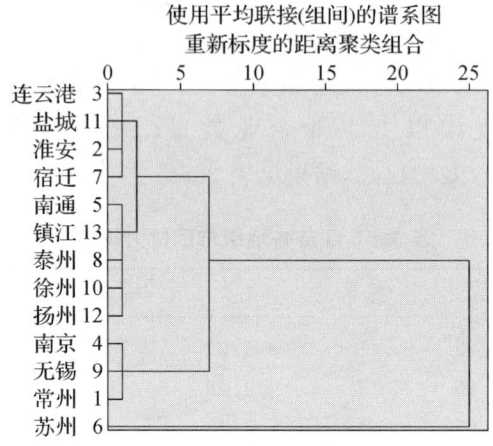

图 3.3 区位力聚类结果

若分为三类：苏州为一类，南京、无锡、常州为一类，其余 9 个地级市为一类。若分为四类：苏州为一类，南京、无锡、常州为一类，南通、镇江、泰州、徐州、扬州为一类，连云港、盐城、淮安、宿迁为一类（表 3.6）。

表 3.6 区位力分区情况

第一梯队	第二梯队	第三梯队	第四梯队
苏州	南京、无锡、常州	南通、镇江、泰州、徐州、扬州	连云港、盐城、淮安、宿迁

江苏各地级市区位力情况呈现各自的特点：

第一，苏州的区位力总得分 L 排名第一，为第一梯队的单独一员。苏州的 L_1 得分全省第一，有良好的科技水平、信息技术、聚集力，如专利授权数达到 70 068 件，互联网用户占地区人口比重达到 55.86% 等，都处于全省领先水平。那是因为苏州地区有较好的历史基础，近代较早地接受了西方的科技信息文化，近代工商业发展起步较早，而且临近上海。因此其区位优势不仅体现在地理区位上，而且还体现在经济区位上。

第二,南京的总得分 L 仅次于苏州,是江苏区位力领先的城市之一。原因在于南京有悠久的历史,是六朝古都,有比较好的历史文化积累、人文底蕴。在当期南京是江苏省政府所在地,是信息中心,是人才的集聚地。这赋予南京较好的科技水平、信息技术、文化水平、人才以及聚集力,如南京人均藏书量达到 1.49 册,普通高校在校人数占地区人口比重达到 10.19%,分别位于全省第二位和第一位。无锡 L_1 和 L_2 的得分均高于常州,具体来说:常州在互联网用户人数占地区人口比重、普通高校在校人数占地区人口比重上高于无锡,而在客运量、货运量、专利申请数等指标上均低于无锡。二者的区位力 L 总得分远高于镇江、南通等地级市,因此隶属于第二梯队。

第三,镇江及苏北、苏中各地级市的区位力 L 得分皆为负值,说明相对于苏南的其他 4 个地级市,它们在交通、科技、信息、文化和聚集力方面存在较大差异。值得一提的是,徐州的交通运输水平相对较高,客运量、货运量分别位于全省第三位和第一位;南通的科技水平相对较高,专利申请数和授权数分别位于全省第四位和第五位;镇江和扬州则有较高的文化力,普通高校在校人数占地区人口比重分别位于全省第二位和第五位。

3.4.2 经济力 E 的因子分析和聚类分析

采用同样的方法,对各地级市经济力进行分析。经济力指标情况见表 3.7。

表 3.7 江苏各地级市经济力指标情况

城 市	E_{11}/元	E_{12}/%	E_{13}/%	E_{14}/亿美元	E_{15}/亿美元
苏 州	171 775.67	98.85	76.30	3 297.61	45.41
无 锡	171 673.33	98.86	76.47	890.42	36.59
常 州	148 700.67	97.76	72.93	331.62	24.22
南 京	153 223.67	97.86	82.66	655.46	38.76
镇 江	127 283.00	96.54	70.90	111.93	9.60

(续表)

城 市	E_{11}/元	E_{12}/%	E_{13}/%	E_{14}/亿美元	E_{15}/亿美元
南 通	116 505.67	95.25	67.08	366.61	25.56
扬 州	120 786.33	94.94	66.73	113.66	12.32
泰 州	107 592.33	94.42	65.93	140.48	15.37
徐 州	77 888.00	90.67	65.20	110.21	18.83
淮 安	73 218.67	89.96	62.38	47.84	11.36
连云港	63 144.00	88.28	62.77	90.27	6.32
盐 城	75 117.33	89.19	60.20	92.71	8.74
宿 迁	57 354.33	89.13	59.87	33.25	3.96

标准化处理后,对形成经济力的各个因素进行主成分分析,得到相关系数矩阵,再进行巴特利特球度检验和 KMO 检验,结果表明:巴特利特球度检验统计量的观察值为 75.931,KMO 值为 0.761,根据 KMO 度量标准,可知原有变量适合进行因子分析。

总方差分解的结果表明:第一个因子的特征根为 4.152,解释了 5 个变量总方差的 80.047%;第二个因子的特征根为 0.593,解释了 5 个变量总方差的 11.858%。两者累计方差贡献率为 94.905%。第三个因子以后的特征根都比较小,可以忽略,因此提取两个因子是合适的。

经因子载荷矩阵旋转可知,人均 GDP E_{11}、非农占比 E_{12} 和城市化率 E_{13} 在第一个因子上的载荷较高,反映国内经济水平,而进出口总额 E_{14} 和实际利用外资额 E_{15} 在第二个因子上的载荷较高,反映涉外经济水平。在此基础上计算因子得分:E_1=0.970×人均 GDP+0.937×非农占比+0.937×城市化率+0.754×进出口总额+0.941×实际利用外资额;E_2=−0.174×人均 GDP−0.273×非农占比−0.224×城市化率+0.642×进出口总额+0.161×实际利用外资额;E=(88.047%×E_1+11.858%×E_2)/94.905%。结果见表 3.8。

3 江苏市域金融综合竞争力比较

表 3.8　江苏各地级市经济力排名

城市	E_1	排名	E_2	排名	E	排名
苏　州	7.80	1	1.51	1	7.43	1
无　锡	5.15	3	−0.35	9	4.74	3
常　州	2.53	4	−0.61	12	2.27	4
南　京	5.26	2	−0.54	11	4.81	2
镇　江	0.25	6	−0.71	13	0.14	6
南　通	0.52	5	−0.08	7	0.47	5
扬　州	−0.64	7	−0.40	10	−0.65	7
泰　州	−0.95	8	−0.23	8	−0.91	8
徐　州	−2.42	9	0.19	6	−2.22	9
淮　安	−3.65	10	0.22	5	−3.36	10
连云港	−4.55	12	0.33	2	−4.18	12
盐　城	−4.22	11	0.33	3	−3.88	11
宿　迁	−5.09	13	0.32	4	−4.68	13

从这些数据中能够发现：得分 E_1 的排名与总得分 E 的排名完全一致，说明在因子分析中，国内经济因子存在较大的载荷。苏南地区的地级市和南通的 E_1 得分皆为正值，其余地级市皆为负值，处于全省均值水平之下；在 E_2 的得分上，出现较为奇怪的现象：苏北地区的地级市和苏州的得分为正值，无锡、常州、南京、镇江及苏中地区的地级市得分为负值。这至少可以说明，苏州等 6 市外向型经济发展形势较好。苏州的 E_1 和 E_2 得分均为全省第一，说明其内部经济发展与涉外经济发展齐头并进；苏北地区的地级市 E_2 得分排名靠前，说明近几年苏北地区的对外开放发展良好，例如：1999—2018 年苏北地区出口额实现年均 9.2% 的高增长，与苏南地区相同。在此基础上，进行聚类分析(图 3.4)。

若分为三类：苏州为一类，南京、无锡、常州为一类，泰州、扬州、南通、镇江、连云港、盐城、宿迁、淮安、徐州为一类。若分为四类：苏州为一类，南京、无锡、常州为一类，泰州、扬州、南通、镇江为一类，连云港、盐城、宿迁、淮安、徐州为一类。可以发现，除苏南的镇江属于

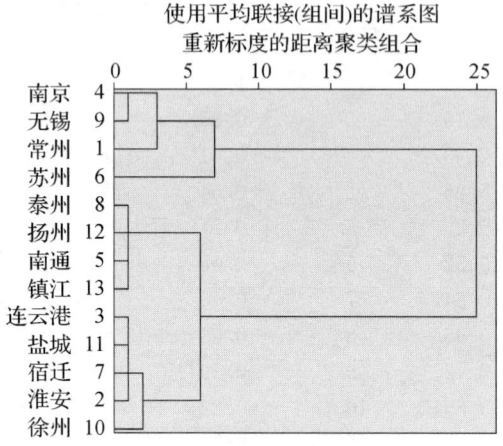

图 3.4　经济力聚类结果

第三梯队外,第一梯队和第二梯队恰为苏南 4 市,苏中 3 市皆属于第三梯队,第四梯队恰为苏北 5 市(表 3.9)。

表 3.9　经济力分区情况

第一梯队	第二梯队	第三梯队	第四梯队
苏州	南京、无锡、常州	南通、镇江、扬州、泰州	淮安、盐城、连云港、宿迁、徐州

分区域分析江苏各地级市经济力呈现的特点:

第一,苏南地区地级市人均 GDP 均在 12.7 万元以上,非农占比均在 96.5% 以上,城市化率均在 70.9% 以上,皆高于苏中和苏北地区的地级市;只是在反映外向型经济的指标中,苏南地区部分地级市被苏中、苏北地区的地级市超过,例如常州、镇江的进出口总额低于南通。总的来说,苏南地区对内和对外经济水平都较高。苏州对内经济水平与无锡、南京相差不大,例如:苏州的人均 GDP 为 171 775.7 元,而无锡为 171 673.3 元,南京的城市化率甚至比苏州高 6.4%。但是苏州反映涉外经济水平的进出口总额、实际利用外资额皆高于南京、无锡,特别是苏州进出口总额为 3 297.61 亿美元,而南京、无锡仅为 655.46 亿美元和 890.42 亿美元。从总得分 E 可以看出,苏州排名第一,属于第一梯队;南京、无锡的经济指标各有高低,总得分 E 比较接近,分别是 4.81 和 4.74,常州的经济力水平相对较低,总得分 E 为 2.27,但远高于南通的 0.47,故与南京、无锡同处于第二梯队;镇江与苏南其他 4 市存在一定差异,其经济力更接近苏中地区的地级市,例如常州与镇江的人均 GDP 相差 16.8%,而扬州与镇江的人均 GDP 仅相差 5.1%,因此镇江与苏中地区的地级市同处第三梯队。

第二,苏中地区的地级市皆属于第三梯队。近几年,南通除人均 GDP 低于扬州外,其余反映对内经济和涉外经济的指标均居苏中第一位。扬州在对内经济水平上高于泰州,例如扬州的人均 GDP 约为 12.1 万元,高于泰州的 10.8 万元;而外向型经济则低于泰州,例如扬州的进出口总额为 113.66 亿美元,低于泰州的 140.48 亿美元。由此可以看到南通在苏中地区的崛起,其发展外向型经济具有有利的地理位置,当前沿海开发的国家战略背景为其今后可持续发展提供了良好的条件。而扬州和泰州需在现行的对内经济条件下(例如扬州、镇江、南京的同城化,泰州的中国医药城建设),更好地发展外向型经济,寻求新的经济增长点。

第三,苏北地区的地级市属于第四梯队,反映经济力的众多指标均处于全省的均值水平之下。但是由于接受了苏南地区的产业转移,尤其是徐州在实现与无锡市的对接后,其经济总量水平增速很快。同时,盐城、连云港又纳入沿海开发的国家战略中,具有较好的发展潜力。因此,对于宿迁和淮安而言,需要加快产业结构升级和推进城市化进程。

3.4.3 制度力 S 的因子分析和聚类分析

未考虑制度因素是新经济地理学研究的不足之处,在我国研究经济金融问题,离不开对制度的分析。制度力指标情况见表 3.10。

表 3.10 江苏各地级市制度力指标情况

城市	S_{11}/亿元	S_{12}/亿元	S_{13}/亿元	S_{14}*	S_{15}/人	S_{16}/个
苏州	2 083.30	1 955.21	5 961.24	0.33	50.44	3.81
无锡	992.87	1 053.71	5 264.91	1	54.27	3.82
常州	556.39	600.19	4 169.30	0	39.98	3.38
南京	1 440.65	1 514.96	6 946.52	1	107.10	6.41
镇江	297.56	420.43	2 231.56	0	22.51	1.71
南通	605.35	886.63	5 368.84	0	19.11	1.41
扬州	329.67	560.99	4 043.98	0	14.36	1.30
泰州	352.78	534.45	3 909.68	0	13.98	1.60
徐州	498.72	863.47	5 472.98	0	18.42	1.23
淮安	245.06	489.41	3 074.92	0	6.88	0.69
连云港	230.53	425.39	2 782.90	0	10.00	0.84
盐城	374.67	821.96	4 623.06	0	5.28	0.69
宿迁	206.46	454.47	2 347.50	0	8.12	0.81

* 2017—2019年各年市委主要领导兼任省委主要领导则赋值1,否则为0,再取三年均值。

无量纲化处理后,进行简单相关系数分析,结果表明各变量存在较高的相关性。进行巴特利特球度检验和KMO检验,可得巴特利特球度检验统计量的观察值为109.445,KMO值为0.609。根据KMO度量标准,勉强适合进行因子分析。

根据总方差的分解结果,第一个因子的特征根为4.862,解释了6个变量总方差的81.032%;第二个因子的特征根为0.669,解释了6个变量总方差的11.148%。两者累计方差贡献率为92.180%。第三个因子以后的特征根都比较小,可以忽略,因此提取两个因子是合适的。

对因子载荷矩阵进行正交旋转使得因子命名更具解释性。每百平方千米律师人数S_{15}、每百平方千米律师事务所数量S_{16}在第一个因子上的载荷较高,一般预算性收入S_{11}、一般预算性支出S_{12}、固定资产投资额S_{13}在第二个因子上的载荷较高,即第一个因子为法律水平因子,第二个因子为政府力因子。在此基础上计算因子得分:$S_1 =$ 0.916×一般预算性收入＋0.904×一般预算性支出＋0.855×固定资产投资额＋0.855×市委主要领导是否省委主要领导＋0.934×每百平方千米律师人数＋0.934×每百平方千米律师事务所数量;$S_2 =$ 0.297×一般预算性收入＋0.401×一般预算性支出＋0.299×固定资产投资额－0.395×市委主要领导是否省委主要领导－0.307×每百平方千米律师人数－0.283×每百平方千米律师事务所数量;$S=$ (81.032%×S_1＋11.148%×S_2)/92.180%。结果见表3.11。

表3.11 江苏各地级市制度力排名

城 市	S_1	排名	S_2	排名	S	排名
苏 州	7.54	2	1.42	1	6.80	2
无 锡	5.23	3	－0.82	12	4.50	3
常 州	0.01	4	－0.40	10	－0.04	4
南 京	10.98	1	－0.84	13	9.55	1
镇 江	－3.38	10	－0.62	11	－3.04	10
南 通	－0.39	5	0.67	2	－0.26	5
扬 州	－2.47	9	0.04	5	－2.17	9
泰 州	－2.41	8	－0.04	6	－2.13	8
徐 州	－0.67	6	0.65	3	－0.51	6
淮 安	－3.89	11	－0.09	7	－3.43	11
连云港	－4.03	12	－0.27	8	－3.57	12
盐 城	－2.18	7	0.61	4	－1.84	7
宿 迁	－4.35	13	－0.32	9	－3.86	13

制度力主要体现在政府力和法律水平层次,可以看出,S_1与S得分的排名完全一致,说明第一个因子S_1在制度力上具有较好的解释力。南京的S_1排名第一,虽然S_2排名落后,但是总得分S位于全省第一,苏州、无锡次之,三者的总得分S皆为正值,这3个地级市的市委主要领导在2017—2019年都担任过省委主要领导。其余10个地级市总得分S都为负值,低于全省平均水平。在此基础上,进行聚类分析(图3.5)。

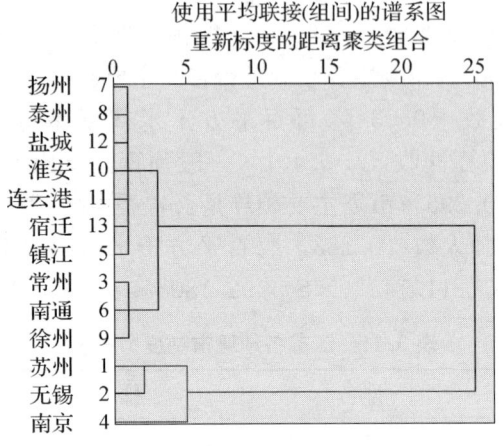

图 3.5 制度力聚类结果

若分为三类:南京为一类,苏州、无锡为一类,常州、镇江、南通、扬州、泰州、徐州、淮安、连云港、盐城、宿迁为一类。若分为四类:南京为一类,苏州、无锡为一类,常州、南通、徐州为一类,镇江、扬州、泰州、淮安、连云港、盐城、宿迁为一类(表 3.12)。

表 3.12 制度力分区情况

第一梯队	第二梯队	第三梯队	第四梯队
南京	苏州、无锡	常州、南通、徐州	泰州、镇江、盐城、扬州、连云港、淮安、宿迁

江苏各地级市制度力呈现的特点是:

第一,南京处于第一梯队,反映法律水平的每百平方千米律师人数和律师事务所数量分别为 107 人和 6.4 个,均为全省之首;反映政府力的一般预算性收入和一般预算性支出则低于苏州。南京是省会所在地,虽经济基础比不上苏州,但其财政收支的优势在于政府的行政能力较强,以及法律人才集中。

第二,苏州、无锡同属第二梯队。苏州反映政府力的一般预算性收入、一般预算性支出、固定资产投资额均大于无锡,反映法律水平的指标均小于无锡,例如:每百平方千米律师人数为 50.44 人,小于无锡的 54.27 人。苏州制度力总得分为 6.8,比无锡高 2.3 分,二者分别排名江苏省第二位和第三位,说明这两个地级市具有经济金融发展较好的制度水平,制度也是一地区经济金融发展的必备条件。

第三,常州、南通、徐州为第三梯队。常州反映政府力的指标均低于南通,仅一般预算性收入高于徐州,但是反映法律水平的指标皆高于南通、徐州,例如每百平方千米律师人数为 39.98 人,分别是南通和徐州的 2.09 倍和 2.17 倍,说明其法律水平较高,制度力总得分排名第 4 位,高于南通、徐州。南通除固定资产投资额外的政府力指标和法律水平指标均高于徐州,总得分比徐州高 0.25。

第四,泰州、镇江等第四梯队的 7 个地级市,反映政府力、法律水平的指标几乎都低于江苏省的平均水平(除盐城的一般预算性支出和固定资产投资额)。值得一提的是,镇江的每百平方千米律师人数和事务所数量相对较高,超过了第三梯队的南通和徐州,但是一般预算性收入等指标相对较低,说明政府力是镇江的短板。盐城则恰恰相反,一般预算性支出、固定资产投资额超过了第三梯队的常州,但是法律水平的指标相对较低,例如每百平方千米律师人数仅为常州的 13.2%。

3.4.4　金融力 F 的因子分析和聚类分析

最后一个分力是金融力 F,其指标情况见表 3.13。

标准化处理后,对江苏各地级市相应指标进行主成分分析,结果表明:第一,存贷比 F_{19} 相关系数较低,不适合做主成分分析,故将之去除,用各地级市储蓄存款(元)替换;第二,相关系数矩阵为非正定矩阵,可能是某些变量间的相关性太强导致的。进一步分析发现,金融相关比率 F_{18} 与存款占比 F_{20}、贷款占比 F_{21} 的相关系数分别高达 0.991 和 0.990,剔除 F_{18} 后巴特利特球度检验统计量的观察值为 300.133,KMO 值为 0.663,根据 KMO 度量标准,勉强适合进行因子分析。

表 3.13 江苏各地级市金融力指标情况

城市	F_{11}/人	F_{12}/个	F_{13}/万元	F_{14}/万元	F_{15}/个	F_{16}/个	F_{17}/亿元	F_{18}/%	F_{19}/%	F_{20}/%	F_{21}/%	F_{22}/%
苏州	67 283.67	2 080.67	28.85	25.87	110.33	228.00	662.73	318.67	89.58	168.06	150.61	3.61
无锡	38 512.67	1 335.67	24.75	18.71	75.67	150.67	404.78	253.33	75.52	144.32	109.01	3.60
常州	25 458.33	948.33	22.18	16.13	39.33	72.67	278.23	257.68	72.59	149.38	108.31	3.97
南京	62 119.33	1 537.00	39.88	34.72	84.00	161.33	688.11	488.68	86.83	261.73	226.95	5.37
镇江	18 206.00	636.67	16.38	14.25	12.00	35.67	128.48	240.70	86.68	128.77	111.93	3.16
南通	33 898.67	1 384.67	17.17	12.30	33.33	61.33	314.80	252.94	71.47	147.56	105.38	3.73
扬州	16 041.33	840.67	13.58	10.22	12.33	49.67	170.90	199.56	75.04	114.00	85.56	3.13
泰州	25 292.33	792.33	13.67	10.47	8.00	32.00	178.40	223.99	76.39	126.92	97.07	3.58
徐州	24 128.33	900.67	8.32	5.68	10.67	38.67	224.79	179.66	68.00	106.82	72.84	3.28
淮安	25 174.33	652.00	7.65	6.75	2.00	19.67	91.91	196.50	87.91	104.56	91.94	2.55
连云港	26 287.33	543.67	7.28	6.56	7.00	19.67	103.02	218.68	89.67	115.26	103.42	3.61
盐城	25 452.00	938.67	9.09	7.00	5.67	38.00	182.77	213.71	76.75	120.91	92.81	3.37
宿迁	7 931.67	456.67	5.70	5.33	3.33	13.33	76.75	192.22	93.09	99.53	92.69	2.72

3 江苏市域金融综合竞争力比较

总方差分解的结果表明,第一个因子的特征根为 9.382,解释了 11 个变量总方差的 85.327%;第二个因子的特征根为 1.07,解释了 11 个变量总方差的 9.724%。两者累计方差贡献率为 95.051%。第三个因子以后的特征根都比较小,可以忽略,因此提取两个因子是合适的。

由旋转后的载荷矩阵可知,金融从业人员数 F_{11}、金融机构数 F_{12}、上市公司数量 F_{15}、证券营业部数量 F_{16}、保费收入 F_{17} 和储蓄存款在第一个因子上有较高的载荷,第一个因子主要解释这几个变量,反映金融发展的规模;存款占比 F_{20}、贷款占比 F_{21}、保险深度 F_{22} 在第二个因子上有较高的载荷,第二个因子主要解释这几个变量,反映金融发展的结构水平。与旋转前相比,因子含义较为清晰。在此基础上计算因子得分:$F_1 = 0.944 \times$ 金融从业人员数 $+ 0.901 \times$ 金融机构数 $+ 0.960 \times$ 人均金融机构存款余额 $+ 0.965 \times$ 人均金融机构贷款余额 $+ 0.947 \times$ 上市公司数量 $+ 0.931 \times$ 证券营业部数量 $+ 0.988 \times$ 保费收入 $+ 0.914 \times$ 存款占比 $+ 0.876 \times$ 贷款占比 $+ 0.798 \times$ 保险深度 $+ 0.921 \times$ 储蓄存款;$F_2 = -0.141 \times$ 金融从业人员数 $- 0.389 \times$ 金融机构数 $+ 0.152 \times$ 人均金融机构存款余额 $+ 0.165 \times$ 人均金融机构贷款余额 $- 0.252 \times$ 上市公司数量 $- 0.313 \times$ 证券营业部数量 $- 0.100 \times$ 保费收入 $+ 0.393 \times$ 存款占比 $+ 0.403 \times$ 贷款占比 $+ 0.500 \times$ 保险深度 $- 0.331 \times$ 储蓄存款;$F = (85.327\% \times F_1 + 9.724\% \times F_2)/95.051\%$。据此可以得出各地区 F_1、F_2 及总得分 F 的排名(表 3.14)。

表 3.14 江苏各地级市金融力排名

城市	F_1	排名	F_2	排名	F	排名
苏州	16.57	2	−2.26	13	14.65	2
无锡	6.24	3	−1.00	12	5.50	3
常州	1.45	5	0.57	4	1.36	5
南京	20.69	1	2.30	1	18.81	1
镇江	−4.24	7	0.70	3	−3.74	7

(续表)

城 市	F_1	排名	F_2	排名	F	排名
南 通	2.18	4	−0.46	10	1.91	4
扬 州	−4.93	9	−0.19	8	−4.44	9
泰 州	−3.74	6	0.45	5	−3.31	6
徐 州	−5.27	10	−0.63	11	−4.80	10
淮 安	−8.03	12	−0.28	9	−7.24	12
连云港	−6.40	11	0.77	2	−5.67	11
盐 城	−4.68	8	−0.07	7	−4.21	8
宿 迁	−9.85	13	0.12	6	−8.83	13

金融力包括金融规模和金融结构两方面。从这些数据中能够发现：规模力得分排名与总得分排名完全一致，说明在因子分析中，规模因子存在较大的载荷。南京、苏州、无锡、南通、常州F总得分为正值，其余8市为负值，低于平均水平。在此基础上，进行层次聚类分析（图3.6）。

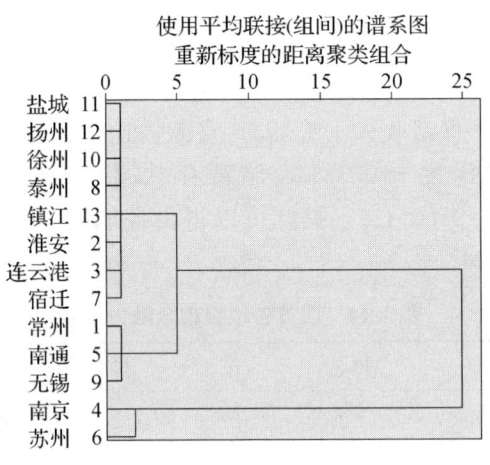

图3.6 金融力聚类结果

若分为三类：南京、苏州为一类，无锡、常州、南通为一类，镇江、扬州、泰州、徐州、淮安、连云港、盐城、宿迁为一类。若分为四类：南

3 江苏市域金融综合竞争力比较

京为一类,苏州为一类,无锡、常州、南通为一类,镇江、扬州、泰州、徐州、淮安、连云港、盐城、宿迁为一类(表3.15)。

表 3.15 金融力分区情况

第一梯队	第二梯队	第三梯队	第四梯队
南京	苏州	无锡、常州、南通	镇江、扬州、泰州、徐州、淮安、连云港、盐城、宿迁

江苏各地级市金融力呈现不同的特点:

第一,南京地区的 F_1 和 F_2 均处于全省第一位。南京金融规模水平与苏州相差无几,以2017—2019年金融规模指标的均值为例,南京在人均金融机构存款余额、人均金融机构贷款余额、保费收入指标上高于苏州,而在金融从业人员数、金融机构数、上市公司数量、证券营业部数量指标上低于苏州。但是在金融结构水平上,作为分母的GDP南京相对于苏州较小,导致南京的金融结构水平高于苏州,如南京的存款占比和贷款占比分别高出苏州55.74%和50.69%。

第二,苏州和无锡在 F_1 上有较高排名,但在 F_2 上排名均靠后。从2017—2019年金融发展的情况来看,他们在全省的领先地位主要是靠规模推动的,而结构水平相对较低,这是由于其高速增长的经济水平导致国内生产总值作为分母较大。南通金融规模水平略高于常州,故而在金融力总得分上具有微弱优势。

第三,连云港、镇江、泰州和宿迁的 F_2 排名靠前,分列 2、3、4、6 位,但对地级市的 F 排名影响不大。值得一提的是连云港,虽然金融力总分排名全省第十一位,但是 F_2 的排名全省第二,说明近几年连云港金融结构水平有一定的提高,原因在于存贷款水平在2017—2019年有稳定的提高,而作为分母的GDP相对较小,因此存款占比和贷款占比等变量相对较大,镇江、泰州和宿迁也是同样的原因。

第四,在江苏13个地级市中,扬州、徐州、淮安、盐城的 F_1、F_2 以及总得分 F 都低于全省的均值水平,其金融总量水平和金融结构水平皆处在全省的中下层次。

3.4.5　市域金融综合竞争力 FC 的因子分析和聚类分析

以上分别对江苏各地级市区位力、经济力、制度力和金融力进行了分析,在此基础上,可以对江苏市域金融综合竞争力进行因子分析和聚类分析,即对区位力、经济力、制度力和金融力的结果(表 3.16)进行主成分分析。

表 3.16　江苏各地级市 L、E、S、F 情况

城　市	L	E	S	F
苏　州	14.32	7.43	6.80	14.65
无　锡	5.73	4.74	4.50	5.50
常　州	2.79	2.27	−0.04	1.36
南　京	5.98	4.81	9.55	18.81
镇　江	−0.14	0.14	−3.04	−3.74
南　通	−0.28	0.47	−0.26	1.91
扬　州	−1.71	−0.65	−2.17	−4.44
泰　州	−2.57	−0.91	−2.13	−3.31
徐　州	−3.26	−2.22	−0.51	−4.80
淮　安	−5.99	−3.36	−3.43	−7.24
连云港	−4.69	−4.18	−3.57	−5.67
盐　城	−4.71	−3.88	−1.84	−4.21
宿　迁	−5.46	−4.68	−3.86	−8.83

对数据进行标准化,并计算相关系数,结果表明各变量存在较好的相关性。巴特利特球度检验统计量的观察值为 73.809,KMO 值为 0.763,根据 KMO 度量标准,可知原有变量适合进行因子分析。

总方差分解的结果显示:第一个因子的特征根为 3.737,解释了 4 个变量总方差的 93.420%;第二个因子的特征根为 0.210,解释了 4 个变量总方差的 5.248%。两者累计方差贡献率为 98.668%。第

3 江苏市域金融综合竞争力比较

三个因子以后的特征根都比较小,可以忽略,因此提取两个因子是合适的。

对因子载荷矩阵进行正交旋转使得因子命名具有解释性。区位力、经济力在第一个因子上的载荷较高,制度力、金融力在第二个因子上的载荷较高。在此基础上计算因子得分:$FC_1=0.963\times$区位力$+0.970\times$经济力$+0.960\times$制度力$+0.974\times$金融力;$FC_2=0.245\times$区位力$+0.210\times$经济力$-0.262\times$制度力$-0.193\times$金融力;$FC=(93.420\%\times FC_1+5.248\%\times FC_2)/98.668\%$。由此可得江苏市域金融综合竞争力排名(表3.17)。

表3.17 江苏市域金融综合竞争力排名

城 市	FC_1	排名	FC_2	排名	FC	排名
苏 州	7.44	1	0.25	2	7.06	1
无 锡	3.78	3	0.10	5	3.59	3
常 州	1.18	4	0.21	3	1.13	4
南 京	6.52	2	−0.50	13	6.14	2
镇 江	−1.10	6	0.27	1	−1.03	6
南 通	0.23	5	−0.01	7	0.22	5
扬 州	−1.45	7	0.13	4	−1.36	7
泰 州	−1.51	8	0.05	6	−1.43	8
徐 州	−1.76	9	−0.12	11	−1.68	9
淮 安	−3.44	12	−0.06	9	−3.26	12
连云港	−3.28	11	−0.08	10	−3.11	11
盐 城	−2.65	10	−0.20	12	−2.52	10
宿 迁	−3.96	13	−0.04	8	−3.75	13

由表3.17可知,江苏市域金融综合竞争力在第一个因子FC_1上的排名与在FC上的排名是一致的,说明区位力、经济力对金融综合竞争力的解释力较强。苏州、南京、无锡、常州、南通FC_1得分为正值,其余8市得分为负值,处于全省均值水平之下;镇江、苏州、常州、扬州、无锡、泰州FC_2得分为正值,其余7市得分为负值,处于全省均值水平之下。在此基础上,进行聚类分析(图3.7)。

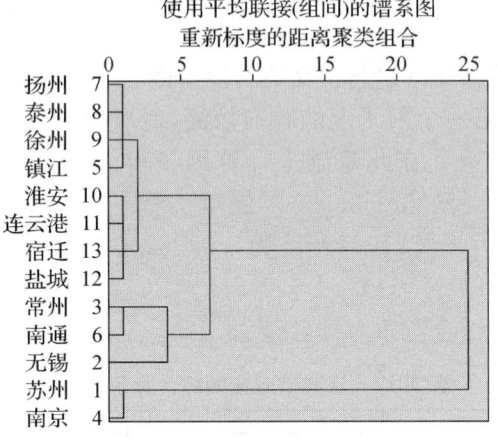

图 3.7 金融综合竞争力聚类结果

若分为三类:苏州、南京为一类,无锡、南通、常州为一类,镇江、扬州、泰州、徐州、淮安、连云港、盐城、宿迁为一类。若分为四类:苏州、南京为一类,无锡为一类;常州、南通为一类,镇江、扬州、泰州、徐州、淮安、连云港、盐城、宿迁为一类(表 3.18)。

表 3.18 金融综合竞争力分区情况

第一梯队	第二梯队	第三梯队	第四梯队
苏州、南京	无锡	常州、南通	镇江、扬州、泰州、徐州、淮安、连云港、盐城、宿迁

各地级市分力解释上的差异主要体现在:

第一,南京和苏州作为江苏市域金融综合竞争力排名前两位的地级市,其综合竞争力的体现是有差异的,主要表现在苏州在区位力、经济力上优于南京,而南京在制度力、金融力上优于苏州。在江苏金融综合竞争力两强的争夺上,经济力和制度力作用更大,因为区位力和金融力更多的是市场推动的结果,而经济力和制度力更多的是政府推动的结果。南京和苏州分别在制度力、经济力上位居江苏首位,金融综合竞争力十分接近。

第二,无锡在各个分力上始终高于常州、南通,常州大部分分力高于南通。虽然与无锡、常州存在差距,但是南通的金融综合竞争力高于苏中其他2个地级市,与苏南的常州成为同一梯队,可以看出南通在近几年金融发展势头较好,一方面是由于其具有临近上海的优势,另一方面在沿海开发的国家战略背景下,其形成金融资源的集聚。

第三,第四梯队中有8个地级市,其金融综合竞争力及分力的解释也各有特点。如镇江区位力、制度力、金融力得分为负值,而经济力为正,总得分排名全省第6;扬州、泰州、徐州、盐城、淮安、连云港、宿迁各分力皆处于全省均值水平之下,排名靠后。

将市域金融综合竞争力及各分力排名状况进行整理,得到表3.19的排名。根据表3.19算出金融综合竞争力排名与各分力排名的相关系数矩阵,结果表明:金融综合竞争力排名与区位力、经济力排名相关系数最高,均达到0.984;其次是金融力排名,达到0.951;最后是制度力排名,相关系数为0.885。

表3.19 江苏市域金融综合竞争力及各分力排名

城 市	L排名	E排名	S排名	F排名	FC排名
苏 州	1	1	2	2	1
无 锡	3	3	3	3	3
常 州	4	4	4	5	4
南 京	2	2	1	1	2
镇 江	5	6	10	7	6
南 通	6	5	5	4	5
扬 州	7	7	9	9	7
泰 州	8	8	8	6	8
徐 州	9	9	6	10	9
淮 安	13	10	11	12	12
连云港	10	12	12	11	11
盐 城	11	11	7	8	10
宿 迁	12	13	13	13	13

3.5 结　　论

本章构建了江苏市域金融综合竞争力的指标体系,在此基础上分别对区位力 L、经济力 E、制度力 S、金融力 F 进行主成分分析和聚类分析,并利用上述实证结果对江苏市域金融综合竞争力再进行实证分析,从实证结果来看,各分力与金融综合竞争力具有较强的相关性,结合江苏经济金融发展的实际,以下分别从影响江苏市域金融发展的区位、经济、制度等方面做简要的阐释:

第一,区位因素很重要,但并非决定性因素。 镇江的区位力优于南通,但经济力、制度力和金融力逊于南通,金融综合竞争力也不如南通;淮安的区位力逊于宿迁,但经济力、制度力和金融力优于宿迁,金融综合竞争力也优于宿迁。从这个层面来讲,仅仅具有区位优势是远远不够的。地理环境和气候条件能影响个人或民族的性格特征,乃至决定他们的社会成就和经济地位。比如高大的山脉和广阔的平原(印度),使人产生一种过度的幻想和迷信;自然形态较小而变化较多,能使得人早期发展理智。一个国家的地理位置(如离赤道的远近)以及疾病发生率决定着政治、制度与经济的发展模式。根据阿西莫卢(Acemoglu, et al., 2001)的地理论,欧洲殖民者所面对的地理禀赋决定其殖民化政策:在疾病较难发生的地区,欧洲人选择在其中定居的殖民化政策;而在疾病容易发生的地区,他们选择掠夺式的殖民化政策。定居式政策带来的是保护私人产权的长期制度的建立,有助于金融市场的发展;而掠夺式政策带来的是允许少数精英分子利用其优势地位的长期制度的建立,私人产权得不到有效保护,不利于金融发展。"苏南"一词来源于 1951—1953 年存在了 3 年的苏南行政区,也就是江苏南部的意思,2000 年,江苏省把南京、镇江划入苏南的范围,就此包含苏州、无锡、常州、南京、镇江 5 个地级市。苏南在江苏省东南部,地处长江三角洲核心区域,北部濒临长江,京杭大运河斜穿全境;沪宁铁路及高速公路横贯东西,航空运输也具有一定基础,立体化交通便利,便于与周边地区尤其是上海的联系,而且山水秀丽,名胜古迹众多,旅游资源比较丰富。苏北地区主要分布在淮河以北,东部濒临黄海,东端有连云港的大型海港,但是交通设施落后,交通枢纽作用难以较好发挥,虽然连云港有欧亚大陆桥,徐州有有利的地理位置等,但公路、内河、航空运输不能配套,综合运输能力较弱,立体化交通发展滞后,行政上包括徐州、淮安、宿迁、连云港、盐城。苏中地区以丘陵山区为主,东北部是广大平原,东部濒临黄海,南邻长江,经济水平介于苏南和苏北之间,行政上包括扬州、泰州、南通。苏南乡镇企业的优势可以说明地理区位的重要性,20世纪80年代苏南乡镇企业的发展是靠"星期日工程师"[①],靠附近大中城市(主要是上海)的技术辐射。当时的乡镇政府和企业主要依靠两类人员来解决技术和管理问题:一是从城市下放或退休后到本地的干部和技术工人,二是通过种种关系从上海、南京、无锡、苏州等城市工厂和科研机构聘请的工程师、技术顾问和师傅。他们能帮助解决使用机器、开发产品、保证质量、降低成本等技术难题。其实现的基本前提一是空间距离的临近,二是交通的便利。

同样地,良好的区位有助于金融资源的集聚,纵观金融中心的发展史,可以看到如阿姆斯特丹、伦敦、纽约、新加坡、中国香港、巴林等无一不具有良好的区位优势,但并非具备了地理区位优势的地区就一定能发展成为金融中心。江苏地区的苏州、无锡由于临近上海,又具备便利的交通设施及网络,再加上良好的经济基础、文化、科技、制度、人力资本,其金融发展水平较高。尽管江苏的南通和连云港是沿海城市,具有天然的区位优势,而且在江苏诸市中最早被列为沿海开放城市,但金融发展水平相对不高。南通在近些年相对于连云港而言,金融发展水平较高,原因在于临近上海,加上苏通大桥的通车,其更容易接受上海的金融辐射,另外南通在发展外向型经济和江苏省内经济联动方面效果显著,这些都推动了南通的金融发展。连云港

---

① 又称科技人员业余兼职,主要是指各级各类专业技术人才、经营管理人才通过事先联系,利用节假日等业余时间,在完成本职工作,不侵害国家和单位技术、经济利益的前提下,为民营经济和各类企业提供各种无偿和有偿服务。

的区位优势在于靠海、核电、海港、欧亚大陆桥,在我国改革开放初期,连云港虽然是被最早列入开放的城市之一,但这么多年发展成效不明显。从区位来看,其虽完全有能力接受国际制造业的转移,但缺乏对国际制造业和大企业的引力,尤其体现在其作为跟日本、韩国较临近的地区,入驻的韩国和日本企业却较少,相对于山东诸市而言,存在明显不足;欧亚大陆桥的作用也未能得到有效发挥,原因在于其开发的重点在沿陇海线的西部地区,而这些地区基本上是不发达地区,在以上因素的作用下,其金融发展相对滞后。区位因素是影响金融发展的一个重要因素,但并非唯一因素。那么,对于具备区位优势的地级市而言,在发挥区位优势的同时,还需其他要素的协同;而对于区位状况较差的地区,既然地理区位无法改变,就需要在完善基础设施(如连通发达区域的交通设施)、促进区位人才集聚、改善投资环境、增强政府公信力等方面做出努力。

第二,经济作为金融发展的基础非常重要。在经济力的聚类分析中可以看到苏南、苏中、苏北分区非常明显,且其排名与金融综合竞争力的排名相关系数较高。苏南、苏中、苏北经济发展不平衡,是历史长期演化的结果。苏北地处淮、沂、沭、泗诸河下游,在古代曾是我国著名的粮仓之一。但自黄河夺淮之后①,苏北就陷入了多灾多难的窘境。明清以后,资本主义生产关系的萌芽发生在长江下游地区,江苏的近代工业最早在苏州和无锡一带出现和发展。随着区域共同发展战略的全面推进,江苏三大区域经济实力的相对差距开始缩小。特别是进入"十一五"以后,苏北和苏中地区占全省经济总量的比重持续增加,2011年末苏南、苏中和苏北地区占全省经济总量的比重分别为59.9%、18.4%和21.7%,与2005年末相比苏南降低了1.9个百分点,苏中、苏北增加了0.7个和1.2个百分点。"十三五"期

---

① 黄河夺淮入海是指裹挟着大量泥沙的黄河,从汉武帝时代开始就侵入淮河。最严重的一次是公元1194年,黄河在阳武(今河南原阳县)决口,占据那里的金统治者,希望以水代兵,借黄河的洪水侵扰南宋,致使暴虐的黄河在无遮无挡的淮北平原一泻千里,抢去淮河入海的水道,自此,黄河开始了长达七百多年的夺淮历史。

间,苏北和苏中的增长趋势依然保持。到 2019 年,苏南、苏中、苏北地区占全省经济总量的比重分别达到了 56.7%、20.3%、23.0%。相对差距缩小的主要原因在于苏中和苏北地区经济增长速度快于苏南,"十一五"期间苏中和苏北地区生产总值的年均增长速度分别比苏南地区高 0.7 个和 0.5 个百分点,这也是 1983 年以来"南快北慢"整体发展趋势的历史性逆转。特别在 2008 年后,苏南受国际金融危机影响增速放缓,危机后的几年间(2008—2011 年)苏南 GDP 年均增速仅为 12.5%,比"十一五"期间整体经济增速低 1.2 个百分点。苏中和苏北受国际市场动荡的影响相对低于苏南,2008—2011 年 GDP 年均增速分别为 13.6% 和 13.7%,与"十一五"期间相比增速仅下降 0.8 个和 0.5 个百分点,增长相对平稳。后危机时代苏北地区后发优势凸显,2007 年前增速处于最后一位的苏北,2011 年位居三大区域之首,增长趋势最为稳定。[①] 到"十二五""十三五"期间,苏中、苏北保持追赶步伐,苏中增长率逐渐位居三大区域第一,2011—2019 年苏中、苏北 GDP 年均增速分别约为 10.5%、10.0%,高于苏南的 8.4%。[②] 虽然相对差距持续缩小,但江苏三大区域经济实力的绝对差距依然较大,苏南占全省经济的比重仍然超过 56%。这可以根据扩张效应和回流效应来解释:一是扩张效应,苏北不具备必要的经济技术基础和相当素质的劳动力,在一个开放的经济中,不论是发达地区还是欠发达地区,经济发展都需要引入外部资本和技术,这就涉及该地区对技术和资本有没有引力,由于欠发达地区交通、通信条件差,运输成本高,虽然近些年来苏北在交通运输条件上有所改善,但其运输的便利性和低廉性还是不能和苏南比肩;二是回流效应,当前明显的趋向是,劳动力、资本、企业家等要素就近流向苏南等长三角地区,由于苏南就业机会较多,加上苏南与苏北地理上的临近性,很多苏北的劳动力也倾向于选择到苏南就业,尤其是苏北学生大学毕业后也倾向于去苏南工作,回苏北工作的很少,这是苏北人力资本的

---

① 资料来源:2012 年江苏统计年鉴。
② 资料来源:2012—2020 年江苏统计年鉴。

流失。

第三,制度的作用不可忽视。 制度力的排名虽与金融综合竞争力的排名相关系数最低,但制度对经济金融发展的作用不可忽视。以开放型经济为例,开放的政策使得外资容易进入,这能激活本地资源,带来繁荣。台资为何流向苏州,原因在于其一开始所在的珠三角地区"两免三减半"政策到期了,而在苏州租厂房可以继续享受"两免三减半"的优惠政策。另外政府发展外向型经济采用了较好的模式,苏州和昆山的台资集聚是一种"以外引外"的很好诠释[①]:苏州固然有临近上海的优势,但靠近上海东南一侧就没有大量外资流入。苏州成功引进外资的原因在于其起步阶段引进"新加坡工业园"这一模式的成功。一开始先进入者对苏州的环境、政策以及相关配套并不是太了解,处于探路阶段,也就是说投资具有很大的不确定性,但新加坡工业园采取了国际化的运作方式,由新加坡的投资者发挥关系网络优势到世界各地去招商,这比当地政府招商更加具有说服力,原因在于新加坡投资者有他们的资源和渠道优势,而与新加坡最有渊源的台商也是新加坡工业园区较早的投资者,再"以台资引台资",最终形成工业园区集聚式发展。昆山是江苏发展的一个缩影,也是率先发展的一个典型。昆山的优势在于一是紧靠上海,二是利用了境外资金,尤其是台资。历史的机缘使得江苏成为祖国大陆与台湾联系最为密切的地区之一,台资落户昆山,早期靠人脉,而后是靠产业配套,如与当地民营企业的配套。台资项目从建设到产品生产、销售,可得到全过程服务跟踪,台商就医、子女教育和企业纠纷调解可得到全方面服务,这消除了台商后顾之忧。从早期在苏州、昆山,再到南京、无锡,台资布局不断向苏中、苏北地区城市延伸。模式的成功是制度设计合理的结果。

[①] 还有种模式就是从产业链的角度出发,利用"前向关联"和"后向关联",依靠上游企业吸引下游企业,或者依靠下游企业吸引上游企业。如江苏盐城的悦达起亚,韩国起亚汽车之所以选择在盐城,一是因为盐城具有本土企业(即江苏悦达汽车厂)这样的合作方,二是因为可以引入汽车行业配套的行业,三是可以发挥"以外引外"的作用。

从江苏金融发展整体状态来看,存在市域金融发展不平衡的问题:南京和苏州分别为江苏金融发展较好的两极,而苏北诸市相对于苏南而言落后很多。如何促进江苏金融协同发展是当前迫在眉睫的问题,促进金融协调发展并非等同于缩小市域金融差距,提倡短时期的"赶超",因为各市域都在发展变化,尽管落后市域一直在追赶,但领先市域也在前进,且步伐还有可能更快,所谓的"赶超"有时候会过于冒进,没有考虑可持续发展。笔者提出几点想法:第一,促进金融协同发展,就一个市域内部而言,需要注重金融、经济、区位、制度的协同。第二,在市域之间要发挥发达市域的辐射作用以及落后市域的学习作用:发挥发达市域的辐射作用,即发达市域在政府和市场力的共同作用下,引导资金、信息、技术、人才往落后市域转移;发挥落后市域的学习作用,并非走发达市域曾经走过的道路,一味地模仿,而是需要结合本地区的金融、经济、区位、制度的特点因地制宜。第三,如果现在江苏的发达市域并不能对落后的市域形成辐射,可以通过政府推动,促进要素往苏中地区转移,以期带动要素资源在苏中地区集聚,对落后市域形成辐射。

4 江苏金融集聚影响因素的空间计量

江苏市域金融综合竞争力的研究不足之处在于只对影响金融发展差异的因素做了静态的分析,缺乏动态的思考。随着经济一体化和金融业的迅速发展,金融资源在区域间的流动加速,金融业呈现重组并购趋势,因此出现金融活动和金融机构在某一中心城市高度集聚的现象。江苏存在金融发展不平衡的现象,这种不平衡与金融集聚存在紧密的相关性,金融集聚本身是一种动态的过程,金融竞争力的形成是金融集聚的结果,因此分析江苏金融集聚的影响因素能对上一章的研究做有益补充。本章首先对金融集聚的相关理论和文献进行整理,继而对影响金融集聚的因素进行理论假设,并构建实证模型;然后,分别以江苏地级市和县市作为研究对象,引入空间计量模型,分析影响江苏金融集聚的因素。

4.1 金融集聚的理论基础

从学科视角来看,金融集聚的研究可见于以下几个方面:第一,发展经济学。发展经济学家先从宏观方面关注产业集聚现象,其中主要代表理论包括佩鲁的增长极理论、缪尔达尔的循环累积因果关系理论和弗里德曼的核心—边缘理论。第二,金融地理学。金融地理学引入地理位置、距离和空间因素,以及由地理因素差异产生的不同社会人文因素。之所以在金融研究中纳入地理因素,是因为不对称信息、非标准化信息以及地域依赖问题的存在。金融地域运动也为金融集聚的研究提供了理论借鉴。金融地理学明确了金融信息和金融法规体系具有地域差异性,解释了以资金为核心的金融流动或集聚倾向的原因,考察了市场、银行、证券交易所、保险等方面的地理特性,认为定位良好、政策优越的国家或地区,能增加货币流的集聚程度。莱申和思里夫特(Leyshon and Thrift,1997)以及马丁(Martin,1998)则深入分析了货币怎样流动、如何将远距离的地区联系在一起、如何成为资本主义运转之轮的润滑剂等问题。格里格(Gehrig,1998)、侯(Hau,1999)、波特斯和雷伊(Portes and Rey,2000)从信息以及交易成本角度讨论了金融流动。20世纪90年代后,以克鲁格曼为代表的新经济地理学家,开始从经济活动的空间集聚角度研究产业集聚现象。克鲁格曼(Krugman,1991)认为,促进产业地理集中的向心力主要包括市场效应、充裕的劳动力市场和纯外部经济性。新经济地理学在规模报酬递增、不完全竞争、固定比率的运输成本、过程的严谨性以及动态模型方法的基础上,通过核心—边缘模型、历史和预期模型、区域专业化模型探讨了区域产业集聚现象。第三,产业经济学。金融流动的结果是金融服务产业以集群的形式出现并形成金融中心,这见于金德尔伯格(Kindleberger,1974)、潘迪特等(Pandit, et al.,2002)学者们的研究中。

4.1.1 文献回顾

金融集聚的多数文献集中于讨论集聚的动因、集聚的效应、金融中心的形成等等。

第一,金融集聚的动因。19世纪90年代,构建了新古典经济学分析框架的经济学家马歇尔从规模经济的角度解释了基于外部经济的企业在同一区位集聚的现象,认为市场规模的扩大带来了中间投入品的规模效应、劳动力市场规模效应、信息交换和技术扩散的规模效应。他还认为金融产业具有显著的空间不均衡分布特征,形成金融中心和金融排斥地区(deprived area)。韩国学者朴(Park,1982)首先将微观经济学的规模经济理论应用于对金融中心的分析上,认为金融集聚的规模经济体现在行业内银行之间的协作、金融机构之间的基础设施共享、信息的沟通便利等方面。格里格(Gehrig,2000)重点对金融中心的影响因素进行了分析,指出影响金融中心产生的向心因素和离心因素,其中,向心因素包括规模经济、信息外溢和流动性、市场外在性厚度,集聚提高了交易效率,扩大了信息交流,减少了不确定性和交易风险。马歇尔(Marshall,1890)、库兹涅茨(Kuznets,1962)、雅各布斯(Jacobs,1969)强调知识溢出是集聚的初始动力,比如,城市形成、企业集中以及研究活动的地理集中。波特鲁斯(Porteous,1995,1999)、马丁(Martin,1999)、思里夫特(Thrift,1994)以及科布里奇等(Corbridge,et al.,1994)认为信息流是金融集聚的动因之一。冉光和(2007)认为,真实产业集聚对金融产业资本集聚的诱导,也是金融产业集聚的重要原因之一。

第二,金融集聚的效应。缪尔达尔(Myrdal,1957)、赫希曼(Hirschman,1958)、理查森(Richardson,1973)在讨论循环累积效应时就提出了集聚的空间外部经济观点,他们注重用外部经济来解释区域经济增长中不断扩大的差异。金德尔伯格(Kindleberger,1974)认为,金融中心的集聚效益主要体现在跨地区支付效率的提高和金融资源跨地区配置效率的提高上。藤田昌久和蒂斯(Fujita and Thisse,1986)揭示出集聚活动可以让不同模式的知识集中、变化,最后得出一个跟以往空间集聚不同的结论:人多、城市规模大,易于空间集聚,易于知识创新和知识溢出;人少,城市规模小,是一种反向力,不利于知识创新和发挥知识溢出的作用。杨小凯(1991)建立了一个关于城市化和分工演进之间关系的一般均衡模型,模型显示,如果所有的居民都集中在一个很小的地方形成一个城市,那么由于交易时旅行距离的缩短,交易效率会大大提高,从而分工水平和生产力水平也会大大提高。克鲁格曼(Krugman,1991)强调区域增长的地理因素,注重用规模经济、运输成本和中心外围理论解释空间经济结构,这是一种动态集聚经济的观点。梅尔(Maier,2000)认为集聚效应导致非均衡增长和区域系统中的发散或停滞,没有集聚效应,区域经济份额将会收敛到一个稳定状态并导致经济分布的均质化。潘迪特和库克(Pandit and Cook,2003)基于金融集聚的经济效应探讨了金融机构集聚的机理,他们认为从供应的角度看,集聚有利于获得专业化劳动力和金融机构之间的支持性服务,如会计、精算、法律、计算机等服务;从需求的角度看,金融机构选址于著名的服务业集群有利于提高企业的声誉,并且可以降低企业与客户之间信息不对称性导致的逆向选择和道德风险的程度,从而有益于维持长期的客户关系。基利(Keely,2003)研究了创新与知识共享活动的地理集聚的形成,认为思想和生产率跟集聚的技能工人的数量是有关系的。连建辉(2005)指出,金融企业集群使得金融机构具有区域金融创新、金融风险缓释以及生产经营效率等方面的竞争优势。黄解宇、杨再斌(2006)认为,金融企业集群产生的外部规模经济不仅使得金融及其附属产业收益,从而促进金融业的发展并集聚,同时该地区的发展也会吸引其他产业的加入。2010年后,对金融集聚经济效应的研究随着计量手段的更新不断增加,学者们关注金融集聚对区域经济增长的溢出效应、产业结构变迁、城市经济增长、区域收入差距、企业研发(R&D)投资、全要素生产率、经济效率、农民消费、经济发展绩效与质量、科技创新等。

第三,金融中心的形成。对金融中心的研究主要是从以下几个方面进行的:金融中心的形成动因、金融机构区位选择的决定因素、政府在金融中心形成过程中的作用以及对国际金融中心形成历史的考察等。

4.1.2 金融集聚的理论介绍

金融集聚的理论包括区域金融集聚发展的阶段、集聚的特征以及集聚的形成机制。

第一,区域金融集聚发展的阶段。金融集聚的历程可以划分为五个阶段:初级阶段,此时本区域金融发展仅对本地区经济发展产生影响,对其他地区的影响微乎其微;聚集阶段,此时该区域金融发展对周围地区的吸引力逐渐增强,该区域金融发展不仅对本地区经济发展产生不可或缺的作用,而且逐渐对周边地区的经济产生影响;极化阶段,此时金融集聚加剧,该区域金融对周围地区的吸引力和影响力加大,周边地区的金融资源迅速汇集于此;极化后期,此时金融集聚程度达到最大,该区域最终成为金融发展极;扩散阶段,此时该区域金融资源开始向周围扩散,辐射带动周边地区的金融发展(图4.1)。区域经济地理学认为,任何区域都是由空间聚集经济形成的非均质排布的点、线、面所构成的。金融产业成长也体现出了在区域范围内点、线、面逐渐推进的过程。首先,金融产业具有地域选择性,因此总是在某一地理条件优越的区域形成并良性成长,不断进行优势积累、扩张,形成金融产业成长的"节点";其次,金融产业扩张到一定程度,金融组织结构日益复杂化、高级化,金融边界需要开拓,需要突破区域界限,改变金融资源的属地配置,形成产业梯度位差;再次,金融产业梯度位差的存在,使得金融产业沿一定的方向进行有序运动,随着运动形式和方向不断丰富,纵横交错,节点数量增加,形成网络扩张,金融产业区域扩张的网络就是所谓的线;最后,空间结构日益完善,形成空间地域系统,包括中心与腹地以及网络,覆盖了一定空间范围的"域面"。以上说明金融成长具有时间上的连续性和空间上的依附性,正因为此,各经济地域系统的金融产业成长千差万别,表现出非均衡、不同步的特点。

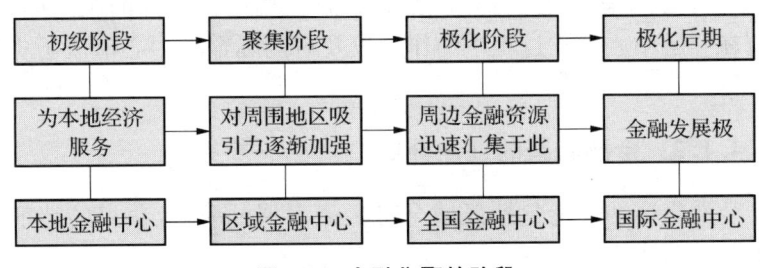

图 4.1　金融集聚的阶段

第二,金融集聚的特征。集聚的特征包括两个方面:一是区域金融中心对金融资源的吸引,区域金融中心对区域系统具有凝聚力;二是集聚不经济,产生离心力。社会分工的深化和内部规模经济的存在为金融资源的空间集聚创造了条件。同时,这种金融资源的集聚又吸引着区域内各类生产要素的流动,带动整个区域社会、经济、文化等各方面的发展。金融增长极通过极化作用所集聚的金融资源为金融产业成长提供了丰富的物质基础,使得金融行业也日趋成为一个城市的主导行业,此时,不仅著名的金融机构在此云集,金融市场发育也逐渐成熟,金融效率也能达到一定的水准,还能带动城市其他行业的整体成长,金融增长极发展成金融中心。有些经济发达地区,金融发展程度过高,具有超乎自身经济发展需求的金融集聚能力,过度的金融集聚导致地区经济过热,如房地产泡沫和个别行业的过度投资,这不利于地区经济的长期发展,而且可能诱发金融风险;相反,我国有些经济落后的地区,金融发展程度严重不足,难以获得满足区域经济发展的资本支持,导致贫困的恶性循环。金融中心对资本的积累和集中有较强的促进作用。仅靠区域自身的力量,其资本积累与集中的速度及规模有限。金融中心形成后,可将区域外的资金积聚到区域中心从而增加本区域的资本规模,提高资本的增长率,有利于区域经济增长。同时,金融中心可吸引大量的金融人才和其他人才,扩大本区域的人力资本规模,使本区域的劳动力以更高的增长率增长,促进本区域经济增长。金融中心汇集大量的科学技术,并将其应用到生产、生活中,从而提高本区域的科学技术水平,提高资本—产出比率和劳动—产出比率,使本区域的生产、生活在更高的水平上进行。大量资本的集聚会使资本的价格,即利率保持在相对较低的水平,有利于降低企业的生产成本,促进区域内经济的发展。而且随着金融中心的发展,居民的工资水平也会随之提高,有利于消费需求的增加,促进区域经济的发展。但金融中心相对于金融增长极不同的是,其集聚效应在逐渐减弱,扩散效应却在逐渐加强,并开始占据主导地位。道理很简单,一个区域的集聚是有饱和度的,它受到资源最大利用、重要区位因素短缺等方面的限制,金融产业能支配和引导的金融资源已经几乎达到规模临界点,如果再集聚,就会出现集聚不经济了。这时候,金融中心离心力大于向心力,金融资源会寻找新的增长点。

第三,金融集聚的形成机制。 金融集聚机制可以分为内生状态和外生状态。内生状态主要基于微观金融主体的参与和贡献,是在区域经济与文化环境的内层机制启动下自觉形成的。内生状态一般包括较为完整的金融激励、创新、约束和努力机制,从而对区域金融发展起内在推动作用。在此过程中,一地区的区位条件、社会经济因素、金融业自身发展、基础设施、虚拟经济等起主要作用,政府作用是次要的,只是在区域金融中心的发展过程中逐步介入,诸如英国的伦敦和美国的纽约。而外生状态指金融集聚过程主要由政府来主导。在政府作用方面,经济史学家格拉斯(Gras,1922)提出了都市发展阶段论,认为金融业的发展处在都市发展的最高阶段,这为发达地区地方政府将金融中心的建设作为其都市发展规划的重点提供了历史依据。赫希曼(Hirschman,1991)指出,国家运用其行政力量有计划地配置资源,使生产要素在各区域均衡分布,有助于克服发达区域集聚不经济的弊病,推动欠发达区域的开发,使各区域的发展差距相对缩小,但如果这种行政干预和计划调节完全排斥市场作用,违背经济发展的一般规律,它会以牺牲宏观经济效益和支付巨大成本为代价。潘英丽(2003)认为,政府所提供的稳定的政治经济环境、先进的通信设施和良好的监管环境是金融中心形成的基础条件。金融产业具有超前先导作用,可利用其在国民经济产业链中的核心地位和其特殊的传导机制,有效促进经济发展、刺激需求。国家或地方政府主导,通过人为设计规划和政策强力支持,可引导金融资本流向那些金融基础相对良好的区域,形成产业集聚的雏形,带动国内金融市场的发展;再通过金融产业的上下游联系,促进经济各部门的发展,从而催生出对金融的新需求,巩固产业集聚的效果,加深集聚的程度与规模供给的引导。新加坡、东京的金融产业集聚就是政府主导型。由此可以看出,政府在金融中心建设中能起到重要作用。

4.2 金融集聚影响因素的理论假设及模型设定

如上文所述,金融竞争力的形成既是一个过程,又是一个状态或者结果。金融指标的结果实际上是诸多因素共同作用的结果,而其作用有一个持续演化的过程,即金融资源与其他要素在时空中配合的过程。有些地区由于协调、配置、组合效果好,形成良性循环,有些地区由于协调、配置、组合效果差,形成恶性循环。所以两个问题很重要：一是如何发挥优势地区的集聚效应，促进金融溢出；二是劣势地区如何摆脱恶性循环的困境。回答这两个问题，首先需要分析影响金融集聚的因素。

4.2.1 理论假设

影响金融集聚的因素很多，任英华等（2010）基于我国现阶段金融产业发展存在空间依赖性和空间溢出效应的假设探讨了区域创新、经济基础、对外开放、人力资本等对金融集聚的影响，并得出区域创新水平对金融集聚效果显著的结论。参照任英华的研究，并根据前一章所设立的四力模型，笔者构造了金融集聚的机器人模型：金融机构的区位选择、金融资本流向的变化、金融系统资源的进入和退出构成了金融系统空间集聚形式（机器人的身段），而集聚的动力（机器人的头）主要受区位、经济开放状况（机器人的两只手）以及制度（主要是国家政策和市域政府竞争，为机器人的两只脚）的影响（图4.2）。据此提出一些假设，以便进一步从动态角度论证江苏金融集聚的影响因素。

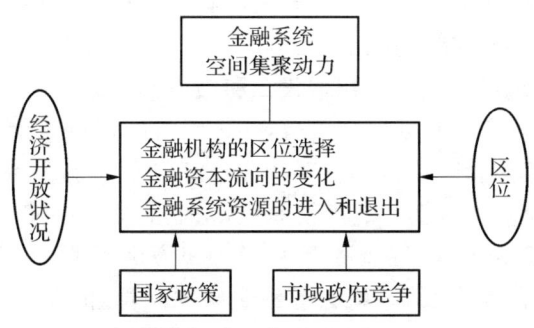

图 4.2　金融集聚的机器人模型

第一，考虑区位因素提出假设1和假设2。长三角地区金融发展受到上海的辐射这基本上得到学术界的认同，在唐吉平等（2005）的研究中，影响城市接受辐射的能力有两个主要因素：一是城市的位置，另一个是金融阻力。所谓的金融阻力反映政府吸引资金的能力和意愿。江苏苏南地区诸多城市与上海的距离相对较近,天然优先地享受到上海的辐射,而苏北地区诸多城市与上海的距离相对较远,受上海的辐射较弱。原因有几点:一是距离的远近影响到经济生活中的运输成本;二是上海的辐射力随着距离增加而衰弱;三是对于各地区而言,都选择就近接受辐射。本研究中我们假设上海到江苏各地区最远公路距离和最近公路距离的均值(AFSH,即 away from Shanghai)维持不变。

假设1: 江苏各地区金融资源总量受上海金融辐射的影响,与离上海的距离呈负相关。

经济学的经典文献中,科技进步对一个国家或地区经济发展的作用都有提及。具体表现在以下几个方面:一是科技水平的高低影响着经济效率,进而影响经济金融总量;二是在科技成果转化的过程中能产生溢出效应,能够使更多的企业进入某个新兴行业,增加对金融资本的需求;三是科技行业的集聚会带动金融资本的集聚。考虑到数据可得性,本研究选取专利授权数和科技人员数来反映一地区科技水平,分别用 PL(patent licence)和 SP(science people)来表示。

假设2: 科技成果的应用和转化影响金融资源的集聚,区位科技水平与金融资源总量呈正相关。

第二,考虑经济因素提出假设3和假设4。 金融是经济增长的发动机,是国民经济的重要组成部分,实体经济的运行对金融主体会有重要影响。当然金融主体运行对实体经济也会产生重要影响。金融集聚的基础是实体经济。若经济繁荣,企业对资本的需求量就大,金融行业也会良好运营;若经济萧条,企业投资愿望降低,资本需求量变小,甚至偿债能力下降,就会导致金融风险增加,不利于金融主体运营。从发达国家金融发展的历史,尤其是国际金融中心演变的历史来看,从荷兰的阿姆斯特丹到英国的伦敦再到美国的纽约,可以看到伦敦之所以取代阿姆斯特丹,纽约之所以取代伦敦都是因为后者经济的没落,同样伦敦的重新兴起和日本东京金融中心 20 世纪八九十年代的崛起都是因为其实体经济的繁荣,之后由于日本经济经历了没落的 10 年,日本东京金融中心的地位被香港和新加坡取代。因此,金融发展需要有与之相匹配的经济基础作为坚实后盾。本书选取各地区的国内生产总值(GDP)来反映地区经济基础。

假设 3:经济总量与金融总量呈较强的正相关。

一般来说,一个国家或地区对外开放程度越高,其所涉及的金融服务需求也就越高。比如国际贸易的兴起就对国际结算、国际融资活动起到推动作用。外部金融资源因为逐利或规避管制会进入一个国家或地区,若有一个自由的市场环境,其会增加一地区的金融总量。二战后,布雷顿森林体系的崩溃使美国的国际金融控制能力大为削弱,同时美国也实施了以 Q 条例为代表的严厉的金融管制。与此相反,英国发起了由政府推动、以金融综合经营为特征的金融服务业自由化改革。由此,美国金融体系的各种限制性立法和规制使外国人在美国进行金融产品交易的成本提高,也促使金融机构进行金融产品创新,产生了欧洲美元市场。显然,美国的管制削弱了纽约国际金融中心的竞争力,为伦敦的重新崛起提供了良好的契机。在伦敦,在金融自由化的大背景下,英国政府对伦敦的金融机构开展境外美元业务采取了认可和支持的态度,并对离岸金融业务给予了税收和金融监管等方面的优惠政策。此外,由于采取了金融开放性政策措施,外国银行的到来使得英国本土银行不断改善经营方式,丰富金融产品种类。这些努力都降低了伦敦金融交易成本,从而使伦敦避免了衰弱,保持辉煌。直至今日,伦敦依然拥有数量最多的外国银行、全球最大的国际保险市场、全球最大的外汇市场、全球最大的基金管理中心和全球最大的场外金融衍生品交易市场等。而且,在伦敦金融城发布的"全球金融中心指数"(GFCI)中,伦敦一直稳定地保持着第一名。笔者考虑到各地区外商直接投资与当地金融的联系,设置了 UOFC(use of foreign capital)即实际利用外资额这一开放指标。

假设 4:开放和自由与金融资源总量有显著的相关性。

第三,考虑制度因素提出假设 5。金融发展的模式有以下几种:一是需求引导型,假设 3 的分析中已经提及,经济发展滋生了对金融服务的需求,促进了金融行业的发展,而金融行业的发展又会助推经济的发展;二是供给推动型,经济发展缓慢的时候,由政府推动增加金融供给,而金融行业的发展能够带动其他经济社会部门的发展。政府推动属于前一章所述的制度的范畴。新加坡国际金融中心很大程度上就是由政府推动形成的,1965年新加坡才独立,当时国内经济低迷,失业率高,转口贸易衰退,当时新加坡政府利用其有利的地理条件与时区条件,有意识地扶持金融行业发展,采用低税收等优惠条件吸引外资金融机构在新加坡营业,也正好利用了美国发展亚洲美元市场的契机,在金融行业发展的带动下,其国民经济高速增长。本书选用财政支出数量 GE(government expenditure)来体现政府干预的能力。

假设 5:在中国,包括江苏各地区,政府干预能力与金融资源总量呈正相关。

4.2.2 模型设定

$$\ln DL = \alpha + \beta_1 \ln GDP + \beta_2 \ln UOFC + \beta_3 \ln GE + \beta_4 \ln PL + \beta_5 \ln AFSH + \varepsilon_i \tag{4.1}$$

其中,β 为回归参数,i 为 $1,2,3,\cdots,13$,即 13 个地级市,ε 为随机误差项。DL 为存贷款总和,反映金融集聚总量。

本书没有考虑证券市场融资额、上市公司数、证券营业部数、保费收入、保险密度、金融人才、金融机构数等,而是选取江苏 13 个地级市 2002—2020 年存贷款总和作为研究对象。以其作为各地区金融资源总量的替代变量,原因有三:一是考虑到数据的可得性,具体到县市的其他变量数据难以获取;二是该变量从绝对量来看,能对金融资源总量进行覆盖,因为证券市场融资额或者保费收入相对于存贷款总额来说,可以忽略;三是排除结构指标,因为结构指标在短短的几年中较为稳定,变化幅度不大。

4.3 空间计量模型简要介绍

国内外对金融集聚及其影响因素的相关研究仍处于起步阶段,大多以理论研究为主,辅以大量的金融集聚案例分析,缺乏相应的数量模型和实证分析，尤其是市域层次。因为金融集聚是金融业演化过程中的空间现象，必然存在空间差异的事实，也存在空间差异的过程及空间的相互作用[①]，因此需要对市域层次内金融集聚的空间效应进行研究，这就需要引入空间计量模型，空间计量模型主要用于解决空间依赖性和空间异质性的问题。

区域间总是不断地进行物质、能量、人员、信息的交换，称为"区域空间的作用"。正是这种相互作用把各个地区有机结合为具有一定结构和功能的区域体系。如果相互作用是积极的，区域之间互通有无、分工有序，则有利于共同拓展空间；如果空间相互作用是消极的，会导致城市之间在资源、要素、发展机会等领域的恶性竞争。哈格特（Hagett，1972）把空间的相互作用分为对流、传导和辐射三种主要类型。他认为，城市之间的联系表现为：货物和人口在城市间的流动、财政和金融上的往来和信息的流动，还包括技术和产业的转移。厄尔曼（Ullman，1956）认为空间相互作用产生的三个条件是互补性、媒介机会和可转移性。下文对空间计量的基本理论和方法进行简要介绍。

4.3.1 空间依赖性和空间异质性的界定

在空间经济学理论创新中具有重要意义的是对于各种空间依赖和空间相互作用的探索和检验。空间异质性，即空间差异性，是指每一个空间区位上的事物和现象都具有区别于其他区位上的事物和现象的特点，空间异质性体现在地理空间缺乏均值性，存在发达地区和落后地区、核心和边缘等经济地理结构，这些导致经济发展乃至金融发展存在较大的空间差异性。从统计学角度看，空间异质性表示出空间上的非平稳。可以表示为：

$$y_i = f_i(\boldsymbol{x}_i, \boldsymbol{\beta}_i, \boldsymbol{\varepsilon}_i) \tag{4.2}$$

其中，i 代表空间观测单元，$i=1,\cdots,n$。f_i 表示因变量 y_i 与

[①] 金融地理学者尤其强调金融发展的空间差异、差异过程及空间的相互作用。

自变量 x_i、参数向量 β_i 和误差项 ε_i 之间的函数关系。通常写成：

$$y_i = X_i\beta_i + \varepsilon_i \qquad (4.3)$$

其中，X_i 代表解释变量的向量（$1\times k$），同时有随之变化的参数向量 β_i。y_i 代表在 i 地区观测量的因变量，ε_i 代表线性关系中的随机变量。

空间依赖是事物和现象在空间上的相互依赖、相互制约、相互影响和相互作用，是地理空间现象和空间过程的本质特征。托布勒（Tobler,1970）将空间关联的普遍性上升为地理学第一定律：任何事物在空间上都是关联的；距离越近，关联程度就越强；距离越远，关联程度就越弱。也就是说地区之间的经济地理或金融地理行为之间一般存在一定程度的空间交互作用，这种效应被称为空间效应，指的是空间依赖性和空间自相关性。安瑟林（Anselin,1998）认为一个区位上的事物和现象可以由空间系统其他位置的事物和现象决定或部分决定。

$$y_i = f(y_1, y_2, \cdots, y_{i-1}, y_{i+1}, \cdots, y_n) \qquad (4.4)$$

其中，y_i 表示变量 y 在第 i 个空间单元的观测值，$i \in S$，S 是所有空间单元的集合。

空间依赖不仅意味着空间上的观察值缺乏独立性，而且意味着潜在于这种空间相关中的数据结构，即空间相关的强度及模式由绝对位置（格局）和相对位置（距离）共同决定，空间相关性表现出来的空间效应可用两种模型来刻画：一是模型的误差项空间上相关，可用空间误差模型；二是变量间的空间依赖性对模型显得非常关键而导致空间相关，可用空间滞后模型。

空间误差模型（Spatial Error Model，简称 SEM）的表达式为：

$$y = X\beta + \varepsilon \qquad (4.5)$$
$$\varepsilon = \lambda W\varepsilon + \mu \qquad (4.6)$$

其中，ε 为随机误差向量，λ 为 $n\times 1$ 阶的截面因变量向量的空间误差系数，W 为 $n\times n$ 的空间权值矩阵，μ 为正态分布的随机误差向量。参数 $\boldsymbol{\beta}$ 反映自变量 $\boldsymbol{X}$ 对因变量 y 的影响,λ 衡量了样本观察值中的空间依赖作用,也就是指相邻地区的观察值对本地区观察值的影响方向和程度。存在于扰动误差项之中的空间依赖作用,度量了邻近地区因变量的误差冲击对本地区观察值的影响程度。由于空间误差模型与时间序列中的序列相关问题类似,因此也被称为空间自相关模型。

空间滞后模型(Spatial Lag Model,简称 SLM)的表达式为:

$$y = \rho W_y + X\boldsymbol{\beta} + \boldsymbol{\varepsilon} \tag{4.7}$$

其中,y 是因变量,$\boldsymbol{X}$ 为 $n \times k$ 的外生解释变量矩阵,ρ 为空间回归系数,反映样本观察值的空间依赖作用及相邻区域的观察值对本地区观察值的影响方向和程度,W_y 为空间滞后因变量,$\boldsymbol{\varepsilon}$ 为随机误差项向量。$\boldsymbol{\beta}$ 反映自变量 $\boldsymbol{X}$ 对因变量 y 的影响,空间滞后因变量 W_y 是一内生变量,反映了空间距离对区域行为(金融发展)的作用。空间滞后模型与时间序列中的自回归模型相类似,因此也被称为空间自回归模型。

安瑟林(Anselin,2000)定义了观测值及区位的一致性,当相邻地区随机变量的高值或低值在空间上出现急剧倾向时为正的空间自相关,而当地理区域倾向于被相异值的邻区所包围时为负的空间自相关,可见,空间依赖意味着观测值由于某种空间作用而在地理上集聚,这些联系不同的地区的作用有溢出效应及贸易、传播或其他社会经济的交互作用。像劳动力、资本流动、知识溢出、交通运输或交易成本等经济因素对空间依赖尤为重要。

4.3.2 空间相关性的检验

空间相关性指的是空间变量的取值与相邻空间该变量的取值的相关性,全局 Moran's I 指数就是检验这种事物间空间相关性的统计量。对空间数据的分析,主要从两个角度进行:一是分析空间数据在整个系统内表现的分布特征,通常称这种整体分布为全局空间相关性,一般用莫兰(Moran's I)指数(计算 Moran's I 指数时,将中值离差又乘)、吉尔里(Geary)指数 C 测度(强调的是观察值之间的离差)[1];二是分析局部子系统所表现出的分布特征,称为局部空间相关性,具体表现形式包括空间集聚区、非典型的局部区域、异常值或空间政区,一般用 G_i 指数、局部 Moran's I 指数或 LISA 来测度。

(1) 全局空间相关性

关于全局空间相关性的检验,本书采用指标 Moran's I 指数,它可以表达为下列形式:

$$I = \frac{n\sum_{i=1}^{n}\sum_{j=1}^{n}W_{ij}(X_i-\overline{X})(X_j-\overline{X})}{\sum_{i=1}^{n}\sum_{j=1}^{n}W_{ij}\sum_{i=1}^{n}(X_i-\overline{X})^2} = \frac{\sum_{i=1}^{n}\sum_{j\neq i}^{n}W_{ij}(X_i-\overline{X})(X_j-\overline{X})}{s^2\sum_{i=1}^{n}\sum_{j=1}^{n}W_{ij}}$$

(4.8)

其中,$s^2 = \frac{1}{n}\sum_{i}^{n}(X_i-\overline{X})^2$,是属性的方差;$\overline{X} = \frac{1}{n}\sum_{i=1}^{n}X_i$,是属性的平均值;$n$ 是观察值数目,X_i、X_j 表示位置 i 和 j 的观察值,W_{ij} 是空间权值(如以区域 i 和区域 j 是否相邻设定 W_{ij}:区域 i 和区域 j 相邻时,$W_{ij}=1$;区域 i 和区域 j 不相邻时,$W_{ij}=0$)。

因此,Moran's I 指数的取值一般在 -1 到 1,大于 0 表示正相关,若值接近 1,表明相似的属性集聚在一起,也就是说高值与高值相邻,低值与低值相邻;小于 0 表示负相关,若值接近 -1,表明相异的属性集聚在一起,也就是说高值与低值相邻,低值与高值相邻;如果 Moran's I 指数接近或者等于 0,表明属性是随机分布的,或者不存在空间相关性。

---

[1] $C = \dfrac{(n-1)\sum_{i=1}^{n}\sum_{j=1}^{n}W_{ij}(X_i-X_j)^2}{2\sum_{i=1}^{n}\sum_{j=1}^{n}W_{ij}\sum_{i=1}^{n}(X_i-\overline{X})^2}$,$C$ 的取值一般在 $0\sim2$,大于 1 表示负相关,等于 1 表示不相关,而小于 1 表示正相关。

计算 Moran's I 指数的关键环节是"邻居"的确定,在实际计算中表现为空间权值矩阵的取值。从文献资料看,有两种标准:一是邻接标准,看两个区域是否有公共边界,若有则称之为 1 阶邻近,当把邻接的范围扩大到邻居的邻居时,构成 2 阶邻近关系,以此类推;二是距离标准,即在某距离范围内的为邻居,否则不是。对于 Moran's I 指数的计算结果(设为 M),可以分别采用渐进正态分布和随机分布两种假设进行检验,其标准化形式为:

$$Z(d) = \frac{M - \mathrm{E}(M)}{\sqrt{\mathrm{VAR}(M)}} \tag{4.9}$$

根据地理空间数据的分布情况可以计算标准化 Moran's I 指数的期望值:

$$E_n(M) = -\frac{1}{n-1} \tag{4.10}$$

根据不同的空间数据分布假设,可列出正态分布和随机分布下方差的算式。

正态分布:

$$VAR_n(M) = \frac{n^2 w_1 + n w_2 + 3 w_0^2}{w_0^2 (n^2 - 1)} - E_n^2(M) \tag{4.11}$$

随机分布:

$$VAR_n(M) = \frac{n[(n^2 - 3n + 3)w_1 - n w_2 + 3 w_0^2] - k_2[(n^2 - n)w_1 - 2n w_2 + 6 w_0^2]}{w_0^2 (n-1)(n-2)(n-3)} - E_n^2(M) \tag{4.12}$$

其中,$w_0 = \sum_{i=1}^{n} \sum_{j=1}^{n} w_{ij}$,$w_1 = \frac{1}{2} \sum_{i=1}^{n} \sum_{j=1}^{n} (w_{ij} + w_{ji})^2$,$w_2 =$

$\sum_{i=1}^{n}(w_{i\cdot}+w_{\cdot i})^2$，$k_2=\dfrac{n\sum_{i=1}^{n}(x_i-\overline{x})^2}{\left[\sum_{i=1}^{n}(x_i-\overline{x})^2\right]^2}$，$w_{i\cdot}$ 和 $w_{\cdot i}$ 分别为空间权值矩阵中第 i 行和第 i 列之和。

以上公式可用于检验 n 个区域是否存在全局空间相关关系。如果 Moran's I 指数的正态统计量的 Z 值均大于正态分布函数在 0.05 (0.01) 水平下的临界值 1.65(1.96)，表明变量在空间分布上具有明显的正向相关关系，正的空间相关代表相邻地区的类似特征值出现集群趋势。

(2) 局部空间相关性

安瑟林(Anselin,1995)提出了一个局部 Moran's I 指数，或称 LISA(local indicator of spatial association)，用来检验局部地区是否存在相似或相异的观察值聚集在一起的现象。区域 i 的局部 Moran's I 指数用来度量区域 i 和它邻近区域之间的关联程度，有如下表达式：

$$I_i=\dfrac{(X_i-\overline{X})}{s^2}\sum_{j\neq i}(X_j-\overline{X}) \qquad (4.13)$$

正的 I_i 表示一个高值被高值所包围，或者是一个低值被低值所包围；负的 I_i 表示一个低值被高值所包围，或者是一个高值被低值所包围。[①]

4.4 江苏 13 个地级市金融集聚的空间计量分析

首先进行全局空间相关性分析，构建空间权值矩阵：如果区域 i 和区域 j 有共同的顶点或共同的边，则称区域 i 和区域 j "后"相邻

[①] 除上述指数外，盖蒂斯和奥德(Getis and Ord,1992)还开发了一个 Geary 指数的局部聚类检验方式，称之为 G_i 指数：$G_i=\sum_{j\neq i}W_{ij}X_j/\sum_{j\neq i}X_j$。这个指数用于检验局部地区是否有高值或低值在空间上趋于集聚。

(queen contiguity),记 $W_{ij}=1$,否则记 $W_{ij}=0$。[①]由此可得江苏 13 个地级市的空间权值矩阵,用 Geoda 程序,分别输入江苏 13 个地级市 2001—2020 年存贷款总和(DL)和 GDP 数据[②],依据空间权值矩阵的生成结果,获得 2001—2020 年江苏 13 个地级市 DL 的 Moran's I 指数和 GDP 的 Moran's I 指数(表 4.1)。

4.4.1　江苏 13 个地级市存贷款总和与 GDP 的空间差异描述

从存贷款总和的 Moran's I 指数来看,从 2001 年起逐年递增,2011 年后逐年递减;GDP 的 Moran's I 指数也呈现先升后降的倒 U 形变化。为进一步分析江苏各地级市金融发展的空间集聚特征,我们分别给出了 2011 年、2020 年江苏各地级市存贷款总和与 GDP 的局域 Moran's I 指数散点图。

表 4.1　2001—2020 年 DL 和 GDP 的 Moran's I 指数

年份	Moran's I 指数(DL)	Moran's I 指数(GDP)
2001	0.094	0.259
2002	0.104	0.258
2003	0.113	0.246
2004	0.119	0.253
2005	0.133	0.259
2006	0.144	0.341
2007	0.130	0.275
2008	0.138	0.269
2009	0.158	0.261
2010	0.159	0.250
2011	0.160	0.246
2012	0.156	0.219

---

① "后"相邻也称 q 相邻(queen 相邻)。
② 数据来源于 2003—2020 年江苏统计年鉴和 2021 年江苏各地级市国民经济与社会发展统计公报。

(续表)

年份	Moran's I 指数(DL)	Moran's I 指数(GDP)
2013	0.154	0.209
2014	0.140	0.207
2015	0.111	0.191
2016	0.111	0.197
2017	0.096	0.209
2018	0.073	0.217
2019	0.078	0.212
2020	0.073	0.215

根据散点图,江苏各地区金融发展可分为四个空间相关模式:第一象限(图右上方)表示高值被高值所包围(HH),代表正的空间自相关的集群;第二象限(图左上方)表示低值被高值所包围(LH),代表负的空间自相关的集群;第三象限(图左下方)表示低值被低值所包围(LL),代表正的空间自相关的集群;第四象限(图右下方)表示高值被低值所包围(HL),代表负的空间自相关的集群。

通过 Geoda 对 2011 年的 DL(DL2011)进行局部空间相关性检验,DL2011 的 Moran's I 指数为 0.166,画出 Moran's I 指数散点图后可知,位于第一象限的有苏州、无锡、南通,说明有 3 个地级市具备高值与高值相邻的情况;第二象限有常州、镇江、泰州(与常州重合),说明这 3 个低值地级市被高值地级市包围;第三象限的地级市较多,有徐州、连云港、宿迁、盐城、扬州、淮安(被宿迁和连云港覆盖),都是低值被低值包围;而第四象限只有南京,是高值被低值包围的情况。2020 年 DL(DL2020)的 Moran's I 指数为 0.073,画出 Moran's I 指数散点图后可知,位于第一象限的有苏州、无锡、南通,说明这 3 个地级市具备高值与高值相邻的情况;第二象限有扬州、泰州、镇江、常州,说明这 4 个低值地级市被高值地级市包围;第三象限的地级市较多,有徐州、宿迁、淮安、盐城、连云港(被淮安和宿迁覆盖),都是低值被低值包围;而第四象限只有南京,是高值被低值包围的情况(图4.3)。

4 江苏金融集聚影响因素的空间计量

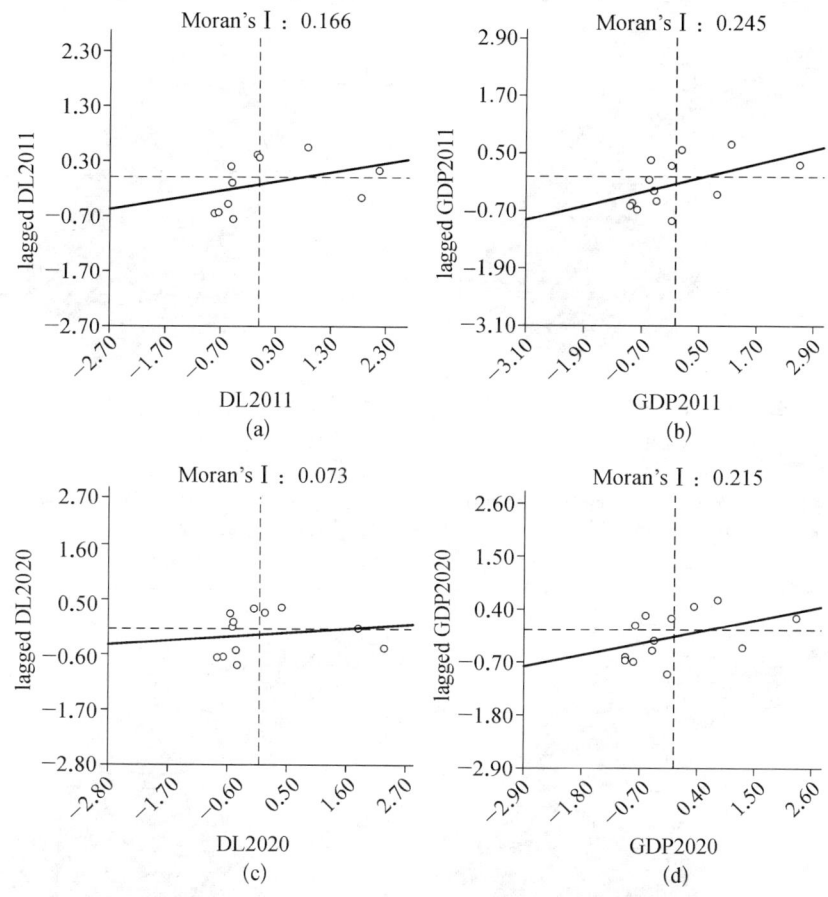

图 4.3 13 个地级市 DL 和 GDP 的 Moran's I 指数散点图

同样,对 2011 年的 GDP(GDP2011)进行局部空间相关性检验,GDP2011 的 Moran's I 指数为 0.245,除镇江位于第三象限外,其空间相关模式与 DL2011 基本一致。对 2020 年的 GDP(GDP2020)进行局部空间相关性检验,GDP2020 的 Moran's I 指数为 0.215,除扬州位于第三象限外,其空间相关模式与 DL2020 大致相同,这可以从江苏 DL 和 GDP 的空间四分位图(图 4.4)看出。

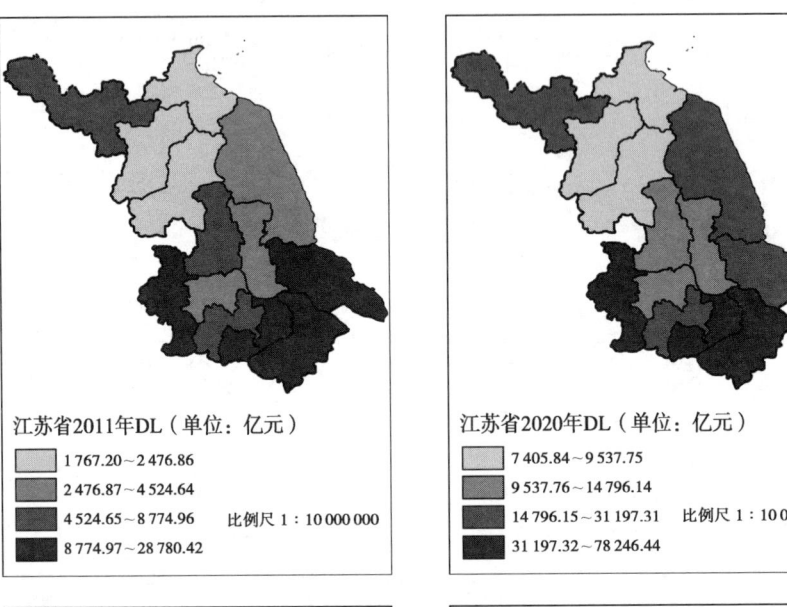

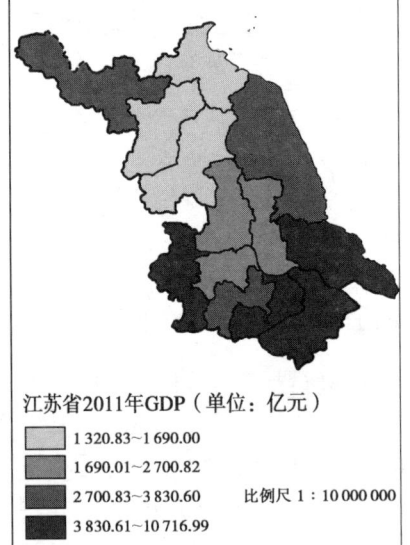
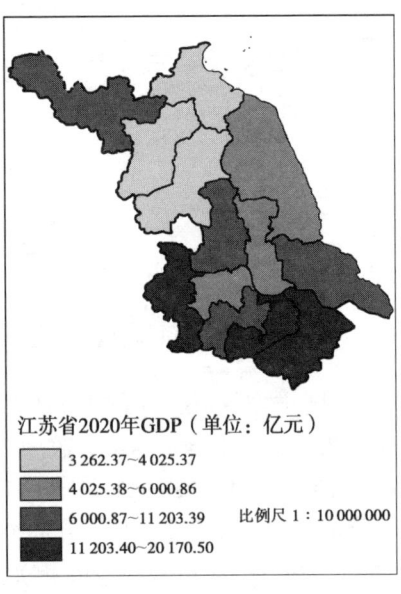

图 4.4 DL 和 GDP 的空间四分位图

可以看出，高值被高值包围的地区是苏州、无锡、南通，低值被高值包围的是泰州、常州，低值被低值包围的是连云港、盐城、淮安、宿迁、徐州。作为江苏金融发展的两个极点，苏州与南京存在着差异：与苏州临近的是无锡和南通，处于 HH 模式，反映空间的依赖性；而南京则是被低值包围，反映金融资源总量集聚在地理空间分布的异质性。

4.4.2 江苏 13 个地级市金融集聚空间计量模型的选择与估计

空间模型有两种：一是空间误差模型 SEM，二是空间滞后模型 SLM。安瑟林等（Anselin, et al., 2004）提出判别的准则：如果在空间依赖性检验中发现，空间滞后最大似然检验（LMLAG）比空间误差最大似然检验（LMERR）在统计上更显著，且 R-LMLAG 显著而 R-LMERR 不显著，这时候适合的模型是空间滞后模型 SLM；相反，如果 LMERR 比 LMLAG 在统计上更加显著，且 R-LMERR 显著而 R-LMLAG 不显著，则使用空间误差模型 SEM。检验方法除了用 R^2 以外，常用的还有自然对数似然函数值，似然值的自然对数最大的模型最好。因为 Geoda 实证采用的是截面数据，考虑影响因素可能存在滞后性，为了比较不同时期各影响因素对当期被解释变量的影响作用，我们设定了当期模型和跨期模型：当期模型主要运用同年的 GDP、UOFC(XM)[①]、GE、PL(SP)[②]等的变量解释，跨期模型则是利用之前年份的变量解释。

当期模型：

$$\ln DL_{2011} = \alpha + \beta_1 \ln GDP_{2011} + \beta_2 \ln XM_{2011} + \beta_3 \ln GE_{2011} + \beta_4 \ln PL_{2011} + \beta_5 \ln AFSH + \varepsilon_i \quad (4.14)$$

$$\ln DL_{2020} = \alpha + \beta_1 \ln GDP_{2020} + \beta_2 \ln UOFC_{2020} + \beta_3 \ln GE_{2020} + \beta_4 \ln PL_{2020} + \beta_5 \ln AFSH + \varepsilon_i \quad (4.15)$$

---

① 在地级市的实证中，2011 年之前实际利用外资额（UOFC）的数据效果不明显，因此选择进出口总额（XM）作为替代变量重新构建了模型 4.14 和模型 4.16。

② 在 2009 年之前没有江苏专利授权数（PL）的数据，故选择科技人员数（SP）替代。

跨期模型：

$$\ln DL_{2011} = \alpha + \beta_1 \ln GDP_t + \beta_2 \ln XM_t + \beta_3 \ln GE_t + \\ \beta_4 \ln PL_t + \beta_5 \ln AFSH + \varepsilon_i \quad (4.16)$$

其中 t 取值 2002,2003,2004,…,2010。

$$\ln DL_{2020} = \alpha + \beta_1 \ln GDP_t + \beta_2 \ln UOFC_t + \beta_3 \ln GE_t + \\ \beta_4 \ln PL_t + \beta_5 \ln AFSH + \varepsilon_i \quad (4.17)$$

其中 t 取值 2012,2013,2014,…,2019。

从 DL2011 最小二乘法回归的结果来看(表 4.2)，2011、2008 年代表开放水平的 XM、代表科技水平的 PL 或 SP、代表经济水平的 GDP、代表政府能力水平的 GE 以及代表区位水平的 AFSH 的年度数据拟合效果不是很好。2002—2005 年连续 4 年 GE 都是影响金融资源总量的主要解释变量。2006—2007 年连续两年 SP 是影响金融资源总量的主要解释变量。2009—2010 年的主要解释变量则是 XM。在空间滞后模型 SLM 和空间误差模型 SEM 的比较中，SLM 一直是相对较好的模型，且在 2004—2007 年 4 年间空间效应比较显著。

表 4.2　DL2011 模型的回归结果

年份	显著性变量	不显著变量	SEM 与 SLM 比较	空间效应显著与否
2011	无	XM PL GE GDP AFSH	SLM	不显著
2010	XM	GE PL GDP AFSH	SLM	不显著
2009	XM GDP	PL AFSH GE	SLM	略为显著
2008	无	GE XM AFSH GDP SP	SLM	略为显著
2007	SP	GDP GE AFSH XM	SLM	显著
2006	SP	GDP GE AFSH XM	SLM	显著
2005	GE	SP GDP AFSH XM	SLM	显著
2004	GE	SP GDP AFSH XM	SLM	显著
2003	GE	SP GDP AFSH XM	SLM	不显著
2002	GE	SP GDP AFSH XM	SLM	不显著

从 DL2020 最小二乘法回归的结果来看（表 4.3），2019、2020 年代表开放水平的 UOFC、代表科技水平的 PL、代表经济水平的 GDP、代表政府能力水平的 GE 以及代表区位水平的 AFSH 的年度数据拟合效果不是很好，证实了当期模型的检验并不合适。2012—2016 年连续 5 年 GDP 都是影响金融资源总量的主要解释变量，PL 则在 2013 和 2018 年能很好地解释。在空间滞后模型 SLM 和空间误差模型 SEM 的比较中，SLM 一直是相对较好的模型，且在 2014—2019 年 6 年间空间效应比较显著。

表 4.3　DL2020 模型的回归结果

年份	显著性变量	不显著变量	SEM 与 SLM 比较	空间效应显著与否
2020	无	UOFC PL GE GDP AFSH	SLM	不显著
2019	无	UOFC、GE PL GDP AFSH	SLM	较为显著
2018	PL	UOFC GDP AFSH GE	SLM	较为显著
2017	无	UOFC AFSH GDP PL	SLM	较为显著
2016	GDP	PL GE AFSH UOFC	SLM	显著
2015	GDP	PL GE AFSH UOFC	SLM	较为显著
2014	GDP	PL GE AFSH UOFC	SLM	显著
2013	GDP PL	AFSH UFOC GE	SLM	不显著
2012	GDP	PL GE AFSH UOFC	SLM	不显著

4.4.3　实证结果分析

对江苏 13 个地级市 2002—2020 年所获取的数据进行实证，结果呈现以下特点：第一，用江苏各地级市数据进行实证之前，首先经历了没有取自然对数的实证分析，效果不佳，可能缘于没有对相应数据进行处理，或选择的样本数据量太小；对因变量和自变量进行数据处理，采用自然对数来进行实证，也出现同样的问题，但较之前的结果理想。第二，2005 年之前推动金融资源总量集聚的主导因素是 GE，而在 2006—2007 年 SP 起主导作用，2008 年以后则是 XM，可以看出引导金融资源总量集聚的因素呈现阶段性特征。21世纪初期，江苏省政府提出了沿江开发战略，江苏沿江地区包括南京、镇江、常州、扬州、泰州、南通6个市的市区及所属的11个沿江县（市）和无锡、苏州所属的4个沿江县（市），总面积24 600平方千米，人口2 400万。2002年，这6个市的市区、15个县（市）实现国内生产总值4 548亿元，约占全省的47.8%；人均国内生产总值18 874元，为全省平均水平的1.46倍，是江苏经济社会较为发达的地区。在沿江开发战略推动下，各地级市政府积极投入，进行基础性设施投资，完成产业升级，积极推进长三角地区经济一体化的进程。沿江开发的基础是加快建设沿江区域内的公路（沪崇苏通道、常泰通道）、铁路（宁启铁路及新长铁路的配套建设），以及连接苏南与苏中的润扬大桥、苏通大桥、长江三桥等，因此政府推动力GE很好地解释了金融资源总量的变化。第三，存款准备金率的调整对模型结果影响较大，而政府推动的结果带来社会流动性供给的增加，2006年央行3次调整存款准备金率，2007年有10次上调，至2007年12月25日达到13.50%，这一因素严重影响存贷款总量水平，也因此在江苏DL的实证中干扰较大。在2006—2007这两年间科技人员数SP变量对DL的解释力较强，主要推动力在于江苏省提出由"科教兴省"到"科教与人才强省"战略的转变，依赖江苏良好的教育基础，突出了人才作为第一资源的作用，实际上人才尤其是科技人才确实对江苏经济金融发展至关重要。第四，涉外经济必然涉及与之相应的金融服务，2008年是个分水岭，由于爆发了以美国次贷危机为导火索的全球金融危机，江苏省尤其是苏南地区的外向型经济受损较大，而苏中、苏北地区受到的影响相对较小，正因为如此，2008年之后XM对DL集聚的影响才逐渐体现。第五，在众多的变量中，2011—2020年经济总量相对于其他变量的影响更为突出，一方面是由于我国实现了由高速增长向中高速增长的转型，从关注经济增长速度向关注经济发展质量变化，金融的发展变化要适应经济社会发展的需求，走向经济金融发展良性循环的状态。

4.5 江苏县市金融集聚的空间计量分析

基于地级市的数据计算出来的 Moran's I 指数值可以反映出金融和经济集聚状态呈上升态势,为了更好地探讨空间因素对江苏金融集聚的影响,本书把研究视角深入县市,由于数据的可得性等,2001 年的数据并未考察。本书选取了 2002—2011 年江苏省内 64 个县市,包括 13 个市辖区及 51 个县市的存贷款总和(DL)和 GDP 的数据。其中,涉及南通市部分年份市辖的通州市的变量,加入南通市辖区的变量中;涉及盐城市部分年份市辖的盐都县的变量,加入盐城市辖区的变量中;涉及宿迁市部分年份市辖的宿豫县的变量,加入宿迁市辖区的变量中;由于铜山县撤县变区,2010 年、2011 年仍然以铜山县的估计值计算;2011 年扬州市属的江都市变区,本书选取了江都区 2011 年国民经济与社会发展统计公报的数据。2012—2020 年多数县市撤县变区,故对此时段选取了 54 个县市,包括 13 个市辖区及 41 个县市进行了空间计量分析,2020 年各县市数据不全,故样本区间选择在 2012—2019 年。

4.5.1 2002—2020 年江苏县市存贷款总和与 GDP 的变化

从存贷款总和来看,2002 年南京市辖区存贷款总和最高,达到 5 154.95 亿元,县市中江阴最高,为 605.03 亿元,分别是存贷款总和最低县灌南的 205.13 倍和 24.08 倍;GDP 同样是南京市辖区最高,为 1 197.34 亿元,县市中江阴最高,为 410.03 亿元,分别为 GDP 最低县洪泽的 54.23 倍和 18.57 倍。2010 年存贷款总和南京市辖区最高,为 22 561.74 亿元,县市中江阴最高,为 3 416.96 亿元,分别为存贷款总和最低县灌南的 209.58 倍和 31.74 倍;GDP 同样是南京市辖区最高,达到 4 633.23 亿元,县市中昆山最高,达到 2 100.28 亿元,分别为 GDP 最低县金湖的 47.01 倍和 21.31 倍。2011 年存贷款总和南京市辖区最高,为 24 488.26 亿元,县市中江阴最高,为 3 834.29 亿元,分别为存贷款总和最低县灌南的 192.39 倍和 30.12 倍;GDP

同样是南京最高，达到 5 538.93 亿元，县市中昆山最高，为 2 432.25 亿元，分别为 GDP 最低县金湖的 45.42 倍和 19.94 倍。2019 年存贷款总和南京市辖区最高，为 67 027.59 亿元，县市中昆山最高，为 8 143.39 亿元，分别为存贷款总和最低县响水（459.24 亿元）的 145.95 倍和 17.73 倍；GDP 同样是南京市辖区最高，达到 14 030.15 亿元，县市中昆山最高，达到 4 045.06 亿元，分别为 GDP 最低县金湖（325.12 亿元）的 43.15 倍和 12.44 倍。2020 年存贷款总和南京市辖区最高，为 78 246.4 亿元，县市中昆山最高，为 10 599.8 亿元，分别为存贷款总和最低县响水的 138.7 倍和 18.79 倍；GDP 同样是南京市辖区最高，达到 14 817.95 亿元，县市中昆山最高，为 4 276.76 亿元，分别为 GDP 最低县金湖（337.03 亿元）的 44.97 倍和 12.69 倍（图 4.5）。

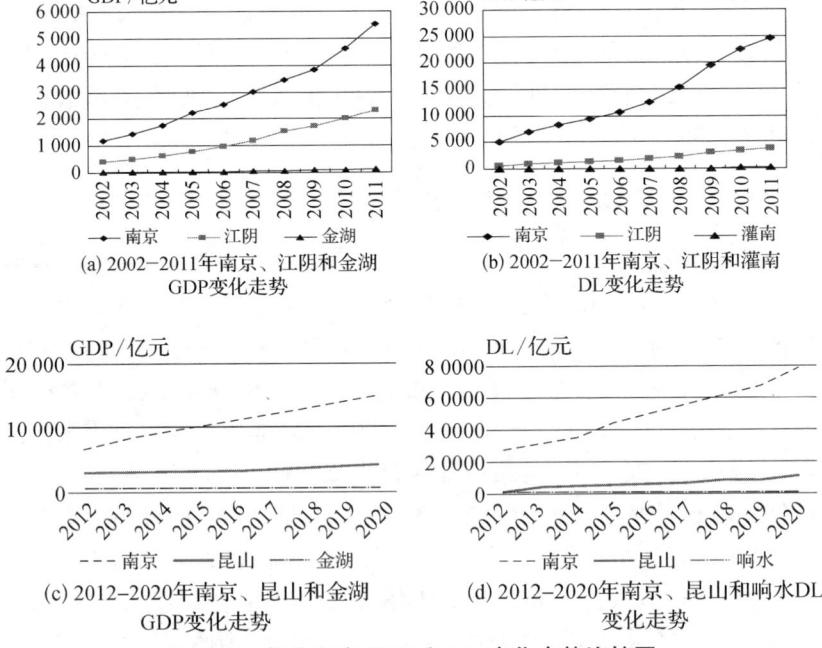

图 4.5　部分县市 GDP 和 DL 变化走势比较图

2002年存贷款总和排名靠前的八个县市分别为南京、无锡、苏州、常州、南通、江阴、常熟和徐州,2011年存贷款总和排名靠前的八个县市分别为南京、苏州、无锡、常州、南通、江阴、昆山、张家港,昆山和张家港,把常熟和徐州挤出第一集团。2002年存贷款总和排名末八位的县市分别是泗洪、涟水、泗阳、金湖、盱眙、响水、洪泽和灌南,2011年存贷款总和排名末八位的县市分别是涟水、滨海、丰县、灌云、金湖、响水、洪泽、灌南,泗洪、泗阳、盱眙跳出了末八位,而滨海、丰县、灌云进入了最后梯队,响水、洪泽、灌南在全省的位置没有发生变化。2019年存贷款总和排名靠前的八个县市分别为南京、苏州、无锡、常州、南通、徐州、扬州、昆山,撤县变区提升了中心城市的金融总量,排名末八位的县市分别是泗洪、盱眙、丰县、涟水、灌云、金湖、灌南、响水,相对于2011年,除滨海跳出了末八位,洪泽撤县变区,其他几乎变化不大。

2002年GDP排名前八位的是南京、无锡、苏州、常州、江阴、徐州、张家港和常熟,2011年GDP排名前八位的是南京、无锡、苏州、常州、昆山、江阴、张家港和常熟,发生的变动是昆山把徐州挤出第一集团。2002年GDP末八位的县市是丰县、滨海、泗阳、睢宁、金湖、响水、灌南、洪泽,2011年GDP末八位的县市是涟水、盱眙、丰县、灌云、灌南、响水、洪泽、金湖,可以看到滨海、泗阳、睢宁跳出了最后梯队,而涟水、盱眙、灌云加入了最后梯队,全省最末位由洪泽变为金湖。2019年GDP排名前八位的是南京、苏州、常州、无锡、昆山、江阴、徐州、扬州,徐州和扬州的加入同样也是撤县变区的结果;排名末八位的是滨海、扬中、丰县、盱眙、响水、灌南、灌云、金湖,最后梯队中走了涟水,来了扬中。

可以看到,2002—2020年来,南京、苏州、无锡、常州存贷款总和与GDP一直居于前列,而除了撤县变区不予统计的洪泽外,丰县、灌云、灌南、响水、金湖等县几乎一直没有跳出末八位。这也说明存贷款总和和GDP具有较强的相关性。

4.5.2 江苏县市存贷款总和与GDP的空间差异描述

利用2002—2020年江苏不同县市的存贷款数据计算Moran's I

指数。如果区域 i 和区域 j 有共同的顶点或共同的边,则称区域 i 和区域 j "后"相邻,记 $W_{ij}=1$,否则记 $W_{ij}=0$。结果如表 4.4、4.5 所示。

表 4.4 江苏 64 个县市 DL 和 GDP 的 Moran's I 指数值

年份	Moran's I 指数(DL)	Moran's I 指数(GDP)
2002	0.088	0.299
2003	0.100	0.324
2004	0.104	0.329
2005	0.116	0.309
2006	0.128	0.326
2007	0.130	0.329
2008	0.124	0.339
2009	0.137	0.343
2010	0.146	0.330
2011	0.153	0.322

表 4.5 江苏 41 个县市[①] DL 和 GDP 的 Moran's I 指数值

年份	Moran's I 指数(DL)	Moran's I 指数(GDP)
2012	0.218	0.633
2013	0.737	0.621
2014	0.723	0.612
2015	0.724	0.605
2016	0.712	0.595
2017	0.713	0.577
2018	0.699	0.569
2019	0.700	0.508
2020	0.670	0.505

① 2011 年后江苏撤县变区进程加快,近 10 个县市逐渐被并入市区,使得市区的数据急剧变大,影响了空间计量分析的效果,故 2011 年后 Moran's I 指数的计算选择了 41 个县市,没有考虑 13 个市辖区。

4 江苏金融集聚影响因素的空间计量

分析可知,Moran's I 指数的正态统计量 Z 值均大于正态分布函数在 0.05 显著性水平下的临界值 1.96,这表明江苏 64 个县市金融发展在空间上具有明显的正的自相关关系(空间依赖性),换句话说,江苏省金融产业的发展在空间上的分布呈现出具有相似值的县市趋于集聚的特征,说明江苏金融发展存在空间上的集聚现象。为进一步分析江苏县市金融发展的空间集聚特征,下文给出了 2011 年和 2020 年江苏各县市存贷款总和和 GDP 的局域 Moran's I 指数散点图(图 4.6)。

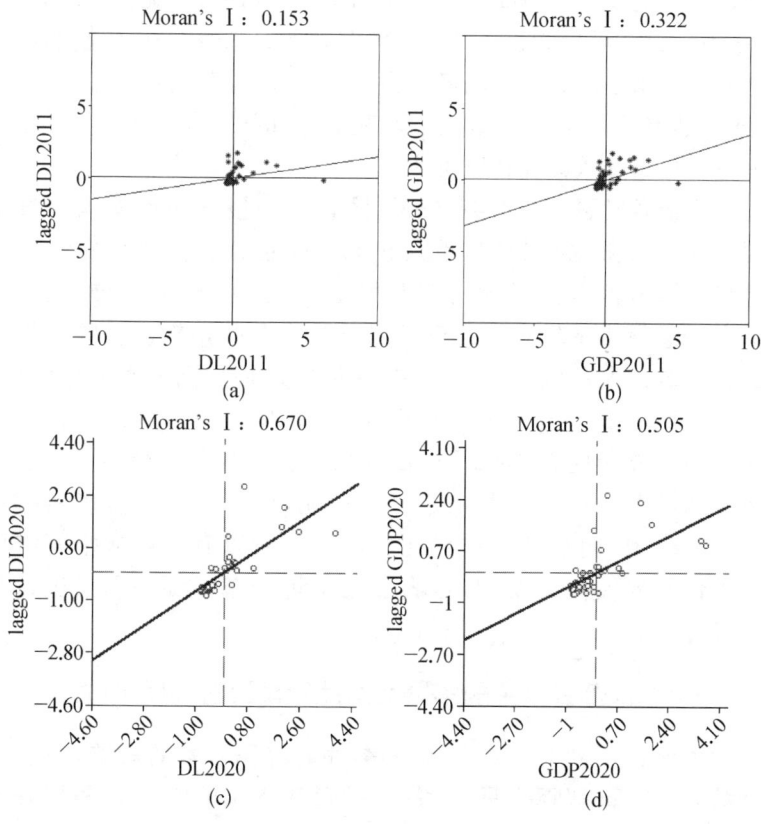

图 4.6 江苏各县市 DL 和 GDP 的 Moran's I 指数散点图

总体来看,江苏各县市存贷款总和的空间相关模式中位于第二、四象限的县市不多,在第一、三象限的县市较多,即 HH 和 LL 这两种模式比较明显。其中,HH 比较明显的是吴江、无锡市辖区和常熟,LH 比较明显的是仪征和句容,LL 比较明显的是连云港市辖区、灌南、响水、滨海、沭阳、涟水、盱眙、金湖、宿迁市辖区和淮安市辖区。可以说,江苏存贷款总和存在地理空间分布的依赖性和异质性。同样地,江苏各县市 GDP 的空间相关模式中位于第二、四象限的县市也不多,在第一、三象限的县市较多,同样呈现 HH 和 LL 这两种模式比较明显的情况。HH 比较明显的是苏州市辖区、无锡市辖区、宜兴、江阴、太仓、常熟、吴江,LH 比较明显的是仪征,HL 比较明显的则是淮安市辖区,LL 比较明显的为盱眙、金湖、泗洪、宿迁市辖区、沭阳、连云港市辖区、灌云、灌南、响水和滨海,可以看出 GDP 同样存在地理空间分布的依赖性和异质性。

江苏金融发展的一极南京市辖区和另一极苏州市辖区并没有出现在同一象限,原因是与南京相邻的仪征、句容、溧水等县市金融总量水平较低,而与苏州市辖区相邻的吴江、昆山、常熟、无锡等县市金融总量水平较高。这正可以反映出苏州市辖区被高集聚增长的其他县市所包围,反映出金融总量在地理空间分布的依赖性;南京市辖区被低集聚增长的县市所包围,反映出金融总量在地理空间分布的异质性。在地图上 LL 尤为明显,其主要集中了苏北大多数县市和苏中的部分县市。分析表明,江苏金融总量确实存在空间集聚现象,而且地区差异比较明显。所以有必要从空间维度的相关性和异质性出发,对影响金融总量分布的影响因素进行空间计量分析。

4.5.3 江苏县市金融集聚空间计量模型的选择与估计

为了比较不同时期各影响因素对被解释变量的影响作用,以存贷款总和为被解释变量,以各年的财政支出 GE、实际利用外资额 UOFC、国内生产总值 GDP、专利授权数 PL 或科技人员数 SP、离上海的距离 AFSH 作为解释变量,设立以下的当期模型和跨期模型：

当期模型：

$$\ln\mathrm{DL}_{2011} = \alpha + \beta_1 \ln\mathrm{GDP}_{2011} + \beta_2 \ln\mathrm{UOFC}_{2011} + \beta_3 \ln\mathrm{GE}_{2011} + \beta_4 \ln\mathrm{PL}_{2011} + \beta_5 \ln\mathrm{AFSH} + \varepsilon_i \quad (4.18)$$

$$\ln\mathrm{DL}_{2019} = \alpha + \beta_1 \ln\mathrm{GDP}_{2019} + \beta_2 \ln\mathrm{UOFC}_{2019} + \beta_3 \ln\mathrm{GE}_{2019} + \beta_4 \ln\mathrm{PL}_{2019} + \beta_5 \ln\mathrm{AFSH} + \varepsilon_i \quad (4.19)$$

跨期模型：

$$\ln\mathrm{DL}_{2011} = \alpha + \beta_1 \ln\mathrm{GDP}_t + \beta_2 \ln\mathrm{UOFC}_t + \beta_3 \ln\mathrm{GE}_t + \beta_4 \ln\mathrm{PL}_t + \beta_5 \ln\mathrm{AFSH} + \varepsilon_i \quad (4.20)$$

其中 t 取值 2002,2003,2004,…,2010。

$$\ln\mathrm{DL}_{2019} = \alpha + \beta_1 \ln\mathrm{GDP}_t + \beta_2 \ln\mathrm{UOFC}_t + \beta_3 \ln\mathrm{GE}_t + \beta_4 \ln\mathrm{PL}_t + \beta_5 \ln\mathrm{AFSH} + \varepsilon_i \quad (4.21)$$

其中 t 取值 2012,2013,2014,…,2018。

从 DL2011 最小二乘法回归的结果来看（表 4.6），GE 和 AFSH 这两个变量都具有比较强的解释性，说明政府力和离大的金融中心的距离都会影响一个地区的金融总量集聚水平，值得注意的有以下几个方面：第一，2011 年以存贷款总和作为地区金融资源总量，用 2011 年当年的财政支出、GDP、科技水平、到上海的距离以及实际利用外资额来解释都不显著，原因是金融集聚是众多因素作用的事后结果。2008 年、2005 年和 2002 年的数据的解释力更强和更全面，且这几个年份的 SEM 和 SLM 的比较中，SLM 模型更好，但空间效应不是太显著。第二，反映一地区开放程度的 UOFC 指标在 2002—2007 年对金融总量集聚的影响不是太大，而 2007 年之后更加具有解释力。第三，SP 变量除在 2003 年外，在其他年份对于金融总量集聚都有显著影响。空间效应显著性最好的分别为 2003 年和 2004 年。

表 4.6　DL2011 模型的回归结果

年份	显著性变量	不显著变量	SEM 与 SLM 比较	空间效应显著与否
2011	GE	UOFC AFSH GDP PL	SEM	不显著
2010	GE UOFC AFSH	GDP PL	SEM	不显著
2009	GE UOFC AFSH	GDP PL	SLM	不显著
2008	GE UOFC AFSH GDP SP	无	SLM	略为显著
2007	GE SP GDP AFSH	UOFC	SEM	不显著
2006	GE GDP AFSH SP	UOFC	SEM	不显著
2005	GE UOFC AFSH GDP SP	无	SLM	不显著
2004	GE GDP AFSH SP	UOFC	SEM	显著
2003	GE GDP AFSH	UOFC SP	SEM	显著
2002	GE GDP SP AFSH UOFC	无	SLM	不显著

从 DL2019 最小二乘法回归的结果来看（表 4.7），GE、GDP、AFSH 这三个变量具有比较强的解释性，说明政府力、经济水平、离上海的距离都会影响一个地区的金融总量集聚水平，值得注意的有以下几个方面：第一，当期模型的效果并不显著，2018 年和 2014 年的数据的解释力更强和更全面，在 SEM 和 SLM 的比较中，总是 SEM 模型更好，而且空间效应显著；第二，反映一地区开放程度的 UOFC 指标在 2012—2014 年显著，在 2015—2019 年对金融总量集聚的影响不是太大；第三，PL 变量除在 2013 年外，在其他年份对于金融总量集聚都有显著影响。

表 4.7　DL2019 模型的回归结果

年份	显著性变量	不显著变量	SEM 与 SLM 比较	空间效应显著与否
2019	GDP GE PL AFSH	UOFC	SEM	显著
2018	GE UOFC AFSH GDP PL	无	SEM	显著

(续表)

年份	显著性变量	不显著变量	SEM 与 SLM 比较	空间效应显著与否
2017	GE AFSH GDP PL	UOFC	SEM	显著
2016	GE PL GDP AFSH	UOFC	SEM	显著
2015	GE GDP PL AFSH	UOFC	SEM	显著
2014	GE UOFC AFSH GDP PL	无	SEM	显著
2013	GE GDP AFSH UOFC	PL	SEM	显著
2012	GE GDP UOFC PL	AFSH	SEM	显著

4.6 结 论

本章从地级市层面和县域层面分别对江苏金融集聚的影响因素进行了空间计量分析,发现前文的假设基本得到了验证,区位因素、经济因素和制度因素很好地解释了金融集聚。

第一,从区位因素角度看,离上海的距离(AFSH)对江苏金融资源总量集聚(DL)的解释力一直较强。离上海的距离也影响到江苏各地级市乃至各县市金融资源总量的集聚,表现在:上海作为长三角的金融中心,乃至将来有可能成为国际金融中心,汇集了大量的金融资源,并对周边地区形成辐射。但这并非意味着所有地区都能得到很好的辐射:一是受到空间距离的限制,离上海距离的远近成为制约因素之一;二是看有没有接受辐射的配套机制,若一地区金融资源的进入成本高,经济和产业基础薄弱,政府阻力大,人力、信息、技术配套差等,那即使离上海空间距离很近,也不能很好地接受上海的辐射。从区位科技水平来看,2012—2019 年专利授权数(PL)变量对于金融资源总量集聚的影响较大,2011 年前科技人员数(SP)也表现出相对较好的解释力。可以看出,科技对金融资源总量集聚的推动作用也是比较明显的。如泰州地区"中国医药城"的建设就能很好地说明这一点,医药城汇集了大量的医药企业,吸引或自主研发国内外较先进的医药技术,而这些成果的转化需要金融的支持。当然科技成果向现实转化需要政府的帮助和引导。那是因为在初期,创新风险较高,金融资源风险厌恶程度较高,这时候需要政府的无偿帮助,当这个过程结束后,政府可以改变帮助的方式,由无偿改为有偿,这也会向市场释放信号,金融资源会进入医药高科技行业,分散创新的风险,共享创新的收益。当然 SP 变量既可以反映一地区的科技水平,同时也可以反映一地区人力资本状况以及科技创新能力。一般的理论机制是:科技人员多—科研成果(创新专利)多—转化多—金融资源汇集多。但这一过程并非具有必然性,因为会有很多因素影响科技创新以及科技创新成果的转化,如创新初始政府的科技投入、创新初中期的风险分散、创新成果转化的快慢等。

第二,从经济因素来看,国内生产总值(GDP)总体来说在 2008 年之前、2012—2019 年对金融集聚解释力较强,实际利用外资额(UOFC)对 DL 的解释总体来说在 2008—2014 年比较显著,在 2007 年之前以及 2015—2019 年不是太显著,与 GDP 对 DL 的解释正好相反。原因在于在 2007 年之前 GDP 和 UOFC 本身具有较强的相关性,换言之,2007 年之前很多地区如张家港、常熟、太仓、昆山、江阴等地区 GDP 的增长与 UOFC 的推动有很大关系,因此在实证结果中未能体现 UOFC 对金融资源总量集聚的影响。而在 2007 年之后,UOFC 的作用凸显,原因在于 2007 年美国次贷危机的影响以及 2008 年波及全球的金融危机的出现,使得江苏苏南地区大部分县市的外部需求萎缩,部分行业、产业出现生产停滞或者破产等现象,进而影响了金融资源总量的集聚。此时 UOFC 的作用就非常重要,它突破了 GDP 的影响,成为 2007 年后影响金融资源总量集聚的显著性变量。受金融危机影响较大的主要是苏南地区的县市,而苏中、苏北受到的影响相对较小。

第三,从制度因素来看,财政支出(GE)影响江苏地区金融资源总量的集聚,不管是在地级市层面还是在县市层面解释力都比较强,而政府支出正是政府力的反映。从当前江苏经济金融发展的现实来看,政府的作用是非常巨大的,苏州新加坡工业园区的建设就是个非常典型的例子,地方政府给予园区财政支出的支持以及优惠的税收政策,吸引了相当多新加坡企业进驻,并达到了"以外引外"的效果,进而与新加坡企业有密切联系的台资企业也进驻进来。企业的进驻会带动金融资源的集聚,因此制度因素的作用尤其是政府的作用不容小觑。

需要说明的还有两点:一是金融人才因素也是影响金融集聚的因素,任英华(2010)的研究仅以教育年限的加总反映金融人才变量是不合理的,而实际上并非任英华一人如此设置,主要原因还是金融人才数难以统计,因为金融人才不仅指金融从业人员,还包括与金融行业相关的其他部门的人才,如信息技术方面的人才、法律部门的人才、会计审计等部门的人才,鉴于江苏各县市金融人才的跨年度数据难以觅得,本书并没有将金融人才因素纳入设立的模型中,在今后条件允许的情况下,可将金融人才因素纳入影响因素的模型中,以期得到一个更好的效果;二是在实证过程中,江苏地级市的研究相对于县市的研究空间计量结果较差,那是因为空间相互作用跟空间距离呈负相关,正如托布勒(Tobler,1970)所说,距离越近,空间关联程度越强,因此进行金融集聚空间计量的应用研究,可以在研究区域的划分上更为细化。

5 江苏金融极的辐射研究

金融集聚是金融发展极化的过程,形成金融增长极又会产生辐射效应。江苏不少城市提出了建设金融中心或金融集聚区的口号,目的在于两个方面:一是培育地方经济增长极,以金融的发展推动与之相关的行业的发展;二是发挥金融中心或金融集聚区的辐射作用,通过中心地区向周边地区辐射资金流、信息流、人才流等,带动周边地区的发展。本章首先对辐射的基本理论和方法进行介绍,继而利用江苏市域金融综合竞争力分析的基础,引入经济地理学中的威尔逊模型,测算出中心城市的金融辐射半径,实证考察江苏各金融中心城市的影响力。然后,采用同样的方法对江苏12个地区(将苏州和无锡看作一整体,13个地级市变成12个地区)、苏中和苏北8个地级市、苏北5个地级市分别进行金融辐射的研究,并提出增强辐射力的方法。

5.1 辐射的理论基础及定量方法

金融的辐射效应是一种抽象的空间作用,它必须通过金融运动才能得以实现,受距离和路径的影响。金融运动存在路径选择问题:如果开辟新路径,面临较高的开路成本,受市场准入、产业基础、人力、信息等因素的限制;一般来说,金融运动也存在着路径依赖,"走别人曾经走过,或者曾经开辟的路",前人由于某种偶然性进入某一个区域,并在该区域有了很好的发展或者取得了较好的收益,其行为对其他人或其他组织能起到"示范效应",结果是更多的人或者组织进入这一地区。

5.1.1 理论基础

金融的空间扩张是金融资源由核心地区向域外进行的空间转移和传播,包括扩散的路径选择和扩散的空间结果两个方面。瑞典学者哈格斯特朗(Hagerstrand,1953)提出空间扩散有三种类型:传染扩散、等级扩散和重新区位扩散。陆军(2001)认为空间扩散的基本模式有均匀扩散和条件扩散两类,均匀扩散指扩散行为没有空间指向性,条件扩散附加了对接受地的条件,使得扩散模式具有空间指向性。迪费和吉迪(Dufey and Giddy,1978)认为金融中心是国家中心的延伸,其形成往往凭借地理位置、信息、金融服务等便利优势,其中心辐射效应可带动区域经济的发展。金融地理理论是近年来金融中心形成的研究中十分活跃的一支。该理论最新的研究成果大多从信息不对称的角度来阐述金融中心形成的内在逻辑。波蒂厄斯(Porteous,1995)的研究最具代表性,他指出,大部分信息在传递过程中都可能因为距离因素而出现失真。这类不易被如实获知的信息被称为非标准化信息,尽管信息科技影响深远,但人们不可能完全摆脱地理因素的约束,非标准化信息的存在使金融部门需要更接近信息源。因此,金融中心必须具有信息腹地的特征。格里格(Gehrig,1998)利用市场摩擦理论和大量的实证分析证明了对信息敏感的金融交易更易集中。赵晓斌等(2002)应用这一理论对我国金融中心的形成进行了分析,认为在发展中国家,政策信息是市场上最核心的信息。王力、黄育华(2004)认为金融中心就是这样一些城市和地区:它们凭借优越的经济、政治和地理条件,以及先进的交通、通信等基础设施,能够为众多金融机构提供品种繁多的金融交易和中介服务,并成为全球性、国家性或区域性的资本集散地和金融交易清算地。唐吉平等(2005)认为,城市接受金融辐射的能力由两大因素决定:第一个因素是城市所处的地理位置,这是经济地理学中所强调的关键因素;第二个因素是不同城市对金融资源的阻挡程度,用物理术语来讲就是阻尼系数,他们认为,对金融资源形成阻碍的主要因素是制度。阻碍资源流动的因素有很多,例如文化差异、地方保护、政策倾斜等等,所有这些因素最终体现在地方政府的办事态度和效率上。

5.1.2 金融辐射力的定量方法

经济地理学中的一些方法可用于解释金融地理的现象,其中威尔逊模型能够为金融辐射问题提供新的洞见。特别是 20 世纪 80 年代以来,地理学的空间研究方法越来越多地被引入到经济学中来研究经济资源的空间分布和流动。其中,威尔逊创立的空间相互作用模型,考虑了区域规模、资源的联通性、距离的衰减特性等问题,能在一定程度上反映城市间的资源流动情况,成为经济地理学中常用的分析工具。唐吉平等(2005)较早采用该模型研究上海对长三角其他城市的金融辐射。其后,天津财经大学经济学院课题组(2007)、黎平海和王雪(2009)、古学彬等(2009)、张辉等(2010)、周孝坤等(2011)、李凯风等(2017)、黄丹荔等(2019)均采用类似方法对环渤海经济区、珠三角、北京城市圈等区域内金融中心城市的金融辐射能力和范围进行了定量研究。

如何考虑空间相互作用? 赖利(Reilly,1929)发展了一个识别空间中零售商控制市场范围界限的模型。他认为城市越大,它从周围的城镇吸引到的顾客预期数量就越多。就距离而言,一个城市从附近城镇要比从较远城镇吸引到的顾客数量要多。所以他提出,一个城市从周围某个城镇吸引到的零售顾客数量与该城市的人口规模成正比,与两地距离的平方和成反比,这让人们想起牛顿的引力公式 $F_{ij} = G\dfrac{m_i m_j}{r_{ij}^2}$,由于参数的类似性,人们采用该式描述空间相互作用,因为研究问题的不同,习惯上用人口 population 的缩写 P 代替质量 mass 的缩写 m,将公式改进为 $F_{ij} = G\dfrac{P_i P_j}{r_{ij}^2}$,并称之为引力模型。汉纳斯和费德林汉姆(Haynes and Fotheringham,1985)将牛顿模型改进为:$T_{ij} = k\dfrac{P_i^{\lambda} P_j^{\alpha}}{r_{ij}^2}$。

5 江苏金融极的辐射研究

20 世纪 70 年代将数学应用于位势理论的研究证明，$F_{ij}=G\dfrac{m_i m_j}{r_{ij}^2}$ 和 $F_{ij}=G\dfrac{P_i P_j}{r_{ij}^2}$ 对应的牛顿势，在三维及三维以上空间是存在的，在二维空间不存在牛顿势，套用牛顿势分析二维空间问题会使计算发散，因此需要新的理论。在 1967 年当时还名不见经传的威尔逊（A. G. Wilson）发表了一篇文章，开始了地理学研究的新纪元。

威尔逊假定，区域系统是由区域结点构成的结点区域，区域 j 到区域 k 之间存在流量为 T_{jk} 的区间流动，其中区域 j 是物资供应区域，区域 k 是物资需求区域，这个系统是个封闭系统，存在系统内部关系：

$$\sum_{k=1}^{N} T_{jk} = O_j \quad j = \overline{1,M} \tag{5.1}$$

$$\sum_{j=1}^{M} T_{jk} = D_k \quad k = \overline{1,N} \tag{5.2}$$

其中，O_j 是区域 j 实际供给的物资总量，M 是提供供给的区域数，D_k 是区域 k 实际需求的物资总量，N 是产生需求的区域数。

然后，威尔逊假定支持区域系统物资运输的经济费用是有限的，总量为 C，单位物资在区域 j、k 间的运输费用是 c_{jk}，所以：

$$\sum_{j=1}^{M}\sum_{k=1}^{N} c_{jk} T_{jk} = C \tag{5.3}$$

对于一个封闭的系统，若令 $p_{jk}=\dfrac{T_{jk}}{O_j}$，则 p_{jk} 是区域 j 的物资出现在区域 k 的市场的份额或概率，同样等于 $\dfrac{T_{jk}}{D_k}$。记 $C_j=\sum_{k=1}^{N} c_{jk} p_{jk}$，那么 $C_j O_j$ 是从区域 j 运出所有物资的全部运输费用，是常量。很显然，p_{jk} 和 C_j 描述了与区域 j 相联系的子系统 j 的约束关系，根据统计热力学，子系统 j 的熵 S_j 可以表示为：

$$S_j = -\sum_{k=1}^{N} p_{jk} \log p_{jk} \tag{5.4}$$

在 p_{jk} 和 C_j 的约束条件下,求 S_j 的极值,可以构建拉格朗日函数:

$$L_j = -\sum_{k=1}^{N} p_{jk} \log p_{jk} - \lambda_j \left(1 - \sum_{k=1}^{N} p_{jk}\right) + \beta_j \left(C_j - \sum_{k=1}^{N} c_{jk} p_{jk}\right) \tag{5.5}$$

其中,λ_j、β_j 是与 k 无关的参数,于是 $\dfrac{\partial L}{\partial p_{jk}} = -\log p_{jk} - \lambda_j - \beta_j c_{jk}$ 存在极值点,这个导数等于 0,可得 $p_{jk} = K_j \exp(-\beta_j c_{jk})$,左右两边同时乘以 O_j,得到:

$$T_{jk} = K_j O_j \exp(-\beta_j c_{jk}) \tag{5.6}$$

同理可以分析区域 k 接受的供应者构成的子系统:

$$T_{jk} = K_k D_k \exp(-\beta'_k c_{jk}) \tag{5.7}$$

参数 β_j、β'_k 起到刻画空间阻尼的作用,在空间性质相同的条件下,不应该与区域 j 或者 k 有关,即运出和运入的阻尼作用应该一样,所以 $\beta_j = \beta'_k = \beta$,最后得到:

$$T_{jk} = A_j B_k O_j D_k \exp(-\beta c_{jk}) \tag{5.8}$$

这就是威尔逊得到的基于最大熵原理的区域空间相互作用模型,得到的空间相互作用不再与距离的平方成反比,而是随着反映距离的变量呈指数式衰减,而 c_{jk} 与广义距离 r_{jk} 等价。

实际上所有运动区域 k 的物资并没有被完全消费,而且在分析问题时,经济系统是不能长期不平衡的,因此忽略区域差异,取 $A_j B_k$ 为常数,得:

$$T_{jk} = K O_j D_k \exp(-\beta r_{jk}) \tag{5.9}$$

根据公式 5.9,学者们研究辐射问题时,用 T_{jk} 表示区域 j 吸引到来自区域 k 的资源的能力(辐射力),O_j 表示区域 j 吸引的资源强度,D_k 表示区域 k 的辐射资源强度,$\exp(-\beta r_{jk})$ 表示第 j 个城市与第 k 个城市之间的相互作用,r_{jk} 表示两个区域间的距离,β 称为衰减因子,决定了区域影响力衰减速度的快慢,K 是一个系数,在大多数讨论中,令 $K=1$(黎平海,王雪,2009)。根据王铮(2002)对城市人口流动问题的研究,进一步对公式进行简化:

$$T_{jk} = \alpha D_k = D_k \exp(-\beta r_{jk}) \text{ 或 } \theta = D_k \exp(-\beta r_{jk}) \quad (5.10)$$

T_{jk} 可以表达为 D_k 与 α 的乘积,其中 α 是 k 城市对 j 城市资源辐射的比重,那么可以得到:

$$\alpha = \exp(-\beta r_{jk}) \quad (5.11)$$

如果知道 k、j 两城市的距离 r 和 k 城市对 j 城市的资源辐射比重 α,那么就可以求出 β:

$$\beta = \frac{1}{r} \ln \frac{1}{\alpha} \quad (5.12)$$

$\theta = D_k \exp(-\beta r_{jk})$,说明 k 城市对 j 城市的辐射能力(半径)会随着距离衰减。该式子中 θ 是一个阈值(极限),表示 k 城市对外辐射的最大范围,当辐射能力衰减到这个值时,辐射能量完全衰竭。如果知道 D_k 和 β,就可以测算 k 城市的最大辐射半径 r_{jk}:

$$r_{jk} = \frac{1}{\beta} \ln \frac{D_k}{\theta} \quad (5.13)$$

D_k 可以用江苏市域金融综合竞争力的得分来表示,θ 以金融综合竞争力最低值来表示,β 值可以通过两城市的距离 r 和 k 城市对 j 城市资源辐射的比重 α 计算获得,由此可以进行金融辐射力的测算。

5.2 基于金融竞争力的江苏金融极的辐射研究

金融作为现代经济发展的核心力量,对社会经济的发展起着极其重要的作用。金融因素也是提高城市档次,增强城市竞争力的重要内容。金融竞争力的强弱已成为评价城市综合竞争力的重要指标,而金融辐射力又是理解城市金融竞争力的一个重要方面。

5.2.1 基于江苏市域金融综合竞争力的辐射研究

参照表 3.17 可以看到,苏州、南京、无锡、常州和南通综合得分为正,具有辐射作用;其他地区均为负值,不具有辐射作用。因而下面会对苏南四城市的最大辐射半径进行估测。根据理论分析,D_k 既可以是 k 城市的金融资源数,也可以表征金融资源从 k 城市辐射到其他城市的辐射强度。参照唐吉平等(2005)、方茂扬(2009)、张辉等(2010)的研究,本书将 k 城市金融综合竞争力的总得分 FC 作为该城市金融辐射强度 D_k 的值。可知,苏州的 D_k 是 7.06,南京的 D_k 是 6.14,无锡的 D_k 是 3.59,常州的 D_k 是 1.13。南通的 D_k 值偏低,因此取常州的 D_k 1.13 作为阈值 θ。

根据表 5.1 可以算得苏州金融辐射衰减因子 β 值平均为 0.00725,南京金融辐射衰减因子 β 值平均为 0.00863,无锡金融辐射衰减因子 β 值平均为 0.00251,常州金融辐射衰减因子 β 值平均为 -0.00036。根据 $r_{jk} = \dfrac{1}{\beta} \ln \dfrac{D_k}{\theta}$,可得苏州的金融辐射半径为 246.93 千米,南京为 191.11 千米,无锡为 182 千米,常州仅为 57.57 千米(图 5.1)。

由此可知,徐州、连云港、宿迁全部和淮安、盐城部分地区不在苏州的辐射范围之内,徐州、连云港全部和苏州、南通、盐城、淮安和宿迁部分地区不在南京的辐射范围之内,徐州、连云港、宿迁全部和淮安、扬州、盐城部分地区不在无锡的辐射范围之内,而在常州辐射范围内的只有无锡、苏州、镇江等部分地区。苏州、南京金融综合竞争力和辐射力比较强,无锡和常州的辐射力相对较弱。

江苏的金融增长极有两个,分别是苏州和南京,但它们都辐射不到苏北大多数地区。为了更好进行金融辐射力延伸和对接,是否可以在江苏金融发展较好的苏州和无锡实现金融资源整合,或者是否可以在苏中和苏北各选择一个城市作为江苏次级金融中心,以增强辐射力呢?下面将对江苏 12 个地区(将苏州和无锡合看成一整体)、苏中、苏北 8 个地级市,苏北 5 个地级市分别进行金融辐射的研究,

5 江苏金融极的辐射研究

表 5.1 苏州、南京、无锡、常州金融辐射力的相关数据①

城市	金融资源/亿元	α 苏州	α 南京	α 无锡	α 常州	r/km 苏州	r/km 南京	r/km 无锡	r/km 常州	β 苏州	β 南京	β 无锡	β 常州
苏州	63 970.43	1	0.909 709	2.041 044	3.186 367	0	217	53	96	—	0.000 436	−0.013 436	−0.012 047
南京	70 319.64	1.099 252	1	2.243 622	3.502 621	217	0	174	129	−0.000 44	—	−0.004 644	−0.009 717
无锡	31 342.02	0.489 945	0.445 708	1	1.561 146	53	174	0	57	0.013 44	0.004 644	—	−0.007 814
常州	20 076.29	0.313 837	0.285 501	0.640 555	1	96	129	57	0	0.012 05	0.009 717	0.007 814	—
南通	24 238.83	0.378 907	0.344 695	0.773 365	1.207 336	116	287	123	168	0.008 37	0.003 711	0.002 089	−0.001 122
镇江	10 967.24	0.171 442	0.155 963	0.349 921	0.546 278	164	84	124	79	0.010 75	0.022 068	0.008 468	0.007 692
扬州	12 256.54	0.191 597	0.174 297	0.391 058	0.610 498	197	108	158	112	0.008 39	0.016 176	0.005 942	0.004 406
徐州	14 104.73	0.220 488	0.200 580	0.450 026	0.702 557	576	377	536	490	0.002 62	0.004 261	0.001 490	0.000 720
泰州	12 598.37	0.196 941	0.179 159	0.401 964	0.627 525	164	167	124	137	0.009 91	0.010 296	0.007 350	0.003 401
盐城	13 215.59	0.206 589	0.187 936	0.421 657	0.658 268	254	300	212	226	0.006 21	0.005 572	0.004 073	0.001 850
连云港	7 238.81	0.113 159	0.102 942	0.230 962	0.360 565	470	325	420	435	0.004 64	0.006 996	0.003 489	0.002 345
淮安	8 175.54	0.127 802	0.116 263	0.260 849	0.407 224	389	194	349	304	0.006 21	0.011 092	0.003 850	0.002 955
宿迁	6 310.07	0.098 640	0.089 734	0.201 329	0.314 304	474	280	435	389	0.004 89	0.008 610	0.003 685	0.002 975

① 金融资源为存贷款总和 2017—2019 年三年的均值，r 为某地级市到其他地级市的公路距离，下同。

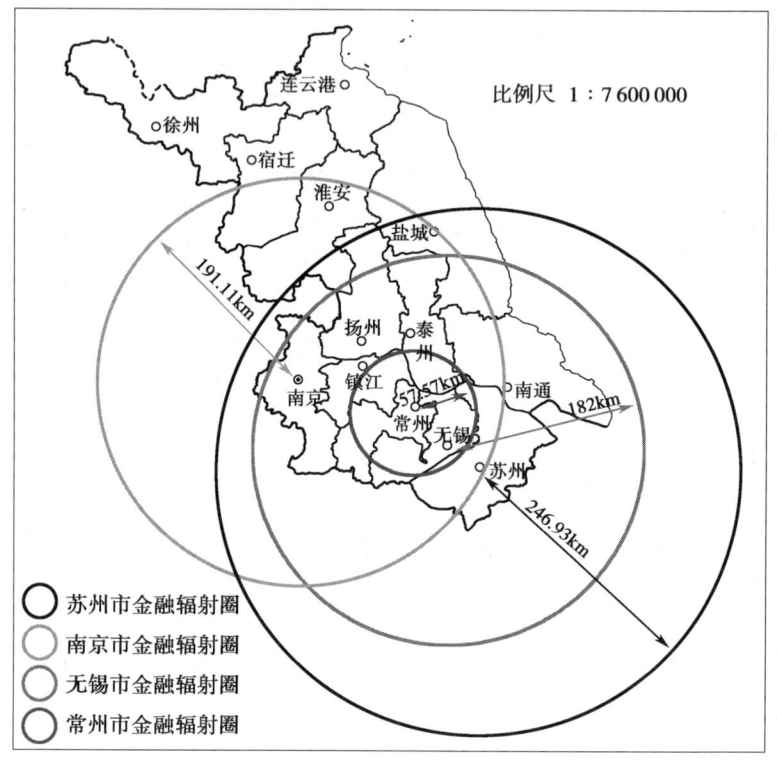

图 5.1 苏州、南京、无锡、常州的金融辐射示意图

继而突破江苏行政区的限制,分别研究徐州和南京的金融辐射。步骤是先找出研究区域内的金融极,再根据简化的威尔逊模型计算金融极的辐射半径,最后绘制辐射地图。

5.2.2 江苏区域的金融极及其辐射

5.2.2.1 将苏州和无锡看成一整体后的江苏金融极及其辐射

将苏州和无锡看成一整体,表示为区域 A(苏州+无锡)。对江苏 12 个地区进行金融竞争力分析,选择 X_1(金融从业人数)、X_2(金

224

融机构数)、X_3(人均存款)、X_4(人均贷款)、X_5(储蓄存款)、X_6(上市公司数)、X_7(证券营业部数)、X_8(保费收入)、X_9(FIR)、X_{10}(存款占比)、X_{11}(贷款占比)、X_{12}(保险密度)进行主成分分析。其中,区域A的金融从业人数、金融机构数、储蓄存款、上市公司数、证券营业部数、保费收入以苏州和无锡两市的数据求和获得,其他变量以苏州和无锡的平均值计算获得。然后进行相关系数检验,发现X_2对其他因素相关度不高,继而对另外11个因素进行主成分分析,得到相关系数矩阵。

进行因子分析,可得初始解,所有变量的共同度都较高,各个变量信息丢失都较少,因此因子的提取比较理想。进行总方差分解后可以看到,第一个因子的特征根为9.314,解释了11个变量总方差的84.671%;第二个因子的特征根为1.343,解释了11个变量总方差的12.205%。两者累计方差贡献率为96.876%。第三个因子以后的特征根都比较小,可以忽略,因此提取两个因子是合适的。

金融从业人数、上市公司数、储蓄存款、保费收入在第一个因子上有较高的载荷,第一个因子主要解释这几个变量,反映金融发展的规模水平;FIR、存款占比、贷款占比在第二个因子上有较高的载荷,第二个因子主要解释这几个变量,反映金融发展的结构水平。与载荷矩阵旋转前相比,因子含义较为清晰。可以写出因子得分函数:$F_1=0.936\times$金融从业人数$+0.983\times$人均存款$+0.982\times$人均贷款$+0.889\times$储蓄存款$+0.913\times$上市公司数$+0.983\times$证券营业部数$+0.913\times$保费收入$+0.868\times$FIR$+0.868\times$存款占比$+0.856\times$贷款占比$+0.917\times$保险密度;$F_2=-0.323\times$金融从业人数$+0.058\times$人均存款$+0.101\times$人均贷款$-0.451\times$储蓄存款$-0.393\times$上市公司数$-0.063\times$证券营业部数$-0.395\times$保费收入$+0.486\times$FIR$+0.472\times$存款占比$+0.491\times$贷款占比$+0.084\times$保险密度;$F=(84.671\%\times F_1+12.205\%\times F_2)/96.876\%$。在此基础上进行排名。

表 5.2　将苏州和无锡看成一整体后的江苏各地区金融竞争力排名

地区	F_1	排名	F_2	排名	F	排名
南京	18.455 13	2	2.789 12	1	16.481 61	1
A 区	18.897 80	1	−3.116 25	12	16.124 51	2
常州	3.063 64	3	0.896 28	2	2.790 61	3
南通	1.032 05	4	−0.158 13	9	0.882 11	4
镇江	−1.921 16	5	0.493 61	3	−1.616 95	5
扬州	−3.183 95	6	−0.001 19	6	−2.783 00	6
泰州	−3.704 14	7	0.224 59	5	−3.209 21	7
徐州	−5.412 54	8	−0.818 38	11	−4.833 79	8
连云港	−5.904 27	9	0.459 70	4	−5.102 55	9
盐城	−5.906 89	10	−0.562 04	10	−5.233 57	10
淮安	−7.301 99	11	−0.091 94	7	−6.393 69	11
宿迁	−8.113 68	12	−0.115 35	8	−7.106 07	12

由表 5.2 可以看出 A 区和南京具有较强的辐射能力,常州与两者相较相差太大。我们通过简化的威尔逊模型来计算 A 区和南京对江苏其他地区的辐射程度。先分别求出各地区金融资源占 A 区和南京金融资源的比重 α,再列出各地级市到两地的距离 r,由此可以算出 β 系数。

根据表 5.3 可以算得 A 区金融辐射衰减因子 β 值平均为 0.009 483,南京金融辐射衰减因子 β 值平均为 0.009 218,D_k 取值于 A 区、南京金融竞争力的得分,阈值 θ 取值 0.88,金融竞争力得分小于 0.88 则没有辐射力,根据 $r_{jk}=\dfrac{1}{\beta}\ln\dfrac{D_k}{\theta}$,可得 A 区的金融辐射半径为 245.14 千米,南京为 247.54 千米。

表 5.3　A 区、南京金融辐射力的相关数据

地区	金融资源/亿元	α		r/km		β	
		A 区	南京	A 区	南京	A 区	南京
A 区	95 312.45	1	1.692 907	0	196	—	−0.001 56
南京	70 319.64	0.590 700	1	196	0	0.001 556	—

(续表)

地区	金融资源/亿元	α		r/km		β	
		A区	南京	A区	南京	A区	南京
常州	20 076.29	0.187 634	0.317 648	77	129	0.020 334	0.008 890
南通	24 238.83	0.196 193	0.332 137	120	287	0.011 458	0.003 840
镇江	10 967.24	0.094 409	0.159 825	144	84	0.015 016	0.021 778
扬州	12 256.54	0.099 267	0.168 050	178	108	0.011 555	0.016 514
徐州	14 104.73	0.102 673	0.173 816	556	377	0.003 436	0.004 641
泰州	12 598.37	0.094 367	0.159 755	144	167	0.014 053	0.010 983
盐城	13 215.59	0.084 262	0.142 647	233	300	0.008 480	0.006 491
连云港	7 238.81	0.054 091	0.091 572	445	325	0.005 793	0.007 356
淮安	8 175.54	0.051 096	0.086 501	369	194	0.006 656	0.012 616
宿迁	6 310.07	0.037 497	0.063 480	455	280	0.005 974	0.009 847

由此可知，徐州、连云港、淮安和宿迁不在 A 区的辐射范围之内，南通、徐州、连云港、盐城和宿迁不在南京的辐射范围之内，实证效果不是太明显。实证中由于 FIR、存款占比和贷款占比选取苏州和无锡的均值不合理，对实证结果影响较大，因此去除这三项后，重新进行主成分分析。也就是说仅选取规模指标，即 X_1（金融从业人数）、X_2（金融机构数）、X_3（存贷款总和）、X_4（储蓄存款）、X_5（上市公司数）、X_6（证券营业部数）、X_7（保费收入）得到相关系数矩阵，进行实证分析。

进行因子分析，得到初始解，巴特利特球度检验统计量的观察值为 239.343，同时 KMO 值为 0.806，根据 KMO 度量标准，可知原有变量适合进行因子分析。所有变量的共同度都较高，各个变量信息丢失都较少，因此因子的提取比较理想。进行总方差分解后可以看到，第一个因子的特征根为 6.768，解释了 7 个变量总方差的 96.684%；第二个因子的特征根为 0.194，解释了 7 个变量总方差的 2.776%。两者累计方差贡献率为 99.460%。第三个因子以后的特征根都比较小，可以忽略，因此提取两个因子是合适的。

金融机构数、上市公司数、储蓄存款、保费收入在第一个因子上有较高的载荷,第一个因子主要解释这几个变量;金融从业人数、存贷款总和、证券营业部数在第二个因子上有较高的载荷,第二个因子主要解释这几个变量。与载荷矩阵旋转前相比,因子含义较为清晰。可以写出因子得分函数:$F_1=0.995\times$金融从业人数$+0.968\times$金融机构数$+0.994\times$存贷款总和$+0.991\times$储蓄存款$+0.994\times$上市公司数$+0.994\times$证券营业部数$+0.996\times$保费收入;$F_2=0.066\times$金融从业人数$-0.245\times$金融机构数$+0.068\times$存贷款总和$-0.121\times$储蓄存款$-0.036\times$上市公司数$+0.327\times$证券营业部数$-0.050\times$保费收入;$F=(96.684\%\times F_1+2.776\%\times F_2)/99.460\%$。由此可得新的排名。

表5.4 苏州和无锡看成一整体后的江苏各地区金融总量竞争力排名

地区	F_1	排名	F_2	排名	F	排名
A 区	18.51232	1	−0.23948	12	17.98876	1
南 京	7.84461	2	0.55801	1	7.64116	2
南 通	1.17790	3	−0.16941	11	1.14028	3
常 州	−0.51885	4	−0.02664	8	−0.50510	4
徐 州	−1.89071	5	−0.05434	9	−1.83943	5
扬 州	−2.37153	6	−0.01024	5	−2.30560	6
盐 城	−2.72931	7	−0.10449	10	−2.65602	7
泰 州	−2.89042	8	−0.01245	6	−2.81006	8
镇 江	−3.09713	9	0.03965	2	−3.00955	9
连云港	−4.40648	10	0.01524	4	−4.28302	10
淮 安	−4.51551	11	−0.02490	7	−4.39013	11
宿 迁	−5.11491	12	0.02906	3	−4.97129	12

从金融总量来看,A 区和南京具有较强的辐射能力,南通与两者相较相差太大(表5.4)。我们通过简化的威尔逊模型来计算 A 区和南京对江苏其他地区的辐射程度。根据表5.3可以算得 A 区和南京金融辐射衰减因子 β 值的平均值,D_k 取值于 A 区、南京金融总量竞争力的得分,θ 取值1.14,得分低于1.14则没有辐射力,

根据 $r_{jk} = \dfrac{1}{\beta}\ln\dfrac{D_k}{\theta}$，可得 A 区的金融辐射半径为 306.07 千米，南京为 227.31 千米（图 5.2）。由此可知，徐州、连云港、淮安、宿迁、盐城全部或部分地区不在 A 区的辐射范围之内，南通、徐州、盐城、连云港、宿迁、A 区全部或部分地区不在南京的辐射范围之内。

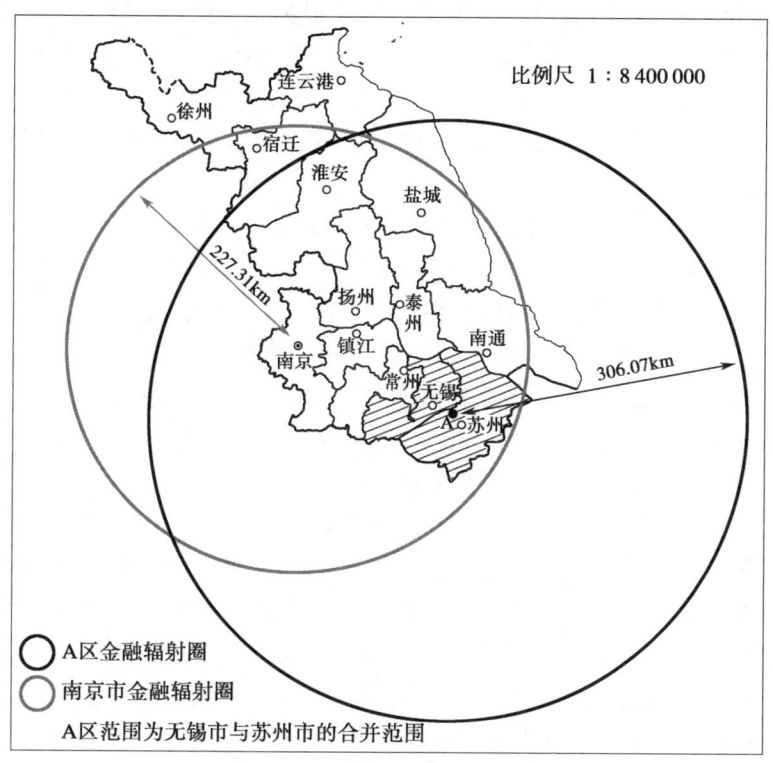

图 5.2　A 区、南京的金融辐射示意图

5.2.2.2　苏中、苏北 8 市的金融极及其辐射

对苏中、苏北 8 市进行金融竞争力分析，选择 X_1（金融从业人数）、X_2（金融机构数）、X_3（人均存款）、X_4（人均贷款）、X_5（储蓄存款）、X_6（上市公司数）、X_7（证券营业部数）、X_8（保费收入）、X_9（FIR）、

X_{10}（存款占比）、X_{11}（贷款占比）、X_{12}（保险密度）进行主成分分析。然后进行相关系数检验，发现 X_{11} 对其他因素相关度不高，继而对另外 11 个因素进行主成分分析，得到相关系数矩阵。

进行因子分析，得到初始解，发现所有变量的共同度都较高，各个变量信息丢失都较少，因此因子的提取比较理想。进行总方差分解后可以得到，第一个因子的特征根为 9.264，解释了 11 个变量总方差的 84.217%；第二个因子的特征根为 1.170，解释了 11 个变量总方差的 10.635%。两者累计方差贡献率为 94.852%。第三个因子以后的特征根都比较小，可以忽略，因此提取两个因子是合适的。

金融从业人数、金融机构数、储蓄存款、保费收入在第一个因子上有较高的载荷，第一个因子主要解释这几个变量；FIR、存款占比、人均存款、人均贷款、保险密度在第二个因子上有较高的载荷，第二个因子主要解释这几个变量。与载荷矩阵旋转前相比，因子含义较为清晰。可以写出因子得分函数：$F_1 = 0.891 \times$ 金融从业人数 $+ 0.891 \times$ 金融机构数 $+ 0.943 \times$ 人均存款 $+ 0.905 \times$ 人均贷款 $+ 0.965 \times$ 储蓄存款 $+ 0.916 \times$ 上市公司数 $+ 0.946 \times$ 证券营业部数 $+ 0.950 \times$ 保费收入 $+ 0.822 \times$ FIR $+ 0.920 \times$ 存款占比 $+ 0.938 \times$ 保险密度；$F_2 = -0.409 \times$ 金融从业人数 $- 0.443 \times$ 金融机构数 $+ 0.260 \times$ 人均存款 $+ 0.388 \times$ 人均贷款 $- 0.221 \times$ 储蓄存款 $- 0.068 \times$ 上市公司数 $- 0.197 \times$ 证券营业部数 $- 0.302 \times$ 保费收入 $+ 0.497 \times$ FIR $+ 0.341 \times$ 存款占比 $+ 0.203 \times$ 保险密度；$F = (87.217\% \times F_1 + 10.635\% \times F_2)/94.852\%$。由此可得表 5.5。

表 5.5 苏中、苏北 8 市金融竞争力排名

城市	F_1	排名	F_2	排名	F	排名
南通	18.687 13	1	−0.069 81	6	17.175 10	1
扬州	5.147 44	2	0.859 60	3	4.829 49	2
泰州	2.720 39	3	1.098 70	2	2.624 61	3
徐州	0.015 74	4	−2.075 97	8	−0.218 29	4

(续表)

城市	F_1	排名	F_2	排名	F	排名
淮安	−7.985 38	7	0.066 07	5	−7.335 20	7
连云港	−5.058 38	6	1.218 17	1	−4.514 63	6
盐城	−2.467 98	5	−1.331 88	7	−2.418 66	5
宿迁	−11.059 00	8	0.235 12	4	−10.142 40	8

由表 5.5 可知,因为扬州和泰州的得分相对于南通过低,因此假定南通对苏中、苏北地区具有一定的辐射力,可以通过简化的威尔逊模型来计算南通对苏中、苏北地区的辐射程度。先分别求出苏中、苏北各地级市金融资源占南通金融资源的比重 α,再列出各地级市到南通的距离 r,由此可以算出 β 系数。

表 5.6　南通金融辐射力的相关数据

城市	金融资源/亿元	α	r/km	β
南通	24 238.83	1	0	—
扬州	12 256.54	0.505 657	172	0.003 965
泰州	14 104.73	0.581 906	134	0.004 041
徐州	12 598.37	0.519 760	496	0.001 319
盐城	13 215.59	0.545 224	190	0.003 192
连云港	7 238.81	0.298 645	362	0.003 338
淮安	8 175.54	0.337 291	310	0.003 506
宿迁	6 310.07	0.260 329	395	0.003 407

根据表 5.6 可以算得南通金融辐射衰减因子 β 值平均为 0.003 253,D_k 取值于南通金融竞争力的得分,阈值 θ 取值 4.83,根据 $r_{jk}=\dfrac{1}{\beta}\ln\dfrac{D_k}{\theta}$,可得南通的金融辐射半径为 325.73 千米。徐州、连云港、宿迁部分地区不在辐射范围之内(图 5.3)。

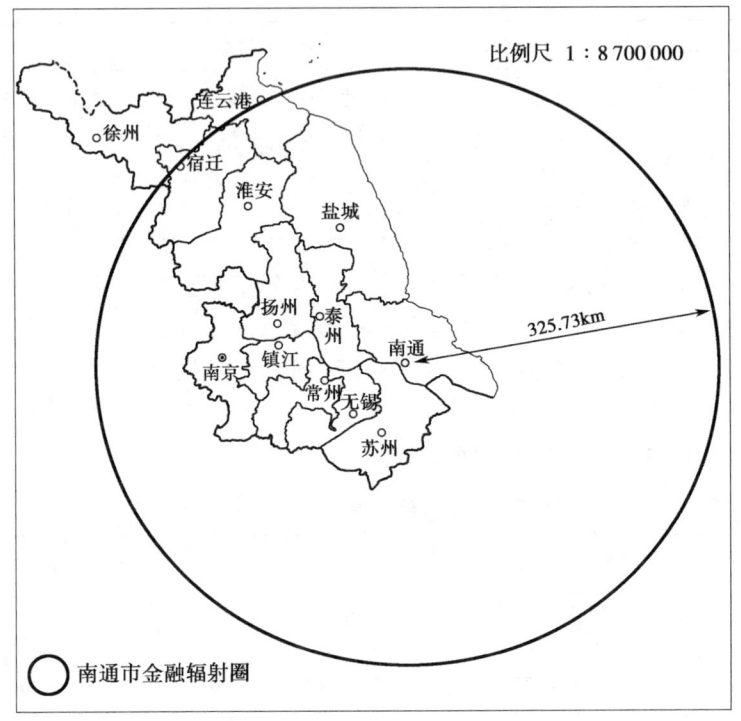

图 5.3　南通的金融辐射示意图

5.2.2.3　苏北 5 市的金融极及其辐射

对苏北 5 市进行金融竞争力分析,选择 X_1(金融从业人数)、X_2(金融机构数)、X_3(人均存款)、X_4(人均贷款)、X_5(储蓄存款)、X_6(上市公司数)、X_7(证券营业部数)、X_8(保费收入)、X_9(FIR)、X_{10}(存款占比)、X_{11}(贷款占比)、X_{12}(保险密度)进行主成分分析。然后进行相关系数检验,发现 X_4、X_9、X_{10}、X_{11} 对其他因素相关度不高,继而对另外 8 个因素进行主成分分析,得到相关系数矩阵。

进行因子分析,得到初始解,发现所有变量的共同度都较高,各个变量信息丢失都较少,因此因子的提取比较理想。进行总方差分解后可以看到,第一个因子的特征根为 6.884,解释了 8 个变量总方差的86.049%;第二个因子的特征根为0.626,解释了8个变量总方差的7.828%。两者累计方差贡献率为93.877%。第三个因子以后的特征根都比较小,可以忽略,因此提取两个因子是合适的。

金融从业人数、金融机构数、储蓄存款、保险密度在第一个因子上有较高的载荷,第一个因子主要解释这几个变量;上市公司数、证券营业部数在第二个因子上有较高的载荷,第二个因子主要解释这几个变量。与载荷矩阵旋转前相比,因子含义较为清晰。可以写出因子得分函数:$F_1＝0.985×$金融从业人数$＋0.974×$金融机构数$＋0.851×$人均存款$＋0.977×$储蓄存款$＋0.752×$上市公司数$＋0.915×$证券营业部数$＋0.986×$保费收入$＋0.955×$保险密度;$F_2＝-0.154×$金融从业人数$-0.077×$金融机构数$-0.389×$人均存款$＋0.050×$储蓄存款$＋0.570×$上市公司数$＋0.243×$证券营业部数$＋0.077×$保费收入$-0.229×$保险密度;$F＝(86.049\%×F_1＋7.828\%×F_2)/93.877\%$。由此可得表5.7。

表5.7 苏北各市金融竞争力排名

城市	F_1	排名	F_2	排名	F	排名
徐州	9.01885	1	0.30165	2	8.29196	1
淮安	-4.18967	4	-0.89208	5	-3.91469	4
连云港	-1.99260	3	-0.13860	4	-1.83800	3
盐城	5.01149	2	-0.08034	3	4.58690	2
宿迁	-7.84807	5	0.80937	1	-7.12616	5

由表5.7可知,由于区域范围较小,在苏北5市中,徐州的金融竞争力排名最高,因此假定徐州对苏北地区具有一定的辐射力,可以通过简化的威尔逊模型来计算徐州对苏北地区的辐射程度。先分别求出苏北各地级市金融资源占徐州金融资源的比重α,再列出各地级市到徐州的距离r,由此可以算出β系数。

表 5.8　徐州金融辐射力的相关数据

城　市	金融资源/亿元	α	r /km	β
徐　州	14 104.73	1	0	—
淮　安	8 175.54	0.579 631	196	0.002 782
连云港	7 238.81	0.513 219	214	0.003 117
盐　城	13 215.59	0.936 962	320	0.000 203
宿　迁	6 310.07	0.447 373	121	0.006 648

根据表 5.8 可以算得徐州金融辐射衰减因子 β 值平均为 0.003 188，D_k 取值于徐州金融竞争力的得分，阈值 θ 取值 4.586 90，根据 $r_{jk} = \frac{1}{\beta} \ln \frac{D_k}{\theta}$，可得徐州的金融辐射半径为 152.82 千米。连云港、淮安、宿迁部分地区和盐城全域不在辐射范围之内(图 5.4)。综上可知，不管是苏中的南通还是苏北的徐州对周边地区的辐射能力都相对较弱。

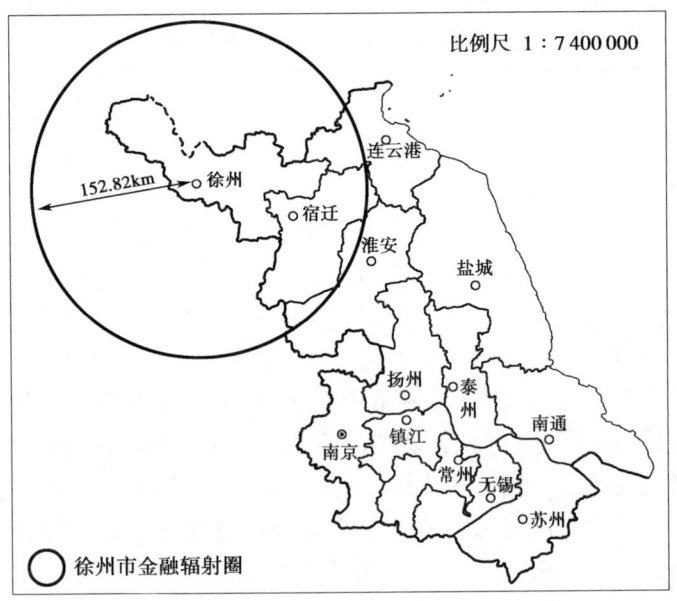

图 5.4　徐州的金融辐射示意图

5.2.3 跨越江苏行政区的金融极及其辐射

5.2.3.1 以徐州为例

一地区辐射能力强弱与否取决于两点：一是威尔逊模型中所涉及的辐射源能量和离辐射源的距离；二是一种相对观，本书称之为金融辐射的"S-E-M模型"[①]：如地球相对于太阳而言，只是太阳的行星之一，它是围绕太阳转的，对太阳的影响微弱；但地球相对于月亮而言，其地位发生了较大的转变，它对月球具有吸引力，月亮围绕地球转，地球对月球的影响较大。一个地区的金融辐射力也是相对的。如：徐州相对于整个江苏省而言，其辐射力较小，不如苏州和南京；但如果对徐州辐射力的研究突破了江苏行政区的限制，与周边的地级市（江苏省的宿迁、淮安、连云港，山东省的枣庄、临沂，河南省的商丘，安徽省的淮北、宿州、亳州）置为一体进行比较，则会有不同的结果，具体过程如下。

考虑到数据的可得性，本书选择 X_1（金融机构存款余额）、X_2（金融机构贷款余额）、X_3（储蓄存款）、X_4（上市公司数）、X_5（证券营业部数）、X_6（保费收入）、X_7（保险密度）、X_8（存贷比）、X_9（FIR）、X_{10}（存款占比）、X_{11}（贷款占比）、X_{12}（保险深度）进行主成分分析。然后进行相关系数检验，发现 X_7、X_8、X_9、X_{10}、X_{11}、X_{12} 对其他因素相关度不高，继而对另外 6 个因素进行主成分分析，得到相关系数矩阵。

进行因子分析，得到初始解，发现所有变量的共同度都较高，各个变量信息丢失都较少，因此因子的提取比较理想。通过总方差分解得到第一个因子的特征根为 5.277，解释了 6 个变量总方差的 87.957%；第二个因子的特征根为 0.478，解释了 6 个变量总方差的

[①] S-E-M模型：S代表太阳（sun），E代表地球（earth），M代表月亮（moon），主要的观点为金融辐射是相对的，若将研究对象置于不同的研究区域，则会有不同的研究结果，即不同的金融辐射力表现。

7.965%。两者累计方差贡献率为 95.922%。第三个因子以后的特征根都比较小,可以忽略,因此提取两个因子是合适的。

金融机构存款余额、金融机构贷款余额、储蓄存款、保费收入在第一个因子上有较高的载荷,第一个因子主要解释这几个变量;上市公司数、证券营业部数在第二个因子上有较高的载荷,第二个因子主要解释这几个变量。与载荷矩阵旋转前相比,因子含义较为清晰。可以写出因子得分函数:$F_1 = 0.992 \times$ 金融机构存款 $+ 0.949 \times$ 金融机构贷款 $+ 0.961 \times$ 储蓄存款 $+ 0.773 \times$ 上市公司数 $+ 0.960 \times$ 证券营业部数 $+ 0.974 \times$ 保费收入;$F_2 = -0.071 \times$ 金融机构存款 $- 0.194 \times$ 金融机构贷款 $- 0.135 \times$ 储蓄存款 $+ 0.630 \times$ 上市公司数 $+ 0.031 \times$ 证券营业部数 $- 0.137 \times$ 保费收入;$F = (87.957\% \times F_1 + 7.965\% \times F_2)/95.922\%$。由此可得表 5.9。

表 5.9　徐州周边四省 10 个地级市金融竞争力排名

城市	F_1	排名	F_2	排名	F	排名
徐州	10.830 94	1	0.288 40	5	9.955 53	1
淮安	−1.413 47	5	−0.824 43	10	−1.364 56	5
连云港	0.717 78	3	0.490 93	1	0.698 94	3
宿迁	−1.873 56	6	0.393 07	2	−1.685 35	6
枣庄	−2.248 96	7	−0.685 01	9	−2.119 10	7
临沂	8.084 64	2	−0.417 18	8	7.378 69	2
商丘	−1.308 05	4	0.338 06	3	−1.171 36	4
淮北	−4.479 90	9	0.302 99	4	−4.082 75	9
宿州	−3.637 04	8	0.197 75	6	−3.318 61	8
亳州	−4.672 40	10	−0.084 58	7	−4.291 44	10

由表 5.10 可知,以上诸市中徐州的金融竞争力排名最高,其次是山东的临沂,徐州对周边地级市具有一定的辐射力。我们分别求出周边地级市金融资源占徐州金融资源的比重 α,再列出各地级市到徐州的距离 r,由此可以算出 β 系数。

表 5.10 徐州对周边地级市金融辐射力的相关数据

城 市	金融资源/亿元	α	r/km	β
徐 州	14 104.73	1	0	—
淮 安	8 175.54	0.579 631	196	0.002 782
连云港	7 238.81	0.513 219	214	0.003 117
宿 迁	6 310.07	0.447 373	121	0.006 648
枣 庄	3 759.16	0.266 518	83	0.016 028
临 沂	13 183.77	0.934 705	176	0.000 384
商 丘	5 228.75	0.370 709	169	0.005 872
淮 北	2 671.30	0.189 390	62	0.026 709
宿 州	4 430.61	0.314 122	98	0.011 804
亳 州	4 311.93	0.305 708	126	0.009 406

根据表 5.10 算得 β 的均值为 0.009 194,根据 $r_{jk} = \dfrac{1}{\beta}\ln\dfrac{D_k}{\theta}$,算得徐州金融辐射半径为 287.10 千米,以上所有地级市都在徐州的辐射范围之内。徐州相对于其周边地级市而言,引力较大,辐射力较强;但在江苏省域范围,其引力相对较小,辐射力较弱。跨越了行政区的研究效果相对较好。

5.2.3.2 以南京为例

金融业已经成为南京的支柱产业,南京已聚集各类金融相关市场主体超过 1 000 家,其中银行类机构占比约为 8%(法人银行 14 家),证券类机构占比约为 12%(法人证券公司 2 家),保险类机构占比约为 12%(法人保险公司 3 家),地方金融组织占比约为 30%,基本形成了以银行、证券、保险为主导,各种新型金融业态共存的现代多元化金融组织体系。2020 年金融机构本外币各项存款余额 40 056.45 亿元,比上年增加 4 520.38 亿元,增长 12.7%。金融机构本外币各项贷款余额 38 189.99 亿元,比年初增加 4 472.67 亿元,增长 13.3%。其中住户贷款 13 454.41 亿元,比年初增加 1 874.64 亿元;非金融企业及机关团体贷款 24 552.46 亿元,比年初增加 2 603.95

亿元。2020 全年新增上市公司 12 家,总数达到 126 家。共有新三板挂牌企业 163 家。银行业金融机构 63 家,保险业金融机构 110 家,法人证券公司 2 家,法人期货公司 5 家。2020 全年实现保费收入 890.26 亿元,比上年增长 16.7%。分类型看,寿险收入 554.99 亿元,增长 20.9%;财产险收入 200.83 亿元,增长 6.7%;健康险收入 116.52 亿元,增长 21.0%;意外险收入 17.92 亿元,下降 7.7%。①

河西中央商务区(CBD)目前已经集聚了如首都银行、汇丰银行、友邦保险、丘博保险、太阳联合保险、台新融资租赁、永丰银行代表处等外资知名金融机构。2020 年,南京全市地区生产总值达到 14 817.95 亿元,人均可支配收入 60 606 元,经济社会发展迅速给金融业的发展带来了很大的空间,南京金融业实现增加值 1 837.42 亿元,占全市 GDP 的比重达 12.4%。区位是金融发展的空间,经济是金融发展的基础,制度是金融发展的环境,金融本身是金融发展的内核。南京推进金融集聚区建设有以下四大优势。

一是区位优势。南京的区位优势体现在三个方面:一是地理区位,南京位于长三角的北部,连贯东西,承接南北,有长江黄金水道的优势,公共交通四通八达,"1 小时都市圈"工程拉近了南京与周边城市的距离,货运、客运能力都比较强。二是区位科技文化,南京高校及科研院所数量位于全国第三,在宁高校有 53 所,各级工程技术研究中心有 444 家,2020 年专利授权量达到 76 323 件,比上年增长 38.8%。在长三角地区除上海外,其他城市的科技、智力、人才都难以与南京比肩。三是区位信息,南京是华东信息通信的中心城市,信息容量和信息交换量大,且南京又是江苏省会,重要信息快速易得。区位条件构成了南京金融发展的良好空间。

二是经济优势。2020 年南京按平均汇率折算的人均地区生产总值达到 24 636 美元,三大产业比例为 2.0∶35.2∶62.8,全年进出口总额为 5 340.21 亿元。南京在汽车制造、石油化工、电子信息、电力和生物制药方面产能优势明显,具有覆盖苏南、苏中、苏北、安徽部

---

① 资料来源:2020 年南京市国民经济与社会发展统计公报。

分地区的"商圈",与周边马鞍山、滁州、安庆、芜湖等城市有较强的经济联系,有相对较好的经济腹地。再者,南京还有总部经济优势,大型商业银行、股份制商业银行的省级总部集聚于此,总部经济的形成带来许多外溢效应,如产业集聚、产业关联、消费带动、就业乘数等,经济的健康快速发展构成了南京金融发展良好的基础。

三是制度优势。南京市政府提出"金融强市"战略,制定了《南京区域金融中心建设规划(2011—2020)》,在河西打造金融城,毫无疑问,政策的稳定性和连续性会被金融机构高度关注。金融机构在当地落户的最大障碍消除,金融机构将产生稳定的预期,进而选择落户南京。另一方面,南京积极制定区域金融中心建设发展专项资金的财政扶持政策,对金融组织和特定金融市场建设给予税收优惠,进一步完善宣传推广机制和招商创新机制,树立南京金融形象,加大金融招商力度;建立目标考核机制,确保南京区域金融中心建设有步骤地顺利实施。制度设计合理是南京金融发展的有力保障。

四是金融优势。南京是六朝古都,金融业发展较早,如南北朝时期的典当行、唐宋时期的钱庄、明清时期的票号,累积成南京较好的历史金融基础。1998年中国人民银行南京分行在宁成立,更是标志着南京金融地位的确立。如上所述,南京银行林立,证券、保险市场也具有相当规模,形成协调发展的有利格局,金融总量约占南京都市圈的1/3。银行在支持重大基础设施建设、特色行业和小微企业发展等方面,发挥了积极作用。资本市场支持地方经济发展日益活跃,加上多层次资本市场建设的推进,企业融资能力提升。保险业在服务实体经济和民生方面也发挥了重要的保障作用。南京所具备的金融优势是南京金融集聚区建设的核心基础。

南京推进金融集聚区建设具有较好的区位、经济、制度和金融优势,但金融集聚区建设并不是最终目的,而是要发挥金融集聚区的辐射作用,带动南京及周边地区的发展,但南京金融辐射能力如何,还需要进行测度。根据前面的测算,在江苏行政区范围内,南京金融辐射半径为191.11千米,徐州、连云港全部和苏州、南通、盐城、宿迁、淮安部分地区不在辐射范围内。

若将金融竞争力的测算放在南京都市圈①范围内,将得到不一样的结果。都市圈范围内仅有南京和扬州金融竞争力得分为正。金融竞争力也是相对的,南京的金融竞争力在都市圈范围内排名第一,得分远高于其他7个城市,具有绝对优势(表5.11)。我们分别求出南京都市圈各地级市金融资源占南京金融资源的比重 α,再列出各地级市到南京的距离 r,由此可以算出 β 系数。

根据表5.12算得 β 的均值为0.026 301,根据 $r_{jk} = \dfrac{1}{\beta}\ln\dfrac{D_k}{\theta}$,算得南京金融辐射半径为195千米,南京都市圈几乎所有地级市(除淮安部分地区)都在南京的辐射范围之内(图5.5)。南京相对于其周边地级市而言,引力较大,辐射力较强,在南京都市圈范围内的研究效果相对于在江苏行政区范围内的研究效果要好。

表5.11　南京都市圈金融竞争力排名

城市	F_1	排名	F_2	排名	F	排名
南　京	2.186 20	1	1.051 19	1	1.646 98	1
镇　江	−0.110 59	2	−0.190 16	8	−0.148 40	5
扬　州	−0.131 75	3	0.777 09	2	0.300 04	2
淮　安	−0.575 95	6	0.026 32	7	−0.289 81	8
马鞍山	−0.672 54	7	0.279 72	5	−0.220 13	6
滁　州	−0.886 74	8	0.498 97	3	−0.228 40	7
芜　湖	−0.633 39	5	0.460 19	4	−0.113 84	3
宣　城	−0.481 10	4	0.226 91	6	−0.144 73	4

表5.12　南京在南京都市圈金融辐射力的相关数据

城市	金融资源/亿元	α	r/km	β
南　京	70 319.64	1	0	—
镇　江	10 967.24	0.155 963	84	0.022 068
扬　州	12 256.54	0.174 298	108	0.016 176
淮　安	8 175.54	0.116 263	194	0.011 092

---

① 南京都市圈还包括常州的溧阳和金坛,但其属于县级市,此处不予考虑。

(续表)

城　市	金融资源/亿元	α	r/km	β
马鞍山	4 579.59	0.065 125	58	0.047 175
滁　州	5 321.90	0.075 682	55	0.046 931
芜　湖	7 966.51	0.113 290	109	0.019 980
宣　城	3 522.67	0.050 095	159	0.018 829

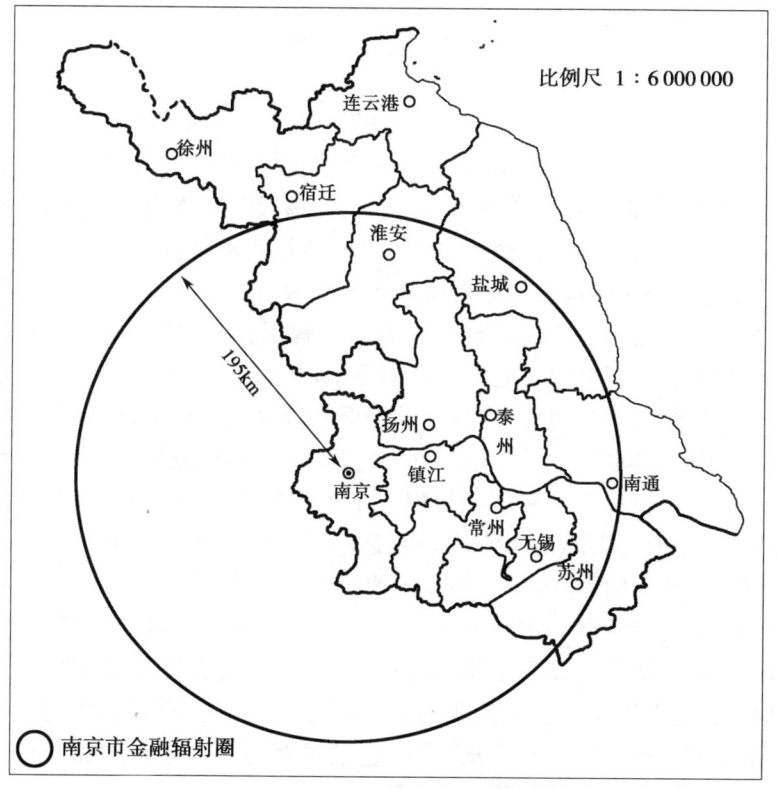

图 5.5　南京在南京都市圈的金融辐射示意图

但是,辐射半径不管是 191 千米还是 195 千米都说明南京的金融辐射能力有限,原因有两个:一是辐射源能量不强,二是存在接受辐射的阻力。从当前南京的现实条件来看,推进金融集聚区建设面临两大问题:一是金融总量和规模有待提高,二是配套环境有待改善。南京的外资金融机构集聚程度不够,仅仅有首都银行、比利时联合银行、渣打银行、恒生银行等少数国际性的金融机构,国际化水平需要提高;再者,南京的非银行金融机构发展水平低。南京被经济欠发达的地区包围,不能形成经济腹地支撑;南京都市圈经济一体化程度不高,还存在着影响要素资源流动的行政体制障碍。

5.3 结 论

由本章的实证可以看到:一是尽管苏州和南京,或者 A 区(苏州+无锡)和南京作为江苏金融的两大增长极,能够对苏中形成一定的辐射,但苏北的大部分地区不在它们的辐射范围之内;二是尽管南通在苏中、苏北地区具有相对较强的金融发展水平,但其辐射苏中、苏北的能力不够强;三是尽管徐州在苏北地区金融发展水平最高,但也不能对苏北其他地级市形成强有力的辐射;四是徐州和南京在经济圈的范围内辐射效果更好。原因在于,在阈值 θ 既定的情况下,江苏金融辐射力弱在两个方面:一是金融极能量 D_k 有限,即江苏金融极的金融发展水平还没有累积到一定程度,辐射源能量相对较低,如苏州和南京相较于上海金融辐射能量就比较弱;二是接受辐射的阻力 β 大,β 值考察的是辐射源与接受地的距离,因此空间距离必然是影响辐射效果的因素之一,如苏州到徐州的公路距离达 576 千米,到连云港的公路距离达 470 千米,南京到徐州的公里距离达 377 千米,到连云港的距离达 325 千米,即使苏州和南京的金融总量有进一步的增加,对徐州和连云港的辐射仍有可能呈现"鞭长莫及"之势。当然阻力不仅仅包括空间距离,接受金融辐射还有来自各地区开放程度、经济基础、政策环境等方面的阻力。

本章的研究区域是在江苏省域,因此,基于 13 个地级市、12 个地区(将苏州和无锡看成一整体)、苏中和苏北 8 个地级市、苏北 5 个地级市的分析结果有一定的片面性。因此,本章跨越了行政区的限制,根据 S-E-M 模型的要义,将徐州和江苏的宿迁、淮安、连云港,山东的枣庄、临沂,河南的商丘,安徽的淮北、宿州、亳州置为一体研究其辐射力,发现徐州的辐射力有所增强。辐射的基础是辐射源,而能量的大小是相对而言的,因此徐州金融辐射相对较弱是在江苏省域内相对较弱,变换研究空间则会有不同的研究结果,南京亦是如此。

对江苏金融极的辐射进行研究,是为了让欠发达地区更好地接受发达地区的金融辐射,发挥各自的比较优势,让生产要素冲破行政壁垒,在特定的经济区按照市场规律重新配置,让金融发展差异能够得到一定程度的消减。这可从以下两个方面着手。

第一,培育金融极,增加辐射能量。 一地区金融极的形成仅靠市场力是远远不够的,还需要政府的推动。江苏很多城市很早就明确提出建设金融集聚区的口号并取得了相应的进展,比如苏州、无锡、南京。其中,南京将河西建邺新城打造成重要的区域金融中心,苏州在金鸡湖两岸、无锡在太湖新城建设金融集聚区。江苏其他地区也建设了金融集聚区或金融街区,如:扬州市在广陵新城沿京杭大运河东岸,文昌大桥与江扬大桥之间 3 千米长、1 700 多亩土地上,打造金融集聚区;盐城市在聚龙湖至南纬路周边区域建设金融集聚区;泰州市也提出要加快建设金融集聚区;徐州市是全省三大金融集聚区建设重点之一。这说明江苏地方政府在培养金融增长极方面有着积极的努力和行动,以金融行业集聚作为一地区的增长点,带动该地区相关行业的发展,而行业发展又会强化金融集聚的效果,增加金融辐射的能量。

第二,实施地区间联动,减少辐射阻力。 辐射与接受辐射是一个相互作用的过程,而辐射的效果必然受到一定阻力的影响,减少阻力就需要实施地区间的联动——一是"联地",二是"联资",三是"联利",四是"联政",以此减少金融辐射的阻力。对于"联地",一是基础设施建设先行,便于联动区要素资源的流动,如苏通大桥、润扬大桥、泰州大桥、江阴大桥、长江二桥、长江三桥的建设和开通,对苏南地区与苏中地区的连接起到了巨大作用;二是推进信息网络化建设,为金融资源发挥作用提供硬件基础。"联资"对于金融跨区联动起核心作用,如为了推动沿海开发,需要金融支持,两地政府可以按一定比例出资成立投资公司,在此过程中"联利"和"联政"是合作的基础,跨区联动开发需要得到地方政府的支持,联动开发需要实现"双赢",联动区产生的税收和 GDP 可按约定的比例进入参与联动的地区,以此带动各地政府的积极性。区域协调发展要求从更高的区域层次进行资源配置,也就是在专业化分工的基础上,建设统一要素市场,促进资金、人才和技术等要素通过跨区流动实现最佳匹配,从而提高要素的产出效率。目前一些限制要素自由流动的制度障碍依然存在,基本公共服务在质量和数量上的不均衡更制约了落后地区的发展。统一要素市场的成熟完善要以基本公共服务的均等化为基础,在基础设施、义务教育、医疗卫生、社会保障等方面改善落后地区公共服务的供给,为欠发达地区吸引发展急需的人才、资金和技术提供保障。

研究金融辐射问题不能仅仅局限于某一特定的行政区,需要跨越行政区转向经济区,尤其是在实际应用研究中,应该多重视省际交界的地区,如江苏的南京、苏州和徐州。金融辐射力强与弱是相对的概念,一地区在江苏辐射力弱而有可能对交界的外省地区辐射力强,基于此,可以考虑在有条件的地区建立跨行政区的金融中心或金融集聚区,以此带动周边地区经济金融发展,逐渐消减金融发展的差异。

6 江苏市域金融发展对经济增长的作用机制及实证分析

前几章系统考察了江苏市域金融综合竞争力、金融集聚以及金融辐射等,在探讨江苏金融发展问题时,并不拘泥于"金融发展"本身,而是从金融系统的角度对江苏金融发展差异的诸多问题进行了研究。不足之处在于缺乏对金融系统功能的探讨。金融系统功能的表现是多方面的,本章深入江苏各个地级市,从金融发展对经济增长的作用入手,研究江苏市域金融发展对经济增长的作用有何不同之处。首先进行金融发展与经济增长相互关系的理论研究综述,在此基础上对金融发展与经济增长相互影响的机制进行阐述,最后基于13个地级市的数据进行实证分析。

6.1 金融发展与经济增长相互关系的研究综述

在金融发展与经济增长相关性的问题上,资本形成对于经济增长的重要性已得到证明。在哈罗德(Harrod,1939)和多玛(Dormar,1946)的模型中,资本在经济增长过程中起决定作用;索洛(Solow,1956)的新古典模型、新增长模型都把资本、劳动等全要素合力作用作为经济增长的关键因素,并肯定了资本积累对经济增长的重要作用;在罗默(Romer,1986)的内生增长理论中,资本是经济增长的重要因素。

6.1.1 国外研究综述

国外最早开始关注金融发展与经济增长之间关系的学者是白芝

浩(Bagehot)和熊彼特(Schumpeter)。白芝浩(Bagehot，1873)在其著作《银行家市场》中第一次详细论述了金融对经济的作用。他发现金融体系通过提供大型工业项目融通所需要的资本在英国工业革命进程中发挥了关键作用。熊彼特(Schumpeter，1912)主张功能完善的银行能够通过发现和支持具有较大成功概率的创新项目而刺激创新，进而推动经济增长。当时的研究只是从表面现象得出金融发展与经济增长之间是有一定相关关系的结论。熊彼特(Schumpeter，1939)还提出银行业和企业家是经济增长过程中的两个关键要素，银行是重要的，因为它们对企业家创新投资项目进行评估和融资。

经济增长理论一开始关注的是实物因素对经济增长的影响。这些因素包括资本、劳动力、土地等，以新古典经济增长理论为基础发展起来的内生经济增长理论模型，引入了技术、知识存量、制度等因素来试图解释经济增长的原因。其中金融体系可以看作经济增长的一个重要的内生变量。在20世纪50年代初期大量涌现的发展经济学文献中，许多研究更多地关注金融资源如何有效地使用以刺激经济增长，较少考虑如何动员国内储蓄以及如何将储蓄有效地向投资转化。到了50年代中期，金融结构以及金融中介如何促进经济增长开始受到关注。比较有代表性的是格利和肖，他们认为金融中介可以通过动员储蓄以及提供信贷增加可用于投资的资金量。动员储蓄和提供信贷的功能越有效，一国的经济增长潜力就越大。他们还建立了模型，从发展中国家经济的各个方面都很落后的现实出发，集中关注怎样将发展中国家一个部门的剩余储蓄转化为另一个企业家丰富的部门有效投资。

自从1969年戈德史密斯和1973年麦金农与肖开创了"金融发展"和"金融深化"这一新研究领域以来，金融体系在经济增长中优化资源配置的作用引起了越来越多的经济金融学家的兴趣和重视。戈德史密斯开创性地建立了比较金融分析的理论框架，从金融与经济之间的内在关系中高度概括出金融发展道路的同一性，他的FIR指标变化趋势表明：在经济发展水平较低的时期，金融对经济的贡献主要靠数量型发展；在经济发展水平相对较高时，金融对经济的影响主要靠质量型发展。麦金农和肖提出了著名的麦金农和肖模型(M－S模型),该模型的主要思想是:优先发展和统一发展中国家的货币市场和股票市场,以保证投资的经济回报率所具备的金融基础。本意是为了促进项目投资和经济增长的低利率政策,实际上却限制了发展中国家金融工具和金融市场的发展,使得资源配置效率大为低下。所以他们的模型认为发展中国家应该提高货币和"组织化"的经济部门及其他金融资产的真实回报率,并且强调发展中国家金融市场的发展。

帕特里克(Patrick,1966)是最早提出金融发展与经济增长因果关系的人,之后越来越多的学者渐渐把兴趣落在谁是因、谁是果的研究上了。帕特里克把关于金融发展和经济增长关系的观点分成两类:主张金融发展能促进经济增长的叫作供给主导(supply-leading),主张金融发展只是经济增长对金融服务需求的被动反映的称为需求遵从(demand-following)。卡梅隆(Cameron,1967)提供了详细的、有关在成功工业化进程中金融和经济发展之间互动关系的案例研究,他认为金融体系既可以引导经济增长也可能受经济增长的引导,但他更强调金融服务的质量。

金和莱文(King and Levine,1993)在金融中介促进经济增长的实证研究方面做了开创性的工作。他们从金融功能的角度入手,研究金融中介发展对全要素生产力的影响。他们的研究在金融功能的计量上取得了突破性的进展,一共设计了四个金融中介的指标来反应金融中介提供的服务:一是深度(depth)指标,即流动性负债/GDP;二是银行(bank)指标,即存款货币银行的国内资产/存款货币银行和中国人民银行的国内总资产;三是私人(private)指标,即国内私人部门的信贷额/总的国内信贷额;四是另一私人(privy)指标,即国内私人部门的信贷额/GDP。另外还有四个关于经济增长的指标:一是人均真实GDP增长率;二是资本存量平均增长率;三是人均真实增长率与0.3×资本平均增长率之间的残差,表示生产率改进;四是国内总投资/GDP。阿瑞斯蒂斯和德米特里亚德(Arestis and Demetriades,1997)用时间序列分析代替传统的交叉国家分析法,结合约翰森

(Johansen)的协整检验对德国和美国进行了比较研究。其结论是：在德国，以银行为主的金融发展对经济增长具有重要促进作用；在美国，金融发展对经济增长的作用不显著，GDP 对银行体系的发展和股票市场的发展具有显著的促进作用。莱文和泽沃斯(Levine and Zervos,1998)研究了股票市场、银行与经济增长的关系，研究结果显示出不同的金融指标对于经济发展作用的巨大差异性，如银行业提供的金融服务不同于股票市场提供的服务，股票市场不同的特点与经济增长关系各异等。诺伊塞尔和库格勒(Neusser and Kugler, 1998)以及瓦赫特尔(Wachtel, 1998)利用时间序列数据，贝克、莱文和洛艾萨(Beck, Levine and Loayza, 2000)利用面板数据，莱文(Levine, 1999)利用工具变量法，研究了金融发展与经济增长之间的关系。劳和辛格(Law and Singh, 2014)的研究均稳健地说明金融发展与经济增长间存在倒 U 形关系。切凯蒂和哈鲁比(Cecchetti and Kharroubi, 2015)对发达经济体的数据进行研究发现，金融部门的快速扩张对研发强度较高的行业的负面作用更明显。

6.1.2 国内研究综述

国内的研究文献中，谈儒勇(1999)对我国金融发展与经济增长的实证研究具有开创性意义，他通过对我国 1993—1998 年季度数据的研究发现，我国的金融中介发展与经济增长有着显著的正相关关系，但金融市场的发展与经济增长的关系并不显著。伍海华(2002)采用因子分析法进行研究，发现我国经济增长的启动在很大程度上取决于资金积累能力和引入外部资金的能力，我国的区域经济和金融呈现出明显的二元结构。韩廷春(2002)主要从储蓄与投资的关系来进行分析研究，得出金融发展与经济增长的关联机制是：经济的增长与收入水平的增长提高了储蓄水平，而金融发展提高了储蓄率与储蓄、投资转化率，从而增加了投资，投资增加可以使生产扩大，从而促进经济增长。周立、王子明(2002)通过对中国东、中、西三大区域 1978—2000 年的数据的研究发现，中国的区域金融发展与区域经济增长关系密切，金融发展有利于长期的经济增长；他们还发现，一个地区金融发展初始条件低会对其长期的经济发展不利。郑长德(2003)对我国地区金融发展与经济增长关系进行了格兰杰(Granger)因果关系检验,对金融发展与经济增长关系进行了回归分析。结论表明,我国股票市场和金融发展指标在不同地区对经济发展所起的作用是不一样的:东部地区较快的经济发展为股票市场的发展奠定了良好的基础,股票市场的发展又反过来对经济增长起了良好的促进作用;而在中西部地区,股票市场对经济增长的作用是非常微弱的。周立(2004)在对中国各地区1978—2000年金融发展与经济增长的关系进行实证研究后发现,中国各地区金融发展与经济增长关系密切,促进金融发展有利于长期经济增长。孔祥毅(2006)认为金融发展与经济增长之间存在着紧密的互动关系,且这种关系不仅体现为经济增长对金融发展的促进作用,而且越来越清晰地表现出金融发展对经济增长的带动作用,即金融发挥了先导作用。胡海峰、王爱萍(2016)对金融发展与经济增长的研究进行了展望,认为应重点关注金融与实体经济的协调发展,研究金融发展对不同经济部门的影响,在模型中加入环境质量、技术创新等变量可逐渐打开全要素生产率的黑箱,探索金融发展对经济增长作用的内在机制。贾俊生等(2017)的研究表明,信贷市场发展能显著促进创新,且创新是金融支持经济增长的重要渠道,但资本市场作用有限。黄宪等(2019)考察了不同法系特征及其影响机制下,金融发展对经济增长的促进作用及持续性效果的差异。庄毓敏等(2020)通过在一般均衡模型中引入银行部门,考察了金融发展对企业创新和经济增长的影响,发现金融发展可以提高经济中储蓄向投资转化的效率,缓解信息不对称,有效降低研发部门的外部融资成本,从而促进企业增加研发投入,并推动经济实现更高速的增长。

  国内外不管是研究金融发展对经济增长的作用,还是经济增长对金融发展的作用,不管是理论研究,还是实证研究,大多数都只探讨金融发展与经济增长的作用关系,并没有解开"是鸡生蛋,还是蛋生鸡"这样一个谜团。本书并不纠结于这个问题,而是具体探讨金融发展和经济增长二者相互作用的具体机制。

6.2 金融发展和经济增长相互影响的机制分析

金融发展和经济增长相互影响的机制具体来说分三部分内容：一是金融发展影响经济增长的机制，二是经济增长影响金融发展的机制，三是金融发展与经济增长相互作用的机制。

6.2.1 金融发展影响经济增长的机制

传统的金融发展理论在研究金融发展与经济增长的关系中所建立的经济增长模型有些缺陷：M-S 模型以及后来扩张的理论模型只承认金融发展影响经济增长而否定反过来受经济增长的影响，原因在于它们是以新古典货币经济增长模型、哈罗德—多马模型为基本立足点。麦金农模型就是将帕廷金、托宾等人的新古典货币经济增长模型中假定的货币与其他资产的替代关系，改为"互补"关系，从而推导储蓄积聚的主要形式——货币积聚对经济增长的促进作用。肖的模型包括了哈罗德—多马模型中的储蓄和资本产出比率，但哈罗德—多马模型对总量生产函数形式的限定和假设条件过于严格，因此提出的政策主张也过于激进。

直到 20 世纪 80 年代，内生增长模型的兴起为金融发展与经济增长的理论研究提供了新的空间，罗默（Romer, 1986）和卢卡斯（Lucas, 1988）两篇经典论文的发表是内生经济增长理论形成的标志。他们强调技术进步、人力资本的作用并将其引入内生增长模型中，得出一些结论：经济增长是经济体内生因素作用的结果，而不是外部力量推动的结果，内生技术变化是经济增长的决定因素。在此基础上，20 世纪 90 年代，金融发展理论将内生增长与内生金融中介或金融市场并入金融发展模型中，建立了各种各样的模型，从不同角度阐释了金融发展与经济增长的关系，得出的结论基本是一致的——金融发展与经济增长相互促进。

20 世纪 90 年代以来，金融发展作用于经济增长的相关文献逐渐增多，本书选取马科·帕加洛的框架——AK 模型，阐述金融发展对经济增长的促进作用的有关理论。

假设 g 是经济增长率，Y_t 为 GDP，K_t 是总资本存量，I_t 是总投资，S_t 为总储蓄，A 为资本的边际产出率，ϕ 指的是储蓄转化为投资的比例，s 为储蓄率。假定存在线性函数：

$$Y_t = AK_t \tag{6.1}$$

假设人口规模是静态不变的，经济中只有一种产品，该产品既可以用于投资也可以用于消费，如果用于投资，每期以 δ 计提折旧，那么总投资为：

$$I_t = K_{t+1} - (1-\delta)K_t \tag{6.2}$$

在没有政府的封闭的两部门经济中，资本市场在总储蓄 S_t 等于总投资 I_t 时达到均衡。假设总储蓄 S_t 中有 $(1-\phi)$ 的部分在金融中介过程中损失，那么：

$$I_t = \phi S_t \tag{6.3}$$

$$\phi S_t = K_{t+1} - (1-\delta)K_t$$

左右两边同时除以 K_t，可得：

$$\frac{\phi S_t}{K_t} = \frac{K_{t+1}}{K_t} - \frac{(1-\delta)K_t}{K_t} \tag{6.4}$$

又因为 $S_t = sY_t$，所以：

$$\frac{K_{t+1}}{K_t} - 1 = \frac{\phi s AK_t}{K_t} - \delta = \phi s A - \delta \tag{6.5}$$

设 g_{t+1} 为 $(t+1)$ 期的增长率，那么：

$$g_{t+1} = \frac{Y_{t+1}}{Y_t} - 1 = \frac{AK_{t+1}}{AK_t} - 1 \tag{6.6}$$

去掉时间下标：

$$g = \phi s A - \delta \tag{6.7}$$

可以得出金融发展通过影响储蓄转化为投资的比例 ϕ、资本的边际产出率 A 或储蓄率 s 来影响经济增长率 g。

经济增长的机制也可以从另一个角度看：

$$g = \frac{\Delta Y_t}{Y_t} = \frac{\Delta Y_t}{\Delta K_t} \frac{\Delta K_t}{Y_t} = \frac{\Delta Y_t}{\Delta K_t} \frac{I_t}{Y_t} = e_t \frac{\phi S_t}{Y_t} = e_t \phi s \qquad (6.8)$$

其中，$e_t = \frac{\Delta Y_t}{\Delta K_t}$，为"资本边际产出"，即每增加一个单位的资本所增加的产出。

从理论上加以阐释，具体如下：

第一，金融发展影响储蓄率。金融发展影响经济增长是通过改变储蓄率实现的，发展经济学家认为，对广大的发展中国家而言，在劳动、资本与自然资源等生产要素中，资本一直是最稀缺的资源，通常只有成功解决了资本形成的问题后，才能在其他要素的配合下摆脱贫穷落后的状况。如卢森斯坦·卢丹的"大推进"理论、罗斯托的"起飞"理论、纳克斯的"贫困的恶性循环"理论以及利本斯坦的"临界最小努力"理论等，无一不强调资本积累、资本形成的重要性。麦金农和肖的早期研究认为金融发展会增加储蓄和促进经济增长，但也有不同观点：本奇文加和史密斯（Bencivenga and Smith，1991）的研究就表明，银行的出现会降低储蓄率；杰派利和帕加诺（Jappelli and Pagano，1992）认为流动性约束提高了储蓄率，因为年轻的居民不能如他们所想要的那样不储蓄。影响储蓄率的因素有很多，如偏好、年龄、性别、对未来的预期等，再者，当资本市场发展时，居民能获取更好的替代品抵御禀赋冲击，且有更好的风险收益比，消费信贷能更容易、更廉价地获得，金融发展也能使存贷利差变小，这些因素都会影响储蓄行为。金融发展一方面可以从分散的储蓄者手中更好地动员储蓄，使得投资增加，但另一方面，由于收入效应和替代效应，较大范围的风险分散和流动性的提高也有可能减少储蓄，因此上述每一个因素对储蓄的影响都是不确定的。笔者认为并非储蓄率越高，对经济增长就越好，因为金融发展与储蓄的关系不确定，在这种情况下，金融发展与经济增长的符号关系也不确定。

第二，金融发展促进储蓄向投资转化。从根本上来说，资本来源于居民储蓄,在动员众多分散的居民将储蓄转化为投资的过程中,不可避免会存在交易成本和信息成本。那么1元的储蓄带来的投资少于1元,损失掉的$(1-\phi)$以存贷利差的形式流向存款机构,以佣金、手续费等形式流向证券经纪商和交易商。所以一地区有充足的储蓄数量固然重要,但储蓄转化为投资的比例ϕ和投资资本的边际效率也非常重要。如果金融机构、金融市场得以发育完善,政府管制逐渐适度放松,那会使金融部门运作效率大为提高,所吸收的资源也会相应减少,ϕ提高,从而经济增长率g也会提高。

第三,金融发展提高资本边际产出。提高资本边际产出主要从两个角度进行:一是消减信息不对称,二是分散风险。

首先,信息对于提高资本边际产出起着关键性作用,因为信息是交易进行的重要保证条件,特别是对于交易价格形成更加重要。但信息不容易获取,需要花费成本。信息具有分散性、离散性和不确定性等特征,使得交易过程中人们很难掌握完全信息。金融系统通过两种机制提供信息:一是各种金融价格,如股票价格、利率、汇率,形成一种公共信息,这就减少了不确定性,也为交易决策的形成提供了参照基础;二是通过专门的金融机构收集、整理和加工信息,节约了信息分散收集的成本。其原因在于:可以利用专业化优势,加快相关信息的积累速度,减少信息收集的总成本;规模经济使得分散到单位交易上的成本降低;减少重复收集信息的成本。博伊德和普雷斯科特(Boyd and Prescott,1986)认为在获取关于一个投资项目或一个企业家的信息需要一笔固定成本的时候,如果没有金融中介,每个投资者都会支付这一固定成本,在存在金融中介的前提下,个体将会利用或加入这一金融中介以便经济地收集和处理信息。国内殷剑锋(2006)认为家庭通过中介进行投资可以在成本较低的情况下产生三大好处:资产得以充分分散,流动性有保障,获得企业信息和监督企业家。金融发展是具有价格发现功能的,当然,要使价格具有信息功能就要有"摩擦"的存在:第一,当事人是理性的,他们并不能掌握关于未来的所有信息;第二,市场的运转速度不是无限快的,在达到均衡价格前存在足够的套利时间。此外,有一部分市场不存在也是价格具有信息功能的原因,以隐含波动率的应用为例,公司待建项目通常无法拿到市场上进行交易,因此对待建项目的评估就很困难,但在股票市场运转良好的情形下,可以通过公司股票价格来推测项目的风险,因为公司股票反映的公司价值包含待建项目。在市场中不对称信息的存在,导致公司在需要进行外部融资时面临"柠檬市场"问题,当然不对称信息也会导致公司内部治理出现道德风险问题,而证券设计、金融创新可以有效地缓解这些问题,如"柠檬市场"问题可以通过发行可转换债来缓解,因为发行可转换债表明公司内部人员相信公司股票价格未来会上涨,因而可转换债最终会变成股票,不会在将来使公司陷入财务困境。对于公司内部治理也可以采取股票期权等措施。综上所述,利用金融工具设计、金融创新可以在一定程度上缓解信息不对称,从而促进资本边际产出提高。

其次,金融中介还能通过分散投资者风险来影响他们的储蓄和投资决策,银行把存款人的流动性风险汇集起来,把大部分资金投入流动性更差但生产率更高的项目,保险市场能对发生风险事故的投保人或受益人提供保险保障。格林伍德和约旺诺维克(Greenwood and Jovanovic,1990)提出,资本可以投入安全但收益低的项目,也可以投入风险大但是收益高的项目。所以金融中介可以通过大量的资产组合来实现安全性和收益性的统一,从而提高资本配置效率。莱文(Levine,1991)认为除了银行中介外,投资者也可通过金融市场来分散流动性风险,如个人可以通过在股票市场上出售股份而不是从银行取款来缓解流动性的异质冲击,投资者也可以通过股票市场的证券组合来降低股票收益率不确定性带来的风险,所以他认为股票市场的建立有助于提高投资效率和经济增长率。本奇文加和史密斯(Bencivenga and Smith,1991)认为银行通过消除流动性风险,在风险冲击可观察的条件下,促进了资本分配的平衡,提高了对非流动、高收益项目的投资,并以此促进了经济增长。拉詹和辛格斯(Rajan and Zingales,1998)认为,金融机构与金融市场有助于公司克服逆向选择和道德风险问题,从而减少公司外部筹资成本,因此金融发展应该非均衡地帮助那些主要依靠外部融资增长的公司。

尽管金融发展会对资本边际产出产生影响,但实际部门经济效率的提高更多地依赖于投资增加与资本积累过程中所表现出来的外部经济,这种经济的外部性使得资本的边际产出不再下降,从而出现资本的产出弹性超过其收入份额,规模收益递增的现象。这种外部经济来源于知识的积累和技术的提高,来源于人力资本与研发资本水平的提高。总体来说,金融发展对经济增长的作用是金融功能的具体体现。

6.2.2　经济增长影响金融发展的机制

第一,收入效应。随着经济增长,国民收入会提高,收入的增加会使得储蓄增加,这是资本形成的基础,而良好的资本形成又会促进经济的发展。随着社会财富的上升,为了财富的保值和增值,为了规避风险,必然会对金融产品和服务产生更多的需求。在存在着市场空间的前提下,金融机构必然会进行金融产品和金融服务的创新,增加供给,从而促进金融发展。

第二,集聚效应。经济增长会产生要素资源的集聚效应,与经济增长伴生的还有城市化进程的加快、产业的集聚,人们的投资热情会上升,而这些都会产生与之相对应的金融需求。城市化进程的加快必然汇集越来越多的人口,人口的集中会增加商品和服务的消费需求,那么与之相对应的金融服务需求也随之上升。同样地,消费需求的增加会刺激生产性和服务性投资的增加,进一步地促进该地区经济增长,使该地区集聚金融资源的能力加强。产业集聚的过程,实际就是资金、信息、人才等要素集聚的过程,产业集聚的优势在于能够产生规模经济优势,金融为产业服务,同样能够获得规模报酬优势;另一方面,金融业也是一种产业,金融本身的集聚能产生更大的溢出效应。在经济上行的时候,人们会比较乐观,生产投资的热情会高涨,对金融产品和服务的需求也会上升,这是"投资热情"的集聚(图6.1)。但也因为如此,在经济上行的时候会产生很多"庞氏企业""庞氏骗局",这也是金融风险集聚的原因。

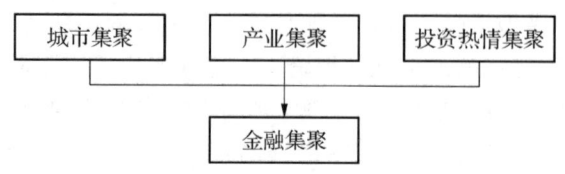

图 6.1　金融集聚机制

第三,外溢效应。经济增长到一定的阶段,虽然存在一定的风险,但也存在着正能量。这种能量一方面能够对外部资源产生吸引力,也就是集聚效应;另一方面又能够对周边地区产生辐射力,形成溢出效应。也就是说一地区经济增长集聚到一定程度,就会往周边地区扩张,必然会有卫星城市的出现以及产业的分工转移,与之相伴的则是金融产品和服务的跟进。这对于周边地区金融发展而言,是一种助推力。

6.2.3　金融发展与经济增长相互作用的机制

正如帕特里克所言,供给主导主张金融发展能促进经济增长,需求遵从主张金融发展只是经济增长对金融服务需求的被动反映。值得注意的是,供给主导抑或需求遵从只是金融发展与经济增长的主导作用在不同时间、不同空间的表现不同而已。供给主导强调金融发展的主导作用,并不影响经济增长对金融发展的作用;而需求遵从强调经济增长的主导作用,同样也不影响金融发展对经济增长的作用。金融发展与经济增长相互作用的机制表现为:经济增长促进收入和储蓄的增加,这是金融发展的基础,金融发展有利于储蓄向投资转化,生产投资的增加又会增加对金融产品和服务的需求,推动金融发展,促进资源配置效率的提高,这会进一步促进经济增长。若这个过程能形成良性循环,那么金融发展与经济增长相互作用的结果会不断优化。

6.3 江苏市域金融发展影响经济增长的实证分析

在金融发展的研究中,戈德史密斯(Goldsmith,1969)的著作以及金和莱文(King and Levine,1993)的论文具有划时代的意义。他们均研究的是金融中介体与经济增长的关系。戈德史密斯通过检验 35 个国家在 103 年间(1860—1963 年)的数据,发现金融发展与经济增长一般是同时发生的。卡恩(Khan,2000)认为,金和莱文的论文是对戈德史密斯研究的继承与扩展,并解决了戈德史密斯研究中的很多问题。本书并没有参照戈德史密斯以及金和莱文的指标,而是将指标设置简单化,选择国内生产总值 GDP 为经济增长指标,选择金融相关比率 FIR 为金融发展指标,取各自的自然对数值进行实证。

6.3.1 江苏各地级市金融发展影响经济增长总量的分析

对 2001—2011、2011—2020 两个时间段江苏各地级市 GDP 与 FIR 进行一元线性回归,数据取自然对数,拟合 lnGDP 与 lnFIR 的线性关系,以 lnGDP 作为因变量,lnFIR 为解释变量。假定:

$$\ln \text{GDP}_i = a + b \ln \text{FIR}_i \,(i=1,2,\ldots,n) \quad (6.9)$$

取 $\alpha=0.05$,2001—2011 年,自由度 $v=n-2=11-2=9$,查 R 检验表得 $R_{0.05}=0.602$,F 的临界值 $F_{0.05}=5.12$,查 DW 检验表,$d_U=1.3240$,$d_L=0.927$;2011—2020 年,自由度 $v=n-2=10-2=8$,查 R 检验表得 $R_{0.05}=0.632$,F 的临界值 $F_{0.05}=5.32$,查 DW 检验表,$d_U=1.320$,$d_L=0.879$。在此基础上,分别对江苏 13 个地级市进行 lnGDP 与 lnFIR 的简单回归,再分别进行相关系数 R 检验、显著性 F 检验、标准离差 T 检验以及 DW 检验,验证结果的显著性,给出实证结果,并画出散点图。对江苏 13 个地级市分别做了分析之后,进行汇总。

表 6.1 金融发展影响经济增长的实证结果

城 市	T 检验 2001—2011	T 检验 2011—2020	R 检验 2001—2011	R 检验 2011—2020	F 检验 2001—2011	F 检验 2011—2020	DW 检验 2001—2011	DW 检验 2011—2020
苏 州	√	√	√	√	√	√	—	√
无 锡	√	×	√	×	√	×	—	×
常 州	√	√	√	√	√	√	—	×
南 京	×	√	×	√	×	√	×	√
镇 江	√	√	√	√	√	√	—	×
南 通	√	√	√	√	√	√	×	×
扬 州	×	√	×	√	×	√	×	×
泰 州	√	√	√	√	√	√	×	—
徐 州	√	√	×	√	√	√	√	×
淮 安	√	√	√	√	√	√	√	×
连云港	√	√	√	√	√	√	×	×
盐 城	×	√	×	√	×	√	×	—
宿 迁	√	√	√	√	√	√	√	√

注:"√"表示通过检验,"×"表示没有通过检验,"—"表示无法检验。

由表 6.1 可以看出,在 2001—2011 年,南京、扬州、徐州、盐城均不能通过线性关系的检验,即以 lnGDP 为因变量,lnFIR 作为解释变量解释力不够,也就是说以上四个地级市金融发展对其经济发展的解释力不够;反而淮安和宿迁两市都能通过线性关系的检验,证明其金融发展对经济发展的解释力较强;南通、泰州、连云港虽通过了相关系数 R 检验和显著性 F 检验,但 DW 检验没有通过,说明其存在系列一阶自相关;苏州、无锡、常州、镇江四个地级市也通过了标准离差 T 检验、相关系数 R 检验和显著性 F 检验,但 DW 检验无法进行。在 2011—2020 年,仅无锡不能通过线性关系的检验;苏州、南京和宿迁均能通过线性关系的检验;其余地级市均能通过标准离差 T 检验、相关系数 R 检验和显著性 F 检验,但是常州、镇江、南通、扬州、徐州、淮安、连云港 7 个地级市不能通过 DW

检验,说明其存在系列一阶自相关,泰州、盐城无法进行 DW 检验。具体回归模型如下(表6.2)。

表6.2 江苏各地级市 lnGDP 与 lnFIR 的线性回归模型

时间	排序	城市	lnGDP 与 lnFIR 的线性回归模型
2001—2011	1	宿 迁 淮 安	$lnGDP_{sq}=5.89579+3.377182 \, lnFIR_{sq}$ $lnGDP_{ha}=5.286729+5.179712 \, lnFIR_{ha}$
	2	苏 州 无 锡 常 州 镇 江	$lnGDP_{sz}=5.847544+3.407311 \, lnFIR_{sz}$ $lnGDP_{wx}=6.026916+2.898147 \, lnFIR_{wx}$ $lnGDP_{cz}=3.987734+4.397102 \, lnFIR_{cz}$ $lnGDP_{zj}=5.14271+3.912615 \, lnFIR_{zj}$
	3	南 通 泰 州 连云港	$lnGDP_{nt}=4.677512+4.227511 \, lnFIR_{nt}$ $lnGDP_{tz}=4.643387+4.723184 lnFIR_{tz}$ $lnGDP_{lyg}=4.963446+3.153564 \, lnFIR_{lyg}$
	4	南 京 扬 州 徐 州 盐 城	不能通过检验
2011—2020	1	宿 迁 苏 州 南 京	$lnGDP_{sq}=6.624+1.925 \, lnFIR_{sq}$ $lnGDP_{sz}=6.841+2.483 \, lnFIR_{sz}$ $lnGDP_{nj}=4.666+2.980 \, lnFIR_{nj}$
	2	泰 州 盐 城	$lnGDP_{tz}= 6.573 + 2.195 \, lnFIR_{tz}$ $lnGDP_{yc}= 7.558 + 1.306 \, lnFIR_{yc}$
	3	淮 安 常 州 镇 江 南 通 连云港 扬 州 徐 州	$lnGDP_{ha}=7.099+1.549 \, lnFIR_{ha}$ $lnGDP_{cz}=5.320+3.518 \, lnFIR_{cz}$ $lnGDP_{zj}=7.260+1.126 \, lnFIR_{zj}$ $lnGDP_{nt}=5.364+3.736 lnFIR_{nt}$ $lnGDP_{lyg}=6.378+1.948 \, lnFIR_{lyg}$ $lnGDP_{yz}= 6.004 + 3.453 \, lnFIR_{yz}$ $lnGDP_{xz}= 7.960 + 1.366 \, lnFIR_{xz}$
	4	无 锡	不能通过检验

从相关系数来说,2001—2011年,宿迁最高,为0.992,扬州最低,为0.206;2011—2020年盐城最高,为0.974,无锡最低,为0.431,见图6.2。

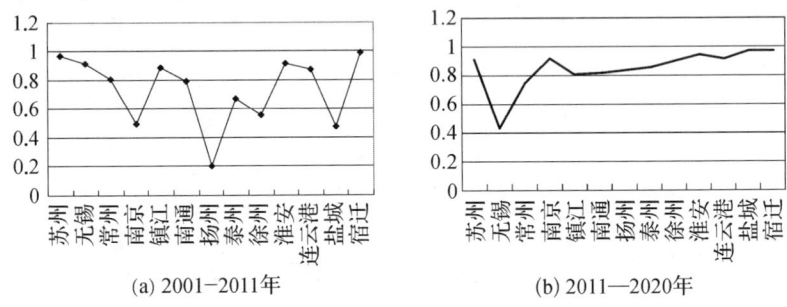

图6.2 江苏各地级市回归模型相关系数

第一,从江苏各地级市 lnFIR 与 lnGDP 的简单线性回归结果来看,相关系数0.8以上的地级市可分为两类,以2001—2011年为例:第一类是苏州、无锡、常州、镇江、南通,第二类是淮安、连云港和宿迁。第一类地级市经济的发展带来金融资源集聚,而金融集聚的结果又加强了经济的发展。在第二类地级市主要是近些年金融供给力度的加大,带动了相关产业和行业的发展,由此推动了经济发展。这也说明在江苏境内存在着两种不同的金融促进经济增长的模式(图6.3):需求遵从(第一类)、供给主导(第二类)。

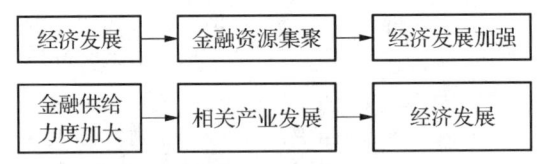

图6.3 金融促进经济发展的两种模式

第二,部分城市 lnFIR 和 lnGDP 的相关性不高,金融发展对经济增长的解释力不强,例如2001—2011年,南京、扬州、徐州和盐城这四个地级市的相关系数都在0.6以下,有两方面原因:一是金融发展促进经济增长,但推动这四个地级市经济增长的还有其他因素;二是上述四个地级市不管是需求遵从还是供给主导的过程都没能实现或者实现不够好，原因在于金融发展都未能与其他因素相结合，发挥对经济增长的协同作用，如当地缺乏良好的经济基础、区位、制度等。

第三，泰州（2001—2011年）和常州（2011—2020年）的相关系数在0.6～0.8，没有通过DW检验，并不能据此说明金融发展与经济发展的关系，特别是泰州在2009年之前FIR基本保持在1.5左右，2009年后有大幅提高，波动较大，不够平稳，可能导致实证结果不太理想。

第四，比较两个时间段的实证结果，不能通过相关系数检验的地级市由4个减少为1个，相关系数在0.8以上的地级市由8个增加为11个，说明江苏地级市金融发展对经济发展的解释力整体增强。

6.3.2　江苏各地级市金融发展影响经济增长其他方面的分析

以上探讨的是金融发展对经济发展总量GDP的影响，金融发展对经济增长的影响，还体现在产业结构、固定资产投资、进出口、城市化水平、实际利用外资额、产业集聚等方面。考虑到数据的可得性以及与金融发展的相关性，我们用同样的方法继续探讨金融发展对产业结构（用非农占比NPG表示）、固定资产投资FAI以及进出口XM的影响，原因是：第一，金融发展可以推动产业结构的升级和转移，人类社会从农业社会向工业社会再向信息社会演变的过程是不可逆的，这个过程正是产业结构升级的过程，而在这个过程中金融在资源配置中起到极为重要的作用；第二，固定资产投资可以反映江苏各地级市的资本积累水平，而固定资产投资的实现，需要金融的支持和配套；第三，江苏是发展外向型经济比较成功的省份，苏南地区是江苏发展外向型经济又早又好又快的区域，而发展外向型经济不仅需要外向型产业的集聚、良好的设施环境，更需要好的外向型金融服务。设置简单的线性模型如下：

$$\ln \text{NPG}_i = \partial + \beta \ln \text{FIR}_i \, (i=1,2,\cdots,n) \qquad (6.10)$$

$$\ln \text{FAI}_i = a + b \ln \text{FIR}_i \, (i=1,2,\cdots,n) \qquad (6.11)$$

$$\ln \text{XM}_i = c + d \ln \text{FIR}_i \, (i=1,2,\cdots,n) \qquad (6.12)$$

其中，∂、a、c 为常数项，β、b、d 为自变量的系数，n 代表年份。数据来自江苏统计年鉴及各市国民经济与社会发展统计公报，分 2003—2011 年[①]和 2011—2020 年两个时间段通过 SPSS 进行实证，实证结果如下(表6.3)。

由表 6.3 可以看出，2003—2011 年，苏州、淮安、连云港、宿迁这四个地级市金融发展对非农占比、固定资产投资以及进出口具有较好的解释力；无锡、常州、镇江、南通这四个地级市金融发展对固定资产投资和进出口的解释力较好，但对非农占比的解释力不显著；南京、扬州、泰州、徐州、盐城这五个地级市金融发展对非农占比、固定资产投资以及进出口的解释力都不显著。2011—2020 年，常州、南京、南通、泰州、淮安、连云港、盐城和宿迁八个地级市金融发展对非农占比、固定资产投资以及进出口具有较好的解释力；苏州、扬州两个地级市金融发展对非农占比和固定资产投资的解释力较好，但对进出口的解释力不显著；镇江金融发展对非农占比的解释力较好，但对固定资产投资和进出口的解释力不显著；徐州金融发展对固定资产投资和进出口的解释力较好，但对非农占比的解释力不显著；无锡金融发展对非农占比、固定资产投资以及进出口的解释力都不显著。

这一结果与金融发展对经济增长总量 GDP 的影响非常相似，尤其是金融发展指标 FIR 对 GDP、非农占比、固定资产投资以及进出口的解释力在南京、扬州、徐州、盐城(2003—2011 年)以及无锡(2011—2020 年)皆不显著。因此，以上地级市存在着推动经济增长的其他因素，下面将进行具体的分析。为方便地级市之间的比较，还是选取所有 13 个地级市的数据，去除金融因素后进行比较分析。

[①] 鉴于数据选取的一致性，剔除了 2001 和 2002 年的数据。

表 6.3 金融发展影响经济增长其他方面的实证结果

城市		2003—2011						2011—2020					
		R 检验		F 检验		T 检验		R 检验		F 检验		T 检验	
		R	R²	F	Sig.	T	Sig.	R	R²	F	Sig.	T	Sig.
苏州	NPG	0.748	0.559	8.866	0.021	-2.978	0.021	0.851	0.725	21.069	0.002	4.590	0.002
	FAI	0.915	0.837	36.036	0.001	6.003	0.001	0.856	0.733	22.002	0.002	4.691	0.002
	XM	0.828	0.685	15.216	0.006	3.901	0.006	0.146	0.021	0.174	0.687	0.418	0.687
无锡	NPG	0.393	0.154	1.277	0.296	-1.130	0.296	0.395	0.156	1.482	0.258	1.217	0.258
	FAI	0.858	0.735	19.448	0.003	4.410	0.003	0.624	0.390	5.112	0.054	2.261	0.054
	XM	0.698	0.487	6.654	0.036	2.580	0.036	0.055	0.003	0.025	0.879	0.157	0.879
常州	NPG	0.517	0.267	2.554	0.154	-1.598	0.154	0.701	0.491	7.710	0.024	2.777	0.024
	FAI	0.749	0.561	8.929	0.020	2.988	0.020	0.708	0.501	8.034	0.022	2.834	0.022
	XM	0.654	0.428	5.229	0.056	2.287	0.056	0.669	0.448	6.484	0.034	2.546	0.034
南京	NPG	0.024	0.001	0.004	0.951	0.064	0.951	0.900	0.810	34.104	0.000	5.840	0.000
	FAI	0.462	0.213	1.896	0.211	1.377	0.211	0.850	0.723	20.845	0.002	4.566	0.002
	XM	0.146	0.021	0.153	0.707	0.392	0.707	0.633	0.401	5.348	0.049	2.313	0.049
镇江	NPG	0.310	0.096	0.742	0.417	-0.862	0.417	0.730	0.533	9.147	0.016	3.024	0.016
	FAI	0.821	0.674	14.457	0.007	3.802	0.007	0.323	0.104	0.931	0.363	0.965	0.363
	XM	0.646	0.418	5.019	0.060	2.240	0.060	0.334	0.111	1.004	0.346	1.002	0.346
南通	NPG	0.515	0.266	2.531	0.156	-1.591	0.156	0.792	0.627	13.459	0.006	3.669	0.006
	FAI	0.681	0.464	6.069	0.043	2.463	0.043	0.888	0.788	29.751	0.001	5.454	0.001
	XM	0.627	0.393	4.535	0.071	2.130	0.071	0.738	0.544	9.556	0.015	3.091	0.015

(续表)

城市		2003—2011							2011—2020					
		R检验		F检验		T检验			R检验		F检验		T检验	
		R	R²	F	Sig.	T	Sig.		R	R²	F	Sig.	T	Sig.
扬州	NPG	0.229	0.053	0.389	0.553	0.624	0.553		0.734	0.539	9.350	0.016	3.058	0.016
	FAI	0.029	0.001	0.006	0.940	−0.078	0.940		0.813	0.660	15.553	0.004	3.944	0.004
	XM	0.068	0.005	0.032	0.862	−0.180	0.862		0.419	0.176	1.707	0.228	1.307	0.228
泰州	NPG	0.463	0.215	1.915	0.209	1.384	0.209		0.726	0.526	8.893	0.018	2.982	0.018
	FAI	0.578	0.334	3.507	0.103	1.873	0.103		0.857	0.735	22.161	0.002	4.708	0.002
	XM	0.482	0.232	2.114	0.189	1.454	0.189		0.674	0.454	6.642	0.033	2.577	0.033
徐州	NPG	0.457	0.209	1.846	0.216	1.359	0.216		0.204	0.042	0.349	0.571	−0.590	0.571
	FAI	0.506	0.256	2.412	0.164	1.553	0.164		0.854	0.729	21.561	0.002	4.643	0.002
	XM	0.326	0.106	0.831	0.392	0.912	0.392		0.875	0.765	26.029	0.001	5.102	0.001
淮安	NPG	0.854	0.729	18.830	0.003	−4.339	0.003		0.893	0.797	31.502	0.001	5.613	0.001
	FAI	0.887	0.787	25.808	0.001	5.080	0.001		0.800	0.639	14.185	0.005	3.766	0.005
	XM	0.786	0.617	11.293	0.012	3.361	0.012		0.706	0.499	7.954	0.022	2.820	0.022
连云港	NPG	0.918	0.843	37.581	0.000	−6.130	0.000		0.872	0.760	25.351	0.001	5.035	0.001
	FAI	0.939	0.882	52.259	0.000	7.229	0.000		0.857	0.734	22.073	0.002	4.698	0.002
	XM	0.938	0.880	51.205	0.000	7.156	0.000		0.788	0.621	13.116	0.007	3.622	0.007
盐城	NPG	0.215	0.046	0.340	0.578	−0.583	0.578		0.916	0.840	41.846	0.000	6.469	0.000
	FAI	0.209	0.044	0.319	0.590	0.565	0.590		0.940	0.883	60.256	0.000	7.762	0.000
	XM	0.137	0.019	0.133	0.726	0.365	0.726		0.966	0.934	113.340	0.000	10.646	0.000
宿迁	NPG	0.972	0.946	121.551	0.000	−11.025	0.000		0.938	0.879	58.153	0.000	7.626	0.000
	FAI	0.972	0.945	120.872	0.000	10.994	0.000		0.931	0.866	51.819	0.000	7.199	0.000
	XM	0.985	0.969	220.910	0.000	14.863	0.000		0.741	0.549	9.724	0.014	3.118	0.014

6.3.3 去除金融因素后影响经济增长的因素分析

为了解和分析江苏各个地级市经济增长及其影响因素的特点，选取第一产业占比 APG、固定资产投资 FAI、进出口 XM、实际利用外资额 UOFC、一般预算性收入 EI、一般预算性支出 EE、存款余额 D、贷款余额 L 作为解释变量，将 GDP 的表达式写成：

$$GDP = f(APG, FAI, XM, UOFC, EI, EE, D, L) \quad (6.13)$$

分 2003—2011 年与 2011—2020 年两个时间段进行去除金融变量 D、L 前与去除金融变量 D、L 后的实证分析，数据来源为江苏统计年鉴及各市国民经济与社会发展统计公报。对实证结果进行汇总，具体如下：

表 6.4　江苏各地级市 GDP 与诸变量拟合的实证结果

时间	城市	实证结果
2003—2011	苏州	$GDP_{sz} = -1172.27 + 3.66814 FAI_{sz} + 359.0128 APG_{sz}$
	无锡	$GDP_{wx} = 646.1917 + 2.554508 FAI_{wx}$
	常州	$GDP_{cz} = 396.3322 + 1.8608 FAI_{cz}$
	南京	$GDP_{nj} = 245.8108 - 0.28859 L_{nj} + 3.555299 XM_{nj} + 0.495542 D_{nj}$ $GDP_{nj} = 102.713 + 1.436 FAI_{nj} + 2.841 XM_{nj}$
	镇江	$GDP_{zj} = 255.8313757 + 1.936640498 FAI_{zj} + 3.641719656 XM_{zj}$
	南通	$GDP_{nt} = 528.6332 + 2.149555 FAI_{nt} + 6.839069 UOFC_{nt}$
	扬州	$GDP_{yz} = 663.7286 + 2.021728 FAI_{yz} - 32.1943 APG_{yz}$
	泰州	$GDP_{tz} = 266.2476 + 2.555946 FAI_{tz}$
	徐州	$GDP_{xz} = 188.9302 + 0.961508 D_{xz} + 5.186155 XM_{xz}$ $GDP_{xz} = 564.633 + 1.420 FAI_{xz}$
	淮安	$GDP_{ha} = 185.4985 + 0.77096 FAI_{ha} + 0.458724 D_{ha}$ $GDP_{ha} = 240.714 + 1.330 FAI_{ha}$
	连云港	$GDP_{lyg} = 121.3639 + 1.235377 L_{lyg}$ $GDP_{lyg} = 231.099 + 6.671 EE_{lyg} - 2.739 EI_{lyg}$
	盐城	$GDP_{yc} = 392.2069 + 0.803219 FAI_{yc} + 16.63087 XM_{yc} + 0.338605 L_{yc}$ $GDP_{yc} = 494.194 + 1.269 FAI_{yc} + 12.00 XM_{yc}$
	宿迁	$GDP_{sq} = 231.5166 + 1.113557 D_{sq} - 3.97002 APG_{sq}$ $GDP_{sq} = 154.512 + 5.308 EE_{sq}$

(续表)

时间	城市	实证结果
2011—2020	苏州	$GDP_{sz} = 2862.659 + 7.456 EI_{sz}$
	无锡	$GDP_{wx} = -118.202 + 7.821 EE_{wx} + 3.489 XM_{wx}$
	常州	$GDP_{cz} = 2424.621 - 80443.906 APG_{cz} + 10.770 EI_{cz} - 3.960 EE_{cz} + 0.264 D_{cz}$ $GDP_{cz} = 2844.907 - 104462.959 APG_{cz} + 11.656 EI_{cz}$
	南京	$GDP_{nj} = 1203.103 + 8.174 EI_{nj}$
	镇江	$GDP_{zj} = 6174.029 + 0.315 D_{zj} - 116828.305 APG_{zj} + 28.216 UOFC_{zj}$ $GDP_{zj} = -942.056 + 5.385 EE_{zj} + 0.423 FAI_{zj} + 15.641 XM_{zj}$
	南通	$GDP_{nt} = 907.127 + 0.362 L_{nt} - 54575.794 APG_{nt} + 268.814 UOFC_{nt}$ $GDP_{nt} = -6201.402 - 73163.607 APG_{nt} + 713.129 UOFC_{nt}$
	扬州	$GDP_{yz} = 1004.155 + 0.776 FAI_{yz} + 0.275 L_{yz}$ $GDP_{yz} = 885.539 + 1.142 FAI_{yz}$
	泰州	$GDP_{tz} = 794.173 + 0.853 FAI_{tz} + 6.190 XM_{tz}$
	徐州	$GDP_{xz} = 1414.175 + 0.703 FAI_{xz} + 0.207 D_{xz}$ $GDP_{xz} = 484.872 + 0.923 FAI_{xz} + 67.002 UOFC_{xz}$
	淮安	$GDP_{ha} = 516.442 + 0.212 D_{ha} + 0.284 FAI_{ha} + 1.379 EE_{ha} + 0.220 L_{ha}$ $GDP_{ha} = 9882.683 - 62135.064 APG_{ha}$
	连云港	$GDP_{lyg} = 548.725 + 0.407 D_{lyg} + 0.346 FAI_{lyg}$ $GDP_{lyg} = 496.714 + 0.858 FAI_{lyg}$
	盐城	$GDP_{yc} = 1468.608 + 0.311 D_{yc} + 0.409 FAI_{yc}$ $GDP_{yc} = 1071.778 + 0.585 FAI_{yc} + 23.790 XM_{yc} - 1.510 EI_{yc}$
	宿迁	$GDP_{sq} = 501.151 + 0.521 D_{sq} + 0.358 FAI_{sq}$ $GDP_{sq} = 377.208 + 1.044 FAI_{sq}$

由表 6.4 可知，2003—2011 年，苏州、无锡、常州、镇江、南通、扬州、泰州在去除金融变量 D、L 后实证结果没有变化，南京和苏北地区有较大变化。2011—2020 年，苏州、无锡、南京、泰州在去除金融变量 D、L 后实证结果没有变化，常州、镇江、南通、扬州和苏北地区有较大变化。

6 江苏市域金融发展对经济增长的作用机制及实证分析

表 6.5 去除金融变量 D、L 后影响各地级市经济增长的显著性因素

城市	2003—2011						2011—2020					
	APG	FAI	XM	UOFC	EI	EE	APG	FAI	XM	UOFC	EI	EE
苏州	✓	✓						✓			✓	
无锡		✓						✓	✓			✓
常州		✓					✓	✓	✓			
南京		✓	✓					✓				
镇江		✓	✓					✓	✓		✓	
南通		✓		✓			✓	✓		✓		
扬州	✓	✓						✓				
泰州		✓						✓	✓			
徐州		✓						✓		✓		
淮安		✓					✓	✓				
连云港					✓	✓						✓
盐城		✓	✓					✓	✓			
宿迁						✓					✓	

由实证结果可知,对各地级市经济增长总量 GDP 的解释中,FAI 变量在 2003—2011 年对除连云港和宿迁外的 11 个地级市解释效果较好,在 2011—2020 年的解释效果有所减弱,但仍然是除去金融变量后解释效果较强的变量;APG 变量 2003—2011 年仅在苏州、扬州有一定的解释力,2011—2020 年在常州、南通和淮安有一定的解释力;XM 变量 2003—2011 年在南京、镇江和盐城有一定的解释力,2011—2020 年在无锡、镇江、泰州和盐城有一定的解释力;UOFC 变量 2003—2011 年在南通有解释力,2011—2020 年增加为南通和徐州;EI 变量有解释力的地级市由 2003—2011 年连云港 1 个,增加为 2011—2020 年包括苏州在内的 4 个;EE 变量 2003—2011 年在连云港和宿迁有一定的解释力,2011—2020 年在无锡和镇江有一定的解释力 (表 6.5)。若将因变量和解释变量取自然对数,假设有如下模型:

$$\ln GDP_i = \partial + \beta_1 \ln APG_i + \beta_2 \ln FAI_i + \beta_3 \ln XM_i + \beta_4 \ln UOFC_i + \beta_5 \ln EI_i + \beta_6 \ln EE_i + \beta_7 \ln D_i + \beta_8 \ln L_i \quad (6.14)$$

其中 ∂、β_1、β_2、β_3、β_4、β_5、β_6、β_7、β_8 为估计参数,i 取值 1,2,

$3,\cdots,n$，采用逐步回归的方法进行实证分析，结果见表6.6。

表6.6 GDP与诸变量取自然对数后江苏各地级市的实证结果

时间	城市	实证结果
2003—2011	苏 州	$\ln GDP_{sz}=1.857+0.789\ln L_{sz}$
	无 锡	$\ln GDP_{wx}=2.545+0.657\ln L_{wx}+0.248\ln XM_{wx}-0.159\ln FAI_{wx}$
	常 州	$\ln GDP_{cz}=1.787+0.528\ln D_{cz}+0.334\ln XM_{cz}$
	南 京	$\ln GDP_{nj}=0.128+0.992\ln D_{nj}+0.344\ln XM_{nj}-0.390\ln FAI_{nj}$
	镇 江	$\ln GDP_{zj}=3.039+0.684\ln FAI_{zj}$
	南 通	$\ln GDP_{nt}=3.440+0.653\ln FAI_{nt}$
	扬 州	$\ln GDP_{yz}=2.633+0.746\ln FAI_{yz}$
	泰 州	$\ln GDP_{tz}=2.913+0.712\ln FAI_{tz}$
	徐 州	$\ln GDP_{xz}=0.934+0.894\ln D_{xz}$
	淮 安	$\ln GDP_{ha}=1.277+0.840\ln D_{ha}$
	连云港	$\ln GDP_{lyg}=1.682+0.800\ln L_{lyg}$
	盐 城	$\ln GDP_{yc}=1.309+0.825\ln D_{yc}+0.067\ln UOFC_{yc}$
	宿 迁	$\ln GDP_{sq}=1.574+0.804\ln D_{sq}$
2011—2020	苏 州	$\ln GDP_{sz}=3.621+0.811\ln EI_{sz}$
	无 锡	$\ln GDP_{wx}=2.362+0.723\ln EE_{wx}+0.285\ln XM_{wx}$
	常 州	$\ln GDP_{cz}=-0.197+1.430\ln EI_{cz}$
	南 京	$\ln GDP_{nj}=3.037+0.885\ln EI_{nj}$
	镇 江	$\ln GDP_{zj}=2.054+0.587\ln D_{zj}+0.157\ln FAI_{zj}$
	南 通	$\ln GDP_{nt}=2.594+0.564\ln L_{nt}-0.430\ln APG_{nt}$
	扬 州	$\ln GDP_{yz}=2.353+0.362\ln FAI_{yz}+0.417\ln L_{yz}-0.371\ln APG_{yz}-0.220\ln EE_{yz}$
	泰 州	$\ln GDP_{tz}=2.595+0.549\ln FAI_{tz}+0.280\ln XM_{tz}$
	徐 州	$\ln GDP_{xz}=2.595+0.422\ln FAI_{xz}+0.292\ln D_{xz}$
	淮 安	$\ln GDP_{ha}=2.477+0.529\ln D_{ha}+0.170\ln FAI_{ha}$
	连云港	$\ln GDP_{lyg}=1.059+0.717\ln D_{lyg}+0.198\ln EI_{lyg}$
	盐 城	$\ln GDP_{yc}=3.222+0.610\ln D_{yc}$
	宿 迁	$\ln GDP_{sq}=3.173+0.390\ln D_{sq}-1.707\ln APG_{sq}-0.273\ln FAI_{sq}$

可以发现，取自然对数后，2003—2011年，APG、EI、EE这3个

变量对 GDP 的解释不显著,2011—2020 年,UOFC 对 GDP 的解释不显著(表 6.7)。

表 6.7　取自然对数后影响各地级市经济增长的显著性因素

城市	2003—2011								2011—2020							
	APG	FAI	XM	UOFC	EI	EE	D	L	APG	FAI	XM	UOFC	EI	EE	D	L
苏州						√					√					
无锡	√	√				√			√				√			
常州			√		√						√					
南京		√	√		√											
镇江		√											√		√	
南通		√														√
扬州		√												√		
泰州	√					√							√			
徐州					√										√	
淮安					√											
连云港						√							√			
盐城			√												√	
宿迁					√				√							

2003—2011 年,取了自然对数后,FAI 变量在无锡、南京、镇江、南通、扬州、泰州具有较好的解释力,XM 变量在无锡、常州、南京解释效果较好,UOFC 变量仅在盐城能构成对 GDP 的解释,而 D 变量在常州、南京、徐州、淮安、盐城和宿迁有很好的解释,L 变量仅在苏州、无锡和连云港这三个地级市解释效果较好。相较于之前的实证结果更容易归类:苏州、连云港为一类,无锡、常州、南京为一类,镇江、南通、扬州、泰州为一类,徐州、淮安为一类,盐城、宿迁为一类。与 2003—2011 年相比,2011—2020 年影响各地级市经济增长的显著性因素增多,尤其是 APG 变量、EI 变量和 EE 变量影响显著的地级市数量增加。去除 lnD、lnL 变量后,拟合如下模型:

$$\ln GDP_i = \partial + \beta_1 \ln APG_i + \beta_2 \ln FAI_i + \beta_3 \ln XM_i + \beta_4 \ln UOFC_i + \beta_5 \ln EI_i + \beta_6 \ln EE_i \tag{6.15}$$

其中 ∂、β_1、β_2、β_3、β_4、β_5、β_6 为估计参数，i 取值 $1,2,3,\cdots,n$，采用逐步回归的方法进行实证分析，结果见表 6.8。

表 6.8 去除金融变量 D、L 后江苏各地级市的实证结果

时间	城市	实证结果
2003—2011	苏州	$\ln GDP_{sz}=3.297+0.865\ln XM_{sz}$
	无锡	$\ln GDP_{wx}=4.034+1.172\ln EE_{wx}-0.419\ln EI_{wx}$
	常州	$\ln GDP_{cz}=3.908+1.848\ln EE_{cz}-0.728\ln EI_{cz}-0.301\ln FAI_{cz}$
	南京	$\ln GDP_{nj}=1.530+0.892\ln FAI_{nj}$
	镇江	$\ln GDP_{zj}=3.039+0.684\ln FAI_{zj}$
	南通	$\ln GDP_{nt}=3.440+0.653\ln FAI_{nt}$
	扬州	$\ln GDP_{yz}=2.633+0.746\ln FAI_{yz}$
	泰州	$\ln GDP_{tz}=2.913+0.712\ln FAI_{tz}$
	徐州	$\ln GDP_{xz}=4.243+0.784\ln EE_{xz}-0.155\ln EI_{xz}$
	淮安	$\ln GDP_{ha}=3.831+0.727\ln EE_{ha}-0.1\ln EI_{ha}$
	连云港	$\ln GDP_{lyg}=2.820+0.610\ln FAI_{lyg}$
	盐城	$\ln GDP_{yc}=4.254+0.771\ln EE_{yc}-0.166\ln EI_{yc}$
	宿迁	$\ln GDP_{sq}=5.750+0.491\ln XM_{sq}$
2011—2020	苏州	$\ln GDP_{sz}=3.621+0.811\ln EI_{sz}$
	无锡	$\ln GDP_{wx}=2.362+0.723\ln EE_{wx}+0.285\ln XM_{wx}$
	常州	$\ln GDP_{cz}=-0.197+1.430\ln EI_{cz}$
	南京	$\ln GDP_{nj}=3.037+0.885\ln EI_{nj}$
	镇江	$\ln GDP_{zj}=1.250+0.554\ln EE_{zj}+0.223\ln FAI_{zj}+0.421\ln XM_{zj}$
	南通	$\ln GDP_{nt}=3.672-0.739\ln APG_{nt}+0.858\ln EE_{nt}-0.422\ln EI_{nt}$
	扬州	$\ln GDP_{yz}=1.636+0.807\ln FAI_{yz}+0.107\ln UOFC_{yz}$
	泰州	$\ln GDP_{tz}=2.595+0.549\ln FAI_{tz}+0.280\ln XM_{tz}$
	徐州	$\ln GDP_{xz}=2.594+0.674\ln FAI_{xz}+0.092\ln XM_{xz}$
	淮安	$\ln GDP_{ha}=1.699-1.097\ln APG_{ha}+1.030\ln EE_{ha}-0.438\ln EI_{ha}$
	连云港	$\ln GDP_{lyg}=2.165+0.730\ln FAI_{lyg}$
	盐城	$\ln GDP_{yc}=4.026+0.425\ln FAI_{yc}+0.462\ln XM_{yc}-0.187\ln EI_{yc}$
	宿迁	$\ln GDP_{sq}=4.457-3.738\ln APG_{sq}-0.619\ln FAI_{sq}$

由表 6.9 可以看出,2003—2011 年,APG 的作用仍然不显著,而 EI 和 EE 在部分地级市解释力加强;2011—2020 年,UOFC 变量的作用仍然较差,仅在扬州有一定的解释力,而 XM、EI 和 EE 在部分地级市的解释力加强。

表 6.9 取自然对数并去除金融变量 D、L 后影响各地级市经济增长的显著性因素

城市	2003—2011						2011—2020					
	APG	FAI	XM	UOFC	EI	EE	APG	FAI	XM	UOFC	EI	EE
苏州			✓							✓		
无锡				✓	✓				✓			✓
常州		✓		✓	✓				✓			
南京		✓										
镇江		✓						✓	✓			✓
南通		✓							✓			✓
扬州		✓							✓	✓		
泰州		✓										
徐州				✓	✓							
淮安				✓	✓	✓					✓	✓
连云港		✓										
盐城				✓	✓	✓						
宿迁			✓					✓	✓			

根据 2003—2011 年经济增长的解释变量对江苏各地级市进行归类:苏州和宿迁为一类,XM 对经济增长的作用解释力较强;无锡、常州、徐州、淮安、盐城为一类,EI 和 EE 解释力好,表现为与 EE 呈正相关,与 EI 呈负相关;南京、镇江、南通、扬州、泰州、连云港为一类,FAI 体现较好的解释力。2011—2020 年对经济增长影响显著的因素增加,仅凭一两个解释变量较难得出清晰的城市分类,因为这十年长三角一体化发展的不断推进使江苏各地级市的联系更加紧密,一个地级市可能和其他不同的地级市有不同的相似因素,例如:在徐州和无锡 XM 变量的解释力都很好,在徐州与宿迁 FAI 变量的解释力都很好,因为徐州既与无锡实现了南北合作,又与宿迁共同属于徐州

都市圈,这种交错复杂的互动合作表面上呈现出江苏各地级市经济增长影响因素的类同,实际上各地级市的经济增长是不同类的影响因素叠加后的结果。

6.4 结 论

本章侧重于探讨金融发展对经济增长的影响,跟一般研究不同的是,本书立足于江苏 13 个地级市金融发展和经济增长的数据,对江苏各地级市金融发展对经济增长的影响进行了实证研究。金融发展并非影响经济增长的唯一决定因素,在实证过程中发现,南京、扬州、徐州、盐城金融发展对经济增长的影响不显著,继而寻找金融因素之外的推动经济增长的因素,有以下结论:

第一,在江苏地级市中,影响经济增长的因素出现类同的情况。2003—2011 年,在没有对各解释变量的数据取自然对数之前,可以发现在大多数地级市中 FAI 对经济增长具有较强的解释力,原因很清楚,一个地级市的固定资产投资能够反映该地级市资本积累的结果,固定资产投资的加强会进一步推动生产和投资,从而促进金融发展和经济增长。而对各解释变量取过自然对数之后,在江苏地级市中,影响经济增长的因素出现类同的情况,尤其是去除金融变量后,苏州和宿迁是一类,无锡和徐州是一类,常州和盐城是一类,之所以这样划分,是因为在多年前以上地级市是实现南北合作的[①],尤其是苏州和宿迁的园区合作效果较好。2011—2020 年,南北合作、都市圈、沿海大开发和长三角一体化等不同的区域合作进一步发挥作用,使得多个变量成为影响不同地级市经济增长的共同因素。这也说明地级市之间的相互作用也是推动经济增长的关键因素,而在此过程中金融的合作和支持不容忽视。

第二,南京、扬州、徐州和盐城等地级市的经济增长受到其他因素的影响。2003—2011 年,南京、扬州都是固定资产投资 FAI 对经

---

① 还有另外两对分别是镇江和连云港、南京和淮安。

济增长的解释较强,去除金融变量之后,徐州的经济增长则与一般预算性支出呈正相关,与一般预算性收入呈负相关,盐城亦如此。2011—2020年上述地级市解释力显著的因素有所变化,但是FAI和EI依然对经济增长有解释力,去除金融变量后,EI对南京的经济增长有正向影响,FAI对扬州、徐州和盐城的经济增长有正向影响。也就是说除了金融要素之外,固定资产投资和政府干预同样也是经济增长的重要因素。以2019年为例,南京的一般预算性收入较2018年增长7.5%,扬州、徐州和盐城的固定资产投资分别增长6.1%、7%、4.9%。[①] 但不能说这4个地级市的金融发展对经济增长就毫无作用,如南京拥有丰富的金融资源,具有总部经济,也具有相对较好的经济基础,但在当前经济全球化和金融全球化的现实背景下,要发挥金融发展促进经济增长的作用,还需打造良好的区位环境——不仅仅指城市交通基础设施环境,还包括区位科技、信息、文化、人才环境,加强制度改革和建设,促进金融资源与其他要素资源相结合,发挥金融系统功能的作用。

第三,去除金融变量后,一般预算性支出、一般预算性收入和进出口对部分地级市经济增长的解释力加强。去除金融变量后,2003—2011年,无锡、常州、徐州、淮安、盐城等地级市EE和EI对经济增长的解释力加强。2011—2020年,除EE和EI在南通等地级市解释力增强外,镇江、徐州和盐城等地级市XM对经济增长的解释力也有所加强。这说明三个问题:一是金融变量与政府变量具有较强的相关性,政府支出既依赖金融服务,又是一种信号,会引导社会金融资源流向,能对一地区生产投资起促进作用,因此需要关注地方政府政策的变化;二是金融发展与进出口贸易密切相关,金融发展有利于进出口贸易的发展,进出口贸易规模扩大引致的金融需求增加又会倒逼金融的进一步发展,因此需要重视金融与进出口的协调发展,发挥二者对经济的促进作用;三是在对影响经济增长的因素进行实证时,金融变量掩盖了政府变量和进出口变量,说明金融发展在推动

---

① 资料来源:2019年南京、扬州、徐州和盐城各市国民经济与社会发展统计公报。

地方经济增长上起重大作用。当然,由于拟合方法和数据选取可能存在一些缺陷和不足,如 2003—2011 年,APG 变量仅在苏州和扬州对经济增长有一定作用,取过自然对数后,由于时间跨度较短,APG 变化不大,又加上其他因素的影响,APG 的作用几乎忽略不计。

  总体来说,2003—2011 年金融变量在南京、扬州、徐州和盐城这几个地级市中对经济增长的影响不显著,但如果就此认为金融对地方经济增长影响不大,则是错误的。一是因为本书选取的指标反映的是间接融资,没有考虑各地级市的直接融资;二是因为金融系统的功能没有得到有效发挥,影响了其整体功能。金融功能并非金融本身的功能,而是金融系统的功能,金融要素需要与其他要素有效协同,所以对于江苏各个地级市而言,需要从系统的角度去理解金融发展的差异,从系统的角度去探讨金融功能的发挥,金融发展需要完善其金融自组织:发展金融系统需要要素的新组织且有序协同配合。倘若一个地区仅有有利的区位,却无好的经济基础和制度支持,金融发展就会受到制约;倘若一个地区仅有好的经济基础和制度支持,但无有利的区位,金融发展也会受到影响。因此,金融发展需要实现与区位、经济基础以及制度支持的协调。

  金融发展的差异以及区域间适度的经济、技术、社会、文化和产业结构上的落差是发展的必然,是长期历史演化的结果,追求金融发展的片面均衡是不现实的,但如果差距过大导致两极分化,则会制约区域经济一体化的形成,也会导致严重的社会问题。因此,江苏各地区金融发展除了要实现各自内部金融、区位、经济、制度的协调,还需要考虑与其他地区的互动,这样才能促进各地区经济发展效率的提升。

建议与展望

本书对江苏金融发展空间差异进行了系统研究,金融发展差异包括金融总量的差异、金融结构的差异、金融系统的差异以及金融功能的差异。江苏金融发展处于全国领先的水平,但江苏省内三大区域、各地级市、各县域之间还存在差异,本书运用新经济地理学(空间经济学)、发展经济学、演化经济学、金融地理学等学科的理论和研究方法对江苏金融发展差异进行了静态和动态的比较,构建了江苏市域金融综合竞争力的指标体系,并在此基础上进行了金融集聚影响因素的空间计量分析,描绘了金融发展较好区域的辐射力范围以及实证了江苏各地级市金融发展对经济增长的作用,在此基础上提出关于江苏金融发展的几个建议:

第一,提高金融总量。江苏各地区需要继续大力集聚各类型金融要素资源,包括金融机构、金融人才、金融工具等,做大江苏省金融业规模,积极创造条件,大力发展银行业、证券业、保险业以及与其相关的其他行业和部门。适时扩大信贷总量的同时,在有条件的地区大力发展直接融资,提高保险深度和密度。引入优质金融机构进驻江苏,如大力集聚全球著名的高能级金融机构,尤其是外资法人机构和功能性金融机构,包括国际级的投资银行中国区总部、外资证券、保险机构、资产管理公司。逐步完善金融机构体系,使得金融业成为推动江苏经济发展的重要力量。

第二,优化金融结构。因为江苏各地区经济发展具有不同的特点,也有不同的融资偏好。发挥金融服务经济的功能需要因地制宜,积极引导信贷资金对重点领域的支持,尤其是当前江苏地区发展的一些重大战略,如宁镇扬的同城化建设、沿海开发、苏南现代化示范区建设、自贸区建设等,商业银行在贷款时,通过对放贷对象、规模、期限和用途的选择和安排,对不同行业的资金进行配置,从而推动产业结构的变化。发挥资本市场的作用,促成资本流向有发展潜力的地区。完善金融部门进入和退出的机制,尤其是在部分地区,如果国有金融并不能适应当地经济,不能很好地满足当地的金融需求,应该考虑"国退民进",利用民间金融的特点让其更好地服务于当地经济,当然,对民间金融需要进行积极地规范和引导。

第三,完善金融系统。金融系统是从低级不断向高级演化的,完善金融系统可从四个方面着手:一是区位,江苏各地区需要加强交通基础设施和信息网络体系建设,着实提高科技文化水平,支持金融功能发展的"硬件"区位环境建设。二是经济,经济基础好既是一地区金融发展的结果,又是推动金融系统完善的原因,江苏各地区发展经济需要内外并举。从内部经济来说,需要进行经济结构调整和产业优化,各地区需利用各自的区位、要素禀赋特点,发展具有特色的地方经济和产业;从对外经济来说,发展外向型经济是江苏各地区发展的必经之路,开放需要自由、和谐的环境,如优惠的政策、要素资源的配套等。三是制度,要继续完善金融体制机制和政策法律环境,着力发展金融中介服务机构,积极引进管理咨询、金融信息、招聘、会计、审计、法律、评级、评估等相关配套机构。针对金融业的发展瓶颈,切实推出能够吸引外资银行、投资机构落户江苏的有突破性的人才、税收政策等。四是金融本身,江苏各地区需要积极地集聚与金融业相关的法律、咨询、会计、信息等专业的服务机构和中介组织等,为其提供业务便利,进一步营造良好的综合运营环境,扩大金融机构集聚优势。金融发展的空间相互作用也非常重要:构建区域统一大市场,必须主动加强区域协调沟通,弱化"行政区划"概念,强化"经济圈、金融圈"概念。从金融系统来说,要消除区域内金融融合的行政壁垒,避免各自为战、人为割断资金链条。要有效突破体制瓶颈,并通过合理的利益分配,开创金融跨区域合作新局面,使金融资源配合经济的扩散、产业的转移流动,以金融扩散、辐射促进经济扩散、辐射。

第四,创新金融功能。创新金融功能是创新金融系统的功能,需要金融及与之相关行业的创新、实体经济的创新、区位条件的创新以及制度的创新。创新原本应是一种自发的行为,跟各主体有无创新意识有很大的关系,但江苏部分地区经济金融发展的过程中,多的不是创新而是模仿或者照搬,走发达地区曾经走过的路。有很多这样的例子,早些年的房地产开发、生态旅游城市的打造,近些年很多地区金融中心或金融集聚区的打造,都是"一哄而上",推动了相关行业的繁荣和泡沫的产生,而繁荣和泡沫过后就是萧条,产能过剩,恶性竞争,资源错配。创新是持久发展的动力和保证,而创新最基本的元素就是人才,因此不管是家庭教育还是学校教育都需要培养人的创新意识;社会还要营造鼓励创新的环境,有创新的激励机制以及对创新的保护。创新是有风险的,因此还需要形成金融系统主体创新"收益共享,风险分摊"的机制。

本书还有许多不足之处,未来还可以在以下方面做进一步深入的研究:

首先,数据选取的年限是 2001—2020 年,2001 年之前的数据几乎没有涉及,江苏各地级市证券业和保险业发展的比较论述较少,一方面是由于缺乏相关数据,另一方面是由于在江苏部分地级市存在发展的空白,难以比较。在进行江苏市域金融综合竞争力的比较时,指标数据选取的年限是 2017—2019 年,并未对其他年份的综合竞争力进行比较分析,不够全面。探讨金融集聚、金融辐射以及金融发展对经济增长作用的问题时,只设置了部分影响指标,其他指标的数据选取以及计量方法存在局限。因此,实证指标以及指标年份的选取还有改进的空间。

其次,本书的研究忽略了几个重要的问题:一是对江苏金融发展差异做静态比较时,忽略了对江苏三大区域金融机构、金融人员数的时间序列数据的比较;二是在研究江苏金融集聚的影响因素时,忽略了较为重要的人才集聚、产业集聚因素以及互联网因素;三是基于金融功能观差异视角进行研究时,忽略了金融系统的其他功能,如便利交易、分散风险、提供信息等,今后可对这些问题进行研究。

再次,进行江苏金融极辐射研究时,选定的区域是在江苏省域范围,是基于 13 个地级市、苏中和苏北 8 个地级市、苏北 5 个地级市以及将苏州和无锡整合后的江苏 12 个地区,分析结果有一定的片面性。进一步对金融辐射的研究可跳出行政区的限制,研究经济圈的金融辐射,如将江苏的苏州、南通、无锡、常州,浙江的嘉兴、湖州还有上海置为一体研究其辐射力,会有更好的理论和现实意义。

最后,江苏金融发展差异只是全国区域经济金融发展不平衡的缩影,因此对江苏金融发展差异进行深入研究很有必要,研究可涉及一些实际问题,如江苏省域金融中心的构建以及各地区金融集聚区的构想、江苏欠发达地区金融支持问题、地级市之间金融协调发展的问题等等。进一步地,还可以分析其他地区或者其他区域,乃至于跳出中国视野进行国别的比较和分析。

分析经济金融问题仅仅靠本书所依托的新经济地理学(空间经济学)、金融地理学、演化经济学、发展经济学是不够的,还需要有其他学科的理论和研究方法,如可从心理学视角研究江苏公司的上市问题,从物理学视角研究江苏金融发展的重心,从法学视角研究法律约束对金融发展的作用,从政治学视角研究政府行为在应对差异时的作用,等等。在分析江苏金融发展实际问题的时候,更多依赖实际调研,要深入各地级市、各县域乃至乡镇,毕竟差异无处不在、无处不有,这样才可以更加真实地取得第一手资料,更好地去分析江苏的金融发展问题。

参考文献

Abraham F, Schmukler S L, Tessada J. Robo-Advisors: Investing Through Machines[R]. *Research and Policy Briefs*, No.134881, The World Bank. 2019.

Allen F, Bartiloro L, Gu X, et al. Does Economic Structure Determine Financial Structure? [R]. *AFA 2007 Chicago Meetings Paper*. 2006.

Almazan A. A Model of Competition in Banking: Bank Capital vs Expertise[J]. *Journal of Financial Intermediation*, 2002, 11(1): 87–121.

Amin A. An Institutionalist Perspective on Regional Economic Development[J]. *International Journal of Urban and Regional Research*, 1999, 23(2): 365–378.

Andrew Cumbers, Danny Mackinnon, Robert Mcmaster. Institutions, Power and Space Assessing the Limits to Institutionalism in Economic Geography[J]. *European Urban and Regional Studies*, 2003, 10(4): 325–342.

Anselin L, Varga A, Acs Z. Geographical Spillovers and University Research: A Spatial Econometric Perspective[J]. *Growth and Change*, 2000, 31(4): 501–515.

Anselin L. *Spatial Econometrics: Methods and Models*[M]. Dordrecht: Kluwer Academic Publishers, 1988.

Bahadir B, Valev N. Financial Development Convergence[J]. *Journal of Banking & Finance*, 2015, 56: 61–71.

Baldwin R E, Martin P. Agglomeration and Regional Growth[M]//Vernon Henderson, Jacques-François Thisse (eds.). *Handbook of Regional and Urban Economics*. Amsterdam: North-Holland, 2004.

Baldwin R E. Agglomeration and Endogenous Capital[J]. *European Economic Review*, 1999, 43(2): 253–280.

Baldwin R E. The Core-Periphery Model with Forward-Looking Expectations[J]. *Regional Science and Urban Economics*, 2001, 31(1): 21–49.

Baldwin R, Forslid R, Martin P, et al. The Core-Periphery Model: Key Features and Effects [M]//*Public Policies and Economic Geography*. Princeton: Princeton University Press, 2003.

Basso A, Bodenhorn H, Cuberes D. Fertility and Financial Development: Evidence from U. S. Countries in the 19th Century[R]. *NBER Working Paper*, No.20491. 2014.

Beck T, Levine R, Loayza N. Finance and the Sources of Growth[J]. *Journal of Financial Economics*, 2000, 58: 261－300.

Bencivenga V R, Smith B D. Financial Intermediation and Endogenous Growth[J]. *The Review of Economic Studies*, 1991, 58(2):195－209.

Berg T, Burg V, Gombovic̍ A, et al. On the Rise of FintTechs: Credit Scoring Using Digital Footprints[J]. *Review of Financial Studies*, 2020, 33(7): 2845-2897.

Black S E, Strahan P E. Entrepreneurship and Bank Credit Availability[J]. *The Journal of Finance*, 2002, 57(6): 2807－2833.

Boyeau-Debray G. Financial Intermediation and Growth: Chinese Style [R]. *Policy Research Working Paper*, No. 3027, World Bank, Washington, DC. 2003.

Brevoort K P, Holmes J A, Wolken J D. Distance Still Matters : The Information Revolution in Small Business Lending and the Persistent Role of Location, 1993－2003[R]. *Finance and Economics Discussion Series*,2010.

Buch C M, Kesternich I, Lipponer A, et al. Financial Constraints and Foreign Direct Investment: Firm-Level Evidence[J]. *Review of World Economics*, 2014, 150(2):393－420.

Cameron R. *Banking in the Early Stages of Industrialization*[M]. London: Oxford University Press,1967.

Cecchetti S G , Kharroubi E. Why does Financial Sector Growth Crowd out Real Economic Growth? [R]. *BIS Working Papers*. 2015.

Chiappori P-A, Perez-Castrillo D, Verdier T. Spatial Competition in the Banking System: Localization, Cross Subsidies and the Regulation of Deposit Rates[J]. *European Economic Review*, 1995, 39(5):889－918.

Edward L Glaeser. Urban Colossus: Why is New York America's Largest City? [J]. *FRB New York-Economic Policy Review*, 2005, 11: 7－24.

Edward L Glaeser, Hedi D Kallal, José A Scheinkman, et al. Growth in Cities [J]. *Journal of Political Economy*, 1992, 100(6): 1126－1152.

Elhorst J P. Applied Spatial Econometrics: Raising the Bar[J]. *Spatial Economic Analysis*, 2010, 5(1): 9-28.

Elhorst J P. *Spatial Econometrics: From Cross-Sectional Data to Spatial Panels*[M]. Heidelberg, New York, Dordrecht, London: Springer, 2014.

Elliehausen G E, Wolken J D. Banking Markets and the Use of Financial Services by Small and Medium-Sized Businesses[R]. *Federal Reserve Bulletin*, Board of Governors of the Federal Reserve System (U.S.). 1990: 801-817.

Emerson R, Hall S, Zalewska-Mitura A. Evolving Market Efficiency with an Application to Some Bulgarian Shares[J]. *Economics of Planning*, 1997, 30: 75-90.

Eric von Hipple. Sticky Information and the Locus of Problem Solving: Implications for Innovation[J]. *Management Science*, 1994, 40(4): 429-548.

Eugene F Fama. Efficient Capital Markets: A Review of Theory and Empirical Work[J]. *Journal of Finance*, 1970, 25(2): 383-417.

Ferreira J J, Teixeira A A C. Open Innovation and Knowledge for Fostering Business Ecosystems[J]. *Journal of Innovation & Knowledge*, 2019, 4(4): 253-255.

Freund W C, Larrain M, Pagano M S. Market Efficiency Before and After Introduction of Electronic Trading at the Toronto Stock Exchange[J]. *Review of Financial Economics*, 1997, 6(1): 29-56.

Fujita M. Thünen and the New Economic Geography[J]. *Regional Science and Urban Economics*, 2012, 42(6): 907-912.

Fujita M, Thisse J F. Does Geographical Agglomeration Foster Economic Growth? And Who Gains and Who Loses from it? [J]. *The Japanese Economic Review*, 2003, 54(2): 121-145.

Fujita M, Krugman P, Venables A J. *The Spatial Economy: Cities, Regions, and International Trade*[M]. Cambridge, MA: The MIT Press, 1999.

Fujita M. Towards the New Economic Geography in the Brain Power Society[J]. *Regional Science and Urban Economics*, 2007, 37: 482-490.

Gaffeo E, Molinari M. A Functional Perspective on Financial Networks[J]. *Journal of Economic Interaction and Coordination*, 2018, 13: 51-79.

Gehrig T. Cities and Geography of Financial Centies[R]. *C.E.P.R. Discussion Papers*, No.1894. 1998.

Gehrig T. *Cities and the Geography of Financial Centers*[M]. Cambridge: Cambridge University Press, 2000: 23-30.

Gertler M, Rogoff K. North-South Lending and Endogenous Domestic Capital Market Inefficienties[J]. *Journal of Monetary Economics*, 1990, 26(2): 245-266.

Gilles Duranton, Diego Puga. Micro Foundations of Urban Agglomeration Economies[M]// Henderson J V, Thisse J F(ed.). *Handbook of Urban and Regional Economics*, 2003.

Goldsmith R W. *Financial Structure and Development*[M]. New Haven: Yale University Press, 1969.

Gunter Dufey, Ian G Giddy. *The International Money Market*[M]. Englewood Cliffs, New Jersey: Prentice Hall, 1978: 35.

Helpman E, Krugman P. *Market Structure and Foreign Trade: Increasing Returns, Imperfect Competition and International Economy* [M]. Cambridge: MIT Press, 1985.

Hirschman A O. *The Strategy of Economic Development*[M]. New Haven: Yale University Press, 1958.

Jacobs J. *The Economy of Cities*[M]. New York: Random House, 1969.

Jugend D, Fiorini P D C, Armellini F, et al. Public Support for Innovation: A Systematic Review of the Literature and Implications for Open Innovation[J]. *Technological Forecasting and Social Change*, 2020, 156: 119985.

Khan A. The Finance and Growth Nexus[J]. *Business Review (Federal Reserve Bank of Philadelphia)*, 2000, Jan/Feb: 3-29.

Kindleberger C P. The Formation of Financial Centers: A Case Study in Comparative Economic History [R]. *Princeton Studies in International Finance*, No.36, Princeton, NJ: International Finance Section, Department of Economics, Princeton University. 1974: 1-78.

King R G, Levine R. Finance and Growth: Schumpeter Might be Right[J]. *Quarterly Journal of Economics*, 1993, 108(3): 717-737.

Krugman P. Increasing Returns, Monopolistic Competition and International Trade[J]. *Journal of International Economics*, 1979, 9(4): 469-479.

Krugman P. Increasing Returns and Economic Geography[J]. *The Journal of Political Economy*, 1991, 99(3): 483-499.

Krugman P. *Geography and Trade* [M]. Cambridge, MA: The MIT Press, 1991.

Krugman P. *Development, Geography and Economic Theory*[M]. Cambridge, MA: The MIT Press, 1995.

La Porta, Rafael, Florencio Lopez-de-Silanes, et al. Law and Finance[J]. *Journal of Political Economy*, 1998, 106(6): 1113-1155.

Law S H, Singh N. Does Too Much Finance Harm Economic Growth? [J] *Journal of Banking & Finance*, 2014, 41: 36-44.

Levine R. Bank-Based or Market-Based Financial Systems: Which is Better? [J]. *Journal of Financial Intermediation*, 2002, 11(4): 398-428.

Luintel K B, Khan M, Leon-Gonzalez R, et al. Financial Development, Structure and Growth: New Data, Method and Results [J]. *Journal of International Financial Markets, Institutions and Money*, 2016, 43: 95-112.

Maier G. History, Spatial Structure, and Regional Growth: Lessons for Policy Making [M]//Johansson B, Karlsson C, Stough R (ed.). *Theories of Endogenous Regional Growth: Lessons for Regional Policies*. Heidelberg: Springer Verlag, 2001: 111-134.

Manski C F. Economic Analysis of Social Interactions[J]. *Journal of Economic Perspectives*, 2000, 14: 115-136.

Martin P, Ottaviano G I P. Growing Locations: Industry Location in a Model of Endogenous Growth[J]. *European Economic Review*, 1999, 43(2): 281-302.

Mazzucato M, Wray L R. Financing the Capital Development of the Economy: A Keynes-Schumpeter-Minsky Synthesis[N]. *Levy Economics Institute of Bard College Working Paper*, No. 837. 2015.

Mackinnon R I. *Money and Capital in Economic Development*[M]. Washington DC: Brookings Institution, 1973: 158-161.

Mitze T, Matz F. Public Debt and Growth in German Federal States: What Can Europe Learn? [J]. *Journal of Policy Modeling*, 2015, 37(2): 208-228.

Myrdal G. *Economic Theory and Under-Developed Regions* [M]. London: Gerald Duckworth, 1957.

Naresh R Pandit, Gary Cook. The Benefits of Industrial Clustering: Insights from the British Financial Service Industry at Three Locations[J]. *Journal of Financial Services Marketing*, 2003, 7(3): 230-245.

Nelson R R, Winter S G. *An Evolutionary Theory of Economic Change*[M]. Cambridge, Mass: Belknap Press, 1985.

Nguyen Y N, Brown K, Skully M. Impact of Finance on Growth: Does it Vary with Development Levels or Cyclical Conditions? [J]. *Journal of Policy Modeling*, 2019, 41(6): 1195-1209.

North D C. *Institution*, *Institutional Change and Economics Performance*[M]. Cambridge: Cambridge University Press, 1990.

Ottaviano G I P. Monopolistic Competition, Trade, and Endogenous Spatial Fluctuations[R]. *CEPR Discussion Papers*, No. 1327. 1996.

Pandit N R, Cook G A S, Swann G M. A Comparison of Clustering Dynamics in the British Broadcasting and Financial Services Industries[J]. *International Journal of the Economics of Business*, 2002, 9 (2): 195-224.

Perroux F. Economic Space: Theory and Applications[J]. *Quarterly Journal of Economics*, 1950, 64(1):89-104.

Philip Arestis, Panicos Demetriades. Financial Development and Economic Growth: Assessing the Evidence[J]. *The Economic Journal*, 1997, 107 (May): 783-799.

Porteous D J. *The Geography of Finance: Spatial Dimensions of Intermediary Behaviour*[M]. Aldershot: Avebury, 1995.

Rajan R, Zingales L. Financial Dependence and Growth[J]. *American Economic Review*, 1998, 88(3):559-586.

Redding S J. Goods Trade, Factor Mobility and Welfare [J]. *Journal of International Economics*, 2016, 101:148-167.

Rikard Forslid. Agglomeration with Human and Physical Capital: an Analytically Solvable Case[R]. *CEPR Discussion Paper*, No. 2102. 1999.

Robert G King, Ross Levine. Finance, Entrepreneurship and Growth: Theory and Evidence[J]. *Journal of Monetary Economics*, 1993, 32(3): 513-542.

Robert Merton. A Functional Perspective of Financial Intermediation [J]. *Financial Management*, 1995, 24(2):23-41.

Robert-Nicoud F. A Simple Geography Model with Vertical Linkages and Capital Mobility[C] //Mimeo. *London School of Economics*. 2002.

Romer P M. Increasing Returns and Long-Run Growth[J]. *Journal of Political Economy*, 1986, 94(5): 1002-1037.

Ross Levine, Norman Loayza, Thorsten Beck. Financial Intermediation and Growth: Causality and Causes[J]. *Journal of Monetary Economics*, 2000, 46 (1): 31-77.

Ross Levine, Sara Zervos. Stock Markets, Banks, and Economic Growth[J]. *American Economic Review*, 1988, 88(3): 537-558.

Ross Levine. Financial Development and Economic Growth: Views and Agenda[J]. *Journal of Economic Literature*, 1997, 35(2): 688-726.

Schumpeter J A. *Business Cycles: A Theoretical, Historical and Statistical Ananlysis of the Capitalist Process*[M]. New York and London: McGraw-Hill Book Company Inc, 1939.

Schumpeter J A. *The Theory of Economic Development*[M]. Cambridge, MA: Harvard University Press, 1912.

Shaw E S. *Financial Deepening in Economic Development*[M]. New York: Oxford University Press, 1973.

Solow R M. A Contribution to the Theory of Economic Growth[J]. *The Quarterly Journal of Economics*, 1956, 70(1): 65-94.

Stiglitz J E. Peer Monitoring and Credit Markets[J]. *The World Bank Economic Review*, 1990, 4(3): 351-366.

Taylor J B. Can We Restart the Recovery All Over Again? [J]. *American Economic Review*, 2016, 106(5): 48-51.

Tobler W R. A Computer Movie Simulating Urban Growth in the Detroit Region[J]. *Economic Geography*, 1970, 46: 234-240.

Williamson J G. Regional Inequality and the Process of National Development: A Description of the Patterns[J]. *Economic Development and Cultural Change*, 1965, 13(4): 21-84.

Witt U. Evolution as the Theme of a New Heterodoxy in Economics[M]// Witt U(ed). *Explaining Process and Change: Approaches to Evolutionary Economics*. Ann Arbor: University of Michigan Press, 1992.

Witt U. Evolutionary Economics: An Interpretative Survey[M]// Dopfer K (ed.). *Evolutionary Economics: Program and Scope*. Dordrecht: Kluwer Academic Publishers, 2001:49.

Wright G. The Origins of American Industrial Success 1879-1940[J]. *American Economic Review*, 1990, 80:651-668.

Yoon Shik Park. The Economics of Offshore Financial Centers[J]. *Columbia Journal of World Business*, 1982, 17(4): 31-35.

Young A. The Razor's Edge: Distortions and Incremental Reform in the People's Republic of China[J]. *Quarterly Journal of Economics*, 2000, 115: 1091-1135.

阿尔弗雷德·马歇尔.经济学原理[M].朱志泰,陈良璧,译.北京:商务印书馆,1997:52-60.

安虎森,蒋涛.块状世界的经济学——空间经济学点评[J].南开经济研究,2006(5):92-103.

安虎森,李锦.适度的"政策梯度"是实现区域协调发展的战略选项——基于新经济地理学循环累积因果聚集机制的探讨[J].学术月刊,2010(1):73-79.

安康.区域金融发展水平的时空特征及影响因素——以广东省为例[J].武汉金融,2016(4):26-30.

安勇,王拉娣.金融要素扭曲、地方政府行为与创新效率缺失[J].数理统计与管理,2021(4):135-147.

安子铮,安子祎.金融辐射力与金融中心层级实证研究[J].金融发展研究,2008(10):41-44.

白钦先.白钦先经济金融文集[M].北京:中国金融出版社,1999.

白钦先,丁志杰.论金融可持续发展[J].国际金融研究,1998(5):28-32.

柏延臣,李新,冯学智.空间数据分析与空间模型[J].地理研究,1999(2):74-79.

贝多广,黄为,李京晔.金融发展的金融相关比率分析[J].中央财经大学学报,2005(7):6-12.

蔡庆丰,陈熠辉,林焜.信贷资源可得性与企业创新:激励还是抑制?——基于银行网点数据和金融地理结构的微观证据[J].经济研究,2020(10):124-140.

蔡则祥,武学强.金融资源与实体经济优化配置研究[J].经济问题,2016(5):16-25.

蔡志刚.中国区域经济发展差异与金融政策变迁[J].经济前沿,2001(8):13-17.

陈彬瑞,冯邦彦.经济演化视野下的金融业与金融绩效:一种新的理解[J].金融研究,2006(10):147-153.

陈才,刘曙光.面向21世纪的我国区域经济地理学科理论体系建设[J].地理科学,1998(5):2-9.

陈敏,桂琦寒,陆铭,等.中国经济增长如何持续发挥规模效应?——经济开放与国内商品市场分割的实证研究[J].经济学(季刊),2008(1):125-150.

陈雯,吕卫国,孙伟.空间经济学研究的相关进展与评述[J].世界地理研究,2007(4):70-75.

陈莹.金融发展对江苏经济增长作用的实证研究[J].现代经济探讨,2002(7):53-55.

陈智颖,许林,钱崇秀.中国碳金融发展水平测度及其动态演化[J].数量经济技术经济研究,2020(8):62-82.

成春林,华桂宏.金融发展差异的多重因素:文献综述及其引申[J].改革,2013(5):59-67.

成春林,华桂宏.金融集聚影响因素的县域分析——基于2002—2011年江苏64个县市的实证研究[J].江苏社会科学,2013(6):238-243.

参考文献

成春林,华桂宏.金融综合竞争力的区域差异与提升路径——来自江苏 13 个地级市的证据[J].江海学刊,2014(1):227-233.

程翔,王曼怡,田昕,等.中国金融发展水平的空间动态差异与影响因素[J].金融论坛,2018(8):43-54.

程肖芬.保险产业集聚效应及其竞争力探源[J].现代财经(天津财经大学学报),2007(11):23-26.

崔光庆,王景武.中国区域金融差异与政府行为:理论与经验解释[J].金融研究,2006(6):79-89.

崔巍,文景.社会资本、法律制度对金融发展的影响——替代效应还是互补效应?[J].国际金融研究,2017(11):13-22.

戴先杰.江苏省区域生产力布局模式研究[J].现代经济探讨,2000(10):54-56.

道格拉斯·C.诺斯.制度、制度变迁与经济绩效[M].刘守英,译.北京:生活·读书·新知三联书店,1994:54.

董金玲.江苏区域金融作用机制及发展差异研究[D].徐州:中国矿业大学,2009.

董锁成.经济地域运动论:区域经济发展的时空规律研究[M].北京:科学出版社,1994:1-165.

董秀良,满媛媛,王轶群.农村金融集聚对农民消费影响研究[J].数理统计与管理,2019(4):688-703.

窦欢,曾建光,王鹏.同业竞争、公司治理与投资效率[J].经济与管理研究,2018(4):110-122.

樊荣臻.集聚金融资源,发展县域经济——江苏盱眙建设金融集聚区的调查[J].江苏农村经济,2013(3):68-69.

范剑勇.要素聚集与地区差距:来自中国的证据[C]//中国制度经济学年会论文集,2003.

方茂扬.珠三角城市金融辐射力的实证分析[J].南方金融,2009(7):65-68.

方先明.金融生态建设中的地方政府行为[J].中国行政管理,2013(8):84-88.

房汉廷.促进科技金融深化发展的几个关键问题[J].中国科技产业,2011(1):48-52.

扶明高.提高金融发展质量,支持现代化经济体系建设[N].新华日报,2018 年 1 月 24 日第 20 版.

付争.金融市场差异与全球经济失衡[J].世界经济研究,2012(7):10-15.

盖锐,王磊.加快苏州市金融集聚区建设的思考[J].产业与科技论坛,2012(10):59-60.

龚强,张一林,林毅夫.产业结构、风险特性与最优金融结构[J].经济研究,2014(4):4-16.

古学彬,方茂扬,孙丽霞.区域金融发展差异的经济效应——基于珠三角与粤西地区比较研究[J].广东金融学院学报,2009(6):60-69.

顾介康.改革开放30年:江苏经济发展的道路与特色研究[M].南京:南京大学出版社,2009:19-21,118.

管卫华,林振山,顾朝林.中国区域经济发展差异及其原因的多尺度分析[J].经济研究,2006(7):117-125.

管卫华,赵媛,林振山.改革开放以来江苏省区域空间结构变化[J].地理研究,2004(4):541-550.

韩大海.商业银行流动性过剩与区域金融资源配置失衡[J].金融论坛,2007(7):20-25.

韩永楠,杨建飞,周启清.中国金融地理供给如何影响地区经济增长质量?——基于地方金融和区域金融中心建设的视角[J].经济问题探索,2020(6):108-119.

韩再平.效能观点:透视中国金融前沿问题[M].北京:经济科学出版社,2002:4-12,70-79.

何雄浪,李国平.新经济地理学产业集群理论述评[J].贵州社会科学,2006(2):24-27,43.

何雄浪.空间经济学及其新发展:新经济地理学[J].西南民族大学学报(人文社会科学版),2021(1):88-97.

贺灿飞,梁进社.中国区域经济差异的时空变化:市场化、全球化与城市化[J].管理世界,2004(8):8-17.

赫希曼.经济发展战略[M].曹征海,潘照东,译.北京:经济科学出版社,1991:170.

洪开荣.空间经济学的理论发展[J].经济地理,2002(1):1-4.

胡国良.以实施国家战略为引领　建设"强富美高"新江苏[J].群众,2019(23):18-19.

胡海峰,王爱萍.金融发展与经济增长关系研究新进展[J].经济学动态,2016(5):102-112.

华桂宏.有效供给与经济发展[M].南京:南京师范大学出版社,2000:50-65.

华桂宏,成春林.重新认识金融创新——对我国金融业混业趋势与现行分业监管的思考[J].财经科学,2004(1):37-40.

黄蓓,王祥.金融资源产出弹性的地区差异研究——基于1994~2007年中国省际面板数据[J].经济问题,2010(8):22-26.

黄丹荔,吴昳.长三角城市群的金融集聚效应和金融辐射效应研究[J].财经问题研究,2019(12):65-72.

黄佳军,余凌曲,叶晓花.银行业务地域特征和银行机构集聚[J].开放导报,2011(3):32-35.

黄解宇.金融集聚研究综述[J].工业技术经济,2008(1):143-146.

黄金老.论金融脆弱性[J].金融研究,2001(3):41-49.

黄凯南.演化博弈与演化经济学[J].经济研究,2009(2):132-145.

黄利秀.从新经济地理学到演化经济地理学:区域政策含义及其启示[J].商业研究,2014(9):21-26,80.

黄宪,刘岩,童韵洁.金融发展对经济增长的促进作用及其持续性研究——基于英美、德国、法国法系的比较视角[J].金融研究,2019(12):147-168.

黄肖琦,柴敏.新经济地理学视角下的FDI区位选择——基于中国省际面板数据的实证分析[J].管理世界,2006(10):7-13,26.

黄昱然,卢志强,李志斌.地方政府债务与区域金融差异的经济增长效应研究——基于非线性面板平滑转换回归PSTR模型[J].当代经济科学,2018(3):1-12.

黄运成,杨再斌.关于上海建设国际金融中心的基本设想[J].管理世界,2003(11):103-110.

纪祥裕.金融地理影响了城市创新能力吗?[J].产业经济研究,2020(1):114-127.

贾根良.理解演化经济学[J].中国社会科学,2004(2):33-41.

贾根良.演化经济学:经济学革命的策源地[M].太原:山西人民出版社,2004.

贾俊生,伦晓波,林树.金融发展、微观企业创新产出与经济增长——基于上市公司专利视角的实证分析[J].金融研究,2017(1):99-113.

江春,许立成.文化、金融发展与经济增长文献综述[J].经济评论,2009(6):138-142.

焦瑾璞.中国银行业国际竞争力研究[M].北京:中国审计出版社,2002.

金碚.论企业竞争力的性质[J].中国工业经济,2001(10):5-10.

景光正,李平,许家云.金融结构、双向FDI与技术进步[J].金融研究,2017(7):62-77.

库尔特·多普菲.演化经济学:纲领与范围[M].贾根良,等译.北京:高等教育出版社,2004:16-22.

拉姆·拉玛纳山.应用经济计量学(原书第5版)[M].薛菁睿,译.北京:机械工业出版社,2003.

黎和贵.区域金融生态环境差异与经济增长效率[J].金融论坛,2007(3):45-52.

黎平海,王雪.珠三角城市金融辐射力实证研究[J].国际经贸探索,2009(11):49-53.

李程骅.城市与区域联动转型:苏南现代化示范区的价值引领[J].江南论坛,2013(8):7-9.

李宏,陆建明,杨珍增,等.金融市场差异与全球失衡:一个文献综述[J].南开经济研究,2010(4):3-20.

李红,王彦晓.金融集聚、空间溢出与城市经济增长——基于中国286个城市空间面板杜宾模型的经验研究[J].国际金融研究,2014(2):89-96.

李洪梅,王文博,姚遂.基于金融功能观的互联网金融对中国金融发展的贡献研究[J].现代管理科学,2014(5):29-31.

李怀珍.以两结合、三联动增强金融动力[J].中国金融,2009(7):27.

李敬,冉光和,孙晓铎.中国区域金融发展差异的度量与变动趋势分析[J].当代财经,2008(3):34-40.

李凯风,张卓.我国区域金融中心金融辐射力的金融效率分析[J].统计与决策,2017(2):171-173.

李岚.我国区域金融发展差异的度量及影响因素分析——基于省级数据的检验[D].上海:复旦大学,2008.

李林,丁艺,刘志华.金融集聚对区域经济增长溢出作用的空间计量分析[J].金融研究,2011(5):113-123.

李鹏程.我对发展哲学研究的一些想法和看法[J].哲学动态,1994(5):24-25.

李胜会,冯邦彦.对国外空间经济学集聚经济理论研究的分析——兼谈城市集聚理论的发展[J].经济问题,2008(2):13-20.

李文焕.儒学与东方现代化[J].东北亚论坛,1992(1):91-95.

李喜梅.基于功能视角的我国农村金融发展研究[M].北京:中国金融出版社,2009:10-11,28-29.

李小建.金融地理学理论视角及中国金融地理研究[J].经济地理,2006(5):721-725,730.

李兴江,赵峰.我国金融发展的非均衡性与中西部区域金融成长[J].甘肃金融,2003(11):13-14,17.

李延凯,韩廷春.金融环境演化下的金融发展与经济增长:一个国际经验[J].世界经济,2013(8):145-160.

李艳.欠发达地区金融支持系统耦合与动态调整[J].经济问题探索,2010(12):154-159.

李扬.中国金融改革30年[M].北京:社会科学文献出版社,2008:558-559.

李扬,王国刚.中国金融改革开放30年研究[M].北京:经济管理出版社,2008:424.

李扬,王国刚,刘煜辉.中国城市金融生态环境评价[M].北京:人民出版社,2005.

李再扬,冯根福.西方金融市场效率理论发展述评[J].财贸经济,2003(7):90-96.

梁琦.空间经济学:过去、现在与未来——兼评《空间经济学:城市、区域与国际贸易》[J].经济学(季刊),2005(4):1067-1086.

林毅夫.新结构经济学——重构发展经济学的框架[J].经济学(季刊),2010(10):1-32.

林毅夫,刘培林.中国的经济发展战略与地区收入差距[J].经济研究,2003(3):19-25.

林毅夫,孙希芳,姜烨.经济发展中的最优金融结构理论初探[J].经济研究,2009(8):4-17.

刘德海.谱写"强富美高"新江苏的时代华章[J].群众,2019(23):4-6.

刘贵生.做大总量、优化结构、提高质量:陕西金融业要在2010年发挥更关键的作用[J].西部金融,2010(4):5-8.

刘海瑞,成春林.金融发展质量的内涵——基于动力、过程、结果维度的研究[J].南方金融,2018(7):3-11.

刘红,叶耀明.金融集聚与区域经济增长:研究综述[J].经济问题探索,2007(11):46-51.

刘仁伍.区域金融结构和金融发展理论与实证研究[M].北京:经济管理出版社,2003:145-162.

刘伟,潘宏胜.城市金融竞争力的测度与比较[J].生产力研究,2004(1):74-76.

刘笑男,倪鹏飞.中国城市金融竞争力测度评价及因素分析[J].北京工业大学学报(社会科学版),2021(5):78-88.

刘旭华,王劲峰.空间权重矩阵的生成方法分析与实验[J].地球信息科学,2002(2):38-44.

刘志彪.高起点建设苏南现代化示范区的战略思考[J].现代经济探讨,2012(11):5-8.

刘志高,尹贻梅.演化经济地理学评介[J].经济学动态,2005(12):91-95.

娄勤俭.紧紧围绕高质量发展 加快建设"强富美高"新江苏[J].群众,2018(1):4-7.

卢峰,姚洋.金融压抑下的法治、金融发展和经济增长[J].中国社会科学,2004(1):42-55.

卢纹岱.SPSS for Windows 统计分析(第2版)[M].北京:电子工业出版社,2002:347-349.

陆铭,陈钊.中国区域经济发展中的市场整合与工业集聚[M].上海:上海三联书店;上海:上海人民出版社,2006:18.

陆远权,张德钢.我国区域金融效率测度及效率差异研究[J].经济地理,2012(1):96-101.

吕拉昌,魏也华.新经济地理学中的制度转向与区域发展[J].经济地理,2005(4):437-441.

马歇尔.经济学原理[M].北京:商务印书馆,1964:18-19.

迈克尔·波特.竞争优势[M].陈小悦,译.北京:华夏出版社,1997:8-10.

苗东升.系统科学精要[M].北京:中国人民大学出版社,1998:10-15.

母宇.中国区域金融发展差异的财政因素研究——基于财政压力与地方政府干预视角的分析[J].海南金融,2010(9):4-8.

倪鹏飞.中国城市竞争力理论研究与实证分析[M].北京:中国经济出版社,2001.

倪鹏飞,孙承平.中国城市:金融中心的定位研究[J].财贸经济,2005(2):17-22,96.

欧向军,顾朝林.江苏省区域经济极化及其动力机制定量分析[J].地理学报,2004(5):791-799.

欧向军,朱传耿.江苏省区域经济差异与发展战略演变初探[J].人文地理杂志,2005(2):25-29.

潘林伟,马迪,吴娅玲.中国金融效率促进经济增长效应的区域差异及地方政府宏观调控的异质需求[J].技术经济,2017(10):114-122.

潘英丽.国际金融中心:历史经验与未来中国(上、中、下)[M].上海:格致出版社;上海:上海人民出版社,2010.

潘英丽.论金融中心形成的微观基础——金融机构的空间聚集[J].上海财经大学学报,2003(1):50-57.

佩尔鲁克斯.略论发展极的概念[J].适用经济学,1955(8):307-320.

彭宝玉,李小建.新经济背景下金融空间系统演化[J].地理科学进展,2009(6):970-976.

彭宝玉,谢桂珍,魏雪燕,等.中国区域经济、金融发展差异分析[J].地域研究与开发,2016(4):1-5.

彭晓娟.普惠金融视角下互联网金融发展之法律进路[J].法学论坛,2018(3):81-90.

彭俞超.金融功能观视角下的金融结构与经济增长——来自1989～2011年的国际经验[J].金融研究,2015(1):32-49.

戚克梅.资本市场开放前提举证、国别差异与中国的进程[J].改革,2013(8):124-133.

秦诗立.高水平建设宁波航运金融集聚区[J].浙江经济,2011(24):48-49.

冉光和.金融产业可持续发展理论研究[M].北京:商务印书馆,2004:69.

参考文献

任英华,徐玲,游万海.金融集聚影响因素空间计量模型及应用[J].数量经济技术经济研究,2010(5):104-115.

茹乐峰,苗长虹,王海江.我国中心城市金融集聚水平与空间格局研究[J].经济地理,2014(2):58-66.

上官敬芝.江苏省区域经济发展差异的形成原因探析[J].统计与决策,2010(14):109-111.

邵学言,朱昭瑜.关于穗、深双核区域金融中心建设的构想[J].南方金融,2010(2):73-78.

沈坤荣,耿强.外国直接投资、技术外溢与内生经济增长——中国数据的计量检验与实证分析[J].中国社会科学,2001(5):82-93.

沈坤荣,孙文杰.投资效率、资本形成与宏观经济波动——基于金融发展视角的实证研究[J].中国社会科学,2004(6):52-63.

沈坤荣,张成.金融发展与中国经济增长——基于跨地区动态数据的实证研究[J].管理世界,2004(7):15-21.

沈丽,范文晓.我国科技金融效率的空间差异及分布动态演进[J].管理评论,2021(1):44-53,67.

沈体雁,冯等田,孙铁山.空间计量经济学[M].北京:北京大学出版社,2010:32-35,39.

沈正平,翟仁祥.江苏省南北经济发展差距及其协调研究——兼与鲁南和中国东西部地区的比较[J].经济地理,2003(6):742-746.

盛昭瀚,蒋德鹏.演化经济学[M].上海:上海三联书店,2002:5.

宋林飞.区域发展理论与政策[M].北京:社会科学文献出版社,2011:4-5.

孙静,许涛,俞乔.基于金融功能的金融结构促进技术创新之作用机制研究[J].山东社会科学,2019(3):109-113.

孙维峰,黄解宇.金融集聚对企业 R&D 投资的影响[J].技术经济,2015(2):61-67.

孙永平,叶初升.资源依赖、地理区位与城市经济增长[J].当代经济科学,2011(1):114-123.

孙志军.苏北全面建设小康社会的发展战略[M].南京:南京大学出版社,2008:4.

谈儒勇.中国金融发展和经济增长关系的实证研究[J].经济研究,1999(10):53-61.

谈儒勇,吴兴奎.我国各地金融发展差异的司法解释[J].财贸经济,2005(12):14-17.

唐吉平,陈浩,姚星垣.长三角城市金融辐射力研究[J].浙江大学学报(人文社科版),2005(6):62-70.

唐廷华.经济欠发达地区农村金融支持新农村建设的思考[J].西南金融,2006(9):39-40.

陶锋,胡军,李诗田,等.金融地理结构如何影响企业生产率?——兼论金融供给侧结构性改革[J].经济研究,2017(9):55-71.

天大研究院课题组.布局建设中国国际金融中心的战略与策略[J].武汉金融,2010(11):10-14.

天津财经大学经济学院课题组.珠三角、长三角及环渤海金融圈发展比较研究[J].华北金融,2007(6):22-33.

田晖,宋清,韦志文.国家文化与金融发展:基于跨国面板数据的实证研究[J].经济经纬,2020(4):64-72.

田霖.金融地理学视角下的区域金融成长差异研究[D].杭州:浙江大学,2005.

王丹,叶蜀君.金融集聚对区域收入差距的影响机理研究[J].经济问题探索,2015(7):160-165.

王广谦.经济发展中金融的贡献与效率[M].北京:中国人民大学出版社,1997.

王纪全,张晓燕,刘全胜.中国金融资源的地区分布及其对区域经济增长的影响[J].金融研究,2007(6):100-108.

王军.江苏区域经济发展差异泰尔指数分析[J].商业时代,2010(36):127-128.

王君芬.我国区域金融的发展差异及空间效应研究[D].杭州:浙江工业大学,2009.

王俊寿."五个联动":有效解决县域农村金融支持不足[J].今日海南,2007(12):35.

王力,黄育华.国际金融中心研究[M].北京:中国财政经济出版社,2004:50-58.

王鸢凤,黄霆珺.文化与金融发展的研究综述[J].财贸研究,2007(1):98-102.

王淑英,屈莹莹.国家中心城市的金融集聚对经济效率的影响研究[J].工业技术经济,2017(8):3-10.

王伟,王茜,汪玲.金融竞争力、信贷扩张与经常账户不平衡[J].国际金融研究,2019(6):48-56.

王小鲁,樊纲.中国地区差距的变动趋势和影响因素[J].经济研究,2004(1):33-44.

王学军.空间分析技术与地理信息系统的结合[J].地理研究,1997(3):70-74.

王奕鋆.金融发展、高端制造业集聚与地区经济发展差距——基于新经济地理学的分析框架以及来自中国31省市的证据[J].经济问题探索,2017(6):128-136.

王应贵,江齐明.粤港澳资本市场开放的监管机制与发展差异研究[J].亚太经济,2019(2):141-148.

王兆星.中国金融结构论[M].北京:中国金融出版社,1994:7-50.

王振山.金融效率论:金融资源优化配置的理论与实践[M].北京:经济管理出版社,2000:23-24.

王铮,邓悦,葛昭攀,等.理论经济地理学[M].北京:科学出版社,2002:37.

翁瑾,刘明宇.经济学关于空间结构研究的综述[J].当代财经,2006(6):13-16,27.

吴立新,龚健雅,徐磊,等.关于空间数据与空间数据模型的思考——中国GIS协会理论与方法研讨会(北京,2004)总结与分析[J].地理信息世界,2005(2):41-46,51.

吴彤.自组织方法论研究[M].北京:清华大学出版社,2001:10-20.

吴先满.中国金融发展论[M].北京:经济管理出版社,1994.

吴玉鸣.空间计量经济模型在省域研发与创新中的应用研究[J].数量经济技术经济研究,2006(5):74-85,130.

吴玉鸣.中国区域研发、知识溢出与创新的空间计量经济研究[M].北京:人民出版社,2007:48,57-85,62.

伍海华.金融区域二元结构及发展对策[J].经济理论与经济管理,2002(8):22-27.

伍艳.地方政府行为与区域金融发展:理论与实证研究[J].西南民族大学学报(人文社会科学版),2009(12):101-105.

伍艳.中国区域金融生态与区域金融发展[M].北京:中国农业出版社,2010:27-30.

熊彼特.经济发展理论——对于利润、资本、信贷、利息和经济周期的考察[M].何畏,等译.北京:商务印书馆,1990:71.

熊艳.传媒发展环境与资本市场发展的地区差异——经济后果与影响因素研究[J].投资研究,2018(8):58-78.

徐诺金.金融生态论[M].北京:中国金融出版社,2007:75-95.

徐诺金.论我国的金融生态问题[J].金融研究,2005(2):35-45.

徐现祥,李郇.市场一体化与区域协调发展[J].经济研究,2005(12):57-67.

徐小鹰.关于金融体系国际竞争力的理论述评[J].武汉金融,2007(6):49-50.

徐欣,董洪超.城市群金融集聚对科技创新的非对称溢出效应研究[J].经济问题探索,2021(4):80-91.

徐晔,宋晓薇.金融集聚、空间外溢与全要素生产率——基于GWR模型和门槛模型的实证研究[J].当代财经,2016(10):45-59.

许秋起,刘春梅.金融制度差异与演进解释理论的新探索:金融发展的社会经济动力学[J].金融理论与实践,2007(4):16-19.

许潇文.我国金融效率与经济增长关系的区域差异分析[J].技术经济与管理研究,2015(9):118-123.

薛薇.SPSS统计分析方法及应用[M].北京:电子工业出版社,2004:326-327.

亚当·斯密.国富论[M].谢宗林,李华夏,译.北京:中央编译出版社,2011.

杨德勇.论中国金融效率的现状及政策选择[J].内蒙古财经学院学报,1997(2):54-61.

杨虎涛.什么是演化经济学:基于学科类比的说明[J].中国地质大学学报,2009(5):73-78.

杨开忠,董亚宁,薛领,等."新"新经济地理学的回顾与展望[J].广西社会科学,2016(5):63-74.

杨胜刚,刘姝雯,阳旸.中国互联网金融发展水平测度——基于金融功能观的研究[J].金融经济学研究,2016(4):72-80.

杨伟中,余剑,李康.金融资源配置、技术进步与经济高质量发展[J].金融研究,2020(12):75-94.

杨咸月.金融深化理论发展及其微观基础研究[M].北京:中国金融出版社,2002:125-126.

杨晓光,樊杰,赵燕霞.20世纪90年代中国区域经济增长的要素分析[J].地理学报,2002(6):701-708.

杨旭,刘祎,黄茂兴.金融集聚对经济发展绩效与经济发展质量的影响——基于制度环境视角的研究[J].经济问题,2020(1):44-53.

杨义武,方大春.金融集聚与产业结构变迁——来自长三角16个城市的经验研究[J].金融经济学研究,2013(6):55-65.

杨珍增.金融深化差异对贸易收支失衡的影响[J].南开学报(哲学社会科学版),2010(3):104-111.

叶南客,丰志勇.苏南现代化示范区建设中的南京功能定位研究[J].南京社会科学,2012(12):151-156.

叶茜茜.我国区域金融发展的空间演化分析[J].经济问题,2011(5):106-109.

叶望春.金融工程与金融效率相关问题研究综述[J].经济评论,1999(4):76-84.

叶依广,何伟.江苏省各中心城市经济发展综合实力及差异因素的主成分分析[J].南京农业大学学报,2002(4):95-118.

易明,张莲,杨丽莎,等.中国科技金融效率时空分异特征及区域均衡性[J].科技进步与对策,2019(10):34-40.

殷德生,肖顺喜.体制转轨中的区域金融研究[M].上海:学林出版社,2000:30-36.

殷广卫,李佶.空间经济学概念及其前沿——新经济地理学发展脉络综述[J].西南民族大学学报(人文社会科学版),2010(1):75-82.

殷剑锋.金融结构与经济增长[M].北京:人民出版社,2006:17-23.

银温泉,才婉茹.我国地方市场分割的成因和治理[J].经济研究,2001(6):3-12.

于波.南京金融集聚区打造研究:基于信息论的观点[J].金融纵横,2012(3):32-37.

俞姗.区域金融发展差异及对新兴经济区的影响[J].莆田学院学报,2011(6):38-43.

袁纯清.金融共生理论与城市商业银行改革[M].北京:商务印书馆,2002:7.

袁康.绿色金融发展及其法律制度保障[J].证券市场导报,2017(1):4-11.

詹继生.金融竞争力探讨[J].江西社会科学,2006(4):136-141.

张成思,刘贯春.最优金融结构的存在性、动态特征及经济增长效应[J].管理世界,2016(1):66-77.

张锋.江苏"三大战略"与政策研究[M].南京:江苏人民出版社,1998:47.

张凤超.金融产业成长及其规律探讨[J].当代经济研究,2003(10):68-72.

张凤超.金融地域系统研究:关于金融一体化的一种解释[M].北京:人民出版社,2006:113-117.

张凤超.金融地域运动:研究视角的创新[J].经济地理,2003(5):587-592.

张凤超,袁清瑞.试论区域金融成长[J].东北师大学报,2001(1):58-63.

张鸿雁.新型城镇化进程中的"城市文化自觉"与创新——以苏南现代化示范区为例[J].南京社会科学,2013(11):58-65.

张辉,朱光楠,冯中越.北京金融服务业辐射力实证研究[J].北京行政学院学报,2010(3):68-72.

张杰.经济的区域差异与金融成长[J].金融与经济,1994(6):16-19,1.

张军洲.中国区域金融分析[M].北京:中国经济出版社,1995:10-14.

张亮,刘群燕,漆鑫.金融效率差异与外商投资的关系研究[J].上海金融,2012(7):13-17.

张翎,窦静雅.空间经济学视角下的产业集聚与区域经济增长研究[J].工业技术经济,2007(7):79-81.

张龙耀,邢朝辉.中国农村数字普惠金融发展的分布动态、地区差异与收敛性研究[J].数量经济技术经济研究,2021(3):23-42.

张明喜,郭滕达,张俊芳.科技金融发展40年:基于演化视角的分析[J].中国软科学,2019(3):20-33.

张培刚.新发展经济学[M].郑州:河南人民出版社,1993:3,266-272.

张培刚,孙鸿敞.文化传统与中国的工业化及现代化[J].华中理工大学学报(社会科学版),1991(1):21-26.

张世晓,王国华.基于耗散结构理论的区域金融集聚演化机制研究[J].统计与决策,2010(12):76-78.

张文忠.新经济地理学的研究视角探析[J].地理科学进展,2003(1):94-102.

张跃文.中国金融体系的结构与变革[M].北京:中国社会科学出版社,2010:12,18-19.

张云,孙桂芳,程丽萍.国际金融中心形成模式和条件对上海的启示[J].改革与战略,2007(9):66-69.

赵劲松.法律还是政治变迁?——以 1904—1940 年的投资者保护和金融发展为例[J].经济学(季刊),2012(1):723-742.

赵瑞政,王文汇,王朝阳.金融供给侧的结构性问题及改革建议——基于金融结构视角的比较分析[J].经济学动态,2020(4):15-32.

赵伟,马瑞永.中国区域金融发展的收敛性、成因及政策建议[J].中国软科学,2006(2):94-101.

赵晓斌,王坦,张晋熹.信息流和"不对称信息"是金融与服务中心发展的决定因素:中国案例[J].经济地理,2002(4):408-414.

赵彦云,汪涛.金融体系国际竞争力理论及应用研究[J].金融研究,2000(8):62-71.

郑长德.中国金融发展地区差异的泰尔指数分解及其形成因素分析[J].财经理论与实践,2008(4):7-13.

郑长德.中国转型时期的金融发展与收入分配[M].北京:中国财政经济出版社,2007:60-67.

郑风田,郎晓娟.小额信贷株连制模式研究述评[J].经济学动态,2009(4):127-132.

郑联盛.深化金融供给侧结构性改革:金融功能视角的分析框架[J].财贸经济,2019(11):66-80.

郑威,陆远权.金融市场分割的研发效应及企业差异[J].研究与发展管理,2019(1):109-117.

周俊余,杨洁.基于多种评价方法的河北省金融发展竞争力分析[J].华北理工大学学报(社会科学版),2019(1):56-62.

周俐萍.金融运行效率的区域差异研究[D].武汉:华中科技大学,2006.

周小川.法治金融生态[J].中国经济周刊,2005(3):11.

周孝坤,袁颖,冯钦.西部主要城市金融辐射力实证研究[J].经济体制改革,2011(6):48-52.

朱华友.新经济地理学经济活动空间集聚的机制过程及其意义[J].经济地理,

2005(6):753-756,760.

朱建芳.区域金融发展差距:理论与实证分析[D].杭州:浙江大学,2006.

朱决胜,胡军太,刘达云.欠发达地区在中部崛起中的金融支持问题思考[J].武汉金融,2006(3):58-59.

庄毓敏,储青青,马勇.金融发展、企业创新与经济增长[J].金融研究,2020(4):11-30.

附录1 空间经济学:贡献与不足[①]

摘　要:空间经济学作为一新兴学科,为传统经济学的研究引入了空间因素,对传统贸易理论、经济增长理论有了新的突破,改变传统区位理论的框架,为区域经济学研究提供微观基础。但也存在几方面不足:一是空间均衡的研究没有转向经济、社会、环境综合效用最大化的目标,二是对制度和人的主观能动性研究不足,三是忽略了时间的累积。因此,空间经济学的应用应加强历史、人文、制度等方面的研究。

关键词:空间经济学;区位;经济地理

引　言

20世纪80年代以来,西方社会科学进入了一个相互交叉与互动的新时期,各学科在理论互动中对区域与空间产生了浓厚兴趣。特别是20世纪90年代以来,经济地理学与经济学研究领域的交织更加明显,以克鲁格曼等为代表的主流派经济学家重新审视了空间因素,以全新的视角,把以空间经济现象作为研究对象的区域经济学、城市经济学等传统经济学科统一起来,构建了空间经济学(新经济地理学)。

一、空间经济学的贡献

一个学科的产生都应有其独立的区别于其他学科的价值,研究的内容又对人类生存与发展有何作用?作为一新兴学科,空间经济

[①] 原标题为《空间经济学再论》,发表于《经济论坛》2013年第7期,本书收录时略有改动。

学的贡献主要在于以下 5 个方面:

1. 空间经济学为传统经济学引入空间因素。主流经济学以往对空间置之不理,除了城市经济学和区域经济学以外,其研究基本上是非空间的,主要是因为经济学家们知道无法把空间因素模型化,所以不去研究经济的空间问题。然而,在现实中,如果忽视空间因素在经济活动中的作用,很多经济问题的研究就难以得到理想的答案。因此,空间经济学的发展,为经济学家研究区位提供了一种新方法。空间经济学最大的特征就是重新将长期被忽视的空间因素引入了经济学的分析中,研究这些经济活动的空间分布规律和空间集聚机制,回答"在哪消费、生产"的问题,主要应用于产业、区域以及国际贸易等领域。通过引入空间因素,以往所熟知的一些经济现象有了全新的研究方法和解释。

2. 空间经济学对传统贸易理论、经济增长理论有所突破。传统比较优势理论仅仅在要素禀赋比率基础上谈地区分工,而忽略一些内生的经济增长动力,不能回答"如果在地理无差异的空间中,能否形成分工"等问题。为此,赫尔普曼和克鲁格曼(Helpman and Krugman,1985)引入不完全竞争、规模经济、产品差异、报酬递增等概念体系发展了新贸易理论,解释在没有生产力差异和资源禀赋差异情况下,地区可以利用规模、质量、品种、品牌等方面"差异化优势",由此推理,对于一个市场容量大、资源条件丰厚的大国,其中条件优越的地区完全可以借助开放型经济提升和产业结构优化,发展专业化和规模经济,提高技术密集产业比重,变相对比较优势为国际竞争优势;新增长理论由于将 D-S 模型动态化,所以可以称之为 D-S 模型的时间版本(动态版本)。对于空间经济学来说,其所做的工作是将 D-S 模型向空间扩展,所以可以称之为 D-S 模型的空间版本。

3. 空间经济学改变传统区位理论的框架。区位理论、经济地理学、城市经济学、区域经济学等并不缺乏经典的空间分析方法。如 19 世纪杜能,20 世纪初韦伯、克里斯泰勒、霍特林、艾萨德、胡佛、阿郎索等对经济活动空间区位的关注不断取得突破性进展。古典和新古典的绝大部分区位理论虽然具有较强的理论逻辑性,但在各种假设条件的严格限定下,构造简单而关键的环境,特别是市场完全竞争、区位主体理性经济人和完全信息假设,与现实还有很大差距。无法解释现实中的企业所具有的市场扩张能力,更不能解释大规模经济集聚现象的出现和增长。空间经济学的区位理论改变了传统区位理论的框架,突破了完全竞争和规模报酬不变的假设,强调规模经济对区位以及城市、生产空间再构的影响,建立了核心—边缘的空间非均等模式,积累循环因果关系和路径依赖导致经济活动的分布更加不均匀;同时,也引发了运输成本、集聚经济、专业化分工、集群与网络、信息交流、创新与区域文化、政府作用、贸易开放以及生产要素、竞争态势等要素对区位均衡的向心和离心力影响的讨论,构建了比传统经济区位论更为完整、更为系统的空间均衡模式的分析框架和基础。

4. 空间经济学为区域经济学研究提供微观基础。 区域经济学经历了从古典经济学对空间问题的关注,到新古典经济对空间问题的忽视的过程。传统区域经济学关于空间的理论,都有一个致命的缺陷:没有明确说明存在收益递增时的市场结构。而空间经济学在垄断竞争框架里面研究递增报酬的作用。空间经济学在研究方法上有较大的突破。建立了一系列深刻而简洁优雅的模型使空间经济学的一些问题变得十分明了和简单。C-P模型问世后,以其为基础的其他类模型纷纷建立:马丁和罗杰斯(Martin and Rogers,1995)的自由资本模型、屋大维(Ottaviano,1996)和福斯里德(Forslid, 1999)的自由企业家模型、鲍德温(Baldwin, 1999)的资本创造模型、马丁和屋大维(Martin and Ottaviano, 1999)的全域溢出模型、鲍德温(Baldwin, 2001)的局部溢出模型、克鲁格曼和维纳布尔斯(Krugman and Venables, 1995)以及藤田昌久(Fujita, 1999)的核心—边缘垂直联系模型、罗伯特-尼科德(Robert-Nicoud, 2002)的自由资本垂直联系模型以及屋大维(Ottaviano,2002)的自由企业家垂直联系模型。这些模型体系,奠定了解释经济活动空间分布规律的微观基础,他们关注"经济关联"和"知识关联",如藤田昌久和蒂斯(Fujita and Thisse, 2003)、贝里安特和藤田昌久(Berliant and Fujita, 2006)、藤田昌久(Fujita, 2007)。

5. **空间经济学服务经济发展的实际**。最近的空间经济发展研究主要集中于两个方面：一个是经济金融活动的空间聚集，另一个是区域经济增长收敛的动态变化。我国当前经济发展存在区域发展不平衡、城乡经济发展不平衡、产业集聚、国际金融中心的选址等问题。对于空间经济问题的研究，有助于我们更好地进行产业区域布局，促进区域城乡经济健康科学发展，具有巨大的现实意义。

二、空间经济学研究的不足之处

空间经济学的出现给人耳目一新的感觉，但空间经济学不如主流经济学中的资本理论或收入分配那样受到重视。除了传统上的分析难以驾驭之理由外，另一方面的原因是，区位虽然重要，但是它可以被其他要素所替代，通过技术进步、引进人力资源、改善环境，可以改变区位劣势。而空间经济学的研究中确实还存在一些不足之处：

1. **空间均衡的研究没有转向经济、社会、环境综合效用最大化的目标**。由于当前空间经济学的研究局限于传统的经济目标，所以当前空间经济学的区位理论着重研究均质空间的经济增长和集聚的内生动力，理解经济活动的地理分布的中心内容，因此撇开了自然地理因素的差异，其实自然地理因素的差异也是经济增长以及集聚的影响因素之一。空间经济学主要侧重于经济活动开发空间的合理配置，基本上没有开展自然生态保护空间的配置研究。人类处在这个世界中一直在解决两个问题，那就是生存和发展。保证能够生存下去，而且生存得有效率。但我们现在的生存活动不能以牺牲以后子孙后代生存作为代价。而现有的空间均衡模型着重追求利润最大化和经济产出的效率，而没有综合空间均匀开发可能导致的环境极度破坏对总体效率衰减的影响，也忽略了空间的收入增长与生态保护的均衡协调。根据可持续发展经济学理论，空间均衡的格局除了利润最大化的导向，还要考虑环境保护的效益的最大化。

2. **空间经济学对制度和人的主观能动性研究不足**。在空间经济学中许多纯经济变量容易建模，但是社会性变量的建模较为困难。

在目前的分析中,各种正式与非正式的制度因素都被忽略了,空间经济的分布完全被看作是市场机制作用的结果。现实的空间并不是匀质空间,对不同空间采取差别化的制度安排会有不同的作用效果,如我国在2007年经济过热时,就对东西部采取了差别化的存款准备金率政策,那是因为东部地区集聚的资金比较多,西部则较少。当经济过热时需要对东部资金的供应进行限制,防止造成资金资产的泡沫,因而,东部地区存款准备金的规定要比西部地区高。虽然现行的空间格局是既定的,但发挥人的主观能动性是非常必要的;所以空间经济学的研究还需要引入制度以及人的主观能动性等因素。

3. 空间经济学的研究忽略了时间的累积。因为时间和空间是现实生活不可分割的部分。空间聚集的过程有时间的累积,也有可能是历史的偶然性选择。正如一首歌《春天的故事》:有一位老人在中国的南海边画了一个圈,神话般地崛起座座城……如果不是在南海边而是在渤海或者其他地区呢?还需注意的是,一些历史名城为什么逐渐走向衰落?从历史的角度看原来的历史上的政治经济中心,现在成为其他经济中心的外围,或者成为当前整个经济体被边缘化的区域。这些问题不仅从空间维度研究,而且辅以时间维度。如同一块地,有人说这块地很肥沃,在这块地上种庄稼能有很好的收成,殊不知这块地经历了相当长时间肥料滋润的累积。当然也存在这样的情况:以前对当地资源过度的挖掘和使用,使得一段时间以后该地区发展缺乏后续动力。需要知道这个时间过程,而不是仅仅看当前的一个现状或者结果。另外,区域经济增长和收敛的变化也存在阶段性,这也是个过程。所以空间经济学可以从历史的角度研究,从时间的跨度中去寻求空间集聚、空间要素配置的规律,促进人、经济、社会、环境综合效用的最大化。

三、空间经济学研究需要拓展和改善的内容

空间经济学研究目标转向经济、社会、环境综合效用最大化的目标,发挥人的主观能动性。建立空间异质下的空间均衡的系统分析框架,生态空间分布及其与经济活动开发空间的合理配置理

论,使理论模型更为逼近现实,提高理论的解释力。空间经济学的研究方法致力于一般均衡分析框架,为区域经济学、城市经济学的研究再添活力,或者说构建了微观的、具体的研究基础。当然从现实的角度看,空间经济学的研究目标要能满足经济社会和人全面发展的需要。

空间经济学对集聚经济研究取得的成绩是值得充分肯定的,但是,它也确实存在一定的问题。正如许多人批评的那样,其假设条件与现实情况仍有一定的差距。因此,空间经济学家围绕这些问题进行了积极的探索,进行了许多发展,使其越来越符合现实情况,越来越增强对现实的解释力。主要的拓展与改善方面有以下几点:一是对人的异质性思考。空间经济学的绝大多数模型都假设工人具有同质性,这显然不能令人满意。产品都是异质性的,生产高质量的产品需要高技能的工人。人的异质性程度还是比较高的,要趋向同质性,就需要给低知识技能的人进行知识和技能的培训,同时还要实现在企业中高知识技能的工人对低知识技能的工人帮传带,让其更适应社会经济发展的需要。二是对空间异质性的思考。在多数的模型中,都假设空间是同质性的,结果是集聚的区位只与历史和累积的前后向联系有关,而忽视了空间区位上本来的比较优势对集聚区位的影响。放眼全球,不同国家之间也构成空间异质性,所以有了在不同国家和地区之间要素的流动。而学术界谈论比较多的城乡经济一体化、区域经济一体化以及全球经济一体化也是空间异质往空间匀质过渡的一个体现。一体化过程后的空间会不会回到匀质状态,这值得我们探讨。

另外,关于知识联系效应、集聚经济的动态化发展、区位、贸易以及城市经济学都可以从空间经济学的视角进行研究。空间经济学在关于经济的空间观点方面,提出了很多问题。尽管有些问题还没有解决,但提出问题比忽视问题本身更好,空间因素是重要的,历史上大多数金融中心都有较好的空间优势,但不是所有具有空间优势的地区都能发展成为金融中心,因此研究具体经济金融问题时,还需结合经济、制度、历史文化等因素做系统地探讨。

参考文献：

Helpman E, Krugman P. *Market Structure and Foreign Trade: Increasing Returns, Imperfect Competition and International Economy* [M]. Cambridge: MIT Press, 1985.

洪开荣.空间经济学的理论发展[J].经济地理,2002(1):1-4.

陈雯,吕卫国,孙伟.空间经济学研究的相关进展与评述[J].世界地理研究,2007(4):70-75.

梁琦.空间经济学:过去、现在与未来——兼评《空间经济学:城市、区域与国际贸易》[J].经济学(季刊),2005(4):1067-1086.

殷广卫,李佶.空间经济学概念及其前沿——新经济地理学发展脉络综述[J].西南民族大学学报(人文社会科学版),2010(1):75-82.

张翎,窦静雅.空间经济学视角下的产业集聚与区域经济增长研究[J].工业技术经济,2007(7):79-81.

李胜会,冯邦彦.对国外空间经济学集聚经济理论研究的分析——兼谈城市集聚理论的发展[J].经济问题,2008(2):13-20.

附录2　苏南现代化示范区建设：
金融服务视角[①]

摘　要：苏南在推进现代化示范区建设的过程中存在金融辐射能力弱，金融资源争夺激烈，金融风险积聚等问题，且实体经济和民生发展的要求形成苏南金融发展新的挑战，因此更好地推进苏南现代化示范区建设，需要形成金融示范：一是加快苏南地区的金融集聚，完善苏南金融生态，促进苏南五市金融发展的协同，形成苏南金融自身发展的示范；二是金融支持苏南的特色产业集聚、自主创新和进一步开放，形成苏南服务实体经济的示范；三是金融支持苏南小微企业发展、新型城镇化发展，以及推进苏南金融机构多样化发展，形成金融服务苏南民生的示范。

关键词：苏南现代化示范区；金融发展；实体经济；民生

引　言

党的十八届三中全会通过了《中共中央关于全面深化改革若干重大问题的决定》，提出坚持社会主义市场经济改革方向，以促进社会公平正义、增进人民福祉为出发点和落脚点；改革最终要落到实处，在经济金融改革的大潮中，发达地区要起到示范和辐射作用，总结成功的经验和失败的教训，最为关键的是形成可复制的经验。江苏是全国经济金融发展的排头兵，而苏南又是江苏经济金融发展的翘楚，且正在推进现代化示范区建设，作为中国第一个以现代化建设为主题的区域，苏南在其现代化示范区建设规划中重点推进经济现

[①]　原文获江苏省哲学社会科学界第八届学术大会青年专场优秀论文一等奖，发表于《金融教育研究》2016年第1期，本书收录时略有改动。

代化、城乡现代化、社会现代化和生态文明、政治文明建设,促进人的全面发展,拟建成自主创新先导区、现代产业集聚区、城乡发展一体化先行区、开放合作引领区、富裕文明宜居区。经济现代化是现代化的基础,人民日益幸福是现代化的目的,而金融作为现代经济的核心,也是社会性最强、社会化程度最高的行业,通货膨胀、房价调控、劳动就业、人身财产保险等百姓关注的民生问题,许多方面都与金融密切相连。因此,苏南现代化示范区建设中理应重视发挥金融服务实体经济发展和民生改善的重要作用。

关于苏南现代化示范区建设,刘志彪(2012)从战略定位、示范重点、支撑条件和政策等进行了阐述,叶南客和丰志勇(2012)强调南京的功能定位,李程骅(2013)、张鸿雁(2013)从城市与区域联动转型、城镇化等视角进行了研究。纵观已有文献,金融支持苏南现代化示范区建设或某个地区金融现代化的相关研究可以进一步展开。本文认为,推进苏南现代化示范区的金融示范,可以推动全省乃至全国的现代化进程。

一、苏南现代化示范区建设需形成金融示范

苏南的经济总量为全省的59.84%,金融发展水平在全省乃至全国处于领先地位:存款总额达到53 399.71亿元,为全省总额的69.72%;贷款40 636.28亿元,为全省总额的72.5%;上市公司数达到全省的75.74%;证券营业部数为全省的65.31%;保费收入为799.7亿元,占全省的60.3%。以上数据可以看到不管是经济总量还是金融发展水平占据全省的大半江山。苏南五市中尤以南京和苏州为最。2012年苏州存款总额、贷款总额、保费收入、上市公司数量、GDP等均处于全省首位。南京证券营业部数量最多,以FIR统计量来看,南京的FIR为全省最高水平,为4.11;全国性国有商业银行、国内所有政策性银行和股份制商业银行都在南京设有分支机构,汇丰银行、比利时联合银行等多家外资银行在宁落户;一批具有涉外业务能力的律师、会计、审计等金融人才在南京集聚。苏州强大的外向型经济一方面客观需要大量的配套企业,另一方面为民企带来了

先进的技术、管理经验,同时搭建起一个国际化运作平台和竞争环境。有了这样的土壤,金融就有了发展和壮大的空间。苏州又有临近上海的优势,上海作为全国经济、金融中心,具有非常强的辐射力,是长三角地区发展的"引擎",苏州区位方面的优势比较突出。

苏南以占全国 0.3% 的国土面积、2.4% 的人口,创造了全国 6.3% 的地区生产总值,人均 GDP 是全国平均水平的 2.6 倍,研发投入占比接近发达国家水平。其他多项经济指标也处于全国领先水平。这些都说明苏南现代化具备了坚实基础。从全国来看,无论是经济发达程度、对外开放程度,还是社会事业发展水平等,苏南都是最有条件率先基本实现现代化的地区之一。但人地矛盾突出、外来人口市民化压力大、环境约束较大、对外贸易方面尚未摆脱价格竞争、市场发育与经济发展不匹配等问题,制约着苏南发展,影响到苏南现代化的进程。从金融发展现状来看,同样存在影响现代化示范区建设的现实状况。

1. 金融规模尤需做大,辐射仍存在阻力。 在长三角地区,上海毋庸置疑是个大金融中心,对江浙都能形成辐射力。很显然苏州和南京的金融发展水平远不及上海。2012 年上海存款余额为 63 555.25 亿元,为苏州的 3.6 倍,南京的 3.84 倍;贷款余额为 40 982.48 亿元,为苏州的 3 倍,南京的 3.13 倍;保费收入为 820.64 亿元,为苏州和南京的 3.46 倍;金融相关比率为 5.2,同样远高于南京和苏州。在唐吉平等(2005)的研究中,上海作为国家级的金融中心,优势显著,苏州的金融外向性十分明显,南京对长江流域乃至内陆的金融辐射也值得重视。成春林和华桂宏(2014)探讨了江苏 13 个地市的金融综合竞争力,得出南京和苏州是江苏地区金融综合竞争力排名前两位的城市,采用简化的威尔逊模型测算出苏州的金融辐射半径为 258.34 千米,南京为 193.11 千米,辐射不到广大的苏北地区,原因是金融辐射源能量不够大,金融辐射存在距离阻力、制度阻力和合作阻力等,金融辐射效果不佳。

2. 金融资源争夺激烈,金融风险积聚。 随着交通、信息技术的提高,人的活动半径扩大,信息传播速度加快,苏南面临来自周边省市金融资源的争夺。近几年苏南诸市都提出构建金融中心的设想,南京提出将河西建邺新城打造成重要的区域金融中心,苏州计划在金鸡湖两岸,无锡计划在太湖新城建设金融集聚区,常州准备构建科技金融中心等,但各地方政府都以建设金融中心或集聚区作为地方经济增长点难免造成重复建设、恶性竞争,导致金融脱离实体经济发展,诱发金融风险。金融行业本身就具有脆弱性,倘若在苏南现代化示范区建设过程中,各地区盲目地追求金融总量规模,与其他城市争夺金融资源,导致金融风险的积聚,这必然阻碍苏南现代化的进程。

3. 实体经济和民生发展对金融服务提出新挑战。苏南地区面临负重转型的种种压力。经济发展的质量和效益有待进一步提高;结构调整的深层次矛盾依然突出;生态建设中资源约束加重;改善民生任务依旧繁重。金融危机的影响继续深化,发达经济体又陆续制定新的"游戏规则",使得苏南外向型经济发展受到冲击;国内经济发展又面临结构性减速,人口结构趋于老龄化,居民财产性收入增加,加上新型城镇化和新型工业化的推进,都给金融业的发展提出新的要求。在这样的大背景下,在苏南现代化示范区建设中,除了形成金融自身发展的示范外,推进金融服务实体经济的示范和金融服务民生的示范更加有现实意义,也能为其他地区提供相应的经验借鉴。

二、苏南形成金融自身发展的示范

苏南现代化示范区建设首先需要金融行业自身的发展,以金融资源的集聚带动其他要素的集聚,发挥其促进经济社会发展的积极作用,因此加快苏南地区的金融集聚,完善苏南金融生态,促成苏南五市的协同示范,可形成苏南金融自身发展的示范。

1. 推进苏南自贸区申报试点工作,加快苏南地区金融集聚。随着自贸区的成立,与之相关的是人民币资本项目的可自由兑换,国际支付结算需求的增加,利率、汇率的市场化变动。苏南地区的金融行业应对外部环境的变化,将面临新的机遇和挑战。在此过程中仍需大力集聚各类型金融要素资源,进一步做大金融业规模,创造条件大力发展银行业、证券业、保险业,积极地集聚与金融业相关的法律、咨询、会计、信息服务等专业的服务机构和中介组织等,为其提供业务便利,进一步营造良好的综合运营环境,扩大金融机构集聚优势。健全金融机构体系,积极引导资金对各地区特色产业的支持,金融机构通过对放贷对象、规模、期限和用途的选择和安排,进行资金在不同行业的配置;加快多层次资本市场的建设,促成资本流向有发展潜力的行业和部门;逐步完善金融部门进入和退出的机制,充分发挥市场对金融资源配置的主导性作用,从而更好地为苏南现代化示范区建设服务。

2. **完善苏南金融生态系统。**完善金融系统可从以下几个方面着手:一是区位,苏南各地区需要加强交通基础设施和信息网络体系建设,着实提高科技文化水平,支持各种金融功能发展的"硬件"区位环境建设。二是经济,经济基础既是一地区金融发展的结果,又是推动金融系统完善的原因,苏南各地区发展经济需要内外并举。从内部经济来说,需要进行经济结构调整和产业优化,各地区需利用各自的区位、要素禀赋特点,发展具有特色的地方经济和产业;从对外经济来说,发展外向型经济是苏南各地区必由之路,开放需要自由、和谐的环境,如优惠的政策、要素资源的配套等。三是制度,继续完善金融体制机制和政策法律环境,着力发展金融中介服务机构,积极引进管理咨询、金融信息、招聘、会计、审计、法律、评级、评估等相关配套机构。切实针对金融业的发展瓶颈,推出能够吸引外资银行、投资机构落户苏南的有突破性的人才、税收政策等。四是加强金融风险防范,金融行业有与生俱来的金融脆弱性,随着苏南开放程度的提高,金融资源争夺愈演愈烈,泡沫滋生,风险积累程度越来越大,乃至诱发危机,进而影响苏南现代化示范区的建设,推进苏南金融示范,需要构建金融风险的防火墙。

3. **构建各地区金融发展特色,协同推进金融示范。**在苏南现代化示范区建设中,苏南五市有各自的特点,区位、经济、制度条件各不相同。南京是江苏省省会,金融发展的特色在于是金融机构总部所在地,更多地体现为金融现代化的信息中心、总部中心,能很好地辐射镇江、扬州及安徽周边地区;苏州作为江苏外向型经济发展最好的地区,外汇交易量大、上市公司集聚,临近上海和大的港口,应在金融的开放和国际化程度(国际化的金融集聚区)上大做文章;无锡作为新型工业化产业示范基地,涉及装备制造、环保装备和传感网领域,除更好地与苏州和常州加强合作,形成合力外,应更好地在江苏地区起到承接东西,贯穿南北的作用;常州地区集聚大量的科技型中小企业,可以打造科技金融中心,更好地为科技型中小企业服务;镇江应积极地融入南京都市圈中来,引入南京的科教文化资源,做好南京的金融腹地,且在宁镇扬同城化建设中发挥金融的更大作用。苏南地区需主动加强区域协调沟通,弱化"行政区划"概念,强化"经济圈""金融圈"概念。从金融系统来说,要消除区域内的金融融合的行政壁垒,避免各自为战、人为割断资金链条。要有效解决体制瓶颈,并通过合理的利益分配,开创金融跨区域合作新局面,使金融资源配合经济的扩散、产业的转移流动,以金融扩散、辐射促进经济扩散、辐射。

三、苏南形成金融服务实体经济的示范

苏南现代化示范区建设需发挥金融服务实体经济的作用。早在2003年江苏省根据经济社会发展基础,提出率先全面建成小康社会,率先基本实现现代化的奋斗目标。而当前苏南实体经济发展确实面临一些如上文所述的现实问题,上海自贸区的试点又给苏南经济金融发展提出了新的机遇与挑战,金融支持苏南的特色产业集聚、自主创新和进一步开放同样可以形成示范。

1. **金融支持特色产业集聚**。苏南经济发展以政府为主导,政策高度同质化,导致产业同构显著,竞争激烈。苏南五市应该形成各具特色的产业集群。金融支持的方式也应该与之协同,金融机构可以进驻特色产业园区,为企业定制金融服务。形式可以多种多样,如科技产业园区可以引入科技银行;如是出口企业园区,可以引入进出口信用保险公司、银行的国际业务部等;如上市公司集聚区,可以引入为上市提供服务的金融机构。以金融服务吸引特色产业进一步集聚,带动特色产业的转型与升级。

2. **金融支持苏南自主创新**。产业发展要突出高端化、服务化、集聚化、融合化和低碳化,政府固然需要规划引领,创新驱动也尤为重要,苏南的自主创新需要金融服务的创新,金融资源应该支持科技创新活动,科学重在发现,技术重在发明,只有科学知识和技术发明被企业家转化为商业活动,才称之为"创新",且创新初期风险大、收益小,需要长期资金的投入,厌恶风险的投资者进入会较为谨慎,这就需要"非常信用"的支持,非常信用是生产新组合的前提,企业家借助信用工具,能够把生产要素从原有用途中拔出,进行新组合,以创新带动产业升级,以创新带动现代产业集聚,创新的结果又会反哺金融发展。

3. **金融支持苏南进一步开放**。苏南是江苏开放型经济的重点区域,尽管当前出现了金融危机影响深化和经济结构性减速,加上资源约束以及周边地区竞争加剧等新情况和新问题,苏南现代化示范区建设在劣境中仍然可以形成较好的示范。苏南会在招商选资和招商引智上迈出新的步伐,随着开放的进一步深入,与之相配套的金融服务需紧跟其上。如港口金融,苏南有条件的地区可以构建高效、快捷、便利的融资服务平台,为需要融资的港口客户解决融资难题。另外,苏南地区的开放除考虑与上海自贸区的对接外,还需积极进行苏南自贸区申报工作,一方面金融可为苏南自贸区试点的进一步开展提供相应的服务,另一方面又会带动金融资源在苏南自贸区的集聚。

四、苏南形成金融服务民生的示范

苏南现代化示范区建设还需发挥金融服务民生的作用。金融危机的深化影响导致部分企业破产,工人失业;人口红利逐渐消减,经济呈现结构性减速;人口结构趋势性转型,老年人口比重增加,新型城镇化和新型工业化带来民生发展的新需求。可以通过金融支持苏南小微企业发展、新型城镇化发展,以及推进苏南金融机构多样化发展形成金融服务民生的示范。

1. **金融支持小微企业发展**。从推动小微企业融资,促进就业与创新来看,需要与其产权结构相对称的中小金融机构支持。小微企业是推动苏南社会就业和自主创新的重要力量,受企业规模、销售利润、市场风险、技术风险和税收政策等方面的影响,资金投入不足成为制约小企业创新发展的严重障碍。尽管近年来以城市商业银行为代表的专业化中小银行,在服务小微企业方面表现出较大的发展优势和增长潜力,但仍然不能满足小微企业的需求。在合理界定区域和服务范围、加强监管的前提下,允许具备条件的民间资本依法发起设立民营金融机构,更好地为小微企业服务。

2. **金融支持苏南新型城镇化发展**。从推动苏南城镇化发展来看,需要商业性金融和政策性金融的双重支持。苏南城镇化发展面临农业产业化、城镇基础设施建设以及农民市民化等一些现实问题,投资对象兼有公共性和商业性特征,对长期资金会有大规模的需求,当前地方政府融资平台风险过大,应适时推出市政债券,并鼓励民间资本进入,增加权益性资金的供给,引导长期性资金进入,并进一步发挥政策性金融机构的功能和作用。另外,在苏南城镇化过程中还存在失地农民的住房、子女教育、养老、闲散资金的出路问题,因此发挥金融服务民生的作用,设计金融产品以便"以房养老,以地养老""贷款助学",引导闲散资金助推城镇化,金融改革大有可为。

3. **金融机构多样化发展满足苏南人民日益增长的金融需求**。金融机构需要充分考虑经济社会需求,苏南地区人均收入水平较高,为了便利苏南地区居民消费,可以发展消费金融、网络金融;根据不同区域所需特色化的服务,可以发展社区银行、零售银行,如老年社区银行、农民工社区银行,科技园、产业园社区银行;应对居民未来的不确定性,增强抗风险能力,可以积极发展失业、医疗与养老保险,建立巨灾保险制度等。从形式来看,不再过分依赖银行机构主导的模式,可以积极发展证券、保险、信托、租赁等非银行金融机构,毫不动摇鼓励、支持和引导金融机构多样性发展,激发其活力和创造力,以便更好地适应未来人民日益增长的金融多样化需求。

参考文献:

刘志彪.高起点建设苏南现代化示范区的战略思考[J].现代经济探讨,2012(11):5-8.

叶南客,丰志勇.苏南现代化示范区建设中的南京功能定位研究[J].南京社会科学,2012(12):151-156.

李程骅.城市与区域联动转型:苏南现代化示范区的价值引领[J].江南论坛,2013(8):7-9.

张鸿雁.新型城镇化进程中的"城市文化自觉"与创新——以苏南现代化示范区为例[J].南京社会科学,2013(11):58-65.

唐吉平,陈浩,姚星垣.长三角城市金融辐射力研究[J].浙江大学学报(人文社科版),2005(6):62-70.

成春林,华桂宏.金融综合竞争力的区域差异与提升路径——来自江苏13个地级市的证据[J].江海学刊,2014(1):227-233.

附录3　金融支持欠发达地区需要完善金融自组织[①]

摘　要：本文从金融自组织的视角讨论欠发达地区的金融支持问题，认为欠发达地区金融自组织程度低，根据普利高津的耗散结构理论，原因有两个：第一，内部金融供给秩序紊乱，内熵高，缘于正规金融与非正规金融不能协同作用；第二，外部金融资源作用效果不大，负熵低，缘于金融支持欠发达地区不能得到其他要素资源的协同。因此本文提出金融支持欠发达地区需要完善金融自组织：一是系统内熵的降低，强化正规金融机构的作用，积极发挥非正规金融机构的作用，并形成两者最大的合力；二是系统外负熵的增加，金融支持欠发达地区需要发挥产业基础、相关政策、资源等要素的协同作用。

关键词：欠发达地区；金融支持；金融自组织

要了解欠发达地区的金融支持问题，首先需要厘清金融与整个经济系统的关系。因为一个地区经济发展不能仅仅依靠金融支持，还需要金融资源与其他要素的协同作用，可以从金融自组织视角来探讨。

关于自组织的研究最早出现在19世纪中叶，如达尔文的进化论、马克思的五种社会形态的变化、物理学的相变理论，虽然这些理论并未提出和使用"自组织"的概念，但具有自组织的思想；一直到20世纪60年代末，以普利高津、哈肯、艾根等为代表的一批以揭示自组织规律为目标的学者们，构建了描述自组织现象的概念框架；20世纪80年代以来，以阿瑟、考夫曼等为代表的学者给了自

[①] 原标题为《金融支持欠发达地区再探——金融自组织视角》，发表于《理论月刊》2014年第10期，本书收录时略有改动。

附录3　金融支持欠发达地区需要完善金融自组织

组织理论以新的强有力的推动。我国学者苗东升(1998)认为,自组织的理论方法就是研究系统如何自发走向有序的方法;吴彤(2001)提出了自组织方法论的整体框架,但认为当前的研究体系只是一个理论群。

本文以普利高津的耗散结构理论为基础,分析欠发达地区的金融自组织问题,普利高津科学地论证了开放性是自组织的必要条件:以总熵变公式 $Ds=Dis+Des$ 为工具,其中 Dis 是系统内部混乱性产生的熵,称为熵产生,热力学原理保证熵产生为非负量,$Dis>0$;Des 是系统通过与外界相互作用而交换来的熵,称为熵交换或熵流,可正可负。在开放条件下熵减少来源于系统外的负熵 Des 增加和系统内在无干扰下自我产生的熵 Dis 减少两部分。只有 $Des<0$,但 $|Des|>Dis$,即从环境得到的负熵的绝对值大于内部的熵增加,总熵变 $Ds=Dis+Des<0$ 时,系统才会出现熵减过程,即自组织过程。

一、欠发达地区金融自组织分析

欠发达地区的金融支持源分为两个部分:一是欠发达地区内部的金融资源系统,二是欠发达地区外部的金融资源系统。由于内部系统秩序紊乱和外部金融资源系统作用效果小,导致欠发达地区金融自组织程度相对较低,因此完善欠发达地区金融自组织需从降低系统内 Dis 和增加系统外 Des 着手。

(一)内部系统秩序紊乱

从目前来看,正规金融机构在欠发达地区布点虽然比较广泛,但问题是很多企业不能从正规金融机构获得金融服务。原因是多方面的,如银企间的信息不对称、金融机构的"嫌贫爱富",企业自身资质差、社会信用体系不佳等。与此同时,有些欠发达地区民间资金比较丰腴,甚至高利贷盛行。非正规金融供给充足,但是无序。并不能说这个地区金融供给不足,而是该地区正规金融与非正规金融没有能够发挥协同作用,因此系统内 Dis 高。

(二)外部金融资源系统作用效果小

有些欠发达地区由于经济基础薄弱,产业层次较低(诸如其农村地区,没有规模化农业,仍然停留在传统的农耕社会中,农民本身没有太多的金融需要,加上金融机构有一些限制性融资的条件,往往金融需求不大),所以曾经有金融机构部分或全部地撤离欠发达地区。尽管政府给予欠发达地区一些优惠的政策和一定的财政支持,但是效果甚微。究其原因,外部金融资源系统没有通过内部因素起作用,系统外负熵 Des 小,经济发展落后的地区,往往会形成一种金融发展与经济发展相互掣肘,双双落后的状态。因此,仅仅增加金融供给对这些区域经济发展功效不大。

(三)金融支持欠发达地区需要降低系统内 Dis 和增加系统外 Des

欠发达地区是否存在金融供给不足的情况?是正规金融供给不足还是非正规金融供给不足?是本地区金融供给不足,还是引入外部供给不足?只有掌握欠发达地区真实的金融供求状况,才能制定出正确有效的措施:如果欠发达地区金融供给总体是充足的,但是国有金融或正规金融供给不足,这时就需要积极地引导非正规金融,作为正规金融供给的补充;如果欠发达地区自身供给不足,需要从外部引入,那么如何引入外部金融进入该地区就成为一个关键问题了。不管欠发达地区是内部整合金融资源还是从外部引入,金融行业本身的作用(系统内 Dis 变低)成为关键,此其一。欠发达地区有无对金融需要的主观愿望、有无与之相对应的经济实体支撑、有无促进金融发挥作用的政策、有无良好的信用基础都会影响系统外负熵 Des。金融支持欠发达地区会因为没有协同因素而使系统外负熵 Des 变小,进而 Ds 上升,所以如何增加系统外负熵 Des 成了第二个问题。

综上可知,金融支持欠发达地区需要提高该地区金融自组织程度:降低系统内 Dis,发挥欠发达地区正规与非正规金融机构的整合作用;增加系统外负熵 Des,促进金融支持欠发达地区的要素协同。

二、发挥欠发达地区正规与非正规金融机构的整合作用

金融支持欠发达地区,很多人思维停留在资金支持上,认为欠发达地区最缺的就是资金,这种认识不够全面。金融支持欠发达地区要对一地区产业的发展、政府政策的预期目标的达到、人民生活水平的提高起作用。首先还是强调欠发达地区金融内部系统的作用。本文认为金融支持欠发达地区,需要发挥正规金融机构和非正规金融机构的整合作用。

(一)强化正规金融机构的作用

1. 正规金融机构为欠发达地区发展提供配套服务。 一是根据欠发达地区经济发展的实际,支持产业升级、结构优化,比如对规模化的农业、畜牧业、生态区建设提供融资支持;二是改变过去"嫌贫爱富"的作风,对该地区高成长性、科技型、创新型企业予以贷款的支持;三是正规金融机构自身需要积极进行业务创新,适应该地区经济发展的需要。企业有时候不仅仅需要资金,还需要决策咨询服务、风险与收益的评估等。如果欠发达地区正规金融机构能够对该地区企业发展有一定的责任感和使命感,就能为企业更好地发展创造平台,企业发展平稳又会夯实该地区的经济基础,而金融部门也会获得更多的收益和可持续发展的动力。

2. 正规金融机构为欠发达地区提供直接融资服务。 对于欠发达地区一些优质企业,尤其是高科技高成长性企业,可以引导他们上市进行直接融资,或者引入风险投资基金。上市进行直接融资或者引入风投并非易事,需要政府的支持、金融机构的辅助,也需要企业家的果敢决断。欠发达地区的正规金融机构需要发挥其应有的功能,更好地为欠发达地区企业提供有关上市、发行企业债券等直接融资方面的服务。

3. 加强保险行业的支持力度。 保险是应对风险的一个方法。在欠发达地区需要加强发展保险行业,原因是发展社会保险可以帮助居民、企业应对未来的不确定性。一旦居民和企业对未来的不确

定性存有忧虑，那么在当前的消费和投资就会减少，而消费和投资不足导致产出下降，居民、企业收入下降，消费和投资又会减少，从而会陷入一种恶性循环。相反，如果社会保险发挥其作用，会促进一种良性循环，同样这也是留住欠发达地区优秀人才的一个方法。应为欠发达地区的商业性保险机构进入创造良好的条件，以便其更好地为"三农"服务，使得老百姓后顾之忧减少，这样有利于其扩大生产投入或进行更大规模的投资和创业，从而使得城乡收入差距减少，也能促进社会的和谐发展。

（二）积极引导、发挥非正规金融机构的作用

1. **发展小额信贷**。由于借贷主体普遍存在信息不对称、缺乏抵押品、信用不佳等问题，所以金融机构还款率比较低。孟加拉国的"乡村银行"和印度人民银行小额信贷部的实践给我国很大的启示，1993年我国开始在河北易县进行试点，但带有"扶贫"性质。需要厘清的是：小额信贷是福利导向还是制度导向？是注重改善贫困者的经济现状还是走商业化道路，追求持续性经营？本文认为，需要区别对待。在欠发达地区还是要侧重于"扶贫"，在经济较发达地区可侧重"商业化、持续经营"。小额信贷在运营过程中还需注意的是：小额信贷的最大特点和核心技术是信贷员通过自己与客户的交流，了解客户的长处与经营状况，并在此基础上编制分析表，那是因为小额信贷是以农户和商户（小企业主）为核心的经营类贷款，其主要的服务对象为广大工商个体户、小作坊、小业主。因此，服务于民，需要及时上门了解需求，制定以贷款对象为导向的金融体系，实行"一对一"服务。当然，小额信贷的运作模式和监督机制也还有待完善。

2. **发展民间的典当**。典当业在中国几千年的经济生活中扮演了非常重要的角色，往往短期小额资金的需求者是资金不充裕、信用相对低、缺乏社会保障的人群，这些人群很难从正规金融机构获得资金，而典当业能够满足其部分需求。尤其是在2008年金融危机后，很多中小企业以及中低收入者逐渐意识到典当行融资的重要性，这给典当业一个兴起的机会。但是大量民众对典当业的认知仍然是负

面的,不知道它的正面价值,再加上行业运作缺乏规范,虽然其对中小企业融资产生了积极的作用,但其发展也面临资金、财税政策支持和立法等方面的瓶颈。因此为了更好地发挥典当业的融资协同功能,首先要通过宣传,让人们知道其正面价值;其次,对其运作加以引导和规范,防止收息过高等情况出现。这样才会有更多需要资金的人考虑这一融资渠道。

（三）形成正规金融机构与非正规金融机构的最大合力

正规金融机构的作用和非正规金融机构的作用如同两种力,根据物理学的常识,如果两个力的方向相同,合力最大,如果力的方向相反,合力则最小。因此,金融支持欠发达地区经济发展,需要形成正规金融和非正规金融的最大合力。2006年以来,我国政府允许更多的正规机构进入小额信贷领域,我国小额信贷呈现出以农村信用社[①]、农业银行、邮政储蓄银行为主导,农业发展银行、新型农村金融机构和小额信贷公司等为补充的多层次、多元化格局,这也是金融内部系统协同整合的一个表现。

三、促进金融支持欠发达地区的要素协同

金融自组织是系统内外要素的组织,一个系统要发展,就是要素新组织的过程,而且需要有序协同配合。上文研究的是欠发达地区内部金融系统,以下探讨外部金融系统的作用。可以看到的是,发达地区一般都是自组织较好的地区,而欠发达地区一般都是自组织较差的地区。外部金融资源流动有两种力量:一是政府力,即金融资源按政府行政指令、政策导向流动。二是市场力,即金融资源按市场规律流动。在市场经济中,金融行业不是一个福利性行业,考虑到权利和义务关系,金融支持一个地区发展,需要该地区能给金融行业带来收益。那么,欠发达地区要有吸引外部金融资源的动力源,要形成金融企业的注意点,这些注意点能让外部金融资源进入该地区以后更

---

① 江苏的农村信用社已经改制成农村商业银行。

好地发挥作用。本文认为,金融支持欠发达地区需要有以下几个要素协同,才能形成良好的金融自组织。

(一)欠发达地区有良好产业基础的协同

金融是为经济发展服务的,欠发达地区第一产业比重较高,但大多是分散的,很多地区没有实现规模化农业生产,金融需求也不大,对金融资源没有太大的吸引力。在过去传统的农业社会中,假设一个农户种几亩田,养些牲畜,收入较低,储蓄少,并不需要专门的人或组织来理财,同样需要借贷的资金也不多,不需要从正规金融机构处获得,基于血缘关系或者亲缘关系的借贷就得到满足。因此,金融支持欠发达地区经济发展,需要该地区有良好的产业基础。如果没有,那就需要构建,地方政府需根据本地区实际情况制定产业政策,比如发展规模化的农业、畜牧养殖业,或者进行生态农业区的建设,推进产业升级和结构调整,以此增加就业和产出,金融资源也更能发挥其用武之地。这个过程也能使得当地居民收入增加,储蓄增加,促进良好的资本形成,更多金融资源也会更愿意进入该地区,从而促进其经济与金融的良性循环。

(二)欠发达地区有相应政策的协同

金融资源是逐利的,除了政策性金融之外,金融资源流向某个地区,需要"利引",优惠的政策是很重要的协同因素:一是政府的税收和补贴政策,给予税收的减免,给予进入欠发达地区的金融机构补贴。以保险为例,商业性保险机构进入农村基本都是亏损的,所以其进入动力不大。只有政府的税收减免或补贴政策才能改变现状,反之其会离开农村市场。二是政府的公共服务政策。金融机构选址一般是经济发展较好、人口集中、基础设施配套较好的区域,所以地方地府可以实施如"筑巢引金",或者予以金融机构较低的进入成本(低价拿地)等政策。三是人才政策。欠发达地区金融发展需要有充足的人力资源储备,一方面靠引进,吸引优秀金融人才,有些欠发达地区的人才外流现象比较严重,让金融人才放弃其有利的条件来欠发

附录3　金融支持欠发达地区需要完善金融自组织

达地区就业,政府或有关部门需要制定具体的人才引进政策;另一方面靠本地区培养,但这需要相当长时间,并非简单的高等教育就能解决问题,一个优秀的金融人才是在理论和实践的共同磨炼中不断成长起来的。四是金融支持政策。欠发达地区发展经济,在考虑到金融支持政策的时候,不能和全国政策一样,一刀切。需要考虑地方实际情况,金融部门应该优先对有利于地方特色产业发展、居民福利、公共产品投入的部门予以支持。

(三) 欠发达地区还需其他要素资源的协同

除了上述的产业、政策、人才因素外,土地也是非常重要的因素。欠发达地区相对于发达地区来说,土地供给相对较多,这也为生产性投资提供了坚实的基础。很多发达地区经济发展遭遇土地供给的瓶颈,所以其部分产业会往欠发达地区转移,而产业的转移也会带来金融资源的转移,欠发达地区正好可以利用这样的机会。如房地产行业,欠发达地区房地产行业起步较晚,所以地价水平基数较低,上升潜力大,因而投资价值更大。而由房地产行业所带动的产业链无疑对金融机构会有相当大的吸引力。信用文化也是一种要素资源,一个地区金融健康发展离不开好的信用文化,应该让信用文化在全社会普及,贷款者"还款及时",借款者"按时放款",全然有序,这有利于提高欠发达地区金融与其他要素资源协同作用的效率。

金融资源流向欠发达地区还需要考虑其转移成本,新经济地理学的研究中强调转移成本在要素流动甚至企业流动中的重要性,包括交通成本、信息成本、与距离有关的管理成本、新地区制度文化甚至语言交流产生的成本等。另外,该地区是否具有较好的知识溢出效应也是金融资源进入要考虑的因素。

结　论

欠发达地区的金融支持问题理论界和实务界讨论得很多,本文从完善欠发达地区金融自组织的角度来论述。两个方面值得重视:第一,重视金融内部系统。主要是整合内部金融资源,发挥非正规金融的补充作用,并加以规范引导。还需要掌握欠发达地区真正的金融供求状况,使得正规金融和非正规金融能够协调和互补。第二,重视外部金融资源与本地其他要素资源的协同。产业基础、政府相应的政策、其他要素资源、金融资源的转移成本等都是欠发达地区金融支持应关注的问题。

参考文献:

苗东升.系统科学精要[M].北京:中国人民大学出版社,1998.
吴彤.自组织方法论研究[M].北京:清华大学出版社,2001.
唐廷华.经济欠发达地区农村金融支持新农村建设的思考[J].西南金融,2006(9):39-40.
李艳.欠发达地区金融支持系统耦合与动态调整[J].经济问题探索,2010(12):154-159.
朱决胜,胡军太,刘达云.欠发达地区在中部崛起中的金融支持问题思考[J].武汉金融,2006(3):58-59.
樊荣臻.集聚金融资源,发展县域经济——江苏盱眙建设金融集聚区的调查[J].江苏农村经济,2013(3):68-69.

附录 4　论发展金融集聚的典型地区
——以江苏为例[①]

摘　要：国内很多城市都提出要构建金融集聚区，众多地方政府都以建设金融中心或集聚区作为地方经济增长点难免会出现重复建设、恶性竞争，以及金融脱离实体经济发展，乃至诱发金融风险。本文认为各省市需要发展金融集聚的典型地区，以江苏为例，先通过金融综合竞争力比较找出江苏金融集聚的典型地区分别为南京、苏州和徐州，继而分别探讨各典型地区的特征、存在问题及影响，最后提出发展金融集聚典型地区需要合理定位，确定范围，夯实基础，促进协调。

关键词：金融竞争力；金融集聚；典型地区

引　言

随着经济一体化和金融业的迅速发展，金融资源在区域间的流动加速，金融业呈现出金融企业重组并购趋势，因此出现金融活动和金融机构在某一中心城市高度集聚的现象。江苏存在着金融发展不平衡的现象，这种不平衡是金融集聚的动态结果。

江苏的金融集聚区，涵盖两个层次：一是江苏省域金融集聚区，涉及江苏地区及其延伸地带；二是江苏市域金融集聚区，涉及市域的直接经济覆盖面。省内外研究金融中心的文献颇多，而以"金融集聚区"为篇名可检索到的文献相对较少。现有研究主要集中在以下方

[①] 原文获江苏省哲学社会科学界第八届学术大会经济学专场优秀论文二等奖，发表于《经济问题探索》2014年第4期，本书收录时略有改动。

面:第一,金融中心问题研究。对金融中心的系统理论阐述来自金德尔伯格(Kindleberger,1974),他提出金融中心的聚集效益主要体现在跨地区支付效率的提高和金融资源跨地区配置效率的提高。里德(Reed,1980)采用层级研究法对金融中心分级,并证明形成该类结构的原因。大卫(David,1988)运用企业选址理论研究金融中心的形成,波蒂厄斯(Porteous,1995,1999)、格里格(Gehrig,1998)、马丁(Martin,1999,2000)等对伦敦国际金融中心形成的微观基础进行了研究,强调信息流是金融中心发展的先决条件。胡坚(1994,1995,1996)探讨了国际金融中心的发展规律、国际金融中心评估体系的基本构想,以及亚洲地区构建多层次国际金融体系的构思。黄运成和杨再斌(2003)认为,发展国际金融中心应以国内经济发展为依托,以资金需求拉动为特征,并为国内经济建设提供金融支持,倪鹏飞和孙承平(2005)认为城市竞争力是金融中心定位的基础。第二,省域范围金融集聚区的研究。邵学言和朱昭瑜(2010)从广东省域范围研究金融中心,认为广州和深圳两市各自制定金融发展规划,互不协调,将会延缓广东省区域金融中心建设的进程。通过对广东各城市的金融集聚与辐射能力进行实证分析,比较广州和深圳两市的金融集聚特征,提出建设穗、深双核型区域金融中心的构想。第三,市域、县域范围金融集聚区的研究。秦诗立(2011)认为宁波相对上海需要发展航运金融,积极向国家争取航运金融集聚区创建。于波(2012)基于信息论的观点,对南京打造金融集聚区的基础条件进行了分析,认为政府层级、总部经济、信息基础设施、城市区位、城市功能等方面南京具有较好的基础。盖锐和王磊(2012)提出苏州金融集聚区高端人才缺乏,创新处于初步阶段,认为需要将苏州建设成为长三角重要的科技金融服务创新基地。樊荣臻(2013)研究江苏的县域城市盱眙,认为要坚定不移加强金融集聚区建设;金融机构不仅是企业之家,更是培植地方财源的重要力量。

　　江苏经济和金融发展所处的阶段诱发了对布局和建设金融集聚区的强烈要求,江苏很多城市都明确提出建设金融集聚区。南京提出将河西建邺新城打造成重要的区域金融中心;苏州计划在金鸡湖

附录 4 论发展金融集聚的典型地区——以江苏为例

两岸,无锡计划在太湖新城建设金融集聚区;扬州市提出在广陵新城沿京杭大运河东岸、文昌大桥与江扬大桥之间,3千米长、1 700多亩土地上,打造金融集聚区;盐城市提出在聚龙湖至南纬路周边区域规划建设金融集聚区;泰州市也提出要加快建设金融集聚区;徐州市提出建设全省的三大金融集聚区之一。这说明江苏地方政府在培养金融增长极方面有着积极的努力。但众多地方政府都以建设金融中心或集聚区作为地方经济增长点难免会出现重复建设、恶性竞争,以及金融脱离实体经济发展,乃至诱发金融风险。

因此,需要对金融集聚区进行合理定位和布局,江苏需要构建"大中心+小集聚区"的多中心金融体系。在金融发展相对较好的地区有针对性地培育几个金融集聚的典型地区(大中心,辐射周边),金融发展相对落后的地区构建金融产业集聚区(小集聚区,辐射当地)。本文主要探讨金融集聚的典型地区,通过江苏13个地级市金融竞争力的分析,找出江苏金融集聚的典型地区,继而探讨其之所以成为"典型"的原因、存在问题及影响,结合江苏经济金融发展的实际,提出金融集聚典型地区定位与建设的建议。

一、江苏金融集聚的典型地区:南京、苏州、徐州

先进行江苏各地级市金融竞争力的比较,选取 F_{11}(人)代表金融从业人员数,因为银行机构从业人数相对于证券和保险较大,所以忽略对证券和保险从业人员的统计;F_{12}(个)代表金融机构数,同上述原因一样,忽略了保险机构数;F_{13}(元)代表人均金融机构存款余额;F_{14}(元)代表人均金融机构贷款余额;F_{15}(个)代表各地区上市公司数量;F_{16}(个)代表各地区证券营业部数量,期货公司数量忽略;F_{17}(亿元)代表各地区保费收入;F_{18}(%)代表各地区金融相关比率(FIR),以(存款余额+贷款余额)/GDP计算获得;F_{19}(%)代表各地区存贷比,以各地区贷款余额/存款余额计算获得;F_{20}(%)代表各地区存款占比,以各地区存款余额/GDP计算获得;F_{21}(%)代表贷款占比,以各地区贷款余额/GDP计算获得,F_{22}(%)代表保险深度,以各地区保费收入/GDP计算得到。其中,F_{11}、F_{12}、F_{13}、F_{14}、F_{15}、F_{16}、F_{17}

为绝对量指标,F_{18}、F_{19}、F_{20}、F_{21}、F_{22} 为相对量指标。

以上 F_{11}、F_{12}、F_{13}、F_{14}、F_{17}、F_{18}、F_{19}、F_{20}、F_{21}、F_{22} 根据江苏统计局网站及各地级市国民经济与社会发展统计公报 2010—2012 三年的数据取的均值;F_{15}、F_{16} 来源于江苏证监局网站 2013 年 4 月 16 日的即时数据。按苏州(sz)、无锡(wx)、常州(cz)、南京(nj)、镇江(zj)、南通(nt)、扬州(yz)、泰州(tz)、徐州(xz)、淮安(ha)、连云港(lyg)、盐城(yc)、宿迁(sq)排序,有如下结果:

附表 1 江苏 13 个地级市金融指标原始数据

地区	F_{11}/人	F_{12}/个	F_{13}/元	F_{14}/元	F_{15}/个	F_{16}/个	F_{17}/亿元	F_{18}/%	F_{19}/%	F_{20}/%	F_{21}/%	F_{22}/%
sz	27 620	1 650	216 152	167 299	64	60	182	2.66	78	150	116	1.99
wx	19 161	1 116	184 311	135 880	40	38	135	2.54	74	147	108	2.28
cz	12 575	826	122 332	82 402	18	27	86	2.44	67	146	98	2.84
nj	31 143	1 159	200 902	166 917	48	94	177	4.54	83	247	206	3.45
zj	8 948	551	79 731	57 647	8	20	51	1.87	72	109	78	2.55
nt	15 389	1 115	63 361	37 870	23	31	121	2.22	60	139	83	3.48
yz	10 634	698	53 139	32 049	8	20	64	1.75	60	109	66	2.88
tz	9 460	638	44 944	28 664	5	19	62	1.82	64	112	71	3.04
xz	12 238	845	26 939	14 785	7	20	75	1.37	55	89	48	2.52
ha	7 468	505	21 663	15 691	0	10	30	1.44	73	84	60	2.16
lyg	7 361	445	24 598	18 163	6	8	31	1.81	73	104	76	2.66
yc	11 106	764	24 537	16 128	5	13	62	1.42	65	86	56	2.66
sq	4 534	342	14 830	12 303	3	6	22	1.37	83	75	62	2.06

资料来源:江苏各地级市 2010—2012 国民经济与社会发展统计公报。

先对以上数据进行标准化处理,各变量存在较强的线性关系,巴特利特球度检验统计量的观察值为 415.116,同时 KMO 值为 0.729,根据恺撒(Kaiser)给出的 KMO 度量标准,可知原有变量适合进行因子分析,再进行主成分分析,能够从中提取公共因子 F_1 和 F_2,第一个因子 F_1 的特征根为 9.329,解释了 12 个变量总方差的 77.745%;第二个因子 F_2 的特征根为 0.926,解释了 12 个变量总方差的 7.719%。两者累计方差贡献率为 85.464%。金融机构数、上市公司数量、金融机构存款余额、保费收入、金融从业人员数在第一个因子上有较高的载荷,F_1 主要解释这几个变量,反映金融发展的规模;FIR、存款占比和贷款占比在第二个因子上有较高的载荷,F_2 主要解释这几个变量,反应金融发展的结构水平。因子含义较为清晰,根据 $F=(77.475\% \times F_1 + 7.719\% \times F_2)/85.464\%$,计算出江苏各地级市金融竞争力排名和得分:

附表 2 江苏 13 个地级市金融竞争力排名

地区	F_1	排名	F_2	排名	F	排名
sz	2.378421	1	−0.464500	11	2.141822	1
wx	0.411664	4	−0.243810	6	0.357499	5
cz	−0.516340	9	0.142426	3	−0.461610	9
nj	0.230364	5	3.203299	1	0.470097	3
zj	−1.123620	13	−0.293140	7	−1.053290	13
nt	1.243213	2	0.064856	4	1.144418	2
yz	−0.281400	7	−0.310360	8	−0.282940	7
tz	−0.464940	8	−0.100510	5	−0.434150	8
xz	0.558297	3	−0.704320	13	0.454626	4
ha	−0.700220	10	−0.419600	10	−0.675550	10
lyg	−0.951510	11	0.152599	2	−0.859540	11
yc	0.208147	6	−0.639280	12	0.139037	6
sq	−0.992080	12	−0.387690	9	−0.940410	12

根据上表,画出江苏 13 个地级市金融竞争力得分图。由图可知,江苏金融竞争力最好的四个地区分别为南京、南通、苏州和徐州。考虑到苏州和南通地理的临近性,且苏州相对南通金融竞争力更强,故去除南通,得到江苏金融集聚的典型地区分别为苏州、南京和徐州,构成江苏金融发展的"铁三角"。随着沿海开发国家战略的推行,还有可能在沿海城市中形成金融集聚的典型地区。2009 年 6 月 10 日国务院常务会议正式将江苏沿海发展列为国家战略,江苏沿海地区正加快开放步伐,建成我国东部沿海地区重要的经济增长极,包括

进行重要的深水大港建设、推进新型工业化,形成产业带、产业集群。一些重大项目的启动和推进也在进行之中,而金融资源的集聚是基础,因此,很有可能在沿海城市中形成金融集聚的典型地区。因为在沿海城市中金融集聚典型地区还没确定,故本文重点讨论南京、苏州和徐州这三个典型地区。

二、金融集聚典型地区的特征、存在问题及影响

2003年,江苏省提出了建设三大都市圈的概念,南为苏锡常都市圈,中部是南京都市圈,北部是徐州都市圈。苏州、南京和徐州是三大都市圈的中心城市,中心城市地位的确立是金融集聚的基础,这三个中心城市又各有特点和不足。

1. **南京。** 南京作为金融集聚的典型地区缘于其总部经济,具有制度和信息优势,且有"宁镇扬同城化"和"泛长三角区域发展"的契机。全国性国有商业银行、国内所有政策性银行和股份制商业银行都在南京设有分支机构,汇丰银行、比利时联合银行等多家外资银行在宁落户;南京拥有一批具有涉外业务能力的律师、会计、审计等金融人才。南京是一座有着明显区位优势的中心城市。南京是长江三角洲三大中心城市之一,是长江中下游地区四个中心城市之一。禄口国际机场是中国第五大国际货运机场。南京港是亚洲最大的内河港,对外辐射至76个国家和地区的180多个港口。如此优越的地理位置使得南京具有很大的区域合作潜力,可通过区域间的资源共享和互助合作实现共同发展,尤其在泛长三角发展分工与合作中,南京能起到"连接东西,横贯南北"的作用,从而为省会经济的快速发展创造条件。在国际金融危机冲击下,新技术革命和产业革命进程加快,给南京产业结构加速调整带来机遇;区域经济一体化,尤其是长三角经济一体化发展,给作为省会城市和区域中心城市的南京加快发展带来机遇。南京可以利用"宁镇扬同城化"和"泛长三角发展"的契机,将周边扬州、镇江,以及安徽的芜湖、马鞍山、滁州等市联为一体。一方面有利于向周边地区完成产业转移,又可以利用周边地区的廉价要素;另一方面,周边地区可以享受南京的第三产业和创新服务,

附录4 论发展金融集聚的典型地区——以江苏为例

接受南京先进的技术、管理经验和人力资本，提高自身的发展平台，同时还可以利用南京的国际市场渠道，开拓产品的国际市场。南京的问题在于，经济发展面临来自经济发展较好地区苏州、无锡等市的压力，有可能面临人才、技术、资金、机构的流出。南京还存在着新经济地理学所涉及的"市场拥挤效应"[1]，人才集中，机构集中，对教育、医疗、交通、住房等需求会增多，当供给不能满足需求时，价格自然会上升。市场拥挤带来要素成本的提高，利润空间下降，这也会导致金融资源的流失。

2. 苏州。 苏州作为金融集聚的典型地区缘于其外向型经济发展优势明显，且毗邻上海。2012年江苏外贸进出口总额5 481.0亿美元，比上年增长1.5%。其中，出口3 285.4亿美元，增长5.1%；进口2 195.6亿美元，下降3.3%。开发区继续在开放型经济中发挥主导作用。开发区完成进出口总额4 368.0亿美元，其中出口总额2 557.0亿美元，分别增长6.9%和10.1%，占全省总量的79.7%和77.8%；实际到账外资281.6亿美元，增长15.7%，占全省总量的78.7%。[2] 强大的外向型经济一方面客观需要大量的配套企业，另一方面为民企带来了先进的技术、管理经验，同时搭建起一个国际化运作平台和竞争环境。有了这样的土壤，金融就有了发展和壮大的空间。苏州又有临近上海的区位优势，上海作为全国经济、金融中心，具有非常强的辐射力，是长三角地区发展的"引擎"，尤其在吸引总部经济方面优势比较突出。苏州的问题在于，毗邻上海使得苏州难以成为总部企业特别是跨国公司地区总部的首选之地，外向型经济受国际经济金融形势影响也较大，还存在着来自南京、杭州等地的金融资源的争夺，若在构建金融集聚区时没有正确定位和发挥自身比较优势，很有可能在金融竞争中处于不利地位。

---

[1] 新经济地理学提出本地市场效应、价格指数效应与市场拥挤效应三者之间的相互作用决定了产业集聚还是分散。若本地市场效应、价格指数效应大于市场拥挤效应则呈现产业集聚，反之则是产业分散。

[2] 资料来源：2012年苏州国民经济与社会发展统计公报。

3. **徐州**。徐州作为金融集聚的典型地区缘于其区位——"五省通衢"及方圆百里的"一市独大"。从全国首个跨区域的经济联盟——淮海经济区成立以来，徐州和"中心城市"这个"城市名号"没有分开过。以徐州为中心的淮海经济区虽然自然条件和人文传统都具有相当的同质性，但被分割为山东、江苏、安徽、河南四个省份而分治，全都位于各省的边缘地带。徐州的区位优势在于，周边 200 千米范围内没有大城市，这为其金融集聚奠定了良好的区位基础。2003 年徐州都市圈的设定范围包括江苏的徐州市、宿迁市、连云港市及其所辖县（市），安徽的宿州市、淮北市及其所辖县（市），山东的枣庄市及其所辖县（市）、微山县，河南的永城市。2008 年 8 月 7 日，《国务院关于进一步推进长江三角洲地区改革开放和经济社会发展的指导意见》出台，徐州正式入盟长三角。徐州虽然与长三角地理上的核心区有一定距离，但处在长三角和环渤海湾两大经济圈的接合部。京沪高铁的通车，有效地推进了以上海为龙头的长三角区域与以北京为龙头的环渤海湾区域之间的互动，同时也加强了以徐州为中心的淮海经济区在两大经济圈中"承东启西，沟通南北"的枢纽作用，大幅度拉近徐州与长三角、京津冀的经济距离，加强徐州与两大经济圈的联通与互动，使徐州既能传承接受长三角先进技术与市场理念，又能充分享受京津冀的资源优势，进一步增强徐州区域中心城市地位。徐州的问题在于，没有南京的总部经济优势，没有苏州的外向型经济优势，仅具有区位优势不一定能发展成为金融中心。徐州面临来自周边省市的各自为战、人为割断资金链条，协调不够等问题，这阻碍了金融集聚区的建设。

三大金融集聚区特征明显，但同时也存在阻碍金融集聚区建设的因素。因此，金融集聚区需要合理定位和建设，才能发挥其整体功效。

三、金融集聚典型地区发展的建议

建设金融集聚典型地区目的在于两个方面：一是培育地方经济增长极，以金融的发展推动与之相关的行业的发展；二是发挥金融中心或金融集聚区的辐射作用，通过中心地区向周边地区辐射资金流、信息流、人才流等，带动周边地区的发展。本文认为，发展金融集聚典型地区需要做到以下几点：

1. 定位和建设遵循风险可控、服务实际、深化影响三条基本原则。 第一，建设金融集聚典型地区也面临诸多的风险，操之过急，很有可能引发金融动荡，从而影响实体经济，因此定位需要由小变大，着眼现实，不是直接将三大典型地区建设成为区域金融中心、华东金融中心，而是需要打牢金融集聚的基础。第二，不同地区具有不同的功能定位，定位不能仅仅局限于江苏行政区，需要考虑经济圈，让要素突破行政区在特定的经济区按市场规律重新进行配置；定位需要服务于当前经济发展的大视野大战略，如江苏的三大都市圈建设、苏南现代化示范区建设、沿海开发建设等，能够促进江苏实现"两个率先"，经济结构优化，新兴产业发展以及经济协调发展。第三，金融集聚典型地区建设的目的一是提高金融集聚水平，二是深化其对周边地区的影响，让周边地区能有效接受辐射。

2. 强调三大典型地区的辐射范围定位。 金融集聚的典型地区都有一定的辐射范围的限制：南京、苏州金融辐射能力较强，但辐射力覆盖不到广大的苏北地区；徐州在江苏行政区范围内辐射能力相对较弱，但在其周边省市的范围内辐射能力较强。因此需要促成金融集聚典型地区的分工协作。南京不仅要立足省内，辐射镇江、扬州乃至淮安，还需发挥其对滁州、马鞍山、芜湖等省外城市的辐射作用；苏州由于毗邻上海，需实现与上海的错位发展，服务小苏南，有可能的话发挥对湖州、嘉兴等地的辐射作用，打造金融现代化示范区，为苏南现代化示范区建设奠定基础；徐州的辐射范围可以定位在江苏省的宿迁、淮安、连云港，山东省的枣庄、临沂，河南省的商丘，安徽省的淮北、宿州、亳州。

3. 金融集聚典型地区建设的重点在于夯实基础：培育金融增长极，消除辐射阻力。 金融中心向周边地区辐射人才流、信息流、资金流，形成辐射与接收辐射的机制是关键，培育典型地区金融增长极能量，消除辐射阻力是具体路径。增长极的能量培育要靠良性的循环累积，需要促进金融市场的深化、金融机构的集聚和金融人才的集中，创新金融产品，政府积极推动。需要研究导致金融分散的因素，如空间距离所产生的各种成本、行政壁垒与竞争、偶发事件等；需要"做减法"，即改正自身的不足，使得缺点越来越少，促进金融资源的进一步集聚。消除阻力主要包括：拉近中心城市与周边城市的距离、消除地区间行政壁垒、推进地区间文化融合、控制金融风险等。

4. 促进金融集聚典型地区协调发展。 建立苏州、南京、徐州政府金融办（局）联席会议制度，定期沟通交流信息，成立江苏金融服务委员会和金融纠纷协调委员会，制定金融纠纷解决程序，协调各典型地区金融机构间利益，推动金融集聚典型地区协调发展。

本文主要讨论的是江苏金融集聚的"大中心"，南京、苏州、徐州这三大典型地区各具特点，各有不足，因此需要构建协调分工、竞争有序、圈际呼应的多中心江苏金融体系。引言中还提及"小集聚区"，当前江苏很多地级市、县级市积极进行产业转型和结构调整，"小集聚区"的定位和建设同样不容忽视，这有待进一步研究。

参考文献：

成春林,华桂宏.金融发展差异的多重因素:文献综述及其引申[J].改革,2013(5):59-67.

天大研究院课题组.布局建设中国国际金融中心的战略与策略[J].武汉金融,2010(11):10-14.

黄运成,杨再斌.关于上海建设国际金融中心的基本设想[J].管理世界,2003(11):103-110.

倪鹏飞,孙承平.中国城市:金融中心的定位研究[J].财贸经济,2005(2):17-22,96.

邵学言,朱昭瑜.关于穗、深双核区域金融中心建设的构想[J].南方金融,2010(2):73-78.

秦诗立.高水平建设宁波航运金融集聚区[J].浙江经济,2011(24):48-49.

于波.南京金融集聚区打造研究:基于信息论的观点[J].金融纵横,2012(3):32-37.

盖锐,王磊.加快苏州市金融集聚区建设的思考[J].产业与科技论坛,2012(10):59-60.

樊荣臻.集聚金融资源,发展县域经济——江苏盱眙建设金融集聚区的调查[J].江苏农村经济,2013(3):68-69.

附录5 "强富美高"新江苏金融高质量发展研究[①]

摘　要:习近平总书记描绘了"建设经济强、百姓富、环境美、社会文明程度高的新江苏"的宏伟蓝图以来,江苏经济社会发展取得了不俗的成绩。经济总量稳定增长,产业结构完善,经济动力充足和对外开放程度高;居民收入水平稳步上升,金融服务需求有所提高,消费结构得以改善;环境治理成效显著,能源开发投入积极,居民环保参与度提高;社会违法犯罪事件减少,法律援助增加,诚信文明建设稳步推进。金融在提供有力支撑的同时也存在一些值得关注的问题,如金融服务经济发展的协调性不足,金融服务民生发展的平衡性不足,金融服务生态环境建设的实践性不足以及金融服务法律体系和信用体系建设的完备性不足。当前社会法治体系有待加强,社会征信制度不够完善。因此,基于金融与经济社会发展的关系,本文以建设"强富美高"新江苏为切入点,从经济发展、百姓民生、生态环境、社会文化四个维度去思考江苏金融发展问题,江苏金融发展的高质量应该体现在服务"强富美高"新江苏建设的针对性和有效性上。在对江苏"强富美高"建设的金融需求进行细化和分解后,提出江苏金融高质量发展的相应对策。

关键词:金融高质量发展;强富美高;江苏

引　言

2014年习近平总书记描绘了江苏发展的宏伟蓝图:"建设经济

[①] 原标题为《区域金融高质量发展研究——以江苏"强富美高"建设为例》,获江苏省哲学社会科学界第十四届学术大会优秀论文二等奖,发表于《江苏第二师范学院学报》2021年第4期,本书收录时略有改动。

强、百姓富、环境美、社会文明程度高的新江苏",即建设"强富美高"新江苏。江苏省委先后在十三届三次全会和七次全会上指出高质量发展的目标定位,自觉践行新发展理念,推动"强富美高"新江苏建设不断取得新成果。社会的高质量发展需要雄厚的经济基础,而经济的高质量离不开金融的大力支持。作为现代经济的核心,金融高质量发展是江苏省早日实现"强富美高"这一目标的必然要求。何谓金融高质量发展?本文认为至少涵盖三点内容:一是金融发展要能满足经济社会发展的现实需求,二是金融服务经济社会发展的针对性和有效性要强;三是金融与经济社会发展的稳定性与互动性要强。本文以建设"强富美高"新江苏为切入点,从经济发展、百姓民生、生态环境、社会文化四个维度去思考江苏金融发展问题。对于江苏省而言,金融高质量发展是指在"强富美高"背景下,金融发展满足经济稳健发展,百姓生活富足,生态环境优美,社会文明程度高的要求,推动江苏省向着"质"和"量"的统一发展方向前进。

一、江苏省"强富美高"建设的成就

江苏省以"强富美高"为前进标杆,全面协调各方力量,在"强富美高"建设方面取得了重要成就。

(一)经济强

江苏省不断实现经济转型升级,发展势头愈发强劲。2019年江苏省GDP总量占全国10.06%,人均GDP达123 607元,在全国排名第三,经济总量呈现稳定增长的态势。产业结构不断优化调整,形成了工业创新发展、农业现代化转型、服务业充分成长的局面。在经济新常态背景下,创新已替代要素、投资规模成为促进江苏经济发展的主要驱动力。在安全稳健的基础上,江苏进一步打开对外开放的大门,由"引进来"向"走出去"发展。2019年8月江苏自由贸易试验区(简称自贸区)获批设立,自贸区建设成为企业"走出去"的窗口和综合服务平台,也成了江苏高质量发展的新高地。

（二）百姓富

"百姓富"是一个综合的概念，不仅指物质上的富裕，更代表精神富裕和生活幸福。2019 年江苏省居民人均可支配收入达 4.1 万元，远超全国平均水平，比上年增长 8.7%，居民收入水平明显提高。在消费结构方面，新型家居消费品和娱乐商品的消费量显著上升，除住房支出以外，医疗保健商品的消费支出增速最快，旅游成了居民消费新的增长点。随着收入水平提高，居民对金融服务的需求也愈发强烈，愿意通过理财来实现收入财富的保值、增值。不仅如此，居民财产安全和风险管理意识提高，极大地推动了保险业的发展。在民生生活方面，江苏省城镇登记失业率常年保持在较低水平，政府相继颁布了一系列政策鼓励创业，降低企业时间成本和财务成本。医疗服务水平不断提升，退休人员免费体检制度施行，百姓看病、治病经济负担逐渐降低。

（三）环境美

为加快经济转型，实现可持续发展，环境治理和生态建设显得愈发重要。江苏省在过去五年里贯彻保护环境和新发展理念，环境质量不断改善，人民对生态环境的满意度逐渐上升。一是环境治理成效显著。江苏推动企业生产设备升级，提高清洁能源的使用幅度，能源使用结构不断优化；省政府颁布多项文件强调在江苏境内的长江重点水域实施常年禁捕，修复生态环境。二是能源开发投入积极。省政府加大科技投入，积极推进清洁能源的开发和使用，包括太阳能、风能、水能、生物质能等。三是居民环保参与度提高。江苏省生态环境厅多次对环保工作开展民意调查，加强垃圾分类法治建设，健全分类标准制度，利用信息化手段提高垃圾分类效率，促进资源循环利用，鼓励公众积极参与垃圾分类。

（四）社会文明程度高

社会文明程度是社会发展的精神道德水平，物质财富的增加还需要社会文明的协同提高。2020年上半年全省检察机关共批准和决定逮捕各类犯罪嫌疑人10 349人,同比下降59.9%,违法犯罪事件减少,社会治安环境大大改善。江苏省2019年批准的法律援助案件数达104 467件,比2018年增加约4.09%,法律援助为经济困难居民提供了免费获得法律服务的机会,为社会纠纷解决提供了保障。为弘扬诚信的社会价值观,推进地区诚信建设,省政府加大失信人员惩罚措施,运用信息技术,实现了失信人员信息的及时采集和联网预警。省政府多措并举,积极推进社会信用体系建设,社会文明程度提高。

二、金融服务"强富美高"建设的问题分析

江苏省在建设"强富美高"的过程中取得了不俗的成绩,金融在提供有力支撑的同时也存在一些值得关注的问题,如金融服务经济发展的协调性不足,金融服务民生发展的平衡性不足,金融服务生态环境建设的实践性不足以及金融服务法律体系和信用体系建设的完备性不足等。

(一)金融服务经济发展的协调性不足

虽然江苏经济发展质量呈现出了逐年向好的趋势,但是金融服务仍有较大的提升空间,主要有以下四个方面:一是金融支持科技创新力度不够,忽视区域发展差异。由于缺乏强有力的人才福利政策和完善的风险投资机制,江苏省技术型人才严重流失,科研成果落地效果差,核心竞争力不足。加之金融未能对省内资源进行合理引导,优质资源往往偏向苏南和沿江地区,使得全省各地区高新技术产业发展差异明显。二是金融机构精准服务不到位。不同类型的企业发展不平衡,金融机构在面对过剩的产业、需淘汰的产业和急需技术升级的产业提出资金需求时,未能针对企业的异质性做到精准处理。三是金融部门服务效率有待提高。金融部门在提供服务时手段单一,流程烦琐,成本高而效率低下,未能满足实体经济不同类型、不同期限、不同风险等多样化的资金需求。四是对外开放不成熟。数据

显示,2019年江苏省累计实现外贸进出口高达43 379.7亿元,占同期全国进出口总值的13.8%,由此可见江苏的外贸依存度较高。在扩大对外开放时不可避免地加大了外资进入风险,而省内企业在面对外来金融风险时,防范意识明显不足。

(二) 金融服务民生发展的平衡性不足

由于信息不对称现象的存在,金融机构为避免逆向选择问题,更倾向于为城镇而不是乡村、为成熟型行业而不是初创型行业服务,金融服务民生的对象存在着不平衡的特征。城乡经济二元化决定了城乡金融服务的二元化,农村金融机构在数量上和资产上往往都低于城市金融机构,以至于农村金融服务体系不够完善、金融功能不够全面,从而进一步限制了农村经济的发展。除城乡金融服务不平衡外,不同行业可获得的贷款情况也存在不平衡性。如科技型企业相比于制造业等传统行业,资金投入的回报周期较长,信贷机构往往面临更高的违约风险。因此不同行业的金融服务可获得性存在明显差异。

(三) 金融服务生态环境建设的实践性不足

目前经济发展和生态环境保护的矛盾仍然突出,环境治理的社会成本较高,运用金融解决生态环境建设的问题,主要体现为绿色金融的发展,但目前绿色金融更多停留在理论的层面,实践性有待提高。现有绿色金融政策集中在信贷、债券方面,绿色金融产品缺乏创新,保险、基金等金融产品在绿色金融中的实际应用不足,未能为企业生产提供保障,无法满足不同市场层次的需求。

(四) 金融服务法律体系和信用体系建设的完备性不足

金融法律法规体系和信用体系的建设和完备是推进经济高质量发展的重要保证。当前社会法治体系有些薄弱,在金融市场中有关小微企业的处理办法和相关条例存在不完善的现象,金融消费者权益保护等相关法律制度也存在短板,市场监管部门在执法时对失信一方的约束力和惩戒力度不够,影响到经济高质量发展的各个层面。

因为金融信贷机构的登记制度和系统的不完善,个人信用意识不强,金融机构对征信数据采集困难,所收集到的信息也不够全面真实,从而影响了社会征信体系的建设,进而影响金融的高质量发展。因此,完善金融服务法律体系和信用体系的建设是当前之急需。

三、"强富美高"新江苏金融高质量发展路径细化与分解

为早日实现中国梦的江苏篇章,亟须解决如何让经济发展勇攀高峰,让富庶之地更加富民,让生态环境协同发展,让社会文化不断发力等问题。因此,探究金融高质量发展的路径至关重要,充分发挥金融服务功能,将为建设"强富美高"新江苏添砖加瓦。

(一)"经济强"背景下金融高质量发展路径:四力推动

1. 形成金融与科技创新的合力。 为了全面推动江苏创新型省份的建设,必须发挥金融在实施创新战略过程中的重要性,深化金融与科技的双向互动。一方面,科技创新离不开金融的支持。首先,金融应当为技术人员提供有奖激励政策,留住高水平创新型人才。其次,金融要建立完善的风险投资机制,促使那些无法获得种子基金、天使基金等社会资本的实验室阶段成果,走向成熟化和产业化。最后,对于省内申报承担国家重大科技创新项目的高校院所和实验基地,金融应提供充足的资金和政策支持,把江苏省打造成具有标志性意义的创新高地。另一方面,金融也需要科技创新的驱动。在数字经济的推动下,江苏要充分发挥人才技术优势,将云计算、人工智能、大数据、区块链等新型信息技术与金融经济有效融合。银行业等金融机构可以采用人机结合的服务模式来提高场景化服务和综合服务的能力,为用户带来更为便捷、安全、高效和个性化的金融服务体验。除此之外,金融科技还可以通过精准识别、精准服务,降低普惠金融的服务门槛和成本,最大限度地减少瞄准性误差,助力江苏乡村振兴和区域协调可持续发展。

2. 提高金融对产业结构升级的助力。 在当前产业转型升级的攻坚阶段,金融机构一方面要理顺服务机制,为产业提供个性化服

务。对于过剩的产业,信贷部门要制定合理展期、降低利息,加快资金的短期流动来化解过剩产能;对于即将淘汰的产业,发挥市场在资源配置中的决定性作用,加速产业的自我更新;对于急需技术升级的产业,在制定定向降准、融资担保、风险投资等政策时,必须减少瞄准性误差,合理把控投资风险。另一方面,要凝聚各方共识,增强金融服务组织的系统性。完善各部门间的协调联动机制,充分发挥技术平台的核心作用,实现信息共享互通,聚焦产业特点,实现金融产品和服务的多元化,比如开发风险投资、风险基金等金融产品,引入知识产权抵押、科技资产证券化等金融服务。

3. 增强金融服务实体经济的活力。服务实体经济是金融业发展和改革的出发点和落脚点。目前的首要任务是拓宽金融进入实体经济的渠道。加强信贷政策的指引,加大对先进制造业的资金支持,降低实体经济成本,降低制度性交易成本,切实帮助企业减负。其次要扩大实体经济的融资渠道。银行在提供间接融资时,应以市场需求为导向,给予中小金融机构合理的政策倾斜。企业在进行直接融资时,相关金融部门要提供具有高度适配性的产品和服务,让金融活水更多、更好地流入实体经济。

4. 加大金融对经济开放的引力。发挥金融对经济开放的引力作用,实现全方位对外开放。第一,金融要抓住对外开放的关键和重点。金融服务行业开放的关键是用公开透明平等的国际惯例和监管要求对待外资机构,金融市场开放的重点是要积极引进国外丰富的经验、资金、机构投资者为江苏省实体经济的发展助力。第二,金融要实现制度先行。健全和完善制度体系,加强资本市场基础设施建设,树立公平透明的市场规则,建立专业化、国际化的信息披露制度,进一步提升开放的系统性。第三,金融要把握好开放的节奏和力度。对"走出去"的项目审慎管理、加强金融监管,适时适度地推进项目,成熟一项推广一项。在"引进来"国外机构和资金时,必须要提高金融管理能力和风险防控能力,注重对国外先进监管经验和标准的学习。第四,金融开放要牢牢抓住"一带一路"的历史机遇。引导高端生产要素和高端人才相结合,"建工厂"与"建市场"相结合,主动为自贸港、工业园区等开放型项目提供资金支持，拓宽其融资渠道，整合优化市场资源，让对外开放更加深入、全面。

(二)"百姓富"背景下金融高质量发展路径：四个促进

1. **金融理财促进财富升值。** 随着收入和财富增加，百姓对财富的保值、增值需求也愈发强烈，金融供给侧改革势在必行。首先要创新金融工具，丰富理财渠道。在丰富金融产品体系的同时也要注重理财渠道的多元化以及操作的便捷性，以满足不同消费者的风险偏好，提高居民投资理财的参与度，降低操作成本。其次要加强金融业务监管，保障居民财产安全。点对点网络借款(P2P)，作为互联网金融创新的重要成果之一，虽然给予资金供求双方直接交易的平台，方便快捷，但缺乏监管，存在较大的信用风险，甚至会造成欺诈、洗钱、非法集资、信息泄露等不良后果。因此，金融创新需要金融监管的匹配，将创新导向科学化、合理化，来保障居民财产安全。

2. **民生金融促进民生发展。** 民生金融兼具民生和金融两个特性，是金融高质量发展服务于"百姓富"建设的直接途径。第一，完善风投机制，促进大众创业。想要真正实现大众创业，必须得到资金和金融的配套支持。如创业前的启动资金、风险投资，创业时风投公司对项目运作和资金运用的指导，创业项目实施后为企业提供授信、结算、理财等综合性金融产品及服务等。第二，完善养老金融，促进民生建设。养老保险制度是关乎社会稳定的大事，随着我国人口老龄化加速，养老金融需调整基金结构，鼓励企业增加企业年金建设，完善财富的跨期配置。

3. **普惠金融促进共同富裕。** 普惠金融能有效解决信息不对称问题，促进共同富裕。在城乡差距方面，农村可借助普惠金融的手段；对创业村，要坚持开发扶贫的理念，通过整合资金助力产业发展；对现代化新农村，要推动金融租赁精准对接农业机械，提高农村机械耕种的占比，提高农业生产效率；对产业升级村，要发挥已有特色农产品的优势，借助互联网金融、电商金融，促进产业间的跨界合作，带动产品销售和产业升级。在企业差距方面，放宽对中小企业的财税政策,实施差异化监管,提高对小微企业贷款的风险容忍度,从制度上允许信贷技术创新,开发适合中小企业特点的贷款品种,帮助中小企业改善融资环境。在居民收入差异方面,利用数字技术实现资金等支持手段的精准到位,以提升弱势群体的经济能力和社会地位,推动经济和社会的协调发展。

4. 健康金融促进健康安全。作为扶持和服务健康产业的投资和融资活动,健康金融是可持续金融暨绿色金融的重要组成部分。首先,加大对健康产业的风险投资。扩大各地级市医疗风险投资的资金规模,推进健康产业实施资金补助等优惠政策,完善健康产业的资金支持体系。其次,创新健康产业担保方式。针对医疗产业"软资产"多的特点,传统的信贷政策已无法满足现有的需求,必须开拓新的担保方式。允许应收账款质押、股权质押等途径,创新设计企业互保和伞式信贷等金融产品,适当增加知识产权质押贷款品种。最后,完善健康产业风险补偿机制。提高商业保险对医疗健康的覆盖率,尤其是人身保险类的风险补偿是提高人民健康水平的必然选择。

(三)"环境美"背景下金融高质量发展路径:四个加强

1. 加强绿色金融体系建设。规范绿色金融标准体系,完善绿色金融政策框架。相关金融部门要制定更多的鼓励和支持政策,如税收减免、财政贴息、风险补偿、信用担保等,形成正向激励机制,深入开发市场活力。金融机构要建立统一的绿色信贷风险控制评价标准,审慎评估融资环境和社会风险,规范信贷行为,引导社会资本投向绿色产业、节能环保等领域,严控对高耗能高污染行业、环境违法企业的资金支持。

2. 加强绿色金融服务。为了满足不同市场主体对于绿色金融产品和服务的多样化需求,创新绿色产品、提升绿色服务是现阶段的重中之重。第一,创新绿色信贷方式。省内金融机构要针对不同领域的融资需求,制定个性化的产品方案,并尝试从企业融资转向个人零售领域,大力推广个人绿色消费贷款。第二,发展绿色保险。江苏省要做好统筹协调企业、保险公司、政府等方面的工作,在企业发生污染事故后为受害人提供有效的风险分散方式和经济补偿,为投资者创造一个安心稳定的投资环境。第三,发行绿色债券。绿色债券的发行能有效地解决期限错配问题,提升中长期信贷投放能力,降低企业融资成本,吸引更多的投资者参与其中。第四,设立绿色基金。江苏地方政府可以通过设立绿色产业基金,科学地选择绿色项目,发挥财政资金引导作用和乘数效应,带动社会资本投向绿色产业。

3. **加强绿色信息披露**。强化信息披露,提高绿色金融发展的透明度。一方面江苏要建立健全统一的环境信息披露标准,探索建立绿色金融全链条的环境信息披露机制,便于投资者和金融机构有效识别绿色项目和融资主体并对绿色项目进行合理定价。另一方面,环保部门要加大监管力度,可以适时引入权威的第三方机构对项目进行监督,监督资金的使用方向、项目进程等情况,及时充分地向社会公众披露,对项目所产生的绿色效益进行评估,以增强绿色项目信息披露的透明性,形成全社会广泛参与的江苏绿色金融发展模式。

4. **加强绿色协调合作**。发展绿色金融现已成为全球共识,我们不仅要把有价值的国际化成果"引进来",更要推动省内优秀的绿色项目"走出去"。一方面要积极引进国外的绿色金融机构,学习借鉴赤道原则(EP)、绿色债券原则(GBP)等绿色金融领域国际通行的原则来推动江苏省绿色发展。另一方面,引导省内金融机构积极参与到推介绿色产品、发行绿色债券等吸引外资的项目之中。在"一带一路"以及其他对外投资项目中,鼓励金融机构和企业积极使用绿色债券等绿色金融工具筹集资金,探索使用污染责任保险等工具进行环境风险管理。

(四)"社会文明程度高"背景下金融高质量发展路径:"两完善"和"一支持"

1. **完善金融法律**。法律制度决定了一国的金融水平,因此法律制度体系的健全对社会经济的进步和发展具有强大的推动力量。一方面,江苏省要建立健全相关的法律制度来保证市场经济的稳定运行。尤其是有关小微企业处理办法和机制、金融消费者权益保护等的法律制度应进一步完善,做到有法可依。另一方面,市场监督管理部门加大执法力度,加强市场监管。在处理小微企业金融维权以及企业相关案件时,必须提高执法效率,对于这类案件必须重点关注,对于违法违规行为,做到严惩不贷。

2. **完善社会征信体系**。信用建设是金融发展的必然要求,完善社会征信体系,重视互联网技术,如区块链技术的运用,在很大程度上提高了数据收集的准确性与发布的及时性。因此,江苏省应尽快完善征信体系,强化居民的征信意识,广泛向大中型企业、小微企业、公安、金融、税务、保险等机构征集信用资料,形成一个多维度,跨越企业信用、个人信用的多层次立体化社会信用体系,实现信息资源的共享。

3. **金融支持文化产业发展**。弘扬社会主义核心价值观,实施文化精品战略离不开金融的支持。在健全现代文化产业体系和现代市场体系的过程中,金融要加大对文化产业的支持力度,鼓励银行持续加大对江苏优秀文化企业,特别是中小文化企业的信贷投放,帮助符合条件的文化企业上市融资,加快培育新型文化业态。同时,金融也要为省内的文化传播、文化贸易、文化交流搭建好平台,推动优秀文化迈向国际舞台,讲好新时代江苏故事,增强江苏国际影响力。

结　语

对江苏省金融高质量发展路径的探索是建设"强富美高"新江苏的必经之路。在"经济强"背景下,金融要发挥对科技创新的推力、对产业结构优化升级的助力、服务实体经济的活力以及加大经济开放的引力这"四力"作用。在"百姓富"背景下,要强调金融理财促进财富升值、民生金融促进民生发展、普惠金融促进共同富裕、健康金融促进健康安全四个方面的促进作用。在"环境美"背景下,金融要加强绿色体系建设、绿色金融服务、绿色信息披露和绿色协调合作,推动形成绿色发展方式和生活方式。在"社会文明程度高"背景下,金融要完善有关法律制度和社会征信体系,支持文化产业融合发展,把建设文化强省推向新的高度。推进江苏金融高质量的发展,更好发挥金融功能,必然能为江苏"强富美高"书写新篇章。

参考文献:

白钦先,丁志杰.论金融可持续发展[J].国际金融研究,1998(5):28-32.

扶明高.提高金融发展质量,支持现代化经济体系建设[N].新华日报,2018年1月24日第20版.

胡国良.以实施国家战略为引领 建设"强富美高"新江苏[J].群众,2019(23):18-19.

林毅夫.新结构经济学——重构发展经济学的框架[J].经济学(季刊),2010(10):1-32.

刘德海.谱写"强富美高"新江苏的时代华章[J].群众,2019(23):4-6.

刘海瑞,成春林.金融发展质量的内涵——基于动力、过程、结果维度的研究[J].南方金融,2018(7):3-11.

娄勤俭.紧紧围绕高质量发展 加快建设"强富美高"新江苏[J].群众,2018(1):4-7.

后　记

　　时至今日，书稿终于完成。本书源于我的博士论文，入选南京师范大学2014年度"青年学者文丛"系列资助项目，但由于种种原因推迟了出版。后来在出版社领导、总编办老师、编辑老师的关心和帮助下，我对书稿进行了系统整理和修改；2011—2020年的数据更新工作量巨大，段立中、张珊珊、李涵、韩谷源、陶珊、侯艳茹、吴小雨、李琼等同学提供了有益的帮助；李媛媛同学还未进校就帮助完成书稿的校对，认真严谨；华桂宏教授、陶士贵教授提出了宝贵的修改意见。我在此一并表示衷心的感谢。

　　本书对金融发展差异研究中的几个问题进行了探索与尝试：纳入空间因素研究金融问题，系统构建金融综合竞争力影响因素的指标体系，全面地进行金融集聚影响因素的空间计量，测度和比较金融极的辐射力，探究"强富美高"新江苏金融高质量发展等问题。尤其要衷心感谢我的导师华桂宏教授，在与他的畅谈过程中总能擦出思想的火花，令我思路豁然开朗，没有他的支持和鼓励，没有他对经济金融理论前沿的深邃洞察与启发，就不会有本书的问世。

　　我读博期间南开大学的安虎森教授不辞辛劳，连续一周耐心地给我们讲授新经济地理学（空间经济学）的主要模型，为本书的写作奠定了坚实的基础；我的同事易志高老师、于明超老师等在数据处理上给了我很大的启发和帮助;南京师范大学出版社的编辑老师们细致、翔实、专业的修改建议让我受益良多。谨向所有在工作和学习生活中给予我帮助和友谊的人们致以最诚挚的谢意。

最后感谢我的家人,他们的支持与爱是我一生的财富和力量的源泉,谨以此书献给他们。

成春林

2021 年 9 月 16 日